나는 오늘 사표 대신
총을 들었다

나는 오늘 사표 대신 총을 들었다

1판 1쇄. 2016년 8월 22일
지은이. 마크 에임스
옮긴이. 박광호

펴낸이. 정민용
편집장. 안중철
책임편집. 이진실
편집. 최미정, 윤상훈

펴낸 곳. 후마니타스(주)
등록. 2002년 2월 19일 제300-2003-108호
주소. 서울 마포구 양화로 6길 19, 3층(04044)

편집. 02-739-9929, 9930
제작. 02-722-9960
팩스. 0505-333-9960
홈페이지. www.humanitasbook.co.kr
블로그. humanitasbook.tistory.com
페이스북/Humanitasbook

인쇄. 천일인쇄 031-955-8083
제본. 일진제책 031-908-1407

값 22,000원

ISBN 978-89-6437-250-0 04300
      978-89-6437-201-2 (세트)

이 도서의 국립중앙도서관
출판시도서목록(CIP)은 e-CIP
홈페이지(http://www.nl.go.kr/ecip)에서
이용하실 수 있습니다(CIP제어번호:
CIP2016014468).

나는 오늘 사표 대신
총을 들었다

마크 에임스 지음
박광호 옮김

후마니타스

"침팬지들이 감염됐어! 전염성도 강해!"

"감염돼? 뭐에?"

"분노…"

영화 〈28일 후〉 중에서

차례

일러두기

___ 원문의 대괄호([   ])는 본문과 같은 명조체로 표기했으며, 옮긴이가 본문에 첨가
     한 대괄호([   ])는 **고딕체**로 표기했다.

___ 각주는 모두 옮긴이의 첨언이다.

___ 저자인 마크 에임스의 동의하에 원 저작에서 일부 내용은 생략 및 수정됐다.

___ 단행본, 정기간행물에는 겹낫표(『   』)를, 논문, 기고문 등에는 큰따옴표("   ")를,
     노래 제목·시·영화·연극·텔레비전 프로그램 등에는 가랑이표(〈   〉)를 사용했다.

1장

록키의 상사와 동료들

이 세상은 그리 아름다운 곳이 아니야. 엄청나게 살벌하고 끔찍한 곳이지. 네가 아무것도 하지 않는다면 세상은 널 두들겨 패서 평생 무릎 꿇고 살아가게 만들 거야.

/영화 〈록키 발보아〉 중에서

내가 말했지.
돌아올 거라고

1989년 9월 14일.[1] 동료들에게 "록키"로 알려진 조셉 웨스베커가 피로 얼룩질 반란의 도화선에 무심코 불을 붙였다.

오전 8시 30분. 그는 루이빌 중심가에 위치한 스탠더드 그라비어 빌딩에 도착했다. 『루이빌 쿠리어 저널』 산하의 인쇄소로 1920년대에 지어진 이 직사각형 모양의 평범한 빌딩은 쇠락한 도심에서 브로드웨이와 체스트넛 사이 6번가 구역 전체를 차지하고 있었다. 웨스베커는 자신의 빨간 셰비 몬자 해치백을 건물 정문 1미터 앞에 주차했다. 청바지에 황갈색 재킷, 그리고 자신의 트레이드마크인 옅은 음영이 들어간 철제 안경도 끼고 있었다.

웨스베커가 차에서 나오는 것을 목격한 여성은 그가 "하는 짓이 수상쩍었다"고 말했다. 그 이유 가운데 하나는 6번가 구역이 오전 9시까지 주차 금지이기 때문이다. 또한 그가 해치백 뒤쪽에서 모포에 덮인 무슨 꾸러미 같은 것을 만지작거리고 있었다고 그녀는 말했다.

『루이빌 쿠리어 저널』 보도에 따르면, 그녀는 "그를 위해 엘리베이터를 잡아 두고 있었다." 그렇지만 웨스베커가 계속 차 주변에서 머뭇거리자, 혼자 엘리베이터를 타고 올라갔다.

웨스베커가 주차한 1층 출입구는 [엘리베이터를 통해] 3층에 위치한 임원 사무실로 이어져 있었다. 출입구에는 한때 보안 카메라가 있었지만 몇 차례 파손된 적이 있었고, 결국 지난여름에 철거된 상태였다. 미국의 많은 중형 도시의 중심가는, 베트남전 당시 남베트남 촌락들처럼, 낮에는 "우리의 것" 밤에는 "저들의 것"이 되었다.

엘리베이터는 3층 임원 접객 안내실로 바로 연결되었다. 브로드웨이 쪽 출입구는 인쇄소로 이어졌다. 그 문은 육체노동자들이 출입하는 곳이었고, "록키"가 보통 드나들던 문이었다. 하지만 이날 그는 그곳에서 일할 계획이 없었다.

웨스베커는 엘리베이터를 타고 올라갔다. 허리춤에는 중국제 반자동 소총 AK-47을 차고 있었고 바지에는 독일제 9밀리 권총 시그-자우어를 꽂고 있었다. 어깨에 둘러멘 운동용 가방에는(그 후 몇 년 안 되어 운동용 가방 더플백은 분노 살인에 흔히 사용되는 용품으로 여겨지게 되었다) 반자동 기관권총 MAC-11 두 정, 38구경 스미스 웨슨 리볼버 한 정, 그리고 장전된 AK용 총알 다섯 클립을 포함해 수차례 사용할 수 있는 탄약이 있었다.

엘리베이터 문이 열리자마자 웨스베커는 사격을 개시했다. 첫 번째 피해자들은 안내원 샤론 니디와 앤절라 보먼이었다. 니디는 사망했고 보먼은 등에 총을 맞아 하반신 마비가 되었다. 니디는 보통 오전 9시에 출근하는데 이날은 점심시간을 더 쓰려고 30분 일찍 나온 터였다. 보먼은 출산휴가를 마치고 막 회사로 돌아온 참이었다.[2]

웨스베커는 모퉁이를 돌아 임원과 관리직들이 근무하는 사무실 복도로 향했다. 급여 담당 조앤 셀프는 사무실이 안내 데스크와 가까웠는데, 두 발의 총성을 듣고 문밖으로 고개를 내밀었다. 웨스베커가 스탠더드 그라비어의 새로운 소유주이자 사장인 마이클 시어의 사무실 밖에 서있는 게 보였다. 시어는 그날 마침 부재중이었다.

웨스베커가 총을 쐈다. 셀프는 무작정 도망쳤다.

"[웨스베커는] 뛰지 않았어요." 그녀는 『루이빌 쿠리어 저널』에 이렇게 말했다. "아주 천천히 걸었어요. 하지만 전 달렸죠. 달리다 넘어지는 바람에 기어서 끝까지 갔어요."

셀프와 다른 직원 셋은 복도 끝에 있는 방에 숨었다. 911에 신고한, 데이터 처리 관리자 마이크 델프의 사무실이었다.

웨스베커는 천천히 활보하면서 신중하게 발사했다. 에드 머서 총경은 그날 기자들에게 웨스베커가 "지극히 침착한 사격술"을 보였다고 했다. 즉 사람을 정확히 조준해 쐈고 난사는 거의 없었다.

시스템 운영자 캐시 존슨은 안내실에서 가까운 컴퓨터실에서 일하던 중 "큰 총소리"를 들었다. 무슨 일인가 하고 머리를 내밀자마자 동료가 겁에 질린 채 내빼는 게 보였다. 존슨은 수납실로 가려다 문이 잠겨 있어 들어가지 못했다.

"그래서 컴퓨터 뒤쪽에 웅크리고 있었어요." 존슨은 네 발의 총성을 들었다. 그러고는 정적이 흘렀다. 그녀는 조용히 복도 건너편 사무실들에 전화를 해보았다. 한 사람이 전화를 받았다. 폴라 워먼. 인사부 부장 보좌역이었다. (부장은 그날 사장인 시어나 부사장과 마찬가지로 부재중이었다.)

두 다리에 총을 맞은 워먼이 대답했다. "총에 맞은 사람들이 있어요. 총에 맞은 사람들이 있어요." 워먼은 웨스베커를 벼랑으로 몰고 가는 데 일조한, 경영진과 노동자 사이의 분쟁에서 중요한 역할을 한 인물 중 하나였다.

웨스베커는 사무직 직원들이 근무하는 구역에서 나와 길고 좁은 복도를 따라 3층 제본소로 갔다. 그리고 문을 열고는 유지보수 감독 존 스타인의 머리와 복부에 총을 쐈다. 제본소에서 유지보수 일을 하는 두 노동자도 총에 맞았다. 포레스트 콘래드는 두 다리에 총을 맞았고, 제임스 G. "벅" 허즈번드는 죽었다. 몇 분 후, 여성 직원 둘이 마침 제본소에 들렀다. 그들은 상황을 깨닫지 못하고 있다가 문에 기대 있는 스타인의 머리에서 피가 흐르는 걸 보고야 알았다. 그중 한 여성이 스타인의 머리를 안아 일으키고는 밑에 셔츠를 받쳐 주었다. "그 사람이 제 손의 셔츠를 꽉 움켜쥐었어요." 그녀는 기자들에게 이 말을 전하다가는 바로 울음을 터트렸다.

웨스베커는 3층에서 나와 철제 계단을 따라 기계들이 돌아가는 소음으로 가득한 인쇄실로 내려갔다. 9시 교대 시간이라 노동자들로 더 붐볐다. 웨스베커는 지하 제본소에서 세 명을 쐈다. 두 명은 부상을 입었고, 폴 살리는 죽었다. 살리는 가슴에 총상을 입고 바닥에 쓰러져 있는 채로 발견되었다.

웨스베커는 좁은 복도를 지나 인쇄실 지하로 갔다. 거대한 방 하나에 손잡이 없는 밀방망이 모양의 거대한 종이 두루마리들이 빼곡히 늘어서 있었다. 거대한 알루미늄 배관, 사다리, 기타 인쇄 장비들로 어지러운 일종의 산업 미로와도 같은 모양새였다. 지층에서 가동되는 인쇄기 세 대는 그 하단 절반이 지하까지 뻗어 있었다.

웨스베커가 이 지하실에 들어선 직후 인쇄공 존 팅글은 "강판이 바닥에 떨어진 듯한 굉음"을 듣고 무슨 일인가 모퉁이를 돌아보았다. 팅글은 웨스베커와는 이미 안면이 있던 터라 여느 때처럼 인사했다. AK 소총에서는 연기가 채 가시지 않았고 총과 탄약이 담긴 더플백에서는 불길함이 느껴졌지만 말이다.

"어이, 록, 무슨 일이야?" 팅글이 위협적으로 들리는 웨스베커의 별명을 친근하게 줄여 부르며 물었다. 팅글과 늘 친하게 지내 왔던 웨스베커가 대답했다. "안녕, 존. …… 내가 말했지. 돌아올 거라고. 저리 비켜."

팅글은 나중에 기자들에게 이렇게 말했다. "제가 록키에게 무슨 일이냐고 물었죠. 그에게 다가가려 하니까 이렇게 말했어요. '저리 비켜'." 웨스베커는 그 말을 몇 번 반복하더니, 이번에는 꺼지라고 했다. 팅글은 시키는 대로 다른 사람들 쪽으로 물러났다.

록키는 두 인쇄기 사이 계단 쪽으로 가다가 한 남자가 다가오자 총을 쐈다. 사망자는 리처드 O. 바저로 등에 총을 맞고 계단 아래로 쓰러졌다 ─ 머리는 컨베이어 벨트 위에서 뒤로 젖혀 있었고, 양팔은 마치 십자가에 못 박힌 듯 고무벨트 위에 대자로 뻗어 있었으며 주변 바닥에는 유혈이 낭자했다. 『루이빌 쿠리어 저널』 1면을 장식한 그 사진은 '언론의 자유 대 유족의 프라이버시'에 대한 법정 공방으로 이어졌다. 웨스베커가 바저를 죽일 의도는 없었던 것으로 보인다.[3] 그는 철제 계단을 내려오고 있었고 웨스베커는 아마도 그를 보지 못한 상태에서 총을 쏜 것 같다. 목격자들에 따르면 살해 후 웨스베커는 바저 시신 앞에 가서 사죄하고는 뒤돌아 광란을 계속했다.

웨스베커는 계단을 오르는 동안 세 차례, 위에 도착해서는 십여 차례 총을 쐈다. 그는 1번 인쇄기와 2번 인쇄기 사이 긴 열을 따라 걸으며, 그 앞에서 우왕좌왕하고 있는 이들에게 총격을 가했다. 로이드 화이트와 제임스 와이블 시니어 둘 다 살해되었다. 끊이지 않는 인쇄기의 소음이 총소리와 비명 소리를 집어삼켰다.

인쇄실 맨 끝에는 자판기, 식당, 라커룸이 딸린 휴게실이 있었다. 웨스베커는 어깨로 문을 밀고 들어가 총격을 가했다. 노동자 일곱 명이 총에 맞았는데, 머리에 총상을 입은 윌리엄 개노트가 그 자리에서 즉사했다. 총알이 떨어지자 웨스베커는 새로 장전한 AK 소총으로 또 한 차례 발포했다. 또 한 명이 사망했고, 나머지 다섯 명은 여러 곳에 총상을 입었다.

인쇄기들은 계속해서 세차게 돌아가고 있었고, 신음 소리와 비명은 인쇄기 소리에 잠겼다. 시신들이 빌딩 한쪽 끝 사무직 전용 엘리베이터에서부터 반대쪽 끝 휴게실에 이르는 길 곳곳에 널브러져 있었다. 회사는 파괴되었다. 임무를 완수한 웨스베커는 인쇄실에서 나온 뒤 독일제 9밀리 반자동 권총 시그-자우어를 턱에 대고는 방아쇠를 당겼다.

약 30분 만에, 미국 역사상 최초로 개인이 일터에서 사적으로 학살을 감행한 사건이 끝을 맺었다. 일곱 명이 죽었고 스무 명이 부상을 당했다.

모든 사람들에게 그 이유가 무엇인지에 대한 질문이 남겨졌다. 직장 내 분노 살인 사건이 일어날 때마다 사람들은 여전히 그 이유를 묻고 있다.

탕! 탕! 탕!

마이클 캠벨은 얼굴에서 웃음이 가시질 않는 활달한 성격의 소유자로 지금은 퇴직한 상태다. 체격은 땅딸막하고 덥수룩한 검은 콧수염에 음영이 있는 철제 안경을 쓴다. 그는 다리를 전다. 짤막한 양

팔 중 하나는 팔꿈치에 총상을 입고 심히 훼손되어 마치 이중 관절 꺾기를 몸소 보여 주려다 옴짝달싹 못하게 된 모양새다. 별안간 뼈가 다시 솟아 나오는 일은 없을 것이다. 그는 웨스베커에게 여섯 발을 맞았다.

캠벨이 그 살인 행각에서 가장 공포스러운 부분들을 상세히 들려주는 동안 나는 그가 거의 병적이다 싶을 정도로 쾌활하게 웃는다는 인상을 받았다. 그가 그 일을 우습게 여겨서 그런 건 아니었다. 고통 속에서도 웃을 수 있다는 걸 보여 줘 날 편안하게 해주려 했던 것이다.

루이빌 사건 관련자들과 나를 연결해 주는 역할을 한 앨리가 인터뷰 약속을 위해 그에게 연락했다. 통화에서 그녀는 그 사건에 대한 내 관점이 여느 사람들과는 다르다고 일러 주었다. 나는 웨스베커의 행동에 "그럴 만한 이유"가 있었는지 알아내려 애쓰고 있었다. 그러니까 이런 의문이었다. 그와 함께 근무했던 직원들을 비롯한 피해자들 역시 일반 대중과 마찬가지로 그가 어느 날 갑자기 폭발했다고 생각할까? 아니면 회사에서 자포자기해 그렇게 되었다고 생각할까? 나는 비록 목숨은 구했지만 그 사건으로 몸이 많이 상한 피해자였던 그가 그런 의견에 흠칫 놀라리라고 예상했다. 하지만 앨리에 따르면 그의 첫 반응은 이랬다. "모두 그를 지지했어요. 모두 그가 어디서부터 그렇게 됐는지 이해했어요. 그의 유일한 문제라면 엉뚱한 사람들을 쐈다는 거죠."

나와 만난 자리에서 캠벨은 앨리와 통화할 때보다는 좀 더 조심스러운 태도를 보였다. 그는 웨스베커가 조울증을 앓았다고 했고 수년간 항우울제를 복용하다가 살인을 저지르게 되었다고 강조했다. 캠벨을 포함한 피해자들은 웨스베커가 수년간 프로작을 복용하고 폭력을 저지르게 되었다고 주장하며 제약 회사 일라이 릴리에 소송을 제기했는데, 이 사건은 법정 밖에서 합의로 마무리되었다. 그는 소송에 관해 말을 아꼈지만 그 결과는 분명했다◆ — 캠벨 부부는 루이빌 남서쪽, 초목이 무성한 완만한 언덕에 자리한 널찍한 저택에 살고 있었다. 외부인의 출입이 엄격히 제한된 곳인데다 자체 골프장도 갖추고 있었다. 은퇴 이후 연금으로 생활하는 전형적인 블루칼라의 말년은 아닌 듯했다. 적어도 레이건 이후 미국의 블루칼라 연금 수령자의 말년이 아닌 건 분명했다.

마이클 캠벨은 휴게실 — 웨스베커가 벌인 광란 행각의 종착역 — 에 있던 일곱 명 중 하나였다. 그는 내게 그 경험을 이렇게 묘사했다. "인쇄기 두 대가 돌아가고 있었고, 듣기로는 일하는 사람들이 전부 기계 사이에서 일하고 있어서 그를 보지 못했대요. 인쇄기 세 대가 일렬로 있어요. 그가 이 길[2번 인쇄기와 3번 인쇄기 사이]로 걸어와서 한 명을 보고 총을 쐈어요. 그 총소리를 듣고 대부분 도망쳤죠. 사실, 여기는 발을 비비다가 정전기가 생겨도 펑하고 터질 수 있는

◆ 1994년에 웨스베커 사건의 생존자 및 유가족이 제기한 소송으로 일명 '프로작 소송'으로 알려져 있다. 웨스베커는 약 한 달 동안 프로작을 복용한 것으로 전해진다. 이 약을 처방한 정신과 의사 리 콜먼은 사건 발생 사흘 전 자신을 찾아온 웨스베커가 심한 정신불안 증세를 보여 약의 부작용일 수 있다는 판단에 따라 복용 중단을 지시했다고 증언했다. 하지만 부검 결과 웨스베커의 뇌에서 상당한 양의 프로작이 검출됐다.
웨스베커 사건의 책임을 두고 벌어진 치열한 법정 공방 끝에 1심은 10여 년 동안 우울증을 앓아 온 웨스베커의 병력과 그가 전에도 자살을 시도한 적이 있다는 사실 등을 강력하게 제기한 제약회사의 승리로 끝났다. 하지만 1997년, 재판부는 원심을 뒤집고 합의를 명령했다.

곳이에요. 유독가스가 장난 아니거든요. 우린 일하면서 수없이 종이를 잡아당기는데, 작은 마찰이 아크 방전을 일으키기도 하고, 또 잉크에 불이 붙기도 해요. 그가 이런 데서 총을 쐈는데도 아무 사고도 없었던 거예요! 나중에 알고 보니 그가 화재 제어기를 켜놨더라고요. 그러고 결국 그는 한 놈을 죽이러 갑니다 ─ 그가 찾고 있던 사람은 주임이었어요. 복도 끝에 사무실이 두 개 있었거든요."⁴

"웨스베커를 담당하던 주임이었나요?" 내가 물었다.

"그게, 그를 고정으로 담당하던 주임은 아니었어요. 고정 주임은 다른 교대조였어요. …… 웨스베커는 그 주임이 거기 있으리라 생각했던 거죠. 자기 문제와 관련된 사람들이 거기 있다는 것도 알았고요."

"자기 문제와 관련된 사람들이 거기 있다는 것을 알고 있었다." 흥미로운 대목이었다. 처음에는 흘려들었는데 나중에 테이프로 다시 들으며 깨달았다.

"그가 나타난 순간, 주임은 마침 사무실을 나가고 있었어요. 정말 운이 좋아 살았죠. 그는 웨스베커를 스쳐 지나갔죠. [나중에] 그를 봤다고 말하더군요. 그리고 누군가 [웨스베커에게] 불쑥 뭐라 하니까 웨스베커가 총을 쐈어요. 또 한 사람은 복도에서 웨스베커를 마주치고는 놀라서 벽에 쾅 부딪혔어요. 그러고는 차고 문 같은 [라커룸] 문을 쾅쾅 계속 두드렸어요. 들여보내 달라고요. …… 라커룸에는 스무 명쯤 있었어요. 문을 열어 주니까 그가 '웨스베커가 죄다 쏘고 있어요!'하고 외쳤고 라커룸에 있던 사람들이 혼비백산해서 다른 편 문으로 빠져나갔어요. 일부는 샤워 중이었는데 벽에 바짝 붙어 숨어서 기다렸어요."

"우린 휴게실에 앉아 있었어요. 인쇄실 문 바로 옆이요. 그리고 탕! 탕! 탕! 소리가 들렸어요. 속으로 생각했죠. '오 이런, 총소리 같아.'" 먼저 한 인터뷰에서 캠벨은 "총소리가 아니라 풍선 터지는 소리 같았다"라고 했다.[5]

"저는 신문을 읽고 있었어요. 문을 등지고요. 머릿속으로 생각했어요. '젠장, 이거 총소리 같네. 여기서 이런 소리가 난 적이 없는데.' 그런데 뭘 해보기도 전에 고개를 돌리니까 그가 문을 열고 들어오더라고요. 저는 별 뜻 없이 내뱉었어요. '오 맙소사!' 그리고 탕! 탕! 탕! 저한테 세 발을 쐈어요."

"어디요?"

캠벨의 흉터는 눈에 잘 띄었다. 패인 자국이 깊고 길었다. 인터뷰 날 반바지에 폴로셔츠를 입고 있던 그는 기꺼이 그리고 의욕적으로 흉터를 보여 주었다. 캠벨은 마치 남의 일을 묘사하는 듯했다. 흡사 다른 피해자들의 이야기를 조사해 온 것 같았다. 그래서인지 줄줄 외듯 이야기했다. 그에게서 피해자의 두려움이나 고통은 보이지 않았다.

"무릎을 관통했어요. 그리고 여기요. 믿기 힘들 거예요. 바로 여기 그리고 요 뼈를 관통했어요." 그는 오른팔을 보여 주었다. 패인 자국은 침식된 돌처럼 매끄러웠다. "팔꿈치가 산산조각 났어요. 그가 휴게실 안을 돌았어요. 우린 둥근 테이블에 앉아 있었는데 한 사람이 이 테이블을 밀어 넘어뜨렸어요. 그의 머리엔 총알이 박혔습니다. 그는 딱 한 발 맞고 죽었어요. 나머지 사람들은 여러 발 맞았고요."

"한 사람이 자리에서 일어났어요. 저는 그가 '오, 안 돼no'라고 말한 줄 알았는데 '오, 조Joe'라고 말한 거였어요. 웨스베커는 그냥 쐈어요. 탕! 탕! 탕!"

　나중에 나는 이를 웨스베커가 단호하고 분명한 결심에서 행동했음을 보여 주는 추가 증거로 생각했다. 팅글이 "어이, 록, 무슨 일이야?"라고 했을 때 웨스베커는 우호적으로 대응하면서 그의 목숨을 살려 주었다. 하지만 마지막 목표 지점, 감독이 있어야 했던 휴게실에서 친근하게 건넨 말 "오, 조"에는 총알로 응수했다.

　"[웨스베커가] 제 쪽으로 돌더니 총을 쐈어요. 휴게실 안을 돌아다니면서 전부 쏘고는 나갔어요. 우린 몰랐는데, 나가서 탄창을 갈아 끼운 거죠. 다시 들어와서는 돌아다니며 탕! 탕! 탕! 전 여섯 발 맞았어요."

　"전 테이블 위로 쓰러졌고 죽은 척했어요. 이렇게요." 캠벨은 상체를 푹 수그리고 팔은 축 늘어뜨리고 눈을 감은 모습을 몸소 보여 주었다. 그러다가 고개를 들어 올리고 히죽 웃고는 이야기를 이어 갔다. "숨을 참았어요. 그가 어디 있는지 모르니까요. 그런 상황에 처하면 순식간에 이 모든 게 머릿속에서 번쩍 스쳐 가요. '맙소사, 그가 내 뒤로 다가와서 총을 쏠 거야.' 알잖아요. 죽일 게 아니라면 왜 총을 쏘겠어요. 그래서 숨을 참으면서 생각했죠. '도대체 무슨 일이 벌어지고 있는 거야?' 그런 생각이 들 정도로 총격이 꽤 오랫동안 중단됐어요. 그 사이에 그는 나가서 탄창을 갈아 끼웠고요."

　"한 사람이 일어나서 휴게실 밖으로 달려 나갔어요. 물론 보진 못했죠. 누군가 재빨리 움직이는 소리가 들렸어요. 그리고 갑자기 탕! …… 탕! 탕! 몸이 경련하듯 떨리는 건 느껴지는데 아무 감각이 없었어요. 맨 먼저 맞은 것[총알] 때문에 몸에 감각이 하나도 없었죠. 그때부터 감각이 없었지만 몸이 경련하듯 떨리는 건 느낄 수 있었어요. 전 여섯 발을 맞았어요. 양 팔과 다리에."

"그러고는 다시 총격이 오래 중단되었어요. 바닥에 누워 있던 누군가가 말했어요, '일어날 수 있어요?' 그래서 제가 물었죠. '이런, 빌어먹을, 그는 어디 있죠? 도대체 어떻게 되고 있어요?'" 캠벨은 웃으며 말했다. "그가 방금 나갔다고 하더군요. 저는 대답했죠. '못 일어나겠어요.' 다리 한쪽은 총에 맞아 옆으로 틀어졌고 팔은 이렇게 달랑달랑 매달려 있었죠. 제가 '꼼짝도 못하겠어요. 이런' 이렇게 말하자, 그가 여기서 나가야 한다고 그러더라고요. 총알 하나가 수도관에 구멍을 내서 물이 휴게실 사방으로 뿜어져 나왔어요. 바닥에 물이 이만큼[몇 인치가량] 찼어요. 그가 '여기서 나가야 해요. 난 가슴에 맞았어요'라고 했어요. 그는 폐가 손상됐고 피를 흘리고 있었죠. 물론 저 역시 피가 흐르고 있단 걸 몰랐지만, 팔에 총을 맞았단 건 알았어요. 팔이 꼴사납게 매달려 있었거든요."

"의자를 밀쳐서 내려오려 했어요. 물론 팔이 맥없이 휘청거리면서 바닥으로 쓰러졌지요. '오 맙소사, 이렇게 피를 흘리다간 죽겠구나' 싶었죠. 물은 사방에서 철벅철벅하고요. 그가 나가서 도움을 구해야 한다고 하길래, 저는 '아무 데도 못 가요. 몸이 안 움직여요' 했죠. 그러니까 그가 '난 기어갈 순 있어요' 하고는 저를 타넘어 문밖으로 기어 나갔어요."

"그는 돌아오지 않았어요. 속으로 생각했죠. '맙소사, 난 여기 바닥에서 피 흘리고 있는데 범인이 어디 있는지도 모르는구나.' 그러다 문밖에 피가 홍건한 채로 누워 있는 사람이 보였어요. 연록색인가 황갈색인가 재킷을 입고 있었고 머리색은 불그스레했어요. 저는 거기서 나가야 한다는 생각에 기어가기 시작했어요. 지금은 웃기지요!" 캠벨은 미소 짓다가 소리 내 웃었다. "절대 웃을 얘기는 아닙니다. 전 누워서 등으로 기었어요. 이렇게요. 오른쪽 다리로 밀어서요. ……'아이고, 하느님, 문 좀 열어 주세요.' 문을 열 수가 없어서 복도로 못 나가겠더라고요. 그래서 몇 분 동안 누워서 생각했죠. '제길 이 문틈에 머리를 쑤셔 넣어야 문이 열릴 텐데.'" 캠벨은 몸소 보여 줬다. "문을 가까스로 아주 조금 당겨서 머리를 넣고 그 다음 어깨를 넣었어요. 그러고는 인쇄실과 이어지는 복도로 나왔어요."

"휘파람 소리도 내고 큰 소리로 외치기도 했어요. '누구 없어요! 도와주세요.' 복도 끝, 10미터쯤 떨어진 곳에서 한 남자가 말했어요. '알고 있어요. 하지만 그가 정확히 어디 있는지 몰라서 갈 수 없어요.' 제가 말했어요. '방금 자살했어요.'" 캠벨은 웃었다. "저는 그가 자살했다고 생각했어요. '그가 방금 스스로 총을 쏜 것 같아요' 하니까 그가 '죽었나요?' 하더라고요. '몰라요. 누워 있는데 피가 흥건해요.' 그러니까 그가 달려와서는 누워 있던 사람을 확인했어요. '맞아요. 그 사람이에요'라고 하더군요. 그러고는 무전을 보냈습니다."

"경찰한테요?" 내가 물었다.

"EMS[응급의료서비스] 사람이었어요. 목숨을 걸고 온 거죠. 경찰들은 사방에 있었는데 들어오려 하지 않았어요. 이 사람은 들어왔고요."

"경찰들은 안 들어왔다고요?"

"경찰들은 그가 총으로 무장했다는 건 아는데 어디 있는지는 몰랐어요. 게다가 그는 건물 통로들을 빠삭하게 알고 있었고요. 경찰들은 건물 안에 있었지만 내내 웨스베커에게서 떨어져 있었지요."

경찰들이 여전히 지하실에 머물러 있는 동안 또 다른 EMS 요원

— 아프리카계 미국 여성으로 근무 첫날이었다 — 이 와서 캠벨을 들것에 싣는 것을 도왔다. 실은 그녀는 주 방위군 의무대 소속으로 EMS 업무를 하는 캠벨의 딸이었다.

그녀는 아버지의 옷을 잘라 내면서 섬뜩한 공포와 충격으로 겁에 질린 표정을 감추지 못했다. "딸에게 그랬죠. '이런, 관둬라, 너 때문에 더 무서워 죽겠다.' 캠벨은 웃으며 말했다. "딸애는 옷을 잘라 낼 때마다 매번 그랬어요. '어후!' 웃을 일이 아닌데 나중에는 웃기더군요. 나중에 딸애가 웃으면서 그러더군요. '죄송해요, 그런 건 난생 처음 봤거든요.' 여기저기가 날라 갔어요. 전체적으로 그리 심하진 않았지만 한쪽은 꽤 심해서 피부가 너덜너덜했어요." 그는 팔에 8센티미터 길이로 3센티미터쯤 파인 부분을 가리켰다. "피범벅이었어요. 안경도 피투성이, 온몸이 피투성이요. 하지만 그땐 몰랐어요. 회사 옷을 입고 있었는데 딸이 옷을 잘라 내고는 이러더군요. '휴!'"

호빵맨

언론은 웨스베커를 폭발 직전의 괴짜로 그렸다. 마이클 캠벨이 나와 한 인터뷰 첫 부분에서 묘사한 것도 그와 상당히 일치한다. 『루이빌 쿠리어 저널』에 따르면, 그는 결손가정 출신으로 문제가 많았고, 두 차례 이혼을 한 바가 있었으며, 자기 문제를 남의 탓으로 돌리는 그런 사람이었다. 그는 "정신 질환에 시달렸다."[6] 웨스베커의 어머니는 정신병원에 있었고 아버지는 일찌감치 돌아가셨다. 또 그는 자신이 제대로 된 보수를 받고 있지 못하다고 확신했다 — 이는 그의 "피해망상"[7]의 또 다른 징후로 간주되었다. 하지만 정부 중재자들이 보기에, 사실상 괴롭힘을 당하고 있던 웨스베커가 피해를 입은 건 사실이지만 "적절한 보상"을 받지 못한 건 그만이 아니었다. 정신적으로 병든 미친놈이 느닷없이 폭발한 것이라는 이런 협소한 묘사는 웨스베커가 미치광이로 분류되는 데 일조했을 뿐만 아니라 프로작을 만드는 제약 회사 일라이 릴리를 상대로 한 생존자들의 집단소송을 가능케 했다.

그에 대해 이와는 다른 묘사도 등장했다. 야심 많은 노력형이었지만 레이거노믹스 아래 두드러지기 시작한 잔혹한 신 기업 문화에 짓밟힌 희생자라는 것이었다. 또 새로운 모습을 보여 주려 할 때마다 외려 더 큰 굴욕만 당한 불쌍한 샌님이라는 이미지도 있었다.

그는 스탠더드 그라비어에서 동료들과 어울리지 못했다. 대부분의 인쇄공들과는 다른 노동계급 구역 — 현재는 아프리카계 미국인이 지배적인 웨스트엔드 — 출신이었기 때문이다. 스탠더드 그라비어의 일자리는 일종의 영토권[특정 지역 출신 노동자들만이 취업할 수 있는] 같은 것이었다. 그 공장은 1920년대부터 가동되기 시작해 루이빌이 한때 산업 전성기를 구가하던 시절 도심의 중추였다. 웨스베커가 인쇄공으로 처음 일한 곳도 루이빌 도심에 있던 구舊 포셋-디어링 인쇄소였다. 1971년에 그는 벌이가 더 나은 스탠더드 그라비어로 옮겼다.[8]

조셉 웨스베커는 일벌레였다. 보통 한 주에 25~30시간가량 초과근무를 했다. 그는 폴더folder도 다루었다. 폴더는 배전판에 빼곡히 붙어 있는 버튼을 가지고, 색 배합이 제대로 됐는지, 종이가 정확히 접혔는지 같은 최종 품질 요소들을 통제하는 기계다. 폴더는 인쇄 라인의 지휘 본부 같은 곳으로 스트레스를 가장 많이 받는 업무였다. 폴더를 작동하는 사람은 "책임자"로 불렸고, 웨스베커가 최고의 기량을 발휘할 때만 해도 이 업무는 그와 잘 맞았다. 만약 보통 사람이 폴더를 가동했다면 30분 교대로 일했을 것이다. 스트레스는 말할 것도 없고 가스와 용제溶劑들 때문에 그 이상 일하는 것은 불가능했다.

"그는 돈에 강박적으로 집착했어요." 캠벨은 말했다. "교대하지 않고 잇달아 두 탕을 뛰곤 했어요. 돈에 미쳐 있었죠."

웨스베커는 고가의 스포츠카를 샀다. 도심 동쪽 이로쿼이 파크에 인접한 초목이 무성한 부자 동네에 근사한 집도 샀다. "그는 뭔가를 입증하고 싶었던 것 같아요. 정말로 모든 게 다 도가 지나쳤죠." 캠벨의 말이다.

웨스베커가 은행에 저축한 돈은 수십만 달러였다고 한다. 부동산이 싼 켄터키 주에서는 꽤 많은 돈이다. 하지만 그토록 고된 노동과 상대적인 부유함도 그가 바라던 존중감과 만족감을 주진 못했다. 웨스베커의 재혼은 초혼보다 훨씬 더 끔찍한 재앙이었다. 그는 아내가 자신의 공장 동료들과 바람을 폈다고 고소했다. 일부 동료들은 웨스베커가 그럴 만도 했다는 뜻을 내비쳤다.

웨스베커는 키가 170센티미터 정도로 작고 땅딸막했다. 특히 얼굴과 배가 뚱뚱했다. 붉은 곱슬머리에 음영이 있는 큰 안경을 썼다. 스탠더드 그라비어에서 그가 처음 얻게 된 별명은 "호빵맨"Little Doughboy ♦이었다.9 그가 이 별명을 알려 줬을 때 캠벨은 낄낄대며 웃지 않을 수 없었다. "그를 아는 사람이라면 웃을 수밖에 없죠." 캠벨은 덧붙였다. "여자들한테 인기남은 아니었어요." "록키"란 별명은 — 언론은 호전적이고 폭력적인 남자임을 암시하고자 이 별명을 사용했다 — 나중에 얻은 것이었다.

웨스베커는 자신의 약점에도 불구하고 인기남 행세를 하려 했다. 퇴근하면 늘 파티에 들락거렸고 바에 들러 맥주를 한 잔 하곤 했다. 열심히 일하고 열심히 노는, 좀 고집 있는 사내였다. 여자들에게 작업을 거는 것도 결코 두려워하지 않았다. 성공하는 일은 드물었지만 결코 포기하지 않았다. 웨스베커가 퇴짜를 맞고 다니는 이야기는 몇몇 동료들 사이에서 웃기는 촌극으로 회자되었다. 물론, 어떤 이들에게는 듣기 거북한 이야기였다.

그러다 소위 록키 사건이 터졌다. 웨스베커는 바에 앉아 있다가 사내들을 즐겁게 해줄 요량으로 전 YMCA 강사였던 한 여성에게 육체노동자들끼리 하는 농담을 불쑥 던졌다. 악의 없이 던진 그 농담을 그녀는 악몽으로 바꿔 놓았다. 그녀가 조 웨스베커를 개 패듯 패 버린 것이다. 그것도 그의 친구들 바로 앞에서. 그 뒤로 공장에선 모두가 웨스베커를 "록키"로 부르기 시작했다. 까닭은 그가 천성적으로 폭력적인 사람이어서가 아니라 외려 수작을 걸던 여자에게 두들겨 맞았기 때문이다. 이런 점에서 "록키"라는 별명은 지독히도 얄궂은데, 어떻게 그런 별명을 갖게 됐는지 뒷조사를 했던 기자들에게는 그게 무척이나 헷갈렸을 터다. 왜냐하면 그 별명은 [그의 거친 성격 때문이 아니라 동료들이 그를 바라보는] 동정과 연민에서 비롯된

⬧ 밀가루 반죽Dough을 주로 판매하는 식품 회사 필스버리의 마스코트로 하얗고 토실토실하다.

것이었기 때문이다.

1971년, 29세가 되던 해 웨스베커는 스탠더드 그라비어에 들어갔다. 1978년에는 열일곱 살 먹은 아내와 이혼했다. 두 아들 가운데 하나는 척추옆굽음증을 앓았고, 하나는 공공장소에서 알몸을 드러내 붙잡힌 적이 있었다. 1980년, 웨스베커는 업무 스트레스를 호소하기 시작했고 감독에게 폴더 업무를 그만둘 수 없는지 물었다. 그는 용제에서 나는 가스 때문에 정신적으로나 육체적으로 너무 힘들다고 호소했다. 아들의 장애가 화학물질 때문이라고도 했다. 스탠더드 그라비어 노동자 대부분이 가스와 용제가 해롭다는 데 동의한다. 전 직원 둘도 내게 곧잘 어지럼증이 났다고 이야기해 주었다.

물론 회사는 웨스베커의 요청을 거부했다. 그는 계속 고통을 호소했고 다른 업무를 맡게 해달라고 요청했다. 그러나 몇 년이 지나도록 경영진은 요지부동이었다. 노조는 도움을 주지 못했다. 1980년대 들어 노조는 거의 섬멸 당한 상태였다. 지역 경제 상황 때문이기도 했고 레이건 정부에서 전국적으로 만연한 반노조 경향 때문이기도 했다. 그가 폴더에서 손을 뗄 수 있도록 도와주려는 동료는 한 명도 없었다. 누가 봐도 그건 공장에서 최악의 업무였다. 웨스베커는 아웃사이더이자 웃음거리로 조직 위계에서 가장 밑바닥에 있었다.

그동안 이 인쇄 공장은 상황이 악화되고 있었다. 1970년대에 스탠더드 그라비어 공장은 번창했고 직원들의 삶은 편안했으며 노조는 (노조가 아직은 중요했던 시대였기에) 강력했다. 이런 전성기는 1980년대 들어 돌연 중단되었다. 인쇄 산업 기술이 변화한 것이 한 원인이었고, '레이건 혁명'으로 불린 경제정책이 이끈 신 기업 문화 때문이기도 했다. 회사에서는 직원을 먼저 챙겨야 한다는 생각이

"예스럽고 별난" 관념이 되어 가고, 경쟁과 주주의 가치를 우선시하는 새로운 도덕이 자리 잡으면서 노조의 힘이 시들해지던 시기였다. 캠벨에 따르면 켄터키 주의 오래된 재력 가문이자 1920년대 초부터 스탠더드 그라비어 공장의 소유주였던 빙엄 가는 잔혹한 정리 해고와 노조에 대한 대대적인 탄압을 감행했고, 부시 대통령이 현재 "기업 부정"corporate malfeasance이라 부르는 것◆을 저질렀다.

이 모든 것은 1980년대 초부터 시작되었다. 빙엄 가는 노조가 정리 해고에 응하지 않으면 공장을 폐쇄하겠다고 위협했다. 캠벨에 따르면 새로운 공장이 노조 모르게 테네시 주에 건설됐다. 이를 알게 되자 노동자들은 맞섰고, 빙엄 가는 노조를 위협하면서 양자택일을 강요했다. 요구에 굴복하라고, 그렇지 않으면 루이빌 공장을 폐쇄하겠다고 말이다. 테네시 공장은 무노조 공장으로 운영할 예정이었다. 스탠더드 그라비어 노조는 굴복했다. 인력 감축이 진행되었다. 한 번으로 그치지 않았다. 1982년, 직원들은 6년째 계속돼 온 임금동결에 동의했다. 이윽고 빙엄 가는 노조가 동료 35명을 추가로 내보내는 정리 해고에 동의하면 임금을 인상하겠다고 제안했다. 노동자들은 해고되었다. 하지만 또다시 빙엄 가는 재정난을 구실로 임금 인상 약속을 지키지 않았다. 캠벨에 따르면 노조에 가입한 직원은 3백 명에서 68명으로 뚝 떨어졌다. 직원들은 교대 없이 최대

◆ 2002년 당시 핼리버튼을 비롯한 미국 기업들의 분식 회계 스캔들을 가리킨다. 부시는 "몇몇 고약한 사람들 때문에 자유 시장 체제 전체가 더럽혀질 수는 없다"면서 '자유 시장의 수호자'로서 '기업의 사기꾼들'에게 철퇴를 가하겠다고 선언했다. 하지만 당시 부통령이었던 딕 체니가 이런 스캔들에 연루돼 있었다.

5회까지 연달아 일하고 있었다. 이혼이 급격히 증가했다. 8년간 단한 번의 임금 인상도 없었고 18개월간은 노동협약도 없이 일했다.[10]

"내부에서 긴장감이 높아졌어요." 캠벨은 말했다. "스트레스가 심해지면 단결하지 못합니다." 그래픽 커뮤니케이션즈 국제 노조 19지부 노조위원장 돈 프레이저는 말했다. "우린 빙엄 가가 자신의 왕국을 깡그리 허물려 한다는 것을 알게 됐고 바로 그때부터 불안감이 조성되기 시작했어요."[11]

1986년 빙엄 가는 왕국을 매각하겠다고 내놨다.[12] 여기에는 스탠더드 그라비어와 『루이빌 쿠리어 저널』도 포함되었다. 구매자들의 구미가 당기게끔 무려 1천만 달러나 되는 직원 퇴직연금을 매각과 자산 분할을 통해 빼돌렸다. 『루이빌 쿠리어 저널』은 『USA 투데이』 발행사 개닛이 인수했고, 스탠더드 그라비어는 애틀랜타에서 온 젊은 기업사냥꾼 마이클 시어가 인수했다. 시어는 빙엄 가의 경영 방침을 따랐다. 펜실베이니아 주에 새로운 인쇄 공장을 짓겠다는 계획을 발표하고 루이빌 노동자들을 압박한 것이다. 그럼에도 시어는 분노 살인이 발생한 날 기자들에게 이 회사가 스트레스 많은 곳은 아니라고 이야기했다.[13]

캠벨은 날카롭게 반박했다. "사람들 대부분이 회사에 분개했어요." 회사와의 관계가 지독히 나빠서 캠벨의 처는 경영진이 병원에 발도 들이지 못하게 했다고 한다.

총격 다음날 스탠더드 그라비어 인쇄공 톰 고슬링은 『루이빌 쿠리어 저널』에 공장 분위기를 이렇게 묘사했다. "참담했습니다."[14]

1980년대 초, 웨스베커는 정신과 의사에게 진료를 받기 시작했다. 1981년에는 재혼했다. "웨스베커는 지칠 대로 지쳐 있었죠." 캠벨은 빈정대는 투로 말했다. 그는 아내가 바람을 피우고 있다고 의심했다. 캠벨은 그것이 사실임을 넌지시 시사했고, 그것도 그의 공장 친구들이라 했다. 스트레스가 겹치자 웨스베커는 폴더를 그만두게 해달라고 요청했다. 감독은 거부했다. 웨스베커는 호소했다. 의사에게 요청해 업무 전환을 촉구하는 서신을 회사에 보내게도 했다. 그럼에도 회사는 거부했다. 1987년, 웨스베커는 루이빌·제퍼슨 카운티 인간관계 위원회•에 회사를 제소했다. 제소문에서 그는 자신이 조울증 환자이고 회사가 스트레스 많은 업무를 맡겨 자신의 건강 상태가 악화되었으며 이로 인해 직무 수행까지 어렵게 됐다며 공장을 차별 혐의로 고소했다.

조롱거리이자 인간관계에 서툰 아웃사이더였던 "록키" "호빵맨" 웨스베커가 직원들에게 동정을 받을 리 없었다. 그들도 스트레스로 지쳐 있었다. 끔찍한 폴더 일을 원하는 사람은 없었다. 아무튼 1982년 이래로 임금 인상이 없었다. 그건 그렇다 해도, 신경조차 써 주지 않는 회사를 위해 죽도록 일하는 게 무슨 의미가 있었을까? 웨스베커는 학내 왕따 같은 동료들의 잔인한 태도와 회사를 지배하는 경영 문화 사이에서 쥐어짜였다. 경영진은 그를 없애고 싶었던 것이 분명하다. 그게 아니라면 그 스스로 말라비틀어져 떨어져 나갈 때까지 쥐어짜려 한 게 분명했다.

마침내 웨스베커는 스탠더드 그라비어와 합의에 도달했다. 회사는 공식적으로는 그의 권리를 침해했음을 부정했지만 그가 지속적

• 경찰, 학교, 시민 단체, 민간 기업 등과 협력해 범죄 예방 사업과 시민 고충 해결 등을 담당하는 기관.

으로 겪었을 수 있는 "어떤 정신적인 장애에 대해 편의를 봐주는 것"에는 동의했고, 그가 나아지면 바로 회사에 복귀시키기로 했다. 1988년 8월, 그는 심리적 스트레스를 이유로 병가를 냈다. 1989년 2월 2일, 회사는 그를 스트레스가 덜한 보직으로 보내는 대신에 장기 근무 불능 상태로 분류하고 임금을 대폭 삭감했다. 웨스베커는 다시 전일 근무를 할 수 있게 해달라고 요청했지만 회사는 기껏해야 시간제 근무만 제안했다.

"전일 근무는 남아 있는 게 없었어요." 캠벨은 말했다.

회사는 그가 받던 임금의 40퍼센트를 삭감했고, 1989년 10월에는 웨스베커의 장애 연금을 대폭 삭감하기로 했다. 한마디로 싫으면 나가라는 얘기였다. 그는 10월 연금 삭감이 올 때까지 기다리지 않았다.

웨스베커는 근 20년간 다른 어떤 직원들보다도 열심히 일했다. 피해자들조차 인정할 정도였다. 그럼에도 그들은 그의 임금을 동결했다. 게다가 과로로 힘들어할 때에도 업무량을 덜어 주길 거부했다. 친경영서인 『폭력의 새로운 무대』는 직장 내 폭력 예방을 연구한 책으로, 점점 늘어나고 있는 문제에 대한 다양한 "경영 기법들"을 제공한다.[15] 이 책에서 저자 마이클 켈러허는 웨스베커를 이렇게 평했다.

"이 비극은 회사 경영진이 막았어야 했다. 웨스베커는 그 지역에 살면서 20년간 업무를 잘 수행해 온 직원이었다. 그가 삶의 위기에 직면해 고용주에게 도움을 요청했을 때 조직은 그를 버렸다. 스탠더드 그라비어의 책임자들은 도움을 구하는 웨스베커의 간청을 무시함으로써 살인의 무대를 마련하는 데 일조했다. 삶에서 남은 게 직장밖에 없었고 고용주를 의지하고, 그에게 헌신했던 웨스베커는 선택지가 복수밖엔 없다고 느꼈다."[16]

이는 부분적으로는 참이다. 그러나 저자는 웨스베커에 대한 경영진의 태도가 잘못된 경영을 보여 주는 하나의 지역 사례가 아니라, '레이건 혁명' — 대통령이라는 직위를 이용해 중산층에게 노조는 경기 침체의 원인이고 본질적으로 반국가적이라고 설득한 로널드 레이건의 차가운 입에서 나온 — 의 경제정책이 광범위하게 퍼져 나타난 문화적 결과임을 보지 못했다.

학살의 서곡이 되는 몇 달 동안 웨스베커는 패트릭 셰릴에 푹 빠져 있었다. 셰릴은 미국에서 최초로 일어난 우체국 학살의 장본인이다. 이는 1986년 오클라호마 주 에드먼드에서 발생한 광란의 살인 사건으로, 14명이 사망하고 6명이 부상을 입었으며, 이후 "우체국 직원처럼 격분하다"going postal ◆라는 신조어를 낳으며 새로운 대규모 분노 살인 현상으로 이어졌다. 웨스베커의 학살이 일어나기 전까지 그런 "우체국 직원다운"postal 광란들은 우체국에 국한되었다. 대부분의 미국인들에게 그건 전국적으로 직장에서 새롭게 발생할 어떤 경향의 초기 징후가 아니라 특정한 정부 기관 한 곳하고만 관련되어 있는, 괴이하고 음울하고 우스꽝스러운 지엽적인 문제로

◆ 이 책의 원제이기도 한 이 관용구는 직역하면 '우체국(직원)처럼 되다'라는 뜻으로, '참을 수 없을 정도로 분노하다'라는 뜻의 신조어이다. 1983년 미국 우체국 포스털 서비스에서 발생한 대학살을 비롯해 일터에서 발생한 일련의 대규모 분노 살인이 계기가 되어 생겨난 말이다. 자세한 설명은 이 책의 3장 참조. 이 책에서는 맥락에 따라 '직장 내 분노 살인'으로 번역하기도 했다.

보였다. 웨스베커는 이런 격분의 광란들을 다르게 보았다. 그는 절망적이었고 궁지에 몰렸으며 몸은 망가졌고 굴욕감을 느꼈다. 이런 마음 상태에서, 지난 몇 년 사이 발생한 우체국 학살들은, 기존에는 없었던 일종의 대본, 직접적인 복수의 방식을 제시해 주었을 것이다. 우체국 사건을 제외하고, 웨스베커 이전에 회사에서 직원이 폭발해 동료들을 모조리 쏴죽인 유의미한 전례는 없었다. 그 원인은, 앞으로 설명하겠지만, 1980년대 들어 미국의 기업 문화가 많이 달라졌기 때문이다.

사실 웨스베커는, 비록 성공한 혁명가는 아닐지라도, 우체국 학살과 사무실 학살을 잇는 가교 같은 존재다. 그는 터부를 깼다. 스탠더드 그라비어 사건 전에는 어느 누구도 회사가 직원이 학살을 감행하는 무대가 되리라고는 상상도 하지 못했다. 웨스베커 사건 후에는 사무실 학살이라는 말이 사전에 등재됐다. 이제는 누구든 언제 어디서 "우체국 직원처럼 격분하게" 될지 모르게 된 것이다.

직원들은 웨스베커가 자신이 소장한 총기들을 자랑한 바 있고, 회사에 가져와 "보여 주겠다"라고 말한 것을 뒤늦게 떠올렸다. 당시에는 허풍으로 보였다. 직원이 회사에서 학살을 감행한 전례도, 이를 설명해 줄 언어도 없었기 때문이다. 이전까지 사람들이 각오하고 대비해야 할 만한 사적인 사무실 학살, 유의미한 사건으로 분류할 사무실 학살은 없었다. 웨스베커의 학살은 전에는 그야말로 상상조차 할 수 없는 사건이었던 것이다.

사건 후 언론은 웨스베커가 "희생자들을 무차별적으로" 쐈다고 보도했다. 언론이 사이코가 폭발한 사건을 묘사하는 일반적인 방식이었다. 이는 스탠더드 그라비어가 스트레스 많은 회사가 아니라는 사장의 주장에 조용히 힘을 실었다.[17] 그러나 다른 이들의 날카로운 반박이 잇따랐다. "주도면밀한 계획이 있었어요. 분명 목적이 있었던 거죠." 캠벨은 말했다.

현재 웨스베커에게 분노하는 사람을 찾기는 어렵지만, 그가 그렇게 할 수밖에 없는 상황으로 내몰렸다고 이야기하는 사람들은 많다. 심지어 피해자들 가운데도 말이다.

얼 가드너는 스탠더드 그라비어에서 인쇄공으로 일했고 웨스베커 학살이 있기 몇 년 전에 퇴직했다(공장 소유주들이 회사 자산뿐만 아니라 자신의 퇴직금과 의료보험금도 야금야금 갉아먹는 것을 보고는 조기 퇴직한 것이었다). 그는 이렇게 말한다. "오, 조요? 그렇게 내몰린 거죠! 많이 사람들이 그렇게 얘기할 거요. 내몰린 거라고요! 만약 주변 사람들이 제대로 된 사람들이었다면 훨씬 더 동정을 받았을 거예요. 현재 상황에서도 동정을 받고 있잖아요!"[18] 가드너는 동유럽과 이스라엘에 선교 여행도 다녀온 독실한 기독교인이다. 그는 회사가 매각되어 해체되고 노동자들의 삶이 파괴된 일련의 과정을 떠올리면 아직도 치가 떨린다고 했다.

지역에서 제작된 다큐멘터리 〈눈엣가시〉*A Pain in the Innards*에서, 스탠더드 그라비어에서 근무했던 또 다른 인쇄공은 카메라 앞에서 조심스레 단어를 고르며 웨스베커의 살인 행각에 대해 이렇게 말했다. "어떻게 그 지경까지 떠밀려 갈 수 있었는지 상상 못할 일은 아니죠."

학살 현장에 있었던 경찰관은 같은 다큐멘터리에서 이렇게 말했다. "놀란 건, 직원들한테 그런 일을 했을 만한 사람으로 짐작 가는 사람이 있냐고 물으니, 웨스베커 전에, 다른 직원 서너 명의 이름을 대더라고요."

『루이빌 쿠리어 저널』에서 노사 관계를 담당하는 래리 본더하르 부장조차도 인정했다. 학살 후 몇 년이 지나고 한 인터뷰에서 그는 웨스베커에게 폴더 업무를 그만두게 해주지 않고 장기 근무 불능 상태로 분류한 경영진의 결정은 잘못됐고 "요즘에는 그런 일이 분명 없을 것"이라고 했다.[19] 바꿔 말하면 웨스베커의 "반란"은 사후에 긍정적 효과를 냈다. 경영진이 노동자의 말을 경청하기 시작한 것이다.

스탠더드 그라비어는 문을 닫았다. 오늘날 더는 존재하지 않는다. 하지만 회사는 여전히 이런 분노 살인들의 목표물 중 하나이다. 가해자들은 그들이 총으로 겨냥했던 개개인들 못지않게 회사 전체, 일종의 제도로서의 일터, 기업 문화를 공격 대상으로 삼는다. 이들의 목적은 회사 자체, 고통의 원천을 파괴하는 것이다.

본더하르는 웨스베커의 살인이 무차별적인 묻지마 살인이 아니었음을 의심하지 않았다. "그 감독을 찾고 있었던 것 같아요. 감독 사무실이 바로 거기 있었고, 폴더 업무와 관련해 그가 겪은 불행의 중심에 감독이 있었다는 것은 분명합니다. 우리 가운데 많은 사람들이 그가 복수하려던 사람은 바로 그 사람이라고 추측하고 있어요."[20] 최고 경영자도 그 감독도 조 웨스베커가 복수를 감행한 날 우연히도 회사에 없었을 뿐이다.

학살이 있고 몇 년 후 법정에서였다. 루이빌·제퍼슨 카운티 인간관계 위원회에서 웨스베커의 업무 차별 제소를 담당한 준법 감시관 대니얼 매팅리가 증언을 했다. 학살의 진짜 원인이 무엇인지에 대한 내 생각이 옳았음을 입증해 주는 증언이었다. 지난 수십 년간 미국을 엄습한, 기업의 전례 없는 냉혈한 행태가 사건의 진짜 원인이었다. 다음은 웨스베커의 지난 18개월에 대한 매팅리의 설명이다. 웨스베커는 스탠더드 그라비어의 냉담하고 잔인한 경영진과 필사적으로 싸웠고, 동원할 수 있는 모든 법적·비폭력적 수단을 동원했다.

> **답변**[매팅리] 그는 회사가 업무에서 자신을 차별하고 있다고 호소했습니다. 요는 감독들이 강제로 폴더를 맡게 했다는 거죠. 강제가 아니면 위협을 해서라도요. …… [그는] 회사가 고용한 심리학자에게서 의견서를 받았습니다. 스트레스를 많이 주는 이 일을 맡아서는 안 된다는 내용이었습니다. 절대적으로 필요한 경우가 아니라면 말이죠. 하지만 그런데도 회사 관리들은 계속 폴더를 맡게 했어요. 게다가 위협까지 해가며 말이죠. [……] 그는 회사가 신체적 질병이 있는 사람들은 예외로 해서 폴더를 맡기지 않았는데, 정서적 문제가 있는 자신에게는 그렇게 해주지 않았고, 따라서 이는 차별이라고 계속 주장했습니다. 이게 그의 기본 주장이었습니다.

> **질문**[시어 커뮤니케이션스 변호인] 그날 그가 진술할 때 직원의 이름을 댔습

니까? 주임이나 감독들에 대해 구체적으로 상의한 게 있었나요?

답변 네. 도널드 콕스가 총주임이고, 폽햄과 맥커운 이 두 명이 직속 감독이었습니다. 그는 여러 사례를 들려줬습니다. 그에 따르면 폽햄 씨는, 너한테 무슨 문제가 있어서 그러는 게 아니라 "우리가 너를 폴더에 투입할 필요가 있다고 생각하면 그렇게 할 것"이라고 계속 우겼다고 합니다. 또 맥커운 씨는 "그냥 참고 일이나 해"라고 말했다 합니다. 알다시피 그의 주장은 그들이 자신의 장애를 이용해 먹고 있다는 거였어요. 겁을 주면 집에 돌아가서도 안절부절 못할 정도로 심리가 불안했으니까요. 결국 휴직 중일 때도 그게 문제가 됐죠. 다시 돌아가면 또 그 일을 시키지 않을까 두려워했으니까요.

질문 그가 스탠더드 그라비어의 노동환경에 대해 이야기한 적이 있나요?

답변 음, 그는 자신이 겪고 있는 문제의 원인이 무엇인지에 대해 자기만의 생각이 서있었고, 그건 스탠더드 그라비어의 노동환경과 관련돼 있었습니다.

질문 무슨 뜻인가요?

답변 거기서 일한 15, 17년간, 톨루엔이라는 화학물질에 노출돼 있었다고 했습니다. 톨루엔 노출의 영향을 논한 잡지 기사를 복사해서 가져오기도 했어요. 장기간 노출되면 중추신경계를 파괴할 수 있다고 쓰여 있었습니다. 이 때문에 자신이 그렇게 됐다는 게 그의 생각이었습니다. 그리고 저한테 읽어 보라고 기사를 건네줬습니다. 톨루엔은 제가 알고 있기론 용제입니다. 저는 그들이 그걸 어떤 용도로 사용했는지는 잘 모르겠습니다. 또 그게 폴더 업무와 어떤 관련이 있다고 생각하진 않습니다. 그저 스탠더드 그라비어에서 일하는 사람이라면 그 물질에 노출될 수밖에 없었겠죠.[21]

미국 보건복지부 산하 유독성물질및질병등록청 누리집에 따르면, "톨루엔은 신경계에 영향을 미칠 수도 있다. 중저 수준에서 노출될 경우에 피로, 혼미, 허약, 술에 취한 행동, 기억상실, 구역질, 식욕부진, 난청, 색각 이상을 유발할 수 있다."[22] 또 캐나다 국립직업건강및안전센터 누리집에서는, 일부 연구에 따르면 톨루엔이 장기적으로 신경계에 "기억상실, 수면 장애, 집중력 상실, 운동 실조증 등"의 영향을 미친다고 주의를 주고 있다.[23]

질문 첫 면담에서 그가 보여 준 고용주에 대한 일반적인 태도와 관련해서 묻겠습니다. 이에 대해 그가 당신에게 어떤 진술을 했습니까? 혹은 당신이 관찰한 게 있었나요?

답변 감독들과 회사에 대한 적대감이 컸습니다. 앞서 말한 그 이유 때문에 그는 감독들이 자신의 장애를 이용하고 있다고 생각했고, 그들이 곧 회사라고 보았죠. 이 감독들이 회사를 대표하는 사람들이라고요. 이들이 자신을 괴롭히는데 회사는 손을 놓고 있으니

회사도 잘못이 있다. 이게 그의 입장이었습니다.[24]

매팅리의 증언을 통해 일상적이고 집요한 괴롭힘과 회사가 웨스베커에게 어떤 태도를 보였는지가 드러났다. 이 외에도 증언의 마지막 부분을 보면 웨스베커는 자신이 겪은 고통을 개별 감독들뿐만 아니라 **회사** ― 즉 추상적인 것, 상징, 기관으로서의 회사 ― 때문으로 보고 있다. 이를 통해 광란의 살인 당일, 그의 행적을 논리적으로 명확하게 설명할 수 있다. 웨스베커는 단지 피도 눈물도 없던 감독 한두 명에게 복수하려던 것이 아니었다. 그는 **회사**를 파괴하려 했다. 이런 맥락에서 웨스베커가 쏜 총알들 가운데 단 한 발도 "난사"였다고 말할 수 없다. 각각의 직원은 그를 짓밟은 추상적인 **회사**를 구체적으로 형상화하고 있는 이들이었다. 존 팅글처럼 확실히 웨스베커의 친구라 할 수 있는 이가 아닌 한 말이다. 그는 의도적으로 팅글의 목숨을 살려 줬다. 자신을 짓밟은 그 시스템의 일부로 보지 않은 것이다.

웨스베커는 엘리베이터가 안내 데스크를 향해 열리고 나서야 ― 즉, **회사**와 직접 대면하고 나서야 ― 총을 쏘기 시작했고, 복사기 잉크 냄새가 나는 3층 경영진 펜트하우스에서부터 용제 냄새가 코를 찌르는 노동계급의 지하실과 라커룸을 거쳐 반대편 끝의 라커룸까지, 회사 건물 전체를 훑고 나서야 멈췄다. **회사**의 물리적 현현들 ― 회사를 떠받치는 콘크리트 기둥 같은 직원들 ― 을 파괴함으로써 그는 단순히 회사의 일부가 아닌 그 총합, 전체를 공격했다.

『루이빌 쿠리어 저널』의 본더하르는 웨스베커가 감독을 찾아 복수하려 했다고 믿었다. 적어도 부분적으로는 맞다. 그 광란의 살인이 단순히 사이코가 광분해서 닥치는 대로 누구든 무엇이든 쏴 버린 사건이 아니라는 점에서는 그렇다. 하지만 본더하르도 그 범죄가 얼마나 의도적이고 계획적으로 실행에 옮겨졌는지는 이해하지 못했다. 웨스베커는 자신을 학대하고, 해치고, 모욕하다가, 더는 쥐어짤 게 없자 내던져 버린 회사 전체에 복수할 기회를 노렸다. 폭력적인 미친놈이 격분해서 묻지마 살인을 저지른 — 별종이 느닷없이 폭발한 — 것이라는 일반적인 견해와는 정반대되는 것이었다.

그렇지만 우리가 흔히 접하는 묘사는 어느 미친놈이 묻지마 살인을 저질렀다는 식이다. 이런 묘사는 틀렸다. 또 이런 분노 살인이 단순히 표적을 정해 복수를 실행한 사건인 것만은 아니다. 이런 사건들의 세부 내용과 정황들은 사무실, 작업장, 우체국, 심지어는 최근 이런 범죄의 무대가 된 학교에서 발생한 분노 살인들과 놀랍도록 흡사하다. 더욱이 세부 내용과 정황들은 미국사에서 두루 목격되어 온 비운의 반란들과도 흡사하다. 유혈이 낭자했고, 봉기 당시에는 전적으로 왜곡되어 전해졌으며, 반란자가 불안정한 심리 상태에서 벌인 일이고(웨스베커는 스스로도 인정하듯이 완전히 "건강한" 상태가 아니었고, 존 브라운John Brown이나 냇 터너Nat Turner◆도 마찬가지로 건강하지 않았다. 물론, 살인을 저지르는 사람들은 당연히 "건강"하다고 볼 수 없다), 대개가 희비극적인 처참한 결말을 맞았다.

◆ 둘 다 무장봉기를 통해 노예제를 폐지하려 했고 살인도 서슴지 않았다. 편집증적 광신자들 혹은 노예제 폐지 운동에서 중요한 역할을 한 인물로 그 평가는 양분된다. 자세한 내용은 이 책의 2장 참조.

귀하의 요청은
부적절합니다

매팅리는 한 달 뒤 폴라 워먼과 약속을 잡았다. 그녀는 인사부 부장 보좌역으로, 자신의 사무실에서 두 다리에 총을 맞고, 전화기에 대고 "총에 맞은 사람들이 있어요! 총에 맞은 사람들이 있어요!"하고 울부짖은 인물이다.

다음은 매팅리가 1987년 6월 첫 면담을 시작으로 [웨스베커를 대신해] 워먼과 가졌던 교섭 내용을 법정에서 증언한 것이다. 내가 매팅리의 증언 녹취록 중 상당 부분을 그대로 전재하는 이유는 그의 단호한 설명이 현대 주식회사 미국에서 쉽게 발견할 수 있는 냉담함과 고약함을 완벽히 포착해 내고 있기 때문이다. 불만이 가득하고 스트레스는 부글부글 끓고 있는데 널빤지로 대충 막아 놓은 상황을 감지할 수 있을 것이다. 아마 이를 보면 이미 문제투성이의 놀림감이었던 웨스베커가 외려 그 약점으로 인해 더 학대를 받는 상황에서도, 웃음과 상찬, 참고 견디는 것만이 허락된 문화 속에서 그 모든 것을 어떻게 감춰야만 했는지를 이해할 수 있을 것이다.

답변[매팅리] [폴라 워먼과의] 면담에서 가장 또렷이 기억나는 문답은 이거였어요. 저는 이렇게 말했습니다. "제가 지금 말씀 드리려는 걸 듣고 싶지 않으실 거예요. 회사가 이런 얘기 듣고 싶지 않을 거라는 건 잘 알지만, 제 의견을 말씀드리자면 웨스베커 씨를 폴더에 배치하기에 앞서 우선 그 과정을 중단하셔야 합니다. 그를 폴더에 배치하면 위험해집니다. 그의 삶뿐만 아니라 그 주변 사람들의 삶까지 위험에 빠뜨릴 수 있습니다." 그녀는 첫 번째 부분에는 동의했습니다. "회사는 그런 말을 듣고 싶지 않을 거예요. 우린 웨스베커 씨만 예외로 할 수 없습니다. 왜냐하면 우린 노동협약을 맺었고 노동협약에 그의 직무가 그렇게 기술되어 있기 때문입니다. 그래서 예외로 할 수 없습니다."[25]

질문[시어 커뮤니케이션스 변호인] "제가 지금 말씀 드리려는 걸 듣고 싶지 않으실 거예요. 회사는 듣고 싶지 않을 겁니다"라고 말하고 나서 "웨스베커 씨를 폴더에 배치하기에 앞서 우선 그 과정을 중단하셔야 합니다"라고 했다고요? 하신 말씀을 제가 정확히 옮긴 거 맞나요?

답변 네.

질문 무엇을 중단한다는 건가요?

답변 폴더요. 만약 폴더를 멈추면 공장도 멈추게 되겠죠. 하지만 제 의견은, 그토록 스트레스가 많은 노동조건에서는 그가 위험한 상태에 빠질 수도 있다는 것이었습니다. 실제로 그랬고요. 지금 폴더 담당자도 마찬가지일 겁니다.

스트레스. 이 단어는 분노 살인 연구에서 곧잘 등장하는 말이다. 문제는, 스트레스의 끔찍한 결과들 — 심신의 질병에서부터 학살에 이르기까지 — 에도 불구하고 스트레스로 고통 받는 우리는 스트레스 가득한 자신의 근무 환경을 그 고통에 걸맞은 표현으로 직접 말하기를 꺼린다는 것이다. 신파조로, 우는소리로 들릴까 — 참고 견디지 못하는 것으로 보일까 — 두려운 것이다. 대부분의 "정상적인" 사람들의 머리에서는, 스트레스로 몸이 망가진다고 호소하다가는 패배자로 낙인찍힐 수 있다는 경고가 울려 대고 있어서 다른 생각을 할 겨를이 없다.

웨스베커와 매팅리는 계속해서 주장했지만 스탠더드 그라비어는 받아들이지 않았다. 웨스베커가 광란의 살인을 감행하기 1년 전쯤에 폴라 워먼은 매팅리에게 서신을 보냈다. "조울증은 장애라기보다 질환이라는 것이 회사의 주장입니다. 따라서 장애가 있는 직원으로 분류해 달라는 귀하의 요청은 부적절합니다. …… [우리는] 양심상 그에게 이 직무를 영구히 면제할 수 없습니다."[26]

답신에서 매팅리는 자신의 입장이 정부의 입장을 대표하고, 스탠더드 그라비어는 차별 규정 위반 여부를 판단할 권한이 없다고 이야기했다.

귀하가 1987년 8월 7일에 보낸 서신에 대해 저는 귀하가 말한 웨스베커 씨의 "질환"은 여기서 쟁점이 아님을 지적해야 할 것 같습니다. 일터에서 차별을 금하는 지역 조례는 신체적·정신적 장애 둘 다에 분명히 적용됩니다. 쟁점 질문은 오직, 만약 장애가 있는 직원이 있다면, 스탠더드 그라비어가 그들에게 어느 정도까지 편의를 제공할 것인가 입니다. 위원회가 조사 중인 정보가 적절한가 그렇지 않은가에 대한 판단을 제소인과 피제소인에게 허락하는 관례는 없습니다. 피제소인이 조사에 대한 협조를 거부하는 경우 우리에겐 두 가지 수단만 남습니다. 하나는 고용평등기회위원회의 지시에 따라 불리한 추정adverse inference♦을 하는 것이고, 또 하나는 법원 명령을 통해 소환장을 발부해 필요한 증거 서류를 요구하는 것입니다. 이런 두 극단적 조치를 피하려는 노력에서 우리는 다시 한 번 다음의 정보와 항목들을 요청하는 바입니다.[27]

이에 대한 워먼의 답신은 다음과 같다.

우리는 직원들에게 특정한 직무를 영구히 면제해 준 적이 결코 없습니다. 우리는, "가능하다면" 웨스베커 씨에게 폴더가 아닌 다른 업무를 허락하라는 데이비드 무어 박사의 요청에 계속 협조하겠지만 그를 이 직무에서 영구히 전적으로 면제해 줄 수는 없습니다.

매팅리와 위원회는 워먼이나 스탠더드 그라비어와 논리적으로 따져 봐야 소용없다고 결론지었다. 한 가지 이유는 워먼이 그야말로 거짓말을 하고 있었기 때문이다. 공장 노조위원장 돈 프레이저는 매팅리에게 폴더 업무에서 영구히 제외된 직원 중 당장 이름이 떠오르는 직원만 해도 셋이나 된다고 인정했다. 웨스베커의 피해의식이라고들 했던 것이 사실은 진짜임을 확인해 준 것이다. 내가 그의 피해망상을 언급하는 이유는, 이 제소와 관련해서 읽은 거의 모든 설명에서, 또 전前 직원들과 개인적으로 한 인터뷰에서 하나같

♦ 조사 협조를 거부하거나 증거를 제시하지 않는 경우 당사자에게 불리한 추정을 하도록 하는 원칙을 가리키는 법률 용어. 불이익 추정이라고도 한다.

이 웨스베커에게 비합리적인 피해망상이 있었다고 생각하는 것 같기 때문이다. 사실 "피해망상"이 느닷없이 폭발하기 쉬운 직원에게 발견되는 징후 가운데 하나라고 말하는 프로파일링 자료는 한둘이 아니다. 그렇지만 이 제소와 관련된 사람들에게 재차 묻는다면 대부분 [회사가] 사실상 웨스베커를 꼭 집어 학대하고 과도하게 내몰았음을 인정할 것이다. 그런데 왠지 이들 모두, 심지어는 웨스베커에게 동정적인 이들조차 놀라워했던 점은 그가 "참고 견디기"보다는 자신의 학대받은 사실을 겉으로 드러냈다는 데 있다. 그런 시인, 그러니까 공장의 잘못과 끔찍한 처사에 이목을 집중시킨 것은 마치 사회적 규약을 위반한 것 같았다. 그리고 그 일로 웨스베커는 분별없는 사람으로 간주되었다. 만약 그가 옳다면 항의하지 않은 다른 모든 직원들은 겁쟁이나 등신이 되고, 그가 피해망상이 있는 괴상한 녀석이라면 나머지는 정상이고 그 혼자만 별종이 되는 셈이었다.

매팅리는 워먼과의 협상을 포기하고 웨스베커 사건을 반차별 심사단 앞으로 보냈다. 심사단은 개연성 있는 원인이 있어 조취를 취해야 한다는 — "차별이 있었다는"[28] — 매팅리의 견해에 동의했고 이를 통해 매팅리는 스탠더드 그라비어와의 협상에서 유리한 위치를 점할 수 있게 됐다. 하지만 믿기 힘들게도, 워먼은 7개월 후에도 여전히 그에게 명확한 답변을 주지 않았다. 마치 악의로 그러는 것 같았다. 그게 아니라면 관련 업계를 대변하는 입장 때문에 질 수 없었기 때문인지도 모르겠다.

협상은 결렬되었다. 웨스베커가 제소한 지 1년 2개월 만에 — 제소에 앞서 수년간 스탠더드 그라비어를 논리적으로 설득하려는 시도가 있었지만 번번이 좌절되었고, 그 사이 회사는 야금야금 쪼

개지고 정리 해고가 이루어졌다 — 매팅리는 결실 없는 협상을 끝
내고 상관인 변호사 엘리자베스 쉬플리에게 사건을 넘겼다.

록키의 절친들

광란의 스탠더드 그라비어 살인 사건 뒤 언론은 "록키"라는 별명의
웬 호전적인 사이코가 한순간에 무너져 폭발했다는 식의 기사를 써
댔고, 이로 인해 이 분노 살인을 바라보는 틀은 웨스베커의 허약한
정신 건강에 맞춰졌다. 실제로도 웨스베커는 웃는 낯을 하고 있는
성공한 전형적 미국인은 아니었다. 조울증(미국인 여섯 중 하나가 언
젠가는 겪게 마련인)을 앓았고[29] 약물 치료를 받았으며, 두 번의 결
혼에 실패했다. 이런 인물 묘사를 접하면서 사람들은 자연스레 이
광란의 살인을 별종이 저지른 별난 사건이라는 틀로 보게 되었다.
　하지만 진실은, 웨스베커가 아주 흔한 유형이었다는 것, 적어도
살인을 저지르기 전에는 그렇게 여겨졌다는 것이다. 당신이 다니던
회사나 학교를 한 번 생각해 보라. 우정으로 모이는 곳이 아닌 모든
회사, 학교, 집단에는 다수가 생각하기에 괴상하고, 정상이 아닌 것
같고, 이상하며, 심지어는 사이코 같은 이들도 있다. "느닷없이 폭
발할 것처럼 보이는 유형"은 늘 있기 마련이다. 그러나 경우에 따
라 다르겠지만 실제로 폭발하는 사람은 그럴 것 같은 유형이 결코
아니다. 폭발해 분노 살인을 저지르는 사람은 "어느 누구도 그런
일을 하리라고는 상상도 못한" 유형이다. 어느 집에 가봐도 만날
휴일인 것처럼 늘 추리닝만 입고 있는 "별종"이나 "괴상한 녀석"은

한둘쯤 있게 마련이다. 스탠더드 그라비어 범죄 현장에 있었던 경찰관은 이렇게 말했다. "직원들한테 그런 일을 했을 만한 사람으로 짐작 가는 사람이 있냐고 물으니, 웨스베커 전에, 다른 직원 서너 명의 이름을 대더라고요."[30] 웨스베커의 정신 질환, 콤플렉스와 별난 점, 그리고 문제 있는 가정도 미국에서 결코 드물지 않다. 항우울제, 자기계발서와 우울증 분투기의 인기, 그리고 가정사의 문제를 고백하는 무수한 회고록들, 시트콤, 영화 등이 그 증거다. 사실, 영화가 끝나고 난 후, 이런 문제들을 내놓고 말하는 사람은 거의 없다. 그렇지만 이런 문제들이 얼마나 흔한지는 다들 알고 있었다.

매팅리는 웨스베커가 평범한 사람이었음을 보여 주는 예로 다음과 같은 이야기를 들려주었다. "조 웨스베커는 유머 감각이 탁월했어요. 제 사무실에 올 때 보면 흔히 안절부절못하고 화를 내기도 했지만 나가기 전에는 언제나 웃거나 저를 웃게 했어요."[31]

이 부분이 증언에서 드러난 가장 고통스런 사실 가운데 하나다. "명랑한 태도"와 웃음은 모든 미국인들이 무의식적, 심지어는 유전적 차원에서 사용하는 전략이다. 많은 미국인들은 자신의 미소가 내면의 행복이 자연스레 흘러나온 것이라기보다는 상대방을 편안하게 해주려는 노력의 소산임을 개인적으로는 알고 있다. 그렇지만 이런 사실을 공개적으로 밝히지는 않는다. 그래서 다른 많은 이들도 억지 미소를 짓는다는 것을 아는 사람은 거의 없다. 우린 모두 자신만 웃는 척한다고 생각한다. 이런 미소들은 포유동물이 무리에서 내쫓기지 않으려고, 자신이 그 무리와 같은 존재임을 알리기 위해 내는 울음소리에 더 가깝다. 이런 울음소리는 거듭해서 외쳐야 한다. 상투적이고 과장된 친근함의 표시는 한 번으론 안 된다. 거듭

해야 쫓겨나지 않는다. 사무실 동료들은 당신에게 같은 포유류임을 보여 주는 정확한 신호를 매일, 매시간 보내라고 요구한다. 진이 빠지고 굴욕감을 느낄 수 있는 일이다. 만약 자신이 얼마나 정상적인지를 모두에게 끊임없이 상기시키지 않는다면, 회사에서 인원을 감축할 때 영순위가 되거나 나쁜 줄에 서게 된다. 내 경험에 따르면 이 명랑함, 억지 미소는 미국인의 일상을 가장 좀먹는 특징 가운데 하나, 사람들 사이를 소원하게 하는 주된 요인 가운데 하나 ─ [미국] 문화의 핵심 독성 물질 ─ 다.

(미국인이 투표권만큼이나 소중히 하도록 교육받아 온) 가지런하고 하얀 치아를 드러내며 활짝 웃는 그런 미소를 잃어버렸기 때문에 그녀를 승진에서 배제시켰다고 인정할 고용주는 아무도 없을 것이다. 캐롤라인은 잇몸을 보이지 않으면서도 상냥한 표정으로, 얼굴 전체로 웃는 법을 터득했지만, 안타깝게도 미국 문화가 추구해 온, 기쁨에 가득 찬 눈부신 광선을 쏟아 내는 그런 미소로는 보이지 않았다. 치아를 보이는 일이 명문화되어 있지는 않지만 미소 자체가 직무 내용의 일부가 되는 그런 직종에서, 그녀는 다른 사람들을 당해 낼 수 없었다.[32] ◆

무리에서 쫓겨나고 싶지 않다면 꼭 명랑한 태도를 보여야 한다.

◆ 2000년 당시 월마트에서 상품 진열과 계산대 일을 하던 캐롤라인이 남들이 '환하다고' 생각하는 미소를 지을 수 없었던 것은, 치과 진료비가 없어 충치 치료를 제대로 받을 수 없었고, 결국은 치아를 모두 빼야 했기 때문이다. 그녀는 20년째 어딜 가든 7달러도 안 되는 시급을 받고 일해야 했다.

그 스스로가 낙천주의와 웃음을 즐기고 있는지는 모를 일이지만 한 개인이 집단의 비위를 맞추려는, 또 눈 밖에 나지 않으려는 의도임은 분명하다. 웨스베커의 숙모 밀드레드 히긴스는 살인 사건 다음 날 인터뷰에서 이렇게 말했다. "조카는 행복해 보였어요."[33]

그 미소가 거짓이라는 것, 속내를 숨기는 묘약이라는 것은 시어커뮤니케이션스 변호사가 묻고 매팅리가 대답한 증언 녹취록에서 드러난다.

> **답변**[매팅리] 개노트 씨는 근무 중 사고를 당했고 손과 팔에 복원 수술을 했습니다. 회사는 그가 준비됐다고 생각할 때까지 폴더 업무를 면제해 줬습니다. 웨스베커 씨는 그를 자신과 견줄 수 있는 사람으로 보았습니다. 그러니까 이런 거죠. "빌 개노트에게도 그렇게 해줬으니까 저한테도 그렇게 해줄 수 있어요." 저는 이렇게 말했습니다. "개노트 씨가 저한테 전화하게 하는 건 어때요? 정확히 무슨 일이 있었고 회사가 무엇에 동의해 줬는지 본인 입으로 들을 수 있게요." 그래서 그는 개노트 씨에게 전화 요청을 하기로 했는데, 전화는 오지 않았습니다.[34]

> **질문** 웨스베커 씨와 개노트 씨가 친구 혹은 친한 사이라고 보셨습니까? 개노트 씨가 그런 점에서 그에게 협조할 거라고 보셨나요?

> **답변** 네.

> **질문** 친구라고 보셨다고요?

답변 네.

질문 빌 개노트가 조 웨스베커가 총을 쏘아 죽인 사람 중 하나라는 것을 알고 계십니까?

답변 네.

질문 질문을 마치겠습니다.

변호사가 여기서 캐물으며 보여 주려 한 것은, 만약 웨스베커가 "친구"를 죽였다면 그의 살인 행각이 무차별적이었음이 입증되고 따라서 그는 회사의 잔혹함에 희생된 사람이 아니라 별종이었다는 것이다. 그러나 변호사도 매팅리도 그런 환경에서 친구는 가벼운 의미의 친구도 못 된다는 것을 놓치고 있었다. 사실 웨스베커 자신도 의식하지 못했을 것이다. 친구 관계란 그저 또 하나의 굴욕적인 관계, 무리에서 떨어지지 않기 위해 필사적으로 계속해야 하는, 그러나 실패하고 마는 시도일 수 있다. 당신의 삶을 지옥으로 만들지 않는 직원이라면 친구일 수 있다. 혹은 당신의 삶을 지옥으로 만들지만 온갖 조롱을 한 뒤 등을 가볍게 툭툭 두드리고는 "다 웃자고 한 얘기야" "너무 심각하게 받아들이지 마" "우린 모두 여기서 즐거운 시간을 보내고 있잖아" 하는 직원들 중 한 명일 수도 있다. 또는 만사가 악화되는 것을 막기 위해 좋은 관계를 유지해야 하는 사람일 수도 있다.

웨스베커는 한 남자의 목숨은 분명히 살려 줬다. 내가 확신하는 것은 그 남자, 존 팅글은 웨스베커를 슬프게 한 일이 없었기에 목숨을 구했다는 것이다. 웨스베커가 바랐던 것도 그 이상은 아니었다. 팅글은 『루이빌 쿠리어 저널』에 이렇게 말했다. "그는 날 쏘지 않았습니다. 날 좋아했던 것 같아요." 그러고는 덧붙여 말했다. "그가 인쇄실에서 쐈던 사람들도 친구였어요."[35] 정말 그랬을까?

레이건 이후로 안전한 일자리란 없고 안전한 임금과 복지 혜택도 없으며 일터는 정리 해고, 노동자 내부의 압박, 최고위층이 조장한 두려움의 문화에 지배 받고 있다. 이런 곳에서 친구 같은 건 존재하지 않는다.

이런 압박들 외에도 웨스베커는 직장 내에서 흔한, 하지만 최근까지 좀처럼 관심의 대상이 되지 못하고 있는 치명적 왕따를 견뎌야 했다. 웨스베커는 매팅리의 사무실에 올 때 종종 "근무 중에 있었던 일로 심히 안절부절 못하곤" 했다. 매팅리는 중요한 사실을 드러내는 이야기를 하나 들려준다. "누군가 게시판에 이렇게 써서 붙였습니다. '이와 관련해 도움이 필요한 사람은 웨스베커 585-미친놈으로 연락하시오.' 그는 속이 상했을 뿐만 아니라 마음에 상처를 입었습니다. 그리고 문제는 그 글을 게시판에 붙인 사람만이 아니었죠. 담당자들 가운데 아무도 그걸 떼버리는 사람이 없었던 거예요."[36] 그냥 참고 견디는 이들은 낄낄대면서, 이런 괴롭힘이 웨스베커에게 어떤 영향을 미칠지, 그의 감정이 얼마나 상할지에 대해서는 관심을 보이지 않았을 것이다. 그러나 매팅리는 말했다. "그는 자살을 시도한 게 한두 번이 아니라고 했습니다."[37]

1988년 3월 28일, 웨스베커는 매팅리와의 전화 통화에서 "친구" 빌 개노트가 회사를 상대로 한 자신의 제소를 도와줄 거라고 이야기했다. 1년 반이 지난 1989년 9월 14일에도 개노트가 전화를 걸어 친구를 변호하는 일은 없었다. 웨스베커는 개노트가 자신이 우는소리 하는 말썽꾼이라고 증언하지 않을까 싶어 그에게 부탁을 하지 않았는지도 모른다. 아니면 그에게 부탁하는 전화를 했을 수도 있다. 하지만 좌우간 개노트는 증언을 해봐야 자신에게 득 될 것이 없다고 보았을 것이다.

2장

노예제의 평범성

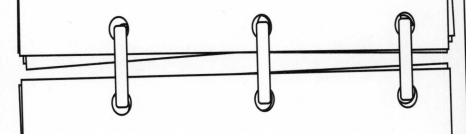

우리 노예들은 행복할 뿐만 아니라
삶에 만족하고, 평화적이며, 무해한 사람들입니다.[1]

/제임스 H. 골슨(1832)

혁명이란 무엇이고, 어떻게 수행되며, 누가 수행하는가에 대한 우리의 생각은 미국의 문화적 프로파간다와 20세기 낭만적 마르크스주의자의 프로파간다에 의해 왜곡되어 왔다. 한편으로 우리는 합리적 사고방식에 삼각 모자를 쓰고 차를 홀짝이며 밤낮없이 인권을 논하는 자들이 혁명을 이끈다고 생각한다. 아니면 마르크스주의자들이 생각하는 혁명의 이상, 곧 혁명은 필연적이고 이성적인 역사적 과정으로 이 과정에서 가장 계몽된, 가장 수수한 인간이 역사적 경향에 협력해 영광스럽고 깨끗하고 순수한 혁명을 달성한다고 곧이곧대로 믿는다. 사실, 혁명은 엉망이고, 추하며, 유혈이 낭자한 사건이다. 혁명에 대한 대중적 관념 속에 어리석음, 불운, 의도하지 않은 희극, 혐오스러운 광기 같은 요소들은 없다. 하지만 대부분의 혁명은 우리가 미치광이라 부르는 사람들, 사실 당대에도 미치광이로 여긴(그리고 십중팔구 미치광이였던) 사람들이 "주도"한다. 혁명은 시간과 거리를 두고 보면 낭만적이지만, 당대인들에게는 보통 괴이하고, 부적절하며, 무시무시하고, 악한 것으로 보이기 마련이다. 그래서 거의 항상 싹이 나오자마자 잘리고 만다.

이 점을 실증하기 위해, 미국에서 드물게 발생한 내국 반란◆의 사례들을 살펴보자. 우리는 모든 반란이나 내국 봉기가 현재 우리

◆ 식민국에 대한 식민지의 반란이 아닌 내국 지배층에 대한 반란.

가 이해하는 대로 당시에도 그렇게 이해되었다고 생각하는 경향이 있다. 하지만 사실 대부분의 반란은 일종의 맥락적 진공상태에서 일어났다. 다시 말해 반란은 당대인들에겐 아무런 맥락도 없이 튀어나온 사건으로 보였고 그래서 한낱 무의미하게 발광하는 폭력적 소요로 간주되었다. 그러다 그 반란들을 설명하거나 정초하기 위해, 또 극적인 순서와 의미를 부여하기 위해 지적인 혹은 이념적인 틀이 제공된 뒤에야 다르게 보였다. 오늘날의 분노 살인도 이런 반란들과 일치하는 패턴을 보이다가 맥락화된다.

미국에서 내국 봉기는 극히 드물었다. 무엇보다 노예 봉기가 극히 드물었다는 건 명백하다. 1500년대 중반부터 남북전쟁이 끝날 때까지 문서로 기록된 노예 반란의 수는 열두 건이 채 못 된다.[2] 그렇지만 노예제는 미국의 백인들이 수행한 가장 야만적이고 섬뜩한 정책이었고, 영예롭게도 우리 제노사이드 백과사전에 길이 남을 일이다. 보수적으로 평가해도, 4백 년 동안 1천5백만 명 이상의 아프리카인들이 식민 열강들에 의해 강제로 노예가 되었고 이 과정, 그러니까 마을을 습격해 그들을 포획한 후 사슬에 묶어 임시 수용소나 노예 창고까지 이동시킨 뒤 가둬 놓는 일련의 과정에서 3~4천만 명이 죽었다.[3] 이 모든 일들이 직접적으로 식민지 시대 미국 백인들 탓만은 아닐지라도 그 수는 엄청나서 믿기 힘들 정도다. 그럼에도 미국 땅에서 일어난 반란은 몇 안 되었고, 그것도 주로 소규모였으며, 게다가 오늘날 역사가들은 그중 몇몇에 대해서조차 진짜 흑인 반란이 아니라 백인의 편집증으로 인한 오해일 수도 있다는 이견을 제시한다.

많은 미국인들은 이렇게 노예 반란이 적었다는 데 충격을 받고 낙담할지도 모른다. 노예들이 훨씬 더 자주 반란을 일으켰어야 했

다는 생각이 드는 것이다. 한 가지 이유는 그들의 머릿수다. 1800
년, 미국 인구 5백만 가운데 1백만이 흑인이었고, 그중 90퍼센트가
노예였다. 1820년에 실시한 인구조사에 따르면, 남부는 40퍼센트
가 흑인이었고 일부 지역은 70~90퍼센트까지 됐다.[4]

그런 인구통계에도 불구하고 왜 노예들은 더 들고일어나지 않았
을까? 왜 주인을 죽이고 자신의 존엄을 되찾지 않았을까? 만약 나
라면 그랬을 텐데, 라고 상상하는 것이다. 가장 명백한 답은, 그런
시도를 했다가는 목숨을 부지하기 어렵다는 걸 노예들이 잘 알았다
는 것이다. 가령, 카리브 해 지역과는 달리 미합중국은 군대를 충분
히 갖추고 있었고 진압 방법들도 치밀해서 노예건 농민이건 프롤레
타리아건 어떤 반란이라도 분쇄할 태세가 되어 있었다. 남부연합the
Confederates ♦이 세계 최고의 장교들과 무기들을 갖춘 엄청난 군대를
전장에 보내고서도 미합중국에 분쇄되고 파괴된 마당에, 하물며 지
배 집단과 어울릴 기회조차 없던 노예들이 승리할 공산은 얼마나
되었겠는가!

두려움을 심는 것은 유순하고 고분고분한 노예를 만들어 내는
가장 효과적인 방법 가운데 하나다. 예컨대, 하층계급 범죄자가 전
능한 국가를 한 수 앞설 수 있는 가능성은 전혀 없음을 보여 주고
미국 감옥의 무서운 이야기들도 일러 주는 〈캅스〉Cops 같은 프로그
램들은 사람들을 유순하게 만들고 일에만 집중하게 하는 효과적인
수단이다. 이는 마이클 무어가 〈볼링 포 콜럼바인〉Bowling for Columbine
에서 놓친 부분이다. 곧 두려움은 지배적인 중산층에게 작동해 범

♦ 1860~61년 사이에 미합중국에서 탈퇴해 남북전쟁을 일으킨 남부 11개 주.

죄적 하층과 정서적으로 거리를 두게 할 뿐만 아니라 하층, 곧 그런 텔레비전 프로그램의 타깃 시청자에게도 작동해, 만약 대오에서 이탈하면 패배하게 된다는 생각을 심어 준다.

반란을 선택지로 고려하는 노예를 위해 18세기 미국인들은 일종의 〈캅스〉 같은 것을 내놓았다. 이는 『흑인 위에 백인』에 묘사되어 있듯이, 반란에 대해 효과적으로 겁을 주기 위한 것이었다.

노예들이 백인의 권위에 폭력으로 저항할 때마다 그 대응은 신속했고 18세기 기준에서도 잔악했다. 그 권위를 거스른 자들의 시신을 매달아 두거나, 참수된 머리를 장대에 꽂아 공공장소에 전시하기도 했다. 이 섬뜩한 광경은 모든 행인들에게 흑인이 백인에게 그 검은 손을 쳐드는 일은 두 번 다시 없으리라는 것을 상기시키기 위한 것이었다.[5]

우리의 선조들은, 보통 독실하고 민주적인 선조들을 생각하면서 떠올리는 그런 합리적인 휴머니스트의 이미지와는 완연히 달랐다. 하지만 이 나라가 어떻게 세워지고 정복되었는가를 일별하는 측면에서는, 이것이 공립학교 시민교육에서 틀어 주는 크라운 영화들*보다 훨씬 진실에 가깝다.

그러나 노예 반란이 적었던 더 일반적인 까닭은 단순하다. 대부분의 노예들이 반란을 원하지 않았기 때문이다. 이 우울한 사실은 미국의 아프리카 노예들에게만 국한되지 않는다. 우리는 대부분이

---

* 크라운 필름 유닛에서 제작한 세미다큐멘터리 영화로, 주로 정부의 입장을 대변하는 역할을 했다.

환경에 적응하려 하고, 두려움 탓에 통제 받고 길들여지려 한다. 프레더릭 더글러스◆는 노예는 미지의 것을 두려워해 반란을 택하지 않는다고 설명했다. 그는 『햄릿』의 구절을 따와 이렇게 썼다. 그 두려움 탓에 노예들은 "미지의 다른 것을 향해 달려가는 대신 이승의 질곡을 참고 견뎠다."[6]

사실 많은 미국 노예들이 한꺼번에 일어선 경우는 백인들이 매수했을 때가 유일하다. 그때조차 그들의 반응은 상대적으로 시원찮았다. 독립전쟁 동안 미국에서, 노예 반란을 배후에서 조장했던 영국은 백인 주인에 맞서 반란을 일으키거나 영국 편에 서는 노예에게 자유를 주었다. 윈스럽 조던은 『흑인 위에 백인』에서 그 당혹스런 결과를 이렇게 적었다. "독립전쟁 동안 영국군은 탈출해 자유의 몸이 될 기회를 주었지만 놀랍게도 중요한 노예 봉기는 일어나지 않았다."[7]

하지만 많은 노예는 탈출해 영국 편에 섰고 일부는 영국을 위해 싸우기도 했다. 로드 던모어의 흑인 연대(3백~8백 명으로 추정되는 해방 노예들로 대부분 열병으로 죽었다고 한다)와 1779년과 1780년,

◆ 1818년 2월, 메릴랜드 주에서 노예로 태어났다. 어머니는 흑인 노예였고, 아버지는 백인 대농장주로 추정된다. 노예 폐지론자이자 여성 인권 옹호론자로 활동했으며, 19세기 가장 영향력 있는 연설가·작가 중 한 명이었다. 자서전 『미국 노예 프레더릭 더글러스의 삶』*Narrative of the Life of Frederick Douglass, an American Slave*(1845)을 썼고, 미국 정부 고위직에 임명된 최초의 흑인으로 1877년 컬럼비아 특별구 경찰서장, 1889년 주駐 아이티 공사 등을 역임했다. '프레더릭'은 도망 노예 시절 추적을 피하기 위해 선택한 이름으로 자신이 감명 깊게 읽은 월터 스콧 경의 시 〈호수의 여인〉*Lady of the Lake*에 나오는 등장인물 이름에서 따온 것이다.

뉴욕과 뉴저지를 공포에 떨게 한 국왕파[독립전쟁 당시 독립 반대파] 파견대, 곧 타이 대령의 흑인 여단이 대표적이다. 다른 한편, 흑인들은 개전할 때부터, 노예제를 지지하는 미국 편에 섰고, 이들이 참여한 렉싱턴 전투와 벙커힐 전투는 많은 희생자를 냈다. 하지만 흑인들이 추가로 군대에 들어갈 수 있는 길은 차단되었고, 그걸 지시한 사람은 다름 아닌 노예 소유주 조지 워싱턴으로 노예제를 지키려는 의도에서였다. 전쟁이 시작된 1775년, 워싱턴은 무장한 흑인들이 노예 반란을 확산시킬까 두려워 흑인 추가 모병을 막았던 것이다. 1777년에서 1778년으로 넘어가는 겨울, 자신의 군대가 거의 전멸되고 나서야 그는 모병에 동의했고, 그 후 3년간 전투를 치른 뒤 노예 반란에 대한 걱정이 기우였음을 깨닫게 되었다. 전체 군대의 6분의 1쯤 되는 5천여 명의 흑인이 미국 편에서 싸웠다. 결정적인 요크타운 전투에 참여한 한 프랑스군 장교는 이렇게 썼다. "그들[미군] 중 4분의 1은 니그로이다. 명랑하고, 자신감 있으며, 건장하다."[8]

대부분의 노예들이 노예 소유주들에 맞서 들고 일어나지 않았던 이유는 무엇일까? 영국의 패배는 단순히 지나고 보니 그렇게 되었다는 식으로 설명할 수 없다. 독립전쟁 내내 도박사들은 영국의 승리를 점쳤고, 전투가 거듭될수록 그들의 말이 맞아 들어가는 듯했다. 영국인들은 별 어려움 없이 식민지 미국 전역으로 진군할 수 있었다. 하지만 그들은 자신들이 정복했던 식민지 미국을 장악해 평화를 유지할 군대와 보급선이 없었거니와 과거와 같은 방식으로 식민지 주민들을 절멸할 의사도 없었는데, 주된 이유는 식민지 주민들이 인종적으로나 문화적으로 자신들과 비슷한 사람들이었기 때문이다. 영국인들은 미국인들을 이길 수 없었고 결국 패배를 인정했다.

현재 우리의 프로파간다와 우리 자신에 대한 믿음에 입각해 보건대, 그리고 당시 노예들이 영국의 제안을 받아들였을 경우 얻을 수 있는 것이 얼마나 많았는지를 — 달리 말해, 위험 대비 보상 비율이 얼마나 유리해 보였는지를 — 고려해 보아도, 결과는 여전히 뜻밖이다. 약 8년간의 전쟁에서 극소수의 흑인만이 주인에 맞서 무기를 들었고 대부분은 주인 편에 섰으며 심지어는 영국 편으로 탈출한 노예에 맞서 총을 들기까지 했다.

그들의 행위가, 역사 속 영웅주의를 바라는 우리의 요구와 일치하지 않을지 모르지만 당시 맥락을 고려하면 이해가 된다. 폭력적인 포식자들, 곧 영국인과 미국인 사이에 낀 노예들은 무슨 짓을 해도 비극으로 끝날 것이라고 생각했을 게 분명하다. 그리고 실제로도 그랬다. 영국 공작원들은 도망친 노예들을 천연두에 감염시킨 뒤 영국에 반대하는 그들의 주인들에게 돌려보냈다고 한다. 아주 이른 시기에 인간을 대량 살상 무기로(영국계 미국인들이 인디언 부족들의 땅을 차지하려고 천연두에 오염된 옷을 선물로 준 전술에서 유래한 세균전술) 사용한 예다.[9] 영국인들은 탈출한 노예들에게 자유를 약속했다. 하지만 요크타운이 함락된 뒤, 보호를 약속한 탈출 노예들을 버렸다. 역사가 마거릿 워싱턴은 이렇게 설명했다. "영국인을 도운 아프리카계 미국인 수천 명은 자유를 잃었다. 대다수는 결국 카리브 해의 노예가 되었다. 일부는 영국인을 따라 찰스턴과 서배너 같은 곳을 떠나려 했지만 저지되었다. 남부 흑인들이 쓴 편지들을 보면 믿기 힘들 정도다. 찰스턴이 포위된 뒤, 영국 보트까지 헤엄쳐 갔는데, 못 따라오게 하려고 단검으로 팔을 잘랐다고 한다."[10]

워싱턴의 버지니아 주는◆ 만성적으로 인력이 부족해 백인들은 할 수 없이, 지역 민병대에 입대한 노예들에게 자유를 주었다. 그러나 노예 소유주가 약속을 저버리고, 대리 복무를 한 흑인을 다시 노예로 삼는 문제가 만연하자, 버지니아 주 의회가 이를 규탄할 지경이었다.[11]

남북전쟁 동안 남부 흑인 노예들의 반응은 훨씬 무뎠다. 1863년 노예해방선언 후에도, 주인에 맞서 들고일어나 자유를 얻으라는 북부의 외침에 귀 기울여 노예 반란을 일으킨 경우는 알려진 바 없다. 일부 노예들은 탈출했고, 그중 일부는 북부연합에서 싸웠지만 남부연합 뒤에서 유격전을 벌인 노예들은 없었다. 사실, 대부분은 전쟁 내내 농장에 남아 있었고 상당수는 남부연합군을 지원하는 일을 해야 했다. 덕분에 남부연합은 북부와의 인력 격차를 줄일 수 있었고 더 오래 버틸 수 있었다.

라틴아메리카와 카리브 해 곳곳에서는 아프리카 흑인 노예 반란이 무수히 일어났지만 같은 시기에 미국 노예들은 비교적 수동적이었다. 이중 가장 유명한 것은 1797년 아이티(곧 히스파니올라 섬)에서 성공한 노예 혁명이었다. 미국에서 노예 반란이 적었다는 것에서 우리는 미국 백인들이 반구의 다른 식민국들보다 흑인 노예들을 효율적으로 잠재우고 그들의 기질을 잘 다스렸음을 알 수 있다. 특히 스페인 및 프랑스 사람들은 노예를 억압하는 수단이 미국 백인들만큼 잔혹하긴 했지만 효과적이진 못했다. 알다시피, 잔혹하게 대하는 것만으로 사람들이 유순해지는 건 아니다. 사실, 그러면 혼

◆ 버지니아 주 태생인 조지 워싱턴은 버지니아 의회 의원이었고 1775년 제2회 대륙회의에 버지니아 대표로 참석했다.

히 역효과가 나타난다.

보통 노예는 주인 앞에서 유순했다. 그건 노예제의 속성상, 짐승 취급을 받는 노예들 입장에서는 자연스러운 일이었다. 북아프리카 및 서아프리카 주인의 수중에 있던 유럽계 백인 노예들의 경험도 백인 주인의 수중에 있던 흑인 노예들과 다를 바 없었다. 1530년과 1780년 사이 1백만 명의 유럽인들이 북아프리카 아랍인과 서아프리카인의 노예가 된 것으로 추산되며 그들도 다른 곳의 노예들과 마찬가지로 용감하게 행동한 것은 아니었다.[12] 존 블래싱게임은 『노예 사회: 남북전쟁 전 남부의 농장 생활』에서 이렇게 말했다. "잡힌 지 몇 년 안 되어, 백인 노예들이 알던 세계는 그들의 머리에서 흐릿해지기 시작했고, 노예로 전락한 위치 때문에 새로운 행동 양식을 받아들여야 했다."[13]

이런 새로운 행동 양식들은 백인이 흑인 노예와 관련짓는 "천한" 행동과 비슷했다. 특히 북아프리카인은 유럽계 백인 노예를 선천적으로 좀도둑질과 술에 절어 있기 일쑤인 인간 이하의 것으로 보았다.

블래싱게임은 백인 노예들에 대해 이렇게 말한다. "오래된 노예들은 새로 붙잡혀 들어온 노예들을 놀렸고, 강한 노예는 약한 노예를 착취했으며, 다수는 주인의 환심을 사려고 동료를 밀고했다."[14]

유럽계 노예들이 집단으로 탈출하거나 반란을 일으키는 일은 드물었다. 대부분은 아랍인 혹은 아프리카인 주인에 의해 길들여졌고, 본디 유순하고 고분고분한 종자로 다시 훈육됐다. 이는 주인의 관리 기법에 달려 있었다. 백인 노예들은 점차 고분고분해졌고 다수는 "노예 생활 기간, 대우, 나이, 자국 출신의 다른 노예들과의 유대, 그리고 개종시키려는 주인의 열성"[15]에 따라 이슬람교를 받아들였다. 일부 백인 노예들은 상당히 잘 동화되어서, 몸값을 치르고 해방되는 기회를 거부하기도 했다.

많은 측면에서 미국 노예들만큼이나 비참한 삶을 산 중세 유럽 농민들은 일반적으로 어리석은 동시에 교활하며, 쾌활한 동시에 유순하다 — 노예에 대한 주인들의 평가와 흡사하다 — 고 여겨졌다. 농노들이 반란을 일으키지 않은 까닭은 자신들이 삶에서 바라는 위치에 있었기 때문이라고 한다.

> 농민은 노동하는 방법만 알지 …… 이유는 모른다. 부모의 가르침이나 그 지역의 관습 이상은 모르는 것이다. /17세기 거버스 마크햄[16]

그리스 로마 시대까지 거슬러 올라가도 노예 반란은 극히 드물었고, 어느 누구도 그게 이상하다고 여기지 않았다. 역사가이자 『로마제국의 노예와 주인』의 저자 K. R. 브래들리에 따르면, 기원전 140년에서 기원전 70년 사이에 일어난 반란은 스파르타쿠스가 이끈 유명한 반란을 포함해 세 건뿐이었다.[17] 더욱이 노예의 곤경에 크게 신경 쓴 노예 소유주도 없었던 것으로 보인다. 리처드 던킨은 이렇게 말한다. "노예제는 자명한 삶의 현실이어서 당시 가장 위대한 철학자들이 언급할 가치가 있는 것으로 여겨지지 않았다."[18]

현대의 맥락에서 살펴보자. 약 20년간 소비에트 강제 노동 수용소들에서 수백만 명이 죽었는데, 중대한 봉기는 왜 그 시스템이 해체되기 직전에 일어난 게 전부일까? 왜 그토록 많은 러시아인들은 싸우지 않고 "선선히" 수용소에 가서 "가만히" 짐승 같은 취급을 당하고 살해당했을까? 바를람 샬라모프의 『콜리마 이야기』[이종진 옮김, 을유문화사, 2015]는 인간이 가장 모멸적인 조건에 어떻게 적용하는가에 대한 가장 위대하고도 가장 비통한 설명일 것이다. 적절한 조건이 주어질 경우, 인간은 짐승 같은 노예로서 새로운 "정상적" 생활에 적용하는데, 여기서 "정상적"이라는 단어에는 고정된 의미가 없으며, 누구나 노예적 속성을 가질 수 있음을 이 책은 묘사한다. 우리가 그다지 생각하고 싶지 않아 하는 내용이다. 그래서 악한 공산당 압제자들과, 저항한 극소수 영웅들에 초점을 맞춘 알렉산드르 솔제니친의 책[『수용소 군도』]이, 좋은 놈과 나쁜 놈, 영웅과 압제자라는 손쉬운 구분을 피하고 우리 내면의 노예를 파고드는 샬라모프의 책보다 미국에서 훨씬 인기가 있는 것이다.

작가와 예술가들이 이 내면의 노예에 대해 표현하는 경우는 별로 없다. 그것이, 이른바 위험하고 원초적인 "암흑의 핵심"보다 훨씬 더 흔하고, 더 자주 모습을 드러내는데도 말이다. 노예 심리는 우리에게 너무나도 친숙하다. 그것은 지극히 평범한 장소, 곧 직장, 인간관계, 가정, 학교 같은 곳에서 나타난다. 조지프 콘래드의 문학 정신과 능력은 박수를 받아 마땅하지만, 샬라모프와 견주어 볼 때, 그가 『암흑의 핵심』에서 설정한 무대는 독자들에게 잠시간 좀 더 심오한 자아감을 느끼게 해줄 이국적인 휴양지일 뿐이다. 어느 누구도 아프리카의 다른 강[『암흑의 핵심』의 중심 배경인 아프리카 콩고 강과는 다른 강], 곧 인간 복종심의 핵심을 드러내는 강으로는 여행하려 하지 않는다.

오늘날 미국인들에게 노예제는, 악당들이 만들어 내는 악덕으로 그려지는 한, 또 영웅들에 의해 극복되는 장애물인 한, 받아들일 만한 소재다. 노예제는 우리 마음속에 있는 전혀 영웅답지 못한 면면을 드러내는, 우리가 쉽게 적응하는 일상적인 조건으로 그려지지는 않는다. 노예제는 예술에서 파토스의 근원 혹은 등장인물의 용기와 결단력을 시험하는 악으로만 사용될 뿐이다. 달리 말해, 노예제는 — 오랜 세월 이어져 온 어떤 심리적 경향으로 적절히 묘사되기보다는 — 오늘날의 우리와는 먼 것으로 여겨진다. 즉, 우리는 도덕적 진보를 강조하며, 우리가 선조보다 더 낫다는 인식을 뒷받침하는 데 노예제를 이용한다.

[그렇지만] 시간이 흐르면서 노예제는 돌연변이를 일으켜 왔고 현대적 조건에 적응해 왔다. 바로 이 과정을 검토함으로써 우리는 궁극적으로 오늘날 광란의 살인의 원인을 찾게 될 것이다.

검은 화물

아프리카 노예들이 반란을 일으킬 공산이 가장 컸을 때는 바로 대서양을 횡단하는 항해를 시작할 때였다. 『검은 화물들: 대서양 노예무역의 역사』에 따르면, 1699년과 1845년 사이, 노예선에서 일어난 선상 반란이 155건이라는 기록이 있다[19] — 그중 백인 선원들이 참여한 반란이 얼마나 되는지는 불분명하다. 아프리카 노예 화물만큼 소름 끼치도록 학대를 당한 건 아니지만 백인 선원들도 흔히 끔찍하게 학대를 당했다. 사실, 많은 선상 노예 반란들은 아프리카에서 출항한 지 몇 시간이 안 돼 일어났다. 백인 악마들이 자신들을 요리해 먹을 거라는 소문이 기폭제였다. 노예들, 그러니까 붙잡혀 온 흑인들은 흔히 배에서 뛰어내려 확실한 죽음을 택했다. 잡아먹히느니 단단히 채워진 쇠사슬과 함께 익사하겠다는 것이었다. 결국, 먹히는 게 아니라 노예가 된다는 것을 확신하게 되었을 때 그들은 흡사 안도감을 느꼈을 터다. 물론 그 순간이 오래가진 않았겠지만.

평균적으로 노예들 가운데 6분의 1이 항해 중에 끔찍하게 죽었다. 그들은 쇠사슬에 묶인 채로 빽빽이 갑판 밑의 화물칸에 실렸다. 말 그대로 나란히, 한 사람의 머리에 다음 사람의 발이 포개지도록 말이다. 효율적 공간 사용을 극대화하려는 조치였고 항해 내내 그랬다. 생존자들이 항구와 노예시장에서 처분될 무렵 그들의 반란 정신은 — 사실, 그들의 인간적 정신이 — 사라지고 없었다.

비좁은 화물칸에 나란히 누워 있는 노예들을 그린 당시 목판화를 보면 그들의 얼굴에는 그 어떤 표정도 안색도 없다. 눈이나 입에도 감정이 없다. 두려움도 아픔도 울음도 분노도 없다. 그들은 말 그대로 화물, 컨테이너 상품 같은 무생물로 재현된다. 당시 아프리카 노예들에 대한 일반적인 관점을 반영한 것이다. 목판화가 노예들이 받아 마땅한 파토스를 부정했기에 오늘날 그 판화들을 보면 심란해진다. 목판화가는 의도적으로 그 대상에게서 선천적 공포를 제거했을까? 아니면 보지 못한 것일까? 목판화가 혹은 그 관람객들은, 노예선에서 벌어지는 잔학 행위를 우리가 보통 농장에서 사육되는 가축들에게 벌어지는 일과 마찬가지로 — 도살장의 공포, 바이오 사료, 악취가 진동하는 빽빽한 사육장, 부패한 오물 냄새, 그리고 동물들의 울부짖는 소리를 제거한 채 궁극적으로 사회에 이득이 되기에 어쩔 수 없는 엄연한 현실로 — 그렇게 보았을까? 식민지의 백인들은 감정이입을 피하려고 흑인 노예를 가축 같은 것으로 봐야만 했다.

노예선 화물칸의 현실은 비명, 토사물, 배설물, 썩어 가는 살에
서 나는 악취, 절망, 열기, 그리고 [이런 것들로 점철된] 끝없이 이어지
는 나날들로, 현대 미국 예술가라면 애써 힘주어 가며 세세하게 다
룰 수밖에 없는 내용들이다. 하지만 18세기 목판화가는 이런 파토
스를 느끼지 못했을 수도 있다. 오늘날 우리에게는 믿을 수 없는 일
이겠지만 그 시대 예술가에게는 그들의 고통이 흥미로운 혹은 시장
에서 잘 팔릴 만한 소재로 다가오지 않았을지도 모른다. 내가 이를
지적하는 것은, 노예 반란[이 왜 그토록 적었는지]을 이해하기 위해서일
뿐만 아니라 오늘날 분노 살인의 본질을 이해하기 위해서도, "정상
적"이라는 개념이 늘 유동적임을 잊지 말아야 하기 때문이다. 틀림
없이 현대의 삶에도 잔인한 것들이 많다. 거기서 흘러나오는 파토
스가 현재는 포착할 수 없지만 백 년이 지나면 명백하게 보일 그런
것들 말이다.

노예 관리

1970년대에 샌프란시스코 만안 지역에서 어린 시절을 보낸 나는
노예들 대부분의 삶이 대체로 특별한 일 없이 평범했음을 나중에야
깨닫고 충격을 받았다. 내 생각에 홀로코스트와 노예제는 현대의
진보적인 휴머니스트가 되려면 누구나 직시해야 하는 엄청나게 끔
찍한 사건이었다. 이 두 비극은 내 마음속에선 같은 것이었다. 그렇
지만 그 비교는 전적으로 잘못된 것으로, 두 비극 모두를 왜곡한다.
노예제라는 대재앙이 수 세기 동안 지속되면서 유대인보다 훨씬 많

은 아프리카인들이 죽었고 훨씬 파괴적인 결과들이 장기간 이어졌다. 그럼에도 미국에서 평균적인 아프리카 노예들의 삶은 꽤 익숙한 것이었고, 상대적으로 견딜 만한 것이었다. 반면 강제수용소의 삶은 짧고 무시무시한 것이었다. 남북전쟁 전 남부에서 평균적인 흑인 노예의 삶은, 고의로 죽을 때까지 혹사시키거나 사람들 앞에서 거리낌 없이 죽여 버린 뒤 공동묘지에 던져 버리는 소비에트 강제 노동 수용소나 유대인 강제수용소의 삶과 결코 같지 않았다.

대부분의 노예들은 일하고, 쉬고, 자는 단조로운 삶을 살았다. 일반적으로 (탈출하려다 붙잡혀 벌을 받고 있는 그런 드문 경우를 제외하면) 철조망에 갇혀 있거나 쇠공이 달린 족쇄를 차고 있는 일은 없었다. 많은 노예들은 시내 출입이 허락되었고(물론, 신분증을 반드시 소지해야만 했다), 다른 농장의 노예를 방문하는 것도 허용되었으며, 작업 관행에 영향을 미치지 않는 한 여가도 주어졌다. 많은 노예들은 심지어 현금을 받거나 농노나 소작인처럼 잉여 작물을 팔수도 있었다. 또 돈으로 옷과 상품을 사고 배우자를 구하고 가족을 부양하며 어떤 경우에는 자신의 자유를 사기도 했다.

노예들이 부지런히 일하는 가장 흔한 이유 가운데 하나는 일의 완수에 이해관계가 걸려 있다고 생각했기 때문이다. 많은 노예들이 그렇게 생각했는데, 일을 충실히 하면 돈, 선물, 만찬, 무도회를 베풀어 주겠다고 농장주들이 약속했기 때문이다.[20]

상당수의 노예들에게 그런 삶은, 재산처럼 소유되고 인간 이하의 인종으로 간주된다는 명백한 사항을 제외한다면, 표면적으로는 당시 가난한 노동자의 삶과 유사했다. 그런데 이 소유권은 평균적인 노예의 머릿속에 매일 매순간 떠오르는 것은 아니었다. 길들여지면 인간은 무엇에든 익숙해질 수 있다. 런스포드 레인은 1842년에 출간한 자신의 노예 생활기에 이렇게 썼다. "노예로서 [내] 생활은 상대적으로 행복했고, 사실 상당한 혜택을 누린 생활이었다."[21] 자신이 누군가의 소유물이라는 생각이 모든 노예의 마음 한구석에 분명 있긴 했지만 그럼에도 삶을 즐기고, 느긋하게 휴식을 취하기도 하며, 친구와 연인을 만나고, 결혼해서 자식을 낳고, 장을 보고, 교회에 가고, 허락되거나 이용할 수 있는 오락은 무엇이든 즐겼다. 물론 맡은 일을 완수하고 법을 어기지 않는 선에서 말이다.

블래싱게임은 이렇게 적는다. "농장주들은 보통 노예들이 숙사에서 보내는 여가 활동에는 별반 관심을 두지 않았다. 다만 동네방네 시끄럽게 흥청거리며 술을 진탕 마시는 것과 녹초가 된 상태로 하루 일과를 시작하는 것만은 원치 않았다."[22] 노예 소유주들은 일반적으로 노예들이 달아날까 염려하지 않았다. 사실, 도망은 반란보다 훨씬 흔했지만 그럼에도 드물었고, 미지의 것이었고 실패할 가능성이 압도적으로 컸다. 대신에 주인들이 걱정했던 것은, 노예들이 쉬는 날에 녹초가 될 때까지 놀다가 일할 힘마저 빼는 건 아닌지였다. 일라이저 마스는 『일라이저 마스의 인생과 역사』에서 이렇게 적는다. "[우리 주인은] 보통 일을 마치면 우리가 원하는 대로 할 수 있도록 해주었고, 우리는 우리에게 부여된 그 특권을 누렸다."[23]

미국에서 노예제와 노예경제가 정교해지면서, 노예 소유주가 노예를 다루는 방식 역시 그렇게 되었다. 농업뿐만 아니라 대부분의 산업에서 노예 관리 방법은 보편화되었다. 노예들은 일반적으로 백인 연한계약이민노동자indentured servant◆보다 훨씬 나은 대우를 받았다. 노예는 재산이었지만 노동자들은 제한된 기간에만 쥐어짤 수 있었기 때문이다. 노예를 평생 부리기 위해서건 다시 시장에 내다 팔 때 높은 값을 받기 위해서건, 주인의 관심사는 노예의 작업 능률을 장기적으로 최대화하는 데 있었다. 그러려면 노예를 비교적 건강하고 행복하게 해야 했다. 많은 주인들은 노예에게, 시혜를 베푸는 태도이긴 했지만, 진정 어린 애정을 보였고 노예들은 흔히 이런 애정에 보답했다. 오늘날에는 기괴해 보이겠지만, 주인들은 노예를 잘 대우하고 문명화하는 것이 자신들의 도덕적 의무라고 보았다.

제너럴일렉트릭의 전임 최고 경영자 잭 웰치는 자사 직원들에 대해 "무제한으로 짜낼 수 있는 주스"라고 말한 바 있는데,[24] 원칙적으로 주류 노예 관리 이론은 노예에게 그런 주스가 있다는 견해를 지지하지 않았다. 인텔의 [3대 최고 경영자] 앤디 그로브가 자랑스레 말한 "두려움은 최상의 동기 부여 요소"라는 견해에 대해서도 마찬가지였다. 노예에게 스트레스는 동인이 아니었다. 또 인텔 [4대] 최고 경영자 크레이그 배럿은 엔지니어가 바짝 성과를 내는 시기는 "고작해야 몇 년"이라고 말한 바 있는데, 주인들은 노예를 그렇게 보지 않았다. (다만, 연한계약이민노동자들은 그렇게 보아 쥐어짰다.) 사실, 노예에게 가장 큰 위협을 가한 건 소유주가 아니라 감독이었다. 감독에게는 노예에게 만족감을 줄 직접적인 유인이 없었

◆ 17~19세기, 유럽에서 미국으로 이주할 때 보통 7년간의 노동계약을 맺고 선박 운임 따위를 선불로 받아 쓴 노동자. 대개 종교적·정치적 박해로 인해 미국으로 이주하는 사람들이었는데, 흑인 노예의 이입으로 그 수가 감소했다.

다. 그의 관심은 오직 산출량뿐이었다.

노예를 최대한 활용하는 최상의 방법은 자신의 이해가 주인의 이해와 일치한다고 믿게 하는 유인을 제공하는 것이라고, 19세기 주류 노예 관리 이론은 가르쳤다. 이런 의미에서 노예 관리 이론은, 우리가 보통 노예 소유와 연관 짓는 가학보다는 20세기 중반의 기업 경영 이론과 공통점이 더 많았다.

블래싱게임은 이렇게 쓴다. "최저의 비용으로 최대의 노동을 얻어 내기 위해서 농장주는 노예들에게 위생적인 오두막을 지어 주고, 건강에 좋은 충분한 음식과 적절한 의복을 제공하며, 여가를 허락하고, 아플 때는 치료해 줘야 했다. [……] 또 자신과 노예 사이의 엄청난 사회적 거리도 유지해야 했다. 버지니아 주의 한 농장주는 이렇게 단언했다. '당신이 노예에게 윗사람임을, 하지만 당신이 노예의 기분과 바람을 존중한다는 것을 [노예가] 느끼도록 해야 한다.'"25

"농장주"를 "사용자"로, "노예"를 "직원"으로 바꾸면 위 구절이 어떻게 읽히는지 보라. "최저의 비용으로 최대의 노동을 얻어 내기 위해 사용자는 직원들에게 위생적인 오두막을 지어 주고, 건강에 좋은 충분한 음식과 적절한 의복을 제공하며, 여가를 허락하고, 아플 때는 치료해 줘야 했다. [……] 또한 자신과 직원 사이의 엄청난 사회적 거리도 유지해야 했다. AT&T[대형 통신 회사]의 한 임원은 이렇게 단언했다. '당신이 직원에게 윗사람임을, 하지만 당신이 직원의 기분과 바람들을 존중한다는 것을 직원이 느끼도록 해야 한다.'" 어느 쪽이 더 충격적인지 말하기란 쉽지 않다. 섬뜩하게 보이던 어제의 노예주들이 오늘날 우리에게 어떻게 비칠까. 기이하게도 그들이, 이론상으로는, 얼핏 인도적으로도 보인다. 사실, 오늘날 복지 혜택을 대폭 삭감하는 사용자들은, 적어도 수사적으로는, 노예 소유주들과 비교해 직원들에게 훨씬 더 잔인하다.

이 친숙하게 들리는 노예 관리 이론은 우리 조상에게만 국한되지 않는다. 로마 시대로 거슬러 올라가 서기 1세기, 농서農書 저술가 콜루멜라는 『농업론』에서 노예 소유주들에게 최상의 노예 관리법을 제공했다. 본질적으로 그는 존중하면, 적어도 **존중하는 모습**을 보인다면, 노예가 일을 더 잘할 것이라고 주장했다. "노예 소유주가 그런 정의와 배려를 베푸는 것은 자신의 재산 증대에 크게 이바지한다"라고 그는 썼다.[26] 콜루멜라는 이렇게 권고했다. 주인은 노예 숙사의 적절한 조명, 충분한 작업장 공간, 넉넉한 의복을 반드시 지급해 주어야 한다. 또 이따금 노예와 상담도 하라고 제안했는데, 그래야 주인이 자신에게 신경을 쓴다는 인상을 심어 줄 수 있고 더 열심히 일해서 주인을 기쁘게 해야겠다는 생각도 하게 된다는 것이었다. 『파이낸셜타임스』의 칼럼니스트 리처드 던킨은 이렇게 썼다. "이것이, 수백 년이 지나면 현명한 이기심으로 서술될 그런 것인가? 그런 생각은 오늘날 기업들의 '가족 친화적' 고용정책과도 비슷하다. 그러니 콜루멜라를 우리가 알고 있는 인적 자원 관리의 아버지로 간주해야 하는가?"[27]

던킨은 자기 글의 주제 — 노동 — 에 너무 빠진 나머지 여기서 멈추지 않고 더 나아간다. 그는 본인이 던진 질문에 애매하게 답한다. "아마도 아닐 것이다."[28] 그럼에도 사실 그조차 [노예 관리 이론과 현대 경영 이론 사이의] 엄청난 유사성들을 부인할 순 없었다. "아마도 아닐 것이다"라고 한 뒤 던킨은 브래들리의 『로마제국의 노예와 주인』을 인용한다. "노예 대우에 대한 콜루멜라의 권고가 노예의 능률을 올리기 위해 고안되었음은 분명하다. 농업 생산을 통한 이익이 소유주의 근본적인 이익인 상황에서 생산성을 증진하는 열쇠로서 말이다. …… 작업 능률과 일반적인 충성심에 앞서 그들의 사회적 만족감이 확보되어야만 한다."[29] [그렇지만, 던킨은 콜루멜라의 이런 권고가 생산성 증진이라는 목표를 보장해 주지는 못했다고 지적한다. 외려, 콜루멜라의 관심은 노예의 태도, 즉 '충성과 복종'에 있었다고 지적한다. 그러면서, 콜루멜라와는 달리] 브래들리는 로마의 지배계급이, 북아프리카나 미국의 주인들이 노예를 보던 관점과 흡사하게, 노예를 "게으르고 무능한" 존재로 보았음을 보여 주었다. 던킨은 이렇게 말한다. "이는, 노동관계가 상호 불신의 풍조 속에서 이뤄지게 만든, 20세기 사용자들의 확고한 태도에 상응한다."[30] 이는 던킨 같이 경영을 주제로 글을 쓰는 주류 작가가 인정하기에는 깜짝 놀랄 만한 내용[말하자면, 현대 경영 이론은 노동과 자본, 노동자와 자본가 사이의 상호 반목, 갈등을 중심에 놓고 설계되었다는 내용]인데, 안타깝게도 그는 논의를 더 진전시키지 않는다.

어쨌든, 남북전쟁 이전의 "일터"와 현대의 일터 사이의 유사성은 개별적 인간관계라는 수준에서는 더 깊어진다. 미국 노예 소유주들이 노예에게 기대한 것 또한 많은 기업들이 직원에게 기대하는 것과 기이하게도 유사하다. "제도적으로 규정된 역할에 따르면 노예는 자신의 이해와 주인의 이해를 동일시해야 했다. 즉, 건강하고 깨끗하며 정직하고 근면하며 침착하고 참을성 있고 정중하며 신뢰할 수 있는 존재가 돼야 했다. 이것이 주인이 바라는 노예였다. 이를테면 주인의 이해에 충실히 동일시하는 일꾼이라면 명령을 받지 않아도 부러진 울타리를 고칠 터였다."[31]

주인의 개인적 이해는 동시에 노예의 이해임을, 주인은 노예들에게 반드시 보여 줘야 한다. 일단 그들이 그렇게 느끼게 되면 그렇게 하는 데 더는 강제할 필요가 없어진다.[32]

이 노예 관리 이론을 1941년 AT&T 직원 안내서, 곧 미국에서 사용자와 직원 사이의 관계를 가장 잘 보여 주는 안내서와 견주어 보라. "이것[퇴직연금]과 기타 복지 정책을 통해 회사는 직원이 근무하는 기간 내내, 그리고 그 이후로도 직원들을 '돌보는 일'에 힘쓴다. 이에 대한 보답으로 회사는 자연히, 직원들이 사업을 진심으로 염려하고 회사의 평판과 지속적인 성공에 개인적인 책임을 느끼기를 기대한다."[33]

분명히 전후 황금기 AT&T 직원과 남북전쟁 전 노예 사이에는 큰 차이가 있다. 노예 소유주들은 훨씬 잔인한 말을 사용할 수 있었고 훨씬 잔인한 기법들을 지지할 수 있었다. 그러나 그렇게 하지 않았던 것은 효과적이지 않았기 때문이다. 노예 소유주들은 오늘날의 주주처럼 이윤을 원했다. 남부 노예 소유주들은 오늘날 대부분의 고용주들이 따르는 진부한 이야기와 원칙을 따랐다. 그들은 신앙심이 깊은 평범한 사람들이었는데, 오늘날 회사 임원, 투자 상담가, 뮤추얼펀드 매니저가 자신을 혹은 자기 일을 악으로 보지 않듯이 그들도 그러지 않았기 때문이다. 오늘날의 사용자 대부분처럼 평균적인 노예주들은 노예가 자신의 이윤을 늘려 주길 원했을 뿐만 아니라 자신들의 기초적인 도덕 체계도 단단히 다져 주길 원했다. 그들은 노예가 성실하게 일하고 행동거지도 바르기를 원했는데, 이 둘은 주인의 전반적인 가치를 반영하기 때문이었다. 그리고 무엇보다 인상적인 것은 그들은 노예들이 명랑하길 원했다는 것이다. '행복한 낯으로 억압 받기'라는 미국의 위대한 전통에 딱 들어맞도록 말이다.

어떤 면에서 보면, 이와 같은 유사성들은 그리 놀랍지 않을 것이다. 요컨대 미국의 부는 본질적으로 노예제와 노예무역으로 창조되었다. 학자들은 노예 산업에서 축적된 자본이 바로 산업혁명에 쓰였음을 추적해 밝혀냈다. 18세기 경제학자 말라치 포슬리스웨이Malachi Postlethway는 노예무역을 "나머지 모든 것의 제일원리 및 근본, 곧 기계에서 모든 바퀴를 굴러가게 하는 원동력"으로 묘사했다.[34] 이런 예는 무수하다. 웨일스의 슬레이트 산업과 영국의 그레이트 웨스턴 철도와 마찬가지로 제임스 와트도 부유한 노예무역상에게 자금을 지원 받았다. 오늘날 미국 거물 기업가들의 기원은 다름 아닌 노예무역상이다. 그들은 다만 상이한 조건에 적응하고 시대에 따라 자신의 표상을 바꾸면서 진화해 왔을 따름이다. 노예제는 쇠락했고 자신이 자금을 댄 산업혁명으로 자연스레 이어졌다. 주된 이유는 노예제의 노동력이 소위 "자유로운" 노동력보다 이윤이 적었기 때문이다. "자유로운" 직원은 먹이고 입히고 재워 줄 필요가 없었다. 일을 열심히 하고 그만두지 않을 유인 — 굶어 죽는 일에 대한 두려움 — 도 있었다. 다른 "자유로운" 노동자들과 끊임없이 경쟁해 임금 인상도 억제되었다. 노예제는, 그리고 남부연합의 문화도, 도덕이 변해서가 아니라 경제가 진보해 파괴되었다. 남부연합의 문화는 사업에 좋지 않았다. 그것은 개인적인 문제가 아니라 그렇게 흘러간 것이었다.

따라서 현대 미국의 노동 문화는 노예제의 공식적인 노동 문화를 규정한 원천과 동일한 것에서 유래한다. 주인이 노예들을 바르게 관리할 때 그들은 흔히 주인을 기쁘게 하려고 자발적이고 명랑한 태도로 그의 기대를 만족시켰다. 같은 방식으로 대부분의 AT&T 직원들은 회사가 기대하는 바대로 회사의 처우에 긍정적으로 반응했다. [하지만] 압도적 다수가 자신의 최고 이익과 **회사**의 그것을 동일시했음에도 불구하고, 레이건 혁명으로 기업 문화의 우선순위가 재규정되어 최저의 지출로 최대한 빨리 직원에게서 많은 이윤을 짜내는 게 가능해짐에 따라, 노사 관계는 틀어졌다. 이런 경향은 가속 일로를 걸었고 특히 조지 W. 부시의 재임 시절 심해졌다. 상당수의 노예들 역시 주인이 자신의 역할을 다할 경우에만, 자신의 이해와 주인의 이해를 하나로 보았다.

　종속적인 상황에 있는 인간[혹은 동물들]이 자신의 이해를, 주인[동물 집단의 우두머리], 상사, 회사의 이해와 동일시하는 경향은, 비합리적으로 보일지 모르지만, 어쩌면 포유동물들의 본능적 성향일 수 있다.[35] 역사가 케네스 스탬프Kenneth Stampp는 이 경향을, 노예 소유주가 좋은 노예를 만들어 내는 다음과 같은 여섯 가지 전략 중 하나와 관련한 것으로 본다.

　　① "무조건적으로 복종"하도록 엄히 훈육하라.
　　② 열등감을 키워 주라.
　　③ 원초적인 두려움을 키워 주라.
　　④ 주인의 이해는 노예의 이해와 같다는 개념을 심어라.
　　⑤ 주인의 행동 규범을 자신의 것으로 삼도록 만들어라.
　　⑥ "완벽히 종속하는 습관"을 길러 주라.

이 목록을 읽고 있으면 1990년대 중반의 내 모습이 선하게 떠오른다. 당시 모스크바의 한 투자회사에 다니던 나는 일주일 내내 매일 18시간 동안 일을 했다. 대부분의 시간 동안, 고함 소리를 들었고, 목 잘린 닭처럼 모스크바 여기저기를 정신없이 돌아다니며 보냈다. 종속은 급여에서 나온다. 엄격한 자기 규율은 터무니없는 장시간 근무와 자아를 멍들게 하는 고함에 노출되는 일에서 나온다. 두려움은 일자리를 잃을지 모른다는, 출세를 위한 사다리에서 떨어질지도 모른다는 염려 혹은 현대의 기업 이론이 의도적으로 두려움을 주입하는 다른 많은 방법에서 나온다.

주인과 직원의 이해 동일시는 무엇보다 중요한 부분이다. 이는 노예들이 보통 자발적으로 행동하는 데 강력한 역할을 한 감정이었다. 명령한 것도 아닌데 주인을 기쁘게 하려고 울타리에 페인트를 칠할 뿐만 아니라 주인을 보호하고 그의 환심을 사려고 다른 노예들이 꾸민 반란 모의를 폭로했다. 충성스러운 노예들이 주인을 보호하려고, 반란을 일으킨 노예들에 맞서 무기를 든 가슴 아픈 예들은 수두룩하다. 냇 터너의 봉기도 그런 예인데 뒤에서 상술할 것이다.

상사나 회사와 자신을 동일시하려는 본능은 아주 강력하다. 현재 기업들이 [직원들을] 쥐어짜고 있는 상황에서도, 즉 사용자들이 할 수 있는 모든 수단을 동원해 직원에게 자신의 권력을 행사하고 있는 상황에서도, 노동자들은 자신을 오래된 커피 찌꺼기 같이 취급하는 회사에 여전히 충성한다. 찰스 헥셔는 『화이트칼라 블루스』◆

◆ 럿거스 대학 노동관계학과 교수인 찰스 헥셔가 구조 조정 중에 있던 기업의 화이트칼라 노동자들을 인터뷰해 쓴 책이다. 이 책에서 그는 사회적 계약의

에서 이렇게 말한다. "내 표본에서 압도적으로 다수를 차지하는 일반적인 중간 관리자들은 회사에 충성한다. 그들은 단기적인 성과와 보상을 넘어서는 공동체를 원하고, 그렇게 자신을 뒷받침해 주는 공동체에 헌신한다. 많은 선행 연구자들처럼 나도 개인에 대한 기업의 요구들이 과하다고 느꼈지만 중간 관리자들이 이런 불만을 호소하는 건 좀처럼 들어 보지 못했다."[36]

　노예들에 관한, 그리고 노예들이 직접 들려주는 무수한 이야기들은 위와 같은 자발성, 즉 주인과 노예가 이익을 공유하는 계약을 맺고, 주인이 노예를 존중하는 모습을 보여 합의를 지킬 경우 노예도 기꺼이 자신의 몫을 다하는 그런 자발성을 드러낸다. 노예 출신인 루셔스 홀시는 1898년에 출간한 『자서전, 설교, 연설, 에세이』에서 주인에 대해 이렇게 썼다. 주인은 "나를 깊이 신뢰했고 돈과 귀중품도 내게 맡겼다. 모든 일에서 나는 그에게, 또 그의 이해와 관련해 정직했고 충실했다. 어렸을 때에도 지금 못지않게 그의 안녕에 신경을 썼다. …… 결코 그에게 거짓말하지 않고 속이지 않겠다고 스스로 다짐한 이래로."[37]

　이런 경향은 노예에게만 국한되지 않는다. 복종심은 우리의 운영체제 안에 장착되어 현재의 기업 문화에 쉽게 스스로를 끼워 맞추며 노예 시대와 같은 기능을 하고 있다. 개인이 사회가 요구하는 대로 굽실거리고 적응하는 능력은 대개 정상으로 정의된다. 이런

변화에 따라 나타난 가장 흔한 반응은 '고개 숙이고 딴 데 쳐다보지 않기', 즉 자기 일에만 더욱 몰두하는 것이었다고 지적했다. 용케 살아남은 근로자들 조차 소위 '생존자의 충격'을 경험하는 경우가 있었다(로버트 퍼트넘, 『나 홀로 볼링』, 정승현 옮김, 페이퍼로드, 2009, 142쪽).

조건들을 받아들이고 그 안에서 성공하려는 것은 정상이다. 반면 그에 맞서 들고일어나는 것은 비정상이다. 당신이 다녔던 모든 직장을 생각해 보라. 특히 당신이 가장 성공했던 직장 — 독립적이고 자립적일 때는 승진하지 못했을 것이고, 지시에 따르고 상사를 기쁘게 했을 때는 성공했을 것이다 — 을 말이다. 나름의 방식으로 우리 현대인들은 아프리카 노예들만큼이나 노예적이고 가슴이 아플 정도로 유순하다. 우리는 그저 그것을 인정할 만큼 멀리 떨어져 있지 못하거나 그것을 설명할 적절한 구실이 없을 따름이다.

정상적이고 불가피한 것

그러므로 미국에서 노예 반란이 그렇게 적었던 이유는, 인종주의자 백인들이 만족했듯이 아프리카 노예들이 실제로 만족해서 그런 게 아니었다. 잔혹한 억압 때문도 아니었다. 그것은 인간이라면 누구나 가지고 있는 어떤 성향 및 효과적인 관리 기법과 관련되어 있다.

노예 반란이 그렇게 적었던 또 다른 이유는 1800년대까지는 노예 봉기를 이해할 수 있는 틀조차 없었기 때문이다. 그때까지 지배계급에게 노예 반란이란 무분별한 악행 혹은 순전히 미친 짓이었다. 그래서 반란이 실패했을 때는 정치적으로든 문화적으로든 그밖에 무엇으로든 그 어떤 반향도 일으키지 못했다. 백인 지배계급에게 노예 봉기는 노예제의 불가피한 귀결이 아니라 병적인, 배은망덕한 아프리카인들의 무차별적인 폭력 행위였다. 1800년대 전에는 노예가 반란을 일으키는 이유를 상상해 보는 것조차, 불가능까지는 아니더라도, 어려운 일이었다. 역사가 루이스 필러는『노예제 폐지 운동』에서 이렇게 썼다. "식민지 시기 내내 그리고 미국독립혁명 후에도 대부분의 미국인들은 노예제를 자신들의 일에서 정상적이고 불가피한 것으로 받아들였다."[38]

그들은 노예들이 반란을 일으킬 수도 있다는 것을 알고 두려워했지만, 그 이유는 이해할 수 없었다. 다만 아프리카인들의 본성에는 야만적인(그리고 배은망덕한) 뭔가가 ─ 무뢰한 같은 성질들이 ─ 있다고 보았다. 당시 효과적이었던 프로파간다는 백인 남자가 아프리카 노예들을 위해 인도적인 행위를 해주고 있다는 것이었다. 그러니까 그들을 문명화하고, 아프리카에선 부정되었을 안락과 의복을 제공하며, 그리스도의 말씀을 가르쳐 그들의 영혼을 구하고 천국에 갈 기회를 준다는 것이었다. 요컨대 백인들은 흑인들에게 현세와 내세에서 더 나은 삶을 준 것이다. 어떤 정신 나간 바보가 그런 논리에 맞서 언쟁을 벌일 수 있었을까? 어떤 미친 사람이 이에 맞서 무기를 들려 했을까?

아프리카인들을 노예로 삼는 것이 도덕적으로 옳다는 백인들의 의식을 강화하는 데도, 노예 상태가 예수의 계획의 일부라는 생각을 흑인들이 받아들이게 하는 데도 기독교는 강력한 역할을 했다. 교회 지도자들은 노예에게 설교를 하게 해달라고 노예 소유 계급을 설득하는 데 무진 애를 썼고, 그러면서 노예들을 좀 더 유순하게 만들겠다고 분명히 약속했다. 쉽진 않았다. 교회 지도자들은 노예 소유주들에게, 기독교는 노예들이 현재 처한 조건 속에서 계속 행복하고 유순하게 살아가도록 하는 일종의 리튬[신경안정제]이라고 설득하기 위해서 그야말로 악마와 계약을 맺어야 했다. 설교자들은 노예이자 평신도로서의 본분을 받아들이고 겸손하며 순종해야 한다고 설교했고, 천국의 보상을 받는 대신 세속의 시련을 받아들이라고 설득했다. 그들은 노예 소유주들에게, 기독교는 노예의 마음과 영혼을 갈고닦는 데 긍정적인 힘이 될 수 있다고 납득시켰다. 1725년, 조지 버클리 사제*는 기독교인의 과제는 농장주들에게 다음을 설득하는 것이라고 썼다. "노예가 육신에 따른 주인들에게 만사에 순종하게 하면 그들의 일에 이로울 것이다. 인간을 기쁘게 하는 사람으로서 주인이 보는 데서만 일하는 것이 아니라 하느님을 두려워해 일편단심으로 순종하는 그런 노예로 말이다. 복음의 자유는 현세의 일시적인 노예 상태와 양립 가능하다. 노예는 기독교인이 됨으로써 더 나은 노예가 될 뿐이다."[39] 같은 해, 버지니아의 휴 존스 목사는 이렇게 썼다. "기독교는 [노예에게] 이교도였을 때보다 더 겸손하고 더 나은, 그리고 더 나쁘지 않은 종이 되라고 권하고 명한다."[40] 이런 노력들 때문에 기독교는 그들의 필요 — 즉 지배계급의 필요 — 를 충족시키도록 재편되었다. 또 중세 시대에 농민을 유순하게 하는 데 일조했듯이, 혹은 우리 시대 라틴아메리카, 아일랜드 등의 비슷한 상황에서 영향을 미쳤던 것처럼, 노예제를 옹호하는 데도 성공했다.

* 17, 18세기 영국의 고전 경험론을 대표하는 철학자이자 성직자. 아일랜드 출신으로 1725년, 아메리카 원주민의 선교를 담당할 성직자를 훈련시키기 위한 목적으로 버뮤다 섬에 칼리지를 건설할 계획을 세우고 미국으로 건너갔다. 로드아일랜드, 뉴포트 근처에 플랜테이션 농장을 사들여 "화이트홀"이라는 집을 짓고, 세 명의 흑인 노예를 사들여 세례를 주었다. 학교를 세울 자금이 지원되길 기다리다가 자금이 지원되지 않자 1732년, 런던으로 돌아갔다.

지배계급의 프로파간다가 성공하면 피지배계급은 자신들의 조건이 전적으로 정상적이고, 불가피하며, 심지어는 왠지 특권이라고도 믿게 된다. 자신의 처지가 비참하고 부당한 대우를 받고 있음을 알 수도 있다. 하지만 그것을 제대로 맥락화할 틀이 없다면, 부당하다는 의식에 따라 행동을 취할 공산은 적을 것이다. 사실, [그런 부당한 대우를 받고 있다는 생각이 들 경우] 왠지 자신이, 사회가 "정상적"이고 "불가피"하다고 말하는 것에 의문을 갖는 정신 나간 사람이라고 느낄지도 모른다.

노예제가 본디 부당하다는 것은 오늘날 모든 사람들에게 자명하지만 미국독립선언문이 작성되던 당시에는 그렇지 않았다. 더 충격적인 사실은, 노예제에 대해 오늘날 유일하게 온당한 견해로 받아들이는 근본적 폐지론이 그때는 무시되었고, 당시 다른 모든 별난 생각들과 마찬가지로 비주류의 "별난" 생각으로 치부되었다는 것이다. 늘 그렇듯, 부당함에 맞서는 새롭고 위험한 진실들은 그렇게 취급된다. 토머스 프리드먼 같은 주류 석학들은 지구화에 반대하는 주장을 괴이하고, 구닥다리이며, 심지어는 정신 나간 생각으로 간주했다. 또 1999년 시애틀에서 WTO 반대 운동이 터져 나왔을 때 미국인들은 대부분 왜 그런 무해하고 따분해 보이는 기구가 그렇게 많은 1960년대식 분노를 불러일으키는지 도무지 이해할 수 없었다.[41] 그 주장들은, 아시아, 라틴아메리카, 러시아의 재정 파탄과 더불어 저항의 움직임이 확대되고 반지구화 운동이 정당화되기 시작한 후에야 주류 담론의 장으로 진입할 수 있었다.

1766년 처음 몇 달 동안 의회가 식민지에서 발생한 인지조례◆ 반란을 논의하기 위해 열렸을 때 의원들은 우선, 과세에 반대하는 미국의 "이상한 말"에 초점을 맞췄다. 대부분의 영국 정치인들은 식민지들이 당최 무슨 얘기를 하는 건지 이해조차 못했다.[42]

요는 현재 벌어지고 있는 부당함의 경우, 그것이 아무리 엄청난 것이라 할지라도, 나중에는 너무나 분명해 보일지언정 당대에는 그렇게 인정받지 못하는 경우가 흔하다는 것이다. 인간은 어떤 조건에도 복종하고(적응하고) 그것을 정상이라 간주하는 경향이 있다. 이데올로기가 작동되면 우리는 부당함을 더 잘 받아들인다. 미국의 아프리카 노예들과 백인들에게 노예제는 하느님이 하신 일이라고 납득시킨 것은 바로 기독교였다. 일반 대중의 마음을 흔들어, 직관에 아주 어긋나는 정책들조차 받아들이고 그런 정책들이 자신에게 이익이고 불가피하며 도덕적으로도 선하다고 믿게 하는 데는 늘 홍보 캠페인이 사용되었다. 그런 캠페인은 세련된 방식으로 다차원적으로 수행되었으며 충분한 자금도 투입되었다. 『흑인 화물』에 나온 한 예를 보자. "서인도제도 농장주들과 리버풀 상인들은 의회에서 반노예제 법안과 싸우고자 캠페인 기금 1만 파운드를 모았다. 서인도제도와 아프리카에서 런던으로 증인들이 몰려들었다. 노예무역은 원시적인 아프리카인들을 문명화하는 데 헌신하는 자애로운 제도라고 증언하기 위해서였다."[43]

우리는 늘 과거에는 한 번도 인정해 본 적이 없는 부당함을 뒤늦게야 알아차린다. 사실, 지독히 부당한 것을 일단 당연시하게 되면

♦ 1765년 영국이 북아메리카 식민지에 강제로 실시한 최초의 과세법.

재고하기 싫은 게 인지상정이다. 1967년 무렵 아프리카계 미국인들이 벌인 일련의 도시 폭동이 발생한 후 미국 의회의 폭동 대책 위원회는 보고서를 발표했다. 보고서 작성자들은 신시내티 관리들이 폭동들이 도시에 확산된 이유를 이해하지 못했다고 적었다. 주민의 27퍼센트가 흑인인 도시에 흑인 의원이 달랑 한 명이고, 학생의 40퍼센트가 흑인인 구역에 흑인 교육위원회 위원이 한 명뿐이었는데도 말이다. 보고서에는 이렇게 언급되었다. "월턴 H. 바크라크 시장은 소요에 '꽤 놀랐다'고 공표했다. 이유는 의회가 니그로들을 돕고자 '죽어라 일했기' 때문이었다."[44]

어쩌면 — 아니 틀림없이 — 백 년 내에 역사가들은 오늘날 우리의 삶의 방식과 우리가 정상으로 받아들인 것을 검토하고는 [우리를] 자신의 부당함에 직면하지 못한 혹은 그럴 의지가 없던 반≠문명사회, 야만족으로 규탄할 것이다. 그리고 우리가 어떻게 그런 고통을 가하고, 어떻게 그것을 견딜 수 있었는지에 공포를 느끼며 몸서리칠 것이다. 우리의 문제는 그들이 어떤 고통과 부당함을 이야기할지조차 모른다는 것이다. 우리는 결코 알아내지 못할지도 모른다.

가까이에선
보이지 않는다

그렇다고 모든 사람들이 노예제라는 패러다임을 어쩔 수 없는 현실로 받아들인 것은 아니다. 노예들 가운데 불만은 널리 퍼져 있었다. 개중에는 속으로만 품고 있는 이도 있었고 밖으로 표출하는 이도 있었다. [그렇지만] 폭력이나 반란이 일어나면 거의 늘 목적이 불분명해 보였고, 무차별적이고 유혈이 낭자한 발광적인 행동으로 보였다. 노예들은 자신들을 억압하는 제도에 맞선 반란을 정당화할 틀을 갖고 있지 못했다. 그래서 반란들은 거의 반#의식적인 상태에서 수행되었다. 마찬가지로 백인들, 선의의 백인들, 심지어는 결코 벼룩 한 마리 해하지 못하고 자기 노예들에게 진정으로 마음을 쓰는 선량한 백인들조차, 반란이나 폭력이 왜 일어나는지 도무지 이해하지 못했다. 그들은 충격과 공포를 느꼈다. 오늘날 분노 살인에 대한 반응들과 마찬가지로 백인들은 노예 봉기에 그야말로 화들짝 놀랐고, 충격을 받았으며, 마음에 상처를 입기도 했다.

노예 36명이 사망한, 로드아일랜드 지역 노예선 '희망'Hope의 선상 반란에 대해 어떤 학자는 1776년에 이렇게 썼다. "그들이 그와 같은 일을 시도한 것에 대해 우리가 댈 수 있는 유일한 이유는 배를 너무 오래 타서 지쳐 있었다는 것이다."45

남부 백인들은 노예의 도망이라는 현상 전반을 노예제에 대한 합리적인 반응이 아니라 "질병 — 니그로 인종이 특히 잘 걸리는 편집광"46으로 간주했다. 이런 질병이 되풀이되는 형태를 가리키는 말도 있었다. "늪지대로 가다"to take to the swamp라는 말로, [늪지대로] 도망쳤다가, 돈과 의식주 등 더 괴로운 문제들과 필요들이 따른다는 것을 알게 된 뒤, 농장으로 돌아와 다시 노예 생활을 시작하는 노예들을 묘사하는 데 사용되었다. 노예제의 미덕에 대한 백인의 믿음을 더 강화하기만 하는 흔하디흔한 결론이다. 그 증상이 노예제에서 비롯되었다는 사실을 전적으로 왜곡함으로써 그들은 증상의 원천을 흑인 심리에 고유한 무언가로 바꿔 버렸다.

당대인이 그 시대의 악과 부당함을 보지 못하고, 또 그것을 늘 합리화해 버리거나 철저히 무시하는 것은 어느 시대에나 똑같다. 우리 시대도 예외는 아니다. 사무실 학살을 예로 들어 보자. 어느 누구나 미국 우체국은 단조롭고, 여유로우며, 안정적인 직장이고 무사태평한 직원들이 다니며, 기업 세계의 잔악한 스트레스나 왕따는 없는 곳이라고 상상했다. 그러다 갑자기, 겉보기에는 느닷없이, 우체국은 지난 20년간 가장 섬뜩한 살인 사건이 벌어진 무대가 되어 버렸다. 처음에는 미국의 우체국 문화가 견딜 수 없고 부당하다고 여긴 사람이 거의 없었다. 통념에 따르면, 그토록 많은 미국 우체국 직원들이 자신의 사무실을 벌집으로 만들어 버린 이유는 직원 개인의 문제 때문이었다. 말하자면, 우체국에도 분명 괴상한 녀석들과 별종들이 있기 마련이라는 것이다. 우체국 학살이 유별나게 빈번히 일어난 것에 대한 미국 우체국 홍보부 대변인의 논평은 일반적으로 받아들여지는 이와 같은 생각을 강화하는 데 일조했다. "우체국의 문제가 아닙니다. 어느 곳에나 있는 문제입니다. 80만 명 중 1퍼센트 정도는 비합리적인 사람이 있게 마련이죠."[47]

우리가 미국 우체국 문화에 대해 아무것도 모른다면(대부분이 모른다), 이런 설명이 매우 합리적인 것으로 들릴 수도 있다. 그러나 그 설명은 사실이 아닐뿐더러 그만큼 몰인정하고 선동적인 언사다. 또한 연달아 살인 사건이 벌어졌다는 것만으로도 우체국 문화가 뭔가 잘못되었음을 보여 준다. 살인 사건들이 잇달아 터져 나온 뒤 실시된 의회 조사들은 우체국 문화의 권위주의, "괴롭힘, 협박, 잔인함"[48]을 비판했다.

위 우체국 대변인의 발언을, 1755년 메릴랜드 주 노예 소유주가 자신의 노예 제임스가 농장에서 탈출한 일을 설명한 글과 비교해 보라. "이 노예가 달아나 자유를 얻으려 했다니 참 놀랍다. 그에게 친절을 베푼 사람은, 만약 그런 사람이 있다면, 바로 주인이었다. 주인은 그를 전폭적으로 신뢰했고, 나머지 노예들을 감독하는 일을 믿고 맡겼으며, 떠나게 할 만한 일은 아무것도 하지 않았다."[49] 『강이 있네: 자유를 향한 미국 흑인들의 투쟁』에서 빈센트 하딩은 이렇게 썼다. "앨라배마 주 터스컬루사 출신 한 여자가 도주하자 소유주는 놀랐다. 그는 도망자가 '참으로 경건했고', '기도를 많이 했으며, 짐작컨대, 만족하고 행복해 했다'고 말했다."[50]

이런 설명들은 사람들이 "조용"하고 "그런 유형이 결코 아니"라고 묘사한 분노 살인자들을 연상케 한다. 스탠더드 그라비어 총격 현장에 있던 경찰관에 따르면, 범인이 웨스베커로 확인되기 전에, 직원들은 살인을 저지를 만한 사람으로 다른 직원 세 명의 이름을 댔다. 미시간 주 로열 오크 시 우체국에서 네 명을 죽인 직원 토머스 매클베인에 대해서도 지인은 이렇게 말했다.

그는 사람들이 이렇게 말할 사람이 아니었어요. "언젠간 열 받아서 사람을 죽일 인간이야."[51]

학교에서 총격 사건이 발생할 때마다 교사 및 학교 관리자들은 가해자들을 "예의 바르고" "공손"했다고 묘사했다. 그들은 살인을 저지른 학생들이 그토록 커다란 분노와 폭력성을 숨기고 있었다는 데 충격을 받았다. 미첼 존슨이 총격 사건을 일으킨 웨스트사이드 중학교의 교사는 이렇게 말했다.

미첼 존슨이 그런 일을 했다는 게 지금도 믿기지 않아요. 걔는 ……
제가 본 학생들 가운데 가장 예의 바른 학생이었으니까요. 늘 이랬죠.
"네, 선생님. 아니요, 선생님. 도와 드릴까요?" 이게 그런 척하려는 것
같진 않았어요. 잘 지내려고 또 도움을 주려고 그랬던 것 같아요.[52]

1800년, 노예들이 버지니아의 주도 리치먼드까지 진격하려 한
모의는 지도자의 이름을 따 가브리엘 봉기◆로 불린다. 당시 주지사
제임스 먼로는 이 봉기를 "이상하다"고 하면서,[53] 이보다 몇 년 일
찍 일어난 프랑스혁명과 히스파니올라 노예 봉기 탓을 했다. 달리
말해, 우리 반구에 간섭하려는 국외자들에 맞서 싸우겠다고 서약한
미래의 대통령이자 먼로주의의 창시자가, 이런 국외자들을, 자기
주에서 노예들이 일으킨 소요를 설명하는 데 이용한 것이다. 제임
스 먼로의 이 같은 비난은 마릴린 맨슨◆◆이나 폭력적인 비디오게임

◆ 가브리엘 프로서Gabriel Prosser(1776~1800)라고 알려진 흑인 노예 대장
장이가 주도해 일으킨 봉기. 버지니아의 리치먼드 외곽에서 1천여 명의 노
예를 규합해 반란을 일으켰으나, 반란 계획이 누설되어 진압되고 말았다.

◆◆ 섹스 심벌인 영화배우 마릴린 먼로의 이름과 9명을 집단 학살한 찰스 맨슨
의 성을 조합한 록그룹으로 보컬 겸 리더인 브라이언 휴 워너 역시 같은 이
름을 쓴다. 그룹을 거쳐 간 멤버들의 가명 역시 대중 스타의 이름과 연쇄살
인범의 성을 조합해 만들어졌다. 자극적인 곡명과 광기 어린 가사, 공연 중
무대에서 벌이는 스트립쇼나 자해 행위 등 기괴한 퍼포먼스로도 유명하다.
1999년, 콜럼바인 고교 총기 난사 사건 당시 범인이었던 두 학생의 집에서
마릴린 맨슨의 앨범이 나왔다는 이유로, 보수적인 학부모들이 악마를 숭배
하는 마릴린 맨슨을 청소년들로부터 격리시켜야 한다고 주장하기도 했다.
이 사건으로 마릴린 맨슨은 진행 중이던 투어 공연을 중단했다. 마릴린 맨
슨의 지지자들은 그들의 음악이 사탄주의가 아니라 사회 부조리를 비판하
는 것이라 이야기한다.

을 탓하는 것과 매한가지다. 가브리엘 봉기는 결국 "진압"되었고 27명의 노예가 공개적으로 교수형을 당했다. 가브리엘 봉기에 관한 끔찍한 진실은 그런 모의가 실제로 존재했는지 아무도 모른다는 것이다. 사실, 아마도 존재하지 않았을지도 모른다. 하지만 봉기에 대한 두려움은 실제였고, 특히 봉기의 실제 원인을 직시하지 않으려는 사람들에게 그랬다. 사실, 반란에 대한 극심한 두려움은 반란의 원인에 대한 집단적인 부정과 부합하는 듯하다. 이는 지난 몇 년 사이 "발각된" 무수한 교내 총격 모의들을 연상시킨다. 우리 문화에서는 교내 학살과 관련해, 학교를 제외한 모든 것을 계속 탓해 왔는데, 그러는 사이 편집증은 늘어 가고, 무관용 정책들이 비이성적으로 적용되고 있으며, 많은 아이들의 삶은 소문, 두려움, 고자질, 또는 전에는 무시했던 유치한 자랑질로 인해 파괴되고 있다.

오늘날 주류가 사무실과 학교에서 일어나는 분노 살인에 대해 할리우드, 전미총기협회 혹은 그 밖의 애매한 외부인들을 성급하게 탓하는 것과 흡사하게, 미국인들, 특히 남부인들은 1850년대 말까지 노예들이 일으킨 모든 소요 혹은 반란에 대해 "외부 선동가들"을 (그게 북부의 극단적 노예제 폐지론자건 외국의 자코뱅파건) 탓했다. 그리고 진심으로 그렇게 믿었다. 국내적 조건이, 다름 아닌 노예제라는 제도가 노예 반란의 원인이었다는 것은 상상도 할 수 없었다. 그들에게 그것은 말도 안 되는 것이었고, 그 따위 생각을 내비치는 이들은 그야말로 "이해력 없는" 인간이었다. 제도로서의 노예제와 남부 문화가 흑인의 반란과 폭력의 원인이라는 생각을 내비치는 것은 위험하고 미친 짓이었다. 폐지론자는 오늘날 지구해방전선Earth Liberation Front ◆ 운동가만큼이나 사람들이 멀리하는 존재였고,

사회적으로 무시당했다. 사실, 하딩이 언급하듯이, 1830년까지도 북부의 백인 폐지론자들은 "경멸 받는 소수였고 …… 그 내부에서도 분열의 골이 깊었다."[54] 남부의 폐지론자가 아니라 북부의 폐지론자 말이다. 1843년 뉴욕 주 버펄로에서 열린 한 집회에서, 당시 유명한 흑인 폐지론자 헨리 가닛Henry Garnet은 남부 노예들에게 백인 주인에 맞서 무장 반란을 일으킬 것을 촉구했다. 그는 노예들에게 이렇게 경고했다.

여러분이 천국에 간다는 보장은 없습니다. 여러분은 여전히 노예 상태에 머물러 있고 그러면 창조주의 계명에 순종할 수 없기 때문입니다. …… 자비로운 하느님의 이름으로, 또한 모든 사람의 삶은 가치 있다는 것을 마음에 새기며, 자유를 택하느냐 죽음을 택하느냐를 두고 더는 갈등하지 마십시오. …… 교우 여러분, 들고일어나십시오, 들고일어나십시오! 여러분의 삶과 자유를 위해 투쟁하십시오. 지금이 바로 그때입니다. 이 땅의 모든 노예가 그렇게 하도록 합시다. 노예의 날은 얼마 남지 않았습니다. 전보다 더 억압 받을 순 없습니다. 전보다 더한 학대를 당할 순 없습니다. 노예로 살 바에야 자유인으로 죽으십시오. 잊지 마십시오. 여러분은 4백만입니다! 이게 여러분의 힘이고, 예수쟁이 노예 소유주들에게 고통을 되돌려 주어 그들이 기꺼이 여러분을 해방하도록 하는 것은 바로 여러분의 손에 달려 있습니다.[55]

◆ 급진 환경 운동 단체로 환경오염을 일으키는 대상에 대한 방화, 파괴, 협박도 서슴지 않는다.

그의 외침은 무시되었다. 가닛이 한 연설의 여파로 노예 반란이 일어났다는 기록은 단 하나도 없다.

북부의 폐지론 지도자 윌리엄 로이드 개리슨은 소위 "실용적 개혁주의자" 혹은 "현실주의자"로 불린 온건한 폐지론자에 견줘 "미친 사람"으로 간주되었다.[56] 폐지론자를 연구한 『노예제 폐지 운동』에서 루이스 필러는 북부의 온건파와 급진적 폐지론자 사이의 분열 사례들을 제시하는데, 오늘날 읽어 보면 분노를 금할 수 없다. 즉 온건파들이 "밴 뷰런[미국의 제8대 대통령]의 재무성 분국分局 계획 같은 '현실적인' 문제와 씨름하는 사이, 급진적 개혁가들은 노예제 같이 [현실과] '동떨어지고'·성 평등같이 '사변적인' 문제들을 다루고 싶어 한다"라고 비난했다.[57]

노예제를 현실적으로 봐야 한다는 당시 분위기를 고려하면 조직화된 노예 반란이 왜 그토록 적었는지 보다 쉽게 이해된다. 거의 모든 노예 반란 행위들은 묻지마 범죄로 간주되었다. 당시 그런 반란들은, 꼭 오늘날 광란의 살인자들이 느닷없이 폭발한 혹은 그보다 더 나쁜 미친놈으로 간주되듯이, 정신적으로 문제가 있거나 원래부터 악한이었던 미친놈이 마구잡이로 저지른 범행으로 취급되었다. 이런 노예들의 무작위 범행의 본질과 이들에 대한 당시의 취급 방식은 모두 오늘날의 분노 살인과 눈에 띄게 흡사하다.

노예제에 관한 중대한 저작 『흑인 위에 백인』에서 윈스럽 조던은 이렇게 썼다.

반란보다는 소문이 더 많았고, 실제 반란의 수는 적었다는 점은 이제 분명해 보인다. '반란'을 일으킨 사람들을 세어 보면, 1860년 전에는 전부 합쳐 열둘을 넘지 않을 것이다. …… 다수가 저항한 경우는 드물었다. 그렇다고 해서 이 사실을 노예들이 유순했고 만족했다는 증거로 간주할 순 없다. 사실, 노예들이 억압적인 백인 세계를 공격하는 일은 빈번했다. 하지만 폭력은 개인이나 작은 무리들에 의해 즉흥적으로 분출되는 경우가 더 많았다. …… **대부분의 경우 노예들이 저지른 폭력은, 노예들도 주인들도 당시에는 자유를 위한 시도라고 합리적으로 평가하지 못했지만, 오늘날 사람들은 그 사건들이, 노예의 입장에서든 주인의 입장에서든, 조금이라도 합리성이라고 할 만한 것과 관련되어 있지 않을까 의심의 눈초리를 보낸다.** [강조는 인용자]⁵⁸

달리 말해, 반란이 반란이 되기 위해 **합리적**일 필요는 없다. 해석할 틀이 없으면 합리적 반란이란 불가능한 것이다. 그러니 범죄나 살인은, 만약 그런 일들이 부당한 환경(가령, 노예제)에서 비롯된 것이라면, 그 자체로 그런 환경에 대한 반란 행위인 것이다. 설령 살인 사건이 일어나고 백 년이 지나서야 우리가 그것의 부당한 원인을 깨닫게 된다 하더라도 말이다.

조던은 자신이 보기에, 그리고 오늘날 좀 더 유리한 시점에서 글을 쓰는 대부분의 사람들 역시 노예 반란으로 규정할 "즉흥적으로 분출된" 노예 폭력을 다음과 같이 열거한다.

노예들이 주인, 여주인, 감독, 심지어는 가족 전체를 살해하는 일들은 되풀이되었다. 죽인 방법도 다양했다. 목을 조르거나 곤봉 같은 것으로 때렸고, 뾰족한 것으로 찌르기도 했으며, 태우기도 했고, 총을 쏘기도 했으며, 독살하기도 했다(식민지 주민들은 독살이 가장 흔한 일이라고 생각했다). 이런 예들 중 일부는 평범한 범죄로 간주하는 게 적절할 수도 있지만 **그럼에도 노예의 범죄와 노예제에 대한 저항을 구분하는 건 불가능하다.** 감독을 도끼로 내리찍는 행동이 걷잡을 수 없는 분노나 정신착란 상태에서 기인할지도 모르지만, 그런 행동을 노예 역할에 묵종한 것으로 볼 수는 없는 것이다.[강조는 인용자][59]

블래싱게임이 『노예 사회』에서 언급한 재판서에 따르면, 1640년부터 1865년까지 미국 영토에서 533명의 노예들이 백인들을 폭행, 강탈, 독살, 살해했다.[60] 어느 누가 이 수가 많다고 혹은 적다고 말할 수 있을까? 이것이 노예들이 얼마나 비참했는지 입증 혹은 반증해 준다고 할 수 있을까? 개인적으로 나는 그 수가 너무 적어서 놀랐다. 훨씬 더 많으리라고, 그런 폭력적인 공격이 수천, 수만 번 일어났을 것으로 예상했다. 왜냐하면 1970년대의 자식으로서 나는 미국인은 늘 억압에 맞서 들고일어났으며, 선한 편이 늘 승리한다고 자연스레 믿어 왔기 때문이다.

현실은 다르다. 억압받는 자들이 들고일어나는 일은 드물고, 그들은 늘 패배하며(이 나라에서는 무슨 수를 쓰더라도), 설령 드물게 반란이 일어난다 하더라도 사람들은 국가에 협력해 그들이 억압에서 벗어나지 못하게 한다. 오늘날의 프로파간다는 노예 시대를 왜곡한다. 노예 시대를, 반란이 끊임없이 요동치고 부글부글 끓어올라 당장에라도 폭발할 것 같았던 시기, 용감하고 저항적인 노예들이 부당함에서 자유를 향해 전진한 시기로 묘사하는 것이다. 마치 스필버그 영화에서 정신의 승리처럼 말이다. 하지만 실재는 프로파간다에서 묘사하는 것보다 훨씬 평범하고 시시했던 게 사실이다.

오늘날 노예제에 대한 공식적인 묘사를 보면, 한때 노예제의 비인간적이고 부당한 측면이 모조리 검열되어 삭제되었던 것과 마찬가지로, 우리를 우울하게 하는, 현대의 삶과 유사한 것들 역시 모조리 검열되어 삭제되어 있다. 강조점은 달라질 수도 있지만 검열의 목적은 그때나 지금이나 한결같다. 오늘날 우리가 살아가는 방식이 전적으로 정상이라는 믿음을 강화하고, 그와 같은 신앙과 모순될 수 있는 증거라면 죄다 제거하기 위해서다.

백인들의 공포

식민지 미국에서 가장 위대한 노예 반란은 1712년 뉴욕 시에서 일어났다. 20여 명의 가내 노예들slave-domestics[농장 일이 아닌 집안일을 담당한 노예들] ― 노예 세계에서는 "특권" 계급이었고, 상대적으로 운이 좋은 이들이었다 ― 이 폭력적인 반란을 모의했는데, 이들은 그것이 전면적인 봉기로 번지길 희망했다. 오늘날 우리에게 남아 있는 이야기들은 세부 내용이 좀 다르지만 기본 줄거리는 같다. 4월 6일 늦은 밤, 반란 무리는 도심의 한 건물에 불을 지르고는 ― 옥외 화장실이었다는 설명도 있고 변두리에 있는 건물이었다는 설명도 있는데, 내가 찾은 가장 설득력 있는 설명에 따르면 도심에 있는 건물이었다고 한다 ― 숨어서 백인 당국자들이 불을 끄러 나오기를 기다렸다. 머스킷 총, 손도끼, 검으로 무장한 아프리카 태생의 노예들은 노예로 사느니 싸우다 죽는 게 낫다고 서로 맹세했다. 인근에 살던 백인들이 불을 끄러 오자 노예들은 공격을 개시했다. 총을 쏘고

검으로 찌르고 때리기도 했다. 아홉 명이 죽었고 아홉 명이 부상을 입었다. 도망친 백인들은 지역 당국에 이 사실을 알렸고, 극심한 공포가 뉴욕 시 전역으로 퍼져 나갔다. 이제 모든 게 계획대로 진행된다면, 그 지역의 모든 노예들이 형제들과 함께 들고일어나 억압자들을 제압할 터였다.

뉴욕과 웨스트체스터에서 민병대가 소집되었고 인근 요새에서도 병사들이 모였다. 결국 노예들은 포위된 채, 억압 받는 형제들이 나타나 도와주길 기다렸다. 그들이 오리라고 믿는 것은 참 합리적인 듯했다. 그러나 다른 노예들은 결코 나타나지 않았다 ― 어떤 반란도 촉발되지 않았다. 도시의 다른 노예들은 여전히 수동적이었다. 억압자들은 힘을 합쳐 싸웠지만 피억압자들은 서로 외면했다.

반란은 잔혹하게 진압되었다. 반란의 지도자들 가운데 여섯 명은 항복하지 않고 자살했다. 총 27명이 체포되었다. 일부가 받은 혐의들은 진위가 의심스러웠다. 현대의 평론가 더글러스 하퍼는 씁쓸히 이렇게 평했다. "계획을 잘 세웠더라면 훨씬 더 치명적일 수 있었을 텐데 반란은 허술했다."[61]

식민지 주민들은 희생자들 수만으로도 충격과 공포에 휩싸였다. 당시 뉴욕 시 인구가 5천도 안 되었다는 것을 고려해 보라. 하퍼는 이렇게 말했다. "생존자들이 당한 심리적 충격을 고려하려면, 인구가 8백만인 현대의 뉴욕이 어떤 공격을 당해서 1만 명이 사망했다고 상상해 보라."

선고된 형벌은 18세기 초 기준으로 봐도 몹시 잔혹했다. 백인 주민들은 야만적인 형벌을 바랐다. 열세 명의 노예들은 목을 매달았고, 하나는 사슬에 묶어 두고 굶어 죽였으며, 셋은 태워 죽였고,

하나는 커다란 수레바퀴에 묶은 뒤 사지를 부러트린 후 죽였다. 이 방법이 어떤 것인지 좀 더 설명해 보자. 먼저 발가벗은 희생자를 바닥에 눕히고 사지를 뻗게 한 뒤 말뚝이나 쇠고랑에 묶었다. 다음으로 나무 조각들을 손목, 팔꿈치, 발목, 무릎, 고관절 밑에 댔다. 그러고는 사지와 관절을 하나씩 수차례 내리쳤다. 그렇게 부서뜨린 사지는 큰 바퀴의 살에 "엮어 넣었다." 그리고 장대 끝까지 바퀴를 들어 올려 새들이 희생자들의 살을 쪼아 먹게 했다.

식민지 미국에서 백인 집단이 어떤 범죄를 저질렀다 하더라도 그토록 가혹한 중세적 형벌을 받은 적은 한 번도 없었다.

이 드문 집단적 노예 반란 사례의 특징은 계획이 서툴렀고, "무고한" 백인들을 피비린내 나게 살육했으며, 더 큰 반란을 촉발하는 데 완전히 실패했고, 국가에 의해 야만적으로 진압당했다는 것이다.

여기서 더 중요한 것은, 식민지 주민들이 그 반란을 지독히도 오해했다는 점이다. 그들에겐, 그것이 이루 말할 수 없이 악하고 무차별적인 묻지마식 범행이라는 것 외에는 달리 이해할 도리가 없었다. 이 같은 오해는 30년 뒤 발생한 집단히스테리에서 분명하게 나타난다. 노예들이 뉴욕 시를 불태우려 한다는 모의가 "발각"된 것이었다. 당시 흑인은 도시 인구의 약 5분의 1이었다. 모의의 전후 사정과 세부 내용에 대해 이후 줄곧 이의가 제기되었지만, 그럼에도 [백인들의] 집단히스테리는 진짜였다. 즉, 흑인 154명과 백인 24명이 체포되고 흑인 31명이 처형되었다.

조던은『흑인 위에 백인』에서 이렇게 설명한다.

주요한 노예 반란 음모로 추정되는 것에 뉴욕 시민들이 보인 반응을 가장 잘 특징짓는 말은, 철저한 혼란[오해]에 따른 공포였다. 돌이켜 보면, 중요한 사실을 드러내 주는 것은 공포가 아니라 혼란이다. 니그로 봉기를 바라보는 확고한 틀이 뉴욕 시민들에게는 없었음을 확증하는 것이 바로 그 혼란이기 때문이다. 음모에 대해 터무니없고 자기모순적인 설명들이 중구난방으로 제기되었다. 재판에 관여한 판사 가운데 한 명인 대니얼 호스맨든은 재판 과정에서 그 음모를 다음과 같이 다양한 관점에서 검토했다며 이를 정당화하는 장황한 글을 공표했다. 그것은 로마 가톨릭의 음모이기도 했고, (인정 많은 백인 주인들이 이교도의 야만적인 아프리카에서 이들을 구해 줬다는 점에서) 니그로들의 어처구니없는 배은망덕한 짓이기도 했으며, 평상시에는 충성스러운 노예들이 철저히 타락하고 반역적인 백인들에게 속아서 꾸민 음모이기도 했다. 또 이는 뉴욕 노예들의 위험과 극악을 보여 주는 예, 일반적으로 니그로들은 선천적으로 천함을 드러내는 예였다.[62]

호스맨든 판사가 노예 반란의 원인으로 폭력적인 비디오게임, 전미총기협회, 마릴린 맨슨까지 탓하는 것을 상상하기란 어렵지 않다. 그가 살던 시대에 그런 구실들이 존재했다면 말이다. 노예 반란의 원인은 가장 분명한 근원, 곧 노예제임에도 불구하고, 구실이 될 수 있는 것이라면, 그게 아무리 괴이할지라도, 무엇이든 끌어왔다.

니그로 요새 전투

불쌍한 검둥이에게 행운이 찾아올 리가 없제./허클베리핀

이 노예 반란들처럼 잔혹하고 비극적인 몇몇 반란들은, 현대 시학적인 측면에서 읽어 보면, 유감스럽게도 몹시 블랙코미디적인 면도 있는데, 이는 마치 하느님이 짓밟히는 사람들을 그들이 짓밟힌다는 이유로 벌주기로 작정한 것 같다.

1812년 전쟁◆ 뒤 영국은 1815년에 스페인령 플로리다에서 철수했다. 그들은 완벽히 무장된 요새를 지역 동맹자들, 즉 탈출한 아프리카계 미국 노예 약 3백 명과 촉토 족 및 세미놀 족 30명으로 구성된 연합 부대에 이양했다. 애팔라치콜라 강을 따라 형성된 요새는 영국이 지배할 당시 프로스펙트 블러프 요새Fort Prospect Bluff로 명명되었다. 도망 노예 출신의 새로운 지휘관 ─ 우리에게는 가슨으로만 알려진 ─ 과 그의 수석 부관이자 촉토 족 추장 ─ 이름이 알려져 있지 않다 ─ 이 지배할 때는 니그로 요새로 개명되었다. 그이름이 [백인들에 대한] 비아냥으로 들린다면 아마도 그런 의미로 썼기에 그럴 것이다. 해방 노예였던 가슨과 부하들은 자신들이 자유롭게 사용할 수 있는 무기를 갖춘 영국 요새에서 득의양양하고 있었다. 또 대갚음을 하고 싶어 좀이 쑤시는 상태였다.

니그로 요새에 관한 소식은 남부 곳곳으로 퍼져 나갔고, 이 소식

◆ 해상권과 반영 감정 등의 이유로 1812년 6월부터 약 32개월 동안, 미국과 영국 사이에 벌어진 전쟁.

을 듣고 도망쳐 와 인근 지역에 자리를 잡은 흑인들이 무려 8백 명에 이르렀다. 이들 가운데는 테네시 주 같은 먼 곳에서 온 이들도 있었다. 미국인들로서는 결코 달갑지 않은 일이었다. 노예 소유주들은 불평했다. 그들은 니그로 요새를, 노예 소유가 허락된 미국에 반대하는 자코뱅적 반란이 싹트는 중심으로 보았다.

가슨과 촉토 족 추장은 도망 노예들에게 안식처를 만들어 주고 그 요새에 [백인들을 대놓고] 비아냥대는 이름을 붙이기로 결정했을 뿐만 아니라 조지아 주 경계를 넘는 급습도 개시했다. 용감하고 정당한 결정이었지만 현명한 결정은 아니었다. 가슨과 촉토 족 추장 그리고 나머지 부하들도 안전하다고 느꼈을 게 분명하다. 그도 그럴 것이 스페인령에, 완전무장을 하고 있었고, 영국의 최고 요새 기술로 지은 장벽의 보호를 받고 있었기 때문이다.

분노한 조지아 주 노예 소유주들의 요구에 따라 1816년 3월, 전쟁 영웅 앤드루 잭슨 장군은 플로리다의 스페인 총독에게 그 정착지를 파괴해 달라고 진정했다. 동시에 소위 크리크 족 거주지에 있는 미 육군 사령관 에드먼드 게인즈에게 니그로 요새를 파괴하고 "도둑맞은 니그로들과 재산을 적법한 주인들에게 되돌려 주라"라고 명령했다.

가슨은 겁먹지 않았다. 실제로, 그는 "미국 배들이 건너오려 하면 모조리 침몰시키겠다"고 호언장담했다. 1816년 7월 27일, 미군이 동맹 관계에 있는 남南 크로키 족 5백 명 및 해군 호위대와 함께 니그로 요새에 도착하자 가슨의 무모함과 허세는 최고조에 달했다. 한 기록은 이렇게 설명했다. "미국 대표단이 니그로 요새의 항복 협상에 힘쓰고 있을 때 흑인 도망자의 지도자가 자신들에게 '욕설을 퍼부었다'고 미국 대표단은 보고했다."[63]

가슨은 강 하구의 미국인들에게 대포를 쏘라고 명령했다. 하지만 흑인 민병들은, 믿기 힘들 정도로 용감하고 결연하긴 했지만, 정작 군사훈련은 받지 못한 상태였다. 포탄은 미 군함을 한참 빗나갔다. 그럼에도 반란자들은 환호성을 질렀다. 백인 악마들에게 아프리카의 무서움을 맛보게 해줬다고 믿은 것이다. 정의, 하느님, 역사가 그들의 편이었다. 전투가 시작되었다!

이제 미국인 차례였다. 그들은 군함에서 대포 한 발을 발사했다. 그리고 이겼다. 운 좋게도 그 첫 포탄이 그대로 적중했다. 가슨의 미숙한 부하들이 부주의하게 열어 둔 탄약고에 명중한 것이다. 이런 기막힌 행운이! 마치 하느님이 노예 소유주를 대신해 개입해 주신 것 같았다. 예수님이 탄착彈着 관측병으로 등장해 포탄이 노예들의 가장 약한 지점에 명중하도록 위치를 지정해 주어 가슨의 전 병력을 지옥불에 타버리도록 하신 것 같았다.

가진 사람은 더 받을 것이요. 가지지 못한 사람은 그 가진 것마저 빼앗길 것이다./예수 그리스도, 마가복음 4:25

니그로 요새 전투는 시작하자마자 끝났다. 화약고 폭발은 매우 강력해서 1백 킬로미터쯤 떨어진 펜서콜라에서도 느낄 정도였다. 요새를 방어하는 이들 가운데 그 어마어마한 폭발에서 살아남은 이들은 40명이 못 됐다. 그들 가운데서도 다수는 심한 화상으로 생존할 가능성이 거의 없었다.

놀랍게도 가슨과 촉토 족 추장은 그 아수라장에서 살아남았다.

미국인들은 가슨과 촉토 족 추장을 크리크 족 동맹자들에게 넘겨주었는데, 가슨은 그 자리에서 총살했고 추장은 머리 가죽을 벗겨 냈다. 다른 생존자들은 소유주에게 넘기거나 경매 처분해 버렸고, 폐허가 된 니그로 요새 터에는 결국 미국의 개즈던 요새가 세워졌다.

뒤이어 엄청난 규모의 잔학 행위가 플로리다에서 자행되었다. 이에 견주면 니그로 요새의 비극적 이야기는 각주에 불과했다. 1820년대와 1830년대에 잭슨은 원주민 세미놀 족을 절멸하는 활동을 개시했다. 대부분은 강제 이주시키고 나머지는 살육한 후 그 곳을 수천 명의 노예 소유주와 노예들로 채워 놓았다. 1845년, 플로리다는 스물두 번째 주로 승인되었는데 인구 절반이 노예였다. 1850년대 말, 플로리다에서 생존해 있는 세미놀 족은 고작 3백 명에 불과했다.

천부적인 단합 능력

때때로 식민지 주민들은, 위험의 주요 원천은 노예가 아닌 니그로라고 생각했다. /윈스럽 조던, 『흑인 위에 백인』[64]

1822년에 덴마크 베시Denmark Vesey가 모의한 노예 반란은 노예의 불굴의 저항과 용기를 보여 주는 사건으로 인용된다. 스털링 스터키는 이렇게 썼다. "베시의 사례는 미국의 인종주의적 기초를 위협한 가장 용기 있는 사례 가운데 하나로 간주해야 한다. 그의 삶에서는 니그로의 거의 모든 격통이 뿜어져 나왔다. 그는 어제도 그랬듯 오늘날에도 그런 위치에 있다. 수 세기 동안 두려움으로 인해 굴복해 왔던 사람들이 군사행동을 벌일 수 있음을 보여 주는 경탄할 만한 대상으로 말이다."[65] 그러나 우울한 진실은 베시처럼 우리가 현재 알고 있는 얼마 안 되는 유명한 노예 반란들조차 일부의 경우 오늘날의 학자들에게 백인 편집증의 발로에 불과한 것으로 받아들여지고 있다는 점이다. 다시 말해, 이런 십여 개의 반란들 중 몇몇은 두려움 많은 백인 노예 소유주들의 마음속에서만 존재했지 실제로는 아마도 일어나지 않았다는 것이다.

베시의 다른 점은 사우스캐롤라이나 주 찰스턴에서 목수로 성공한 해방 노예였다는 것이다. 우리는 종종 잊곤 하지만 남부에서도 해방 노예 인구는 상당했고, 이는 그 악한 문화[노예제]에 대한 우리의 안이한 생각을 혼란스럽고 복잡하게 만든다. 1822년 찰스턴에는 백인 1만653명과 노예 1만2,652명이 살았고, 그중 해방 노예는 3,615명이었다.[66] 노예제가 저물어 가던 시기 항해가로 활동한 제임스 스털링은 이렇게 말했다. "일요일 오후 찰스턴 거리에서 노예들의 모습을 보고 깊은 인상을 받았다. 그들 중 다수는 잘 차려 입었고 행동거지가 점잖았으며 휴일을 만끽하는 듯했다."[67]

1820년, 이런 인구통계를 우려한 주 의회는 해방 노예가 주에 들어오는 것을 금했고, 자유 신분의 흑인이 주를 떠났다가 돌아오는 것도 허가하지 않았다.

덴마크 베시는 서아프리카에서 태어났다. 거기서 붙잡힌 그는 사우스캐롤라이나 주로 보내져 1781년에 베시 선장에게 팔렸다. 베시는 20년간 선장을 "충실히" 섬겼는데, 선장은 베시의 "민첩성, 지적 능력"에 깊은 인상을 받았다고 한다. 1800년, 덴마크 베시는 복권에 당첨되어 1천5백 달러가 생겼고 그 돈으로 자유를 사고 목공소를 열었다. 지역 주민들, 특히 흑인들은 그의 부와 운, 지적 능력에 깊은 인상을 받았다. 그는 글을 읽을 수 있는 몇 안 되는 사람 중 하나였다. 그리고 자신의 지식을 인종 간의 평등을 주장하는 데 사용했다.

사우스캐롤라이나 주 백인들이, 흑인이 이끄는 한 새로운 교회 — 감리교에서 강제로 분리되어 나온 — 에서 노예들에게 설교하는 것을 금지하자 긴장이 고조됐다. 지역 당국은 흑인 설교자들이 신도들에게 무슨 말을 할까 두려워 그 교회의 신자 및 지도자들의 활동을 불법화했고 그들을 괴롭혔다. 1820년, 찰스턴에서 아프리카 감리교회를 규제할 당시, [그 교회의] 흑인 신자는 약 3천 명이었고 덴마크 베시는 그 지도자 가운데 하나였다.

2년 동안 사우스캐롤라이나 주에서는 흑인 운동과 예배를 제한하는 억압적 법률이 새로 제정되었고, 그 사이 미국사에서 가장 거대한 노예 모의가 "폭로"되었다. 1822년 5월 30일, '총애를 받던 심복 노예' 조지 윌슨이 모의를 밀고한 것이다.[68] 그는 주인에게 베시가 모의를 주도하고, 수천 명의 해방된 흑인들과 흑인 노예들, 심지어는 몇몇 백인들도 참여한다고 일러바쳤다. 그 게릴라들은 찰스턴을 접수하고 군수품을 강탈해 백인들을 학살한 뒤 몇 달 내에 배를 타고 아이티로 갈 계획이었다고 한다.

당국은 용의자 수백 명을 검거했고, 자백을 받아 냈다. 결국 흑인 55명은 (베시를 포함해) 사형에 처하고, 또 다른 흑인 열아홉은 국외로 추방했으며, 네 명의 가난한 백인들에게는 짧은 징역형을 내렸고, 다른 수십 명은 무혐의 처리했다. 일부 노예들은 다른 노예들을 밀고했지만 베시를 포함한 몇몇은 섬뜩한 심문 기법에도 불구하고 모의의 존재 자체를 부인했고, 죽을 때까지 자백을 거부했다.

그럼에도 상당수의 사람들은 그와 같은 모의가 결코 존재한 적이 없다고 믿는다. 당시 사우스캐롤라이나 주지사 토머스 베넷과 그의 매부이자 대법관인 윌리엄 존슨 모두 베시에 대한 재판 절차에 심히 비판적이었다. 주지사 베넷은 이렇게 썼다. "나는 이곳[찰스턴]에 널리 퍼져 있는 분위기가 몹시도 두렵다."[69] 그들은 수천 명의 반란자들이 주에서 가장 큰 도시를 장악한다는 그런 무모하고 괴이한 모의의 존재 자체를 의심했다. 정보를 제공한 노예들이 나중에 주州 명령에 따라 해방되었고 상당한 보상을 받았다는 사실은 오늘날 일부 역사가들이 모의의 존재를 의심하는 이유 중 하나에 불과하다. 존스홉킨스 대학교 역사학 교수 마이클 존슨의 최근 연구에 따르면, 소문, 노예들의 실없는 허풍, 그리고 지역 백인들 가운데 일반적으로 퍼져 있던 편집증이 뒤섞여 세일럼 마녀 재판♦ 같은 일종의 임계상태를 만들어 냈고, 깡그리 지어낸, 터무니없는 대규모 노예 반란 모의가 생겨난 것이었다.[70]

존스홉킨스 대학교 역사학 교수 필립 모건은 이렇게 언급했다. "우리는 반란이 존재했다고 믿고 싶어 한다. 노예들의 영웅적 행위, 즉 그들이 기꺼이 목숨을 바쳐 부당함에 맞서 싸웠다고 믿고 싶은 것이다."[71] 그에 따르면 진정한 영웅은 고문과 사형 위협에도 불구

♦ 1692년 매사추세츠 주 세일럼에서 종교 박해를 피해 신대륙에 이주한 청교도들이 무고한 사람들을 마녀로 몰아 죽인 사건으로, 185명이 마귀 혐의로 체포되었고 이 가운데 열아홉 명이 공개 교수형을 당했으며, 한 명은 고문으로 죽고, 갓 태어난 아기를 포함한 다섯 명이 감옥에서 죽었다.

하고 자백 강요에 굴복하지 않은 베시 같은 이들이었다.

예를 들어, 잡지 『네이션』은 존슨의 수정주의적 견해를 칭찬했다.[72] 그가 베시를 비롯해 모의 혐의를 받은 이들이 "무죄임을 밝혀 주었"고, 순전히 편집증만으로 다수를 사형시킨 백인들의 악한 노예 소유 문화를 기소했다는 이유였다. 그러나 존슨이 맞다면 — 맞는 것 같다면 — 남북전쟁 이전 시기의 몇 안 되는, 아프리카계 미국인 영웅들 가운데 한 명을 잃게 되고, 또 우리는 3천 명에 달하는 해방 노예들이 실제로 노예 소유주에 맞서 반란을 모의한 일이 없다는 우울한 현실을 마주하게 된다. 한데, 스터키는 이렇게 낭만적으로 기술한다. "대규모의 음모가 4년간 맹아 상태로 존재하고 몇 개월간은 활발한 움직임이 있었을 것이다. 그리고 배반이 있은 후에도 그 모의는 용케 살아남아 또다시 당국의 감시를 따돌리고, 거의 결정적인 국면에까지 이르렀다. 분명 이는 지도자들에게 비범한 능력이 있었다는 것과, 보통 사람에게는 없는 천부적인 단합 능력이 노예들에게 있었음을 보여 준다." 이런 묘사는 읽기가 괴로울 정도다. 그런데 스터키가 현대 독자를 위해 고안한, 덴마크 베시를 바라보는 틀은, 독자의 기대를 충족하고자 만든, 영웅적이고 낭만화된 설명들이 그렇듯이, 언젠가는 어리석게 보이기 마련이었다.

찰스턴 백인들의 노예 반란 모의에 대한 믿음은 노예에 기반을 둔 자신들의 문명의 미덕과 정상성에 대한 믿음만큼이나 확고했다. 단 하루 동안 흑인 34명의 목을 매단 것은 미국사에서 국가가 가장 많은 인원을 한꺼번에 사형에 처한 예일 것이다. 이는 두려움이 진짜였고 심각했으며 그들이 노예제를 유지하는 일에 영원히 전념했다는 증거일 것이다. 다른 실제 반란과 상상의 반란들에서 그랬듯 사우스캐롤라이나 주민들도 노예 모의를 고무하는 원인으로 노예제가 아닌 외부 영향들과 아프리카인들의 정신착란을 탓했다.

당시 『찰스턴 타임스』 편집자 에드윈 홀랜드는 이렇게 썼다. "결코 잊어서는 안 된다. 우리의 니그로들은 참으로 이 나라의 자코뱅들이다. 아나키스트이고 내부의 적이다. 문명사회의 공통의 적이다. 그리고, **만약 그럴 수 있었다면**, 그 야만인들은 우리 인종을 **말살했을** 것이다."[73] 만약 그럴 수 있었다면 말이다.

물론 진실은 정반대였다. 흑인종에 대한 백인들의 말살책은 현재 진행형이고, 과거에도 마찬가지였다. 그럼에도 백인들의 그런 정서는 정상적이었고 주류였다. 전면적 폐지론을 지지하는 것은 극단적이고 비현실적이었다. 반면 흑인들은 백인들을 대량 살상하려는 인종주의자들이라는 믿음에서 흑인 노예를 대량으로 교수형에 처하는 것은 정상이었고, 사실 존경할 만한 일이었다. 대부분의 존경할 만한 사람들은 늘 반란의 실제 원인들을 회피한다. 반란은 늘 외부인과 악 때문이다. 우체국 직원들이 벌인 광란 행각은 우체국이 뭔가 잘못되어서가 아니라 할리우드가 그들의 머릿속에 나쁜 생각을 주입했거나, 아니면 단순히 일부 우체국 직원들이 느닷없이 폭발하는 경향이 있는 광인이어서였다.

베시 사례는 노예 소유주들이 당시 함께 살아가던 해방 노예들에게 큰 위협을 느꼈음을 상기시킨다. 해방 노예의 존재 자체가 백인에게도 노예에게도, 노예제가 필연적이거나 선호할 만한 조건이 아님을 상기시켰음이 분명하다. 그것은 노예제와 관련해 필연적인 것은 하나도 없고, 따라서 노예제가 백인이나 노예 어느 쪽에서 보더라도 정상적인 것이라 할 수 없다는 점을 모든 사람들에게 상기시켰다. 해방된 흑인은 노예들에게 희망을 주었고, 노예들은 그런 해방된 상태를 목표로 삼게 되었다.

우리 가운데 오늘날 해방 노예는 누구이고, 속박된 노예는 누구인가? 그들은 지배계급으로부터 어떤 대우를 받고 있는가? 그들은 서로 어떻게 대우하고 있는가? 우리는 해방 노예들이 각종 분명한 이유에서 노예 소유주에게 위협이었음은 알고 있지만, 그만큼 그들이 노예들에게도 위협적이었다는 점에 대해서는 잘 모른다. 남부에 사는 해방 노예들이 노예들에게 불러일으켰을 부러움과 앙심은 거의 상상하기 힘들 정도다. 그리고 그것은 오늘날 우리가 직시하고 싶지 않은 무엇인데, 그것은 우리가 그 시대를 바라보는 단순하고 도덕적인 틀을 흐리게 하기 때문이다. 그러나 노예와 해방 노예 사이의 분할과 원한은 사우스캐롤라이나 주 당국이 어떻게 노예들을 구슬려 베시를 공격하게 했는지를 설명하는 데 도움이 될 뿐만 아니라(일부는 구슬릴 필요도 거의 없었던 듯하다) 우리 자신의, 훨씬 불분명하게 나타나는 비겁하고 복종적인 행태를 상기시킬 것이다. 더욱이 해방 노예들이 백인들의 환심을 사려고 자신들도 백인들과 같은 편견을 드러내 보였음을 상상하기란 어렵지 않다. 일부 해방 노예들은 자기 소유의 노예를 두기까지 했다. 다음의 예들이 보여주듯이 우리는 모두 잠재적 노예이고, 잠재적 부역자이다.

와일드쇼의 보조인 흑인 남자가 수갑을 채운 그녀를 인근 들판으로 데리고 갔다. [주인인] 호프 씨와 그의 친구들도 동행했다. 거기서 그녀를 발가벗기고는 수갑을 풀고 참나무에 팔을 둘러 손을 묶었다. 발도 나무에 단단히 묶었다. 그 흑인 감독은 쇠가죽 채찍을 들어 머리

위로 휙 돌려 매섭게 그녀의 윗등을 내리쳤다. 비명을 질러도 소용이 없었다. 강하게 거듭 내리쳤고 피가 철철 흘렀다. 그러는 동안 그녀의 주인, 그녀의 아버지(!)는 태연히 이 지긋지긋한 고문의 예방 효과에 대해 생각했다.[74]

탈출한 노예 다이나의 실화를 다룬 이 글은 유의미한 시사점을 던져 준다. 멀리서 역사 속 부당함들을 도덕적으로 따져 보기는 쉽지만 가까이서 연구하면 할수록 희생자와 가해자의 구분이 어려워지고 뒤죽박죽되며 모든 사람들이 덜 영웅적으로 보이기 때문이다. 사람들은 억압받는 계급 전체가 단일하게 행동하리라 기대하는데 그렇게 하는 게 그들의 이익에 부합하는 것으로 보이기 때문이다. (그리고 우리의 문화 프로파간다는 그들이 그렇게 한다고 이야기한다.) 하지만 사실 억압받는 집단은 흔히 구성원을 허락되는 한 흉포하게 공격한다.

둘을 비교하는 게 생경해 보일 수도 있지만 다시 웨스베커 사례를 생각해 보라. 그의 동료들은 조롱 받는 직원을 궁지에 몰았고 야만적으로 취급했으며 그에게서 등을 돌렸다. 그가 본질적으로 자신들과 마찬가지로 동일한 기업의 폭력과 탐욕에 희생된 사람이었음에도 말이다. 한 직원이 웨스베커를 "미친놈"으로 부르도록 했던 것은 그가 자신의 일에서 정당함, 즉 남들은 요구하지 않은 무언가를 끈덕지게 요구했다는 사실이다. 노예들은 협력해 반란을 일으키기보다는, 외려 주인을 기쁘게 하려고 자신과 같은 계층의 반란자들을 공격했다. 마찬가지로 웨스베커의 동료들이 그를 지원하지 않고 공격한 사실은 그들이 좋은 대우를 받고 있었다는 증거가 아니

다. 오히려 그들의 노조와 동지애가 얼마나 심각히 파괴되었는가를
보여 주는 증거다.

하등의 이유나 유인 없이도

미국에서 가장 유명한 노예 반란을 일으킨 인물은 냇 터너이다. 그
가 1831년에 주도한 반란은 미국의 불운한 봉기의 전형적 특징인
잔혹함, 기묘함, 그리고 씁쓸한 아이러니를 모두 갖고 있다.

터너는 1800년, 버지니아 주에서 태어났고, 일찍부터 예지력을
지닌 아이였다고 한다. 그는 눈에 띄게 총명하고, 편집증적 망상이
라 할 정도로 신앙심이 깊은 인물로 여겨졌다.

1821년, 터너는 주인에게서 도망쳤지만 30일 뒤에 되돌아갔다.
"세속의 주인의 종으로 되돌아가라"라는 말씀을 들었기 때문이다.
4년 후, 다른 주인에게 팔려 간 뒤 그는 환상을 또 보았다. 하늘에
서 빛들이 보였고 그는 그 의미를 알려 달라고 기도했다. 그러던 어
느 날, "밭에서 일하고 있는데 옥수수에 핏방울이 있는 것을 발견
했습니다. 마치 하늘에서 내려온 이슬 같았습니다. 저는 인근에 사
는 많은 사람들에게, 백인들에게도 흑인들에게도, 이야기했습니다.
그러고는 숲에서 상형문자와 숫자들이 쓰인 나뭇잎들을 발견했는
데, 사람들이 서로 다른 자세를 하고 있는 모양이 피로 그려져 있었
고, 전에 하늘에서 여러 번 본 적 있는 형상들이었습니다."

환상은 멈추지 않았고 외려 무언가를 짜 맞추어 가는 듯했다.
1828년 5월 12일, 터너는 세 번째 환상을 보았다. "하늘에서 굉음

이 들린 뒤 성령이 바로 제게 나타나셨습니다. 그리고 뱀이 풀려났고, 그리스도께서 인간의 죄로 말미암아 지셨던 멍에를 내려놓으셨다고 말씀하셨습니다. 또 나중 된 자로서 먼저 되고 먼저 된 자로서 나중 되는 때가 지체 없이 오고 있으니● 제가 그것을 떠맡아 뱀과 맞서 싸우라고도 말씀하셨습니다. …… 그리고 언제 그 위대한 과업을 개시해야 하는지 알려 주는 징후들이 하늘에 있었습니다. 첫 번째 징후가 나타나기 전까지는 그것을 사람들이 알지 못하도록 감추어야 했습니다. 그리고 그 징후가 나타나면 …… 일어나 준비해서, 적들을 바로 그들의 무기로 죽여야 했습니다."

그날은 1831년 2월에 왔다. 터너는 그날의 부분일식을 하느님이 친히 알려 주신 신호라고 풀이했다. 농장에서 카리스마 있고 인기 있는 인물 터너는 가장 신뢰하는 동료 노예 여섯을 모았고 반란을 모의했다. 그들은 수천의 노예가 가담해 남부 전역의 흑인들을 해방하고 결국에는 영광과 자유로 끝을 맺으리라고 믿었다.

8월 21일 새벽 2시경, 냇 터너는 공모자들과 함께 주인집에 몰래 들어가 가족을 깡그리 살육했다. 여자도 아이도 예외는 아니었다. 터너는 주인이 친절하다며 그를 좋게 이야기한 바 있었고, 그에게 "어떤 불만도 없다"고 인정했다. 하지만 그가 주인을 좋아했다고 해서 "주인을 죽이지 못할" 이유는 없었다. 그는 속에서는 분노가 부글부글 끓고 있었지만 예의 바르고 고맙게 여기는 태도를 취할 수 있었다.

주인 일가족을 살육하는 데 성공하고 대담해진 냇 터너의 무리

● 마태복음 20장 16절. 종말의 때를 의미한다.

는 광란의 행각을 이어 갔다. 백인 가정 여기저기를 돌며 주인 가족을 살육하고 농장 흑인들을 해방했다. 그러나 고작 40~50명만이 터너의 부대에 가담했고, 그중에 말을 가진 사람은 고작 두서너 명으로 터너의 기대에 못 미치는 터무니없는 숫자였다.

이튿날 가장 가까운 마을 예루살렘으로 진군했을 때 터너 부대는 일단의 지역 민병대와 마주쳤고 뿔뿔이 흩어졌다. 짧은 소규모 충돌에서 백인 민병대에 금세 패배한 반란 노예들은 퇴각했다. 이 첫 교전 뒤 터너 부대의 대부분은 터너를 버리고 떠났고 스무 명만이 기름 부음을 받은 지휘관 곁을 지켰다.

냇 터너의 남은 반란자들은 우호적인 노예들의 오두막에 가까스로 임시 거처를 마련했다. 거기서 하룻밤을 묵으며 후일의 자유를 위해 푹 쉬었다. 패배와 인력 부족에도 불구하고 그들이 괴멸된 것은 아니었다. 이튿날 그들은 심한 통풍을 앓고 있는 블런트라는 남자가 소유한 인근 농장을 표적으로 삼았다. 터너는 공격을 개시해 블런트 같은 유력한 대형 농장주를 살육함으로써 노예 부대에 새로운 병력을 충원할 수 있기를 희망했다. 그러나 믿기 힘들게도 블런트의 노예들은 주인과 그 가족을 지키고 있었다. 블런트는 노예들을 무장시켰고 터너 부대에 맞서 싸우도록 이끌었다. 블런트의 노예 부대는 둘을 포로로 잡고, 하나는 죽이고, 또 하나는 부상을 입히면서 터너의 노예 부대를 성공적으로 분쇄했다.

이 대패 후 터너의 부대는 사실상 끝장났다. 그와 함께 싸운 소수는 이내 주군 및 연방군과 맞닥뜨렸고 소규모 접전에서 또 패배해 영원히 흩어졌다. 이 마지막 전투에서 탈출한 사람은 터너뿐이었다. 그는 숲으로 달아나 구멍을 파고 거기서 거의 6주를 보내다가 발각돼 체포됐다. 종합하면, 터너 일당은 쏘고, 찌르고, 때려서 백인 59명을 죽였다. 대부분은 버지니아 사우샘프턴 인근의 여자와 아이들이었다. 냇 터너와 공모한 15인은 붙잡혀 교수형을 당했다. 백인 자경단은 앙갚음으로 수백 명을 죽여 그 지역 흑인들을 공포에 떨게 했다. 40년 뒤 출현한 KKK단의 전조였다. 터너는 1831년 11월 11일에 교수형을 당했고, 본보기로 그의 시신은 가죽이 벗겨졌다.

냇 터너의 불운한, 피비린내 나는 반란과 관련해 몇 가지 흥미로운 것들이 있다. 첫째, 터너에게는 분명 망상이 있었지만 그럼에도 그가 노예제라는 광기에 보인 반응은, 오늘날의 시점에서 되돌아보면, 가장 제정신의 가장 영웅적인 반응이었다. 조셉 웨스베커는 우울증을 앓았고, 피해망상과 평소에 이상해 보인다는 이유로 얕보였다. 그럼에도 함께 일한 정상적인 사람들 가운데 일부는 그가 회사를 공격한 행동에 공감을 표했다. 냇 터너에게는 조현병이나 망상이 있었을지 모르지만 그렇다고 그 사실로 인해 그의 반란에 내재된 정치적 본질이 무효화되는 것은 아니다. 오히려 그것은 때로는 정신적으로 건강하지 않은 —정상이 아닌 —사람만이 객관적으로 끔찍한 부당함에 맞서 들고일어날 수 있음을 시사한다. 정상적이고 건강한 사람은 자신의 조건을, 그 조건이 아무리 비참할지라도, 받아들일 방법을 찾는다.

터너의 반란의 두 번째 두드러진 특징은 백인의 반응이었다. 늘 그렇듯이 비난은 이루 말할 수 없는 악, 야만적인 니그로들, 외부의 영향들에게로 돌아갔다. 당시 정상적 혹은 불가피하다고 간주된 것, 즉 노예제는 결코 비난의 대상이 아니었다. 반란자들을 "산적들"로 묘사한 글도 있었다. 1831년 8월 30일 『리치먼드 인콰이어러』에는 이런 글이 실렸다. "이 문제에서 가장 눈에 띄는 것은 이 괴물들의 공포스러운 만행이다. 그들은 알프스산맥에서 내려온 피에 굶주린 늑대 무리를 상기시킨다. …… 이 나라 어디에서도 흑인이 설교자가 되는 것을 허락해서는 안 된다. 그 법은 반드시 시행되어야 한다. 그렇지 않으면 사우샘프턴 비극의 교훈은 허사가 되고 만다."[75] 『리치먼드 인콰이어러』에 따르면, 터너는 "교활하고, 뻔뻔하고, 복수심이 강해서 하등의 이유나 유인 없이도 그런 일을 감행할 수 있었다."

터너 반란의 명백한 제도적 원인에 대한 이런 현실 전도順倒, 이런 동시대의 맹목은, 오늘날 대부분의 평론가들이 에릭 해리스와 딜런 클리볼드가 콜럼바인 고등학교에서 벌인 살인 행각, 즉 15명의 사망자와 23명의 부상자를 낸 행각을 묘사하는 내용과 거의 토씨 하나 다르지 않을 정도로 흡사하다. 그 전후에 일어난 거의 모든 분노 살인에 대해서도, 그게 직장 내에서 일어났건 학교 안에서 일어났건, 마찬가지였다. 잡지 『슬레이트』의 데이브 컬런은 콜럼바인 학살 5주기인 2004년 4월 20일에 실은 글 "우울증 환자와 사이코패스: 마침내 우리는 콜럼바인 살인자들이 왜 그랬는지 알게 됐다"에서 자신이 그 수수께끼를 풀었다고 생각했다. 컬런은 이렇게 썼다. "[에릭 해리스는] 양심도 없는 뛰어난 살인자였다. 그는 상상할 수 있는 가장 극악무도한 계략을 찾았다. 만약 그가 성년이 될 때까지 살아서 더 오래 살인 기술을 연마했다면 그가 무슨 일을 저질렀을지 알 수 없다. 그가 콜럼바인에서 죽었기에 훨씬 더 악한 짓은 못하게 되었는지도 모른다."[76] 컬런이 찾은 해법은 『리치먼드 인콰이어러』의 글처럼 본질적으로 이런 식이다.

하지만 컬런의 설명에는 해리스가 콜럼바인 고등학교에 가한 분노의 공격의 맥락이 빠져 있다. 진지한 역사학자들은 히틀러를 설명할 때조차 맥락 — 베르사유 조약의 굴욕과 바이마르 독일의 실패 — 을 제시할 테지만, 컬런의 설명 속에서 광란의 살인자들은 이유 없이 살인을 저지르는 것으로 묘사된다. 그들의 살인 행각들은 견딜 수 없는 환경에 대한 반응이 아니라 가해자의 선천적 악 혹은 외부에서 들어온 힘들이 발현된 증상들로 지금껏 설명되어 왔다. 악이나 심리 상태를 탓하면 훨씬 위안이 된다. 컬런도 이를 인정한다. 그는 자신의 설명이 사람들에게 "어떤 면에서는 더 안도감을 주는" 것이라 한다. 사실 그는 자신의 이론에서 이런 "안도감을 주는" 측면을 자랑스러워한다. 그는 그로 인해 자신의 견해가 더 구미에 맞고 그래서 더 설득력 있다고 생각한다. 또 다른 저널리스트 조앤 제이콥스는 훨씬 더 단순하게 요약했다. "분노가 아니라 악"[77] 이 콜럼바인 살인자들을 고무했다. 그러니까, 그걸로 설명 끝!

노예 반란들에 대한 이런 지독한 왜곡보다 더 우울한 것은 노예 반란들을 분쇄하는 데 다른 노예들이 맡은 역할이다. 『리치먼드 인콰이어러』는 냇 터너 봉기를 설명하면서 고무적인 어조로 이렇게 지적했다. "하지만 감사의 마음으로 주인에게 충성해 온 많은 노예들이 많은 도적들을 색출해 체포하는 데 최고의 민첩성을 보여 주었다는 것은 마땅히 공로로 언급해야 한다. 많은 농장에서 건강한 정신을 보여 주었다. 주인 쪽에서는 신뢰를 보여 주었고 노예 쪽에서는 감사의 마음을 보여 준 것이다."[78] 당시 인종주의자들은 이를 노예제의 미덕을 정당화해 주는 것으로 보았다. 암울한 사실은, 흑인 노예들이 인간의 근본 심리로 인해, 그리고 환경의 영향을 받아 협력하게 된 것이고, 마지못해서가 아니라 "감사의 마음에서" "건강한 정신에서" 진심으로 그렇게 한 것이라는 점이다. 이런 고무적인 형용사들은 그저 백인들이 지어낸 표현들일지도 모르지만, 그 노예들이 정말로 "건강한 정신"으로 동료 노예들을 공격했다는 사실은 전적으로 믿을 만하다. 현실적이고 성공적인 노예 관리 기법을 보여 주는 최상의 표현 중 하나는, 노예는 주인의 이해와 자신의 이해를 동일시하고 또 주인의 적과 자신의 적을 동일시한다는 것이다. 노예 심리와 ("쾌활한 기질", "진취성"을 고무하는) 효율성 위주의 미국 노예 경영 방식이 결합되어 주인을 보호한다는 목적으로, 그것도 건강한 정신이 박힌 상태에서 자신의 해방자를 공격하는 노예를 만들어 낸 것이다. 이 또한 노예 반란이 왜 그토록 적었는지를 설명하는 데 도움이 된다. 반란을 일으킨 노예들은 불운했고, 그들에게는 자신의 행동을 해석할 수 있는 맥락도 없었다. 여기에 더해 동료 노예들은 그들을 배척했고, 심지어는 모의를 폭로하고 무장함으로써 주인을 지켰다. 동료 노예들의 이 같은 행동은, 반란은 실패할 운명이며, 나아가 반란을 꿈꾸는 것은 그 자체로 정상이 아닌, 아마도 악의 부추김을 받은 것이라는 관념을 강화했다. 그런 관념에 영향을 받지 않으려면 우리는 정말로 냇 터너만큼이나 미치고 조현병을 앓아야 할 것이다. 그러니까 노예 반란이 [노예제에 대한] 올바른, 제정신을 가진 반응이었음을 확신하기 위해서는, 아마 우리가 미친 사람이어야만 할지도 모른다.

그의 영혼이 진격한다

다른 유명한 반노예제 반란, 즉 존 브라운의 하퍼스 페리 반란 역시 다른 반란들과 비슷한 특징이 많다. 즉 정신 나간 종교적 광신자가 노예제와의 싸움이라는 지극히 온당한 과업을 시작했다가 극적으로 실패하게 되는데, 이 반란이 실패한 대강의 이유는 그의 계획이 한 가지 잘못된 추정, 곧 노예들이 자유를 위해 만사를 걸고 무기를 들 준비가 되어 있다는 추정에 기초했기 때문이라는 것이다. 존 브라운 부대 같은 반란을 일으킬 약간의 기폭제만 있으면 된다는 잘못된 추정 말이다.

1859년, 존 브라운은 (자신의 아들 둘을 포함해) 백인 열다섯 명과 해방된 흑인 다섯 명으로 구성된 소규모 부대를 이끌고 버지니아 항구 도시 하퍼스 페리로 진격했다. 이들의 계획은 군수품 창고에서 무기를 탈취해 지역 노예들을 무장시키고 더 큰 노예 반란을 선동해 결국에는 그 사악한 제도를 끝장내는 것이었다. [그러나] 브라운의 부대에 가담한 해방된 흑인들은 극소수였다.

1859년 무렵, 그러니까 남북전쟁이 시작되기 2년 전, 북부에서는 노예제 폐지론이 갑작스레 주류가 되었다. 북부 주민 상당수, 특히 여론 주도층은, 전면 폐지론이야말로 자신들이 도덕적으로 받아들일 수 있는 유일한 입장이라 보았다. 지난 수십 년 동안 폐지론자들은 주변적·광신적·비현실적 주장을 하는 이들로 간주되었던 상황에서, 이는 급격하고 갑작스러운 전환이었다.

존 브라운 부대가 흑인들을 해방하고, 노예 소유주들을 '체포'하며, 무기를 나눠 주기 위해, 한밤중에 하퍼스 페리를 습격했을 당시,

인근 지역 노예들 가운데 이 반란에 가담한 이는 없었다. 심지어 가까스로 해방한 그 지역 노예들조차도 브라운과 함께 무기를 들기를 거절했다. 해방 전쟁의 불길한 시작이었다. 냇 터너의 반란에서 그랬고, 1712년 뉴욕시 노예 반란에서도 그랬듯이, 이번에도 마찬가지였다. 영웅시에 묘사된 내용과 현실은 엄연히 달랐다. 노예들은 행동에 나서도록, 그 어떤 위험도 감수하도록, 대오에서 벗어나도록, 주인을 혹은 일반적인 질서를 위협하도록 길들여지지 않았다. 외려 사익을 채우도록, 그게 두려움 때문이건 "쾌활한 기질" 때문이건, 더욱이 자발적으로, 그렇게 하도록 철저히 길들여져 있었다.

로버트 E. 리[당시 연방군 해병대 대령, 이후 남북전쟁에서 남부연합 총사령관]가 이끄는 병력이 도착하자 브라운이 이끄는 스무 명의 반란 무리는 포로와 노예들을 데리고 무기고로 피신했다. 뒤이은 소규모 접전에서 존 브라운 부대는 해방된 흑인 철로 안내원 한 명을 사고로 죽였고, 하퍼스 페리 시장을 포함해 백인 세 명을 살해했다. 하지만 정작 가장 중요했던 일, 즉 들고일어나라는 브라운의 요청에 인근 노예들은 여전히 부응하지 않았다.

무기고를 둘러싼 리와 부하들은 협상을 제안했다. 브라운은 자신의 처지를 숙고해 보았다 — 전면적인 봉기는 일어나지 않았고 어떤 노예도 반란에 가담하지 않았으며 지독히 열세였다. 그는 협상을 위해 아들 하나를 내보냈지만, 그의 아들은 밖으로 나오자마자 리의 부하의 총에 맞아 죽었다. 자연히 분위기는 험악해졌고 협상은 더 어려워졌다 — 아마도 리가 바라던 바였으리라. 남부는 이 습격으로 인해 히스테리가 시작된 상태였고 사람들은 존 브라운을 처참한 본보기로 삼고 싶었다. 북부에서 공고해진 폐지론 정서뿐만 아니라 노예제에 반대하는 세계적 경향도 남부 노예 문화와 경제를 위협하고 있었다. 남부인들은 브라운의 반란을, 아무리 운이 다하고 무기력한 반란일지라도, 자신들이 두려워하는 모든 것을 확인시켜 주는 증거로 보았다. 그것은 유혈로 분쇄해야 할 뿐만 아니라 정신적으로도 분쇄해야 하는 반란이었던 것이다. 리는 무기고를 급습했고 백인 반란자 열과 흑인 둘을 살육했다. 존 브라운은 생포된 뒤, 사람들 앞에 전시되었고, 악의 화신 같은 취급을 받았다. 버지니아 주지사 헨리 H. 와이즈는 브라운 무리를 "살인자, 배반자, 강도, 반란자 …… 종잡을 수 없는, 악의적인, 이유 없는 흉악범"[79]으로 묘사했다.

재판에서 브라운의 변호사는 브라운이 정신이상이라고 주장했다. 그는 이렇게 쓰인 전보를 소리 내 읽었다. "존 브라운, 하퍼스 페리 반란의 수장은 다년간 이 지역에 거주해 왔다. 정신이상은 그 가족의 유전이다. 그의 이모는 그것으로 인해 죽었고, 그 이모의 딸은 2년째 정신병원에 있다. 그의 외삼촌의 아들과 딸 또한 정신병원에 갇혀 있고, 그 외삼촌의 다른 아들도 현재 정신이상으로 철저한 구속을 받고 있는 상태다."[80]

브라운은 변호사가 가족의 (그리고 자신의) 선천적 정신이상을 들춰내자 몹시 화가 났다. 그러나 브라운의 정신이상은 중대한 것이기도 했다. 즉 반란자들의 패턴을 고려해 보면, 그가 노예제라는 정신이상에 맞서 가망 없는 반란을 벌일 수 있었던 것은 바로 정신이상 때문이었다. 그는 자신이 죽으리라는 것을 알았을 것이다. 하지만 노예제가 이제는 북부에서 널리 (그리고 유럽에서도) 가장 악하고 부당한 것으로 맥락화되었음을 알았기에 분명 비교적 더 쉽게 죽음에 직면할 수 있었을 것이다. 달리 말해, 존 브라운과 노예제에 반대하는 백인 반란자가 급진적 폐지론이 주류가 된 뒤에야 나타난 것은 우연이 아니었다. 그전에 일어났다면 반란은 불운했을 뿐만 아니라 북부에서 그렇게 영웅적으로 맥락화되지도 않았을 것이다. 그는 아마 광란의 살인에 굶주린 광신도 한 떼거리를 이끄는 미친 인간으로 비쳤을 것이다. 존 브라운은 교수형을 당했다. 하지만 그는 순교자, 미국에서 공식적으로 인정한 몇 안 되는 순교자 중 하나로 죽었다. 그가 교수형을 당한 지 4년 만에 노예제는 폐지되었다.

브라운의 작전 계획은 겉보기엔 어리석어 보였지만 그 목표를 이루는 데는 실제로 성공했다. 곧 순교자들을 배출했고 본보기가 되었으며, 어쩌면 결국 노예제를 종식시키는 전쟁 전야에 기폭제가 되었는지도 모른다. 냇 터너, 덴마크 베시, 그리고 이전의 다른 흑인 반란자들과는 달리, 브라운은 유명한 인물로 교수대로 갔다. 그는 죽을 때 자신의 죽음이 반향을 불러일으키리라는 것을 알았다.

우리의 선조 강탈자들[481]

미국에서 발생한 내국 반란을 역사적으로 살펴보면, 잔인성, 원인에 대한 엉뚱한 규정, 지독한 아이러니와 블랙 유머가 똑같이 반복된다.

◆ 원문은 Our Founding Fleecers로 미국 건국의 아버지, 헌법 제정자들을 뜻하는 founding father를 빗댄 표현이다.

셰이즈 반란은 주로 중하층 자작농들이 뉴잉글랜드 시골에서 보스턴 엘리트 계층에 맞서 일으킨 봉기다. 그들은 새로운 독립 정권 세력들이 제정한 불공평한 재산세와 인두세에 맞서 싸웠을 뿐만 아니라 자신들이 보기에 부자에게 우호적인 재판 절차에 대해서도 맞섰다. 반란의 목적은 독립전쟁 시기 미국이 영국에 맞선 목적과 흡사했다. 그럼에도 독립한 미국의 지도자들은 셰이즈 반란자들을 "도리에 어긋나는 가공할 반란"을 저지르고 있는 "일단의 미친 사람들"로 낙인찍었다. 그들은 공식적으로 "부정직한 놈, 도둑놈, 미친놈"[82]으로 묘사되었고 그로 인해 그들을 억압하는 조치는 불가피했다. 대법관 윌리엄 쿠싱은 반란자들을 이렇게 낙인찍었다. "우리 공화국에 맞서 [전쟁을 벌이고 있는] …… 악의가 있는 사람들이다. 북미 대륙까지는 아니더라도 주 정부 전체와 선량한 주민들 전부가 무지하고 물불을 가리지 않는 파산 상태의 자포자기한 한두 사람에게 꼼짝 못하게 되는 상황이 될 것이다."[83]

사실 반란자 다수는 지도자 대니얼 셰이즈Daniel Shays와 마찬가지로 독립전쟁에 참전한 뛰어난 용사들이었고, 또 탐욕스러운 부재지주와 차별적인 세금 — 독립전쟁을 촉발한 조건들과 정확히 일치한다 — 그리고 전후戰後 경제 상황의 악화로 인해 자포자기로 내몰린 이들이었다. 그러나 지배권을 거머쥔 새로운 인간들, 영국 왕권보다 영향력 있는 인간들 — 미국 권력층 — 이 있었다. 식민지 혁명들에서 빈번히 일어나듯이, 새로운 권력은 자신이 패배시킨 구舊 식민지 권력의 악덕들을 답습한다. 유일한 차이라면 구舊 식민지 권력이 반란을 진압하지 못한 곳에서 새로운 원주민 권력은 반란을 성공적으로 진압한다는 것이다.

1787년, 새로운 미국 정부는 민병대를 소집했고 셰이즈의 소농 부대를 진압하라는 명령을 내렸다. 뒤이은 소규모 접전에서 반란자 넷이 죽었고 나머지는 항복했다. 그들은 반란죄로 사형을 선고 받았지만 결국에는, 아프리카계 반란자들과는 다르게, 사면되었다. [그렇지만] 새로운 엘리트들은 이들에 대한 사면을 달가워하지 않았다. 한때 인권 혁명가였고, 당시에는 매사추세츠 주 부지사였던 새뮤얼 애덤스는, 반란자들을 전부 즉시 사형에 처해야 한다고 요구했고, 그들의 사면에 노발대발했다. 그는 말했다. "왕에 대한 반란은 사면하거나 가볍게 처벌할 수도 있지만" "감히 공화국의 법에 반란을 일으킨 사람은 죽어 마땅하다."[84]

몇 년 뒤 조지 워싱턴이 이끄는 신출내기 미국 정부는 펜실베이니아 서부 시골에서 발생한 위스키 반란에 직면했다. 당시 지역 주민들은 생계 수단으로 위스키 생산과 물물교환에 크게 의지하고 있었는데 [당시 연방 정부가 있던 펜실베이니아의] 필라델피아가 불법 위스키 양조장에 새로 연방 세금을 매기자 저항에 나선 것이었다. 그러나 연방 정부는 개의치 않았다. 동부 연안 엘리트는 반항적인 개척민들을 "한 우리에서 바글대는 돼지들처럼" 사는 "인간쓰레기", "버려진 사람들 떼거리"로 묘사하면서 혐오했다.[85] 사실 그들은 찢어지게 가난했고 추레한 행색에다가, 개척민들 사이에서 아주 인기있던 경기에서 사용된 눈알을 후비는 기술 때문에 외눈이 된 이들도 적지 않았다. 워싱턴 대통령과 그의 오른팔이자 우파인 알렉산더 해밀턴 모두 신속히 본보기를 만들고 싶었다. 연방 정부는 대군을 소집해 위스키 반란자들을 폭력적으로 진압하려 했다.

그들이 반란자들을 쫓기로 한 이유 가운데에는 잘 알려지지 않은 이유도 있었다. 그러니까 반란을 진압하는 데는 조지 워싱턴의 개인적인 경제적 이해도 걸려 있었다.

독립하기 몇 년 전, 당시 버지니아 식민지 총독 로버트 딘위디Robert Dinwiddie는 지역 민병대 입대를 장려하고자 무려 20만 에이커의 땅을 하사지로 내놓았다.[86] 아메리카 원주민과 프랑스인을 비롯해 앵글로색슨의 토지 수탈에 방해가 되는 이라면 누구와도 맞서 싸우기 위해서였다. 프랑스와 그들의 원주민 동맹들은 오하이오 컴퍼니◆가 변경邊境에서 벌이는 사업에 방해가 되고 있었고, 딘위디는 오하이오 컴퍼니에서 최고위 관리, 아니 정확히 말하자면 폭리를 취하고 있던 인물이었다. 그러니 전쟁이 필요했다. [하지만] 딘위디에겐 민병대에 약속한 땅이 없었다. 대신 민병대에 자원한 이들에게 본질상 토지 차용증인 전표를 주었고, 만약 전투에서 이긴다면 전표는 소유권으로 교환될 수 있을 거라고 이야기했다. 워싱턴은 딘위디의 민병대에 입대했고 이내 높은 계급장을 달았다.

전투가 끝나자 식민지 버지니아의 하원 의원들은 약속한 땅의 대금 지급을 질질 끌었고, 전표들은 점차 쓸모없는 종잇조각이 되어 갔다. 약속은 파기될 것처럼 보였다. 그러나 워싱턴은 — 1990년대 러시아의 올리가르히oligarch◆◆와 흡사하게 — 그 전표들의 가치를 알아보았고, 그것들을 자신에게 유리하게 처리할 수 있다고 생각했다. 1754년부터 1769년까지 내내 워싱턴은 자신의 병사들에

◆ 버지니아 투자가들의 교역권, 정착권 등을 대리하기 위해 만들어진 부동산 투기 회사로 오하이오 영토 내 원주민들과의 교역 및 조약을 담당했다.
◆◆ 소련이 해체 뒤 국영 산업의 민영화 과정에서 부를 축적한 신흥 재벌, 과두 지배 세력.

게서 되도록 많은 전표를 거둬들였다. 2천 에이커당 10파운드라는 헐값에 사들였던 것이다. 너무나 무지한 혹은 버지니아 총독의 말을 불신했던 민병대원들을 등쳐 먹은 것이었다. 하지만 지휘관이 나쁜 목적으로 장사치처럼 전표를 사들이는 것 같다고 의심하는 이들이 생기기 시작했고, 그로 인해 워싱턴이 민병대원들로부터 전표를 헐값으로 사들이기가 점차 힘들어졌다.

　워싱턴의 계략은 탄로 났다. 그래서 그는 동생 찰스를 끌어들여, 대원들이 자신들이 불하 받을 토지를 얼마로 보고 있는지 알아보도록 했다. "처음엔 진지하게 묻지 말고 농담하듯 은근슬쩍" 말이다. "내가 거기에 관심 있단 걸 알게 해선 안 돼."[87] 그는 동생에게 일렀고, 전표를 1만5천 에이커까지 동생 이름으로 구입하라고 지시했다. 워싱턴은 최상의 땅을 찾아내는 데 정찰병과 장교들을 이용하기도 했다. 2만 에이커가 주머니에 들어왔을 때쯤 그는 딘위디 총독에게 전표 약속을 이행해 달라고 진정을 넣었고, 딘위디는 그렇게 했다. 워싱턴이 전표를 헐값으로 쓸어 담아 모든 땅의 차용증서를 호주머니에 챙긴 후에야 버지니아 하원 의원들은 토지 전표를 실제 토지로 바꿀 수 있도록 예산을 통과시켰다. 전표가 현금화되었고 워싱턴은 하루아침에 엄청난 부를 거머쥔 부동산 거물이 되었다. 조지 워싱턴에게 전쟁은 이문이 엄청난 장사였다. 마침내 그는 법망을 피하는 온갖 계략들을 동원해 — 예컨대 최대 허용치를 초과하는 토지의 경우 구획을 따로 해 등록하는 수법으로 — 애팔래치아 서쪽 지역에 약 6만3천 에이커의 땅을 획득했다. 역사가 토머스 슬로터는 이렇게 썼다. "워싱턴이 변경의 토지를 따낸 방법들은 효율성에서 마치 기계 같았다."[88]

워싱턴은 거짓말 할 줄 모르는 사람이었는지는 모르겠지만♦ 빈민가의 비정한 부재지주였던 것만은 분명했다. 자기 영지의 경제가 악화되었을 때조차 워싱턴은 자기 땅에서 무단 거주자들을 쫓아내기로 악명 높았다.

펜실베이니아 서부 시골은 1780년대부터 1790년대에 이르기까지 살기가 더 어려워졌다. 개척민들에게 미국독립혁명은 지옥이었다. 1780년, 펜실베이니아 서부 정착민들 중 3분의 1이 토지를 소유하지 못했다. 1795년 무렵에는 그 수가 많은 군구township, 郡區[카운티 아래의 행정구역 단위]에서 60퍼센트까지 증가했다. 대부분이 입에 풀칠할 정도로 근근이 살아갔다. 사회경제적 상황이 영락없이 봉건 유럽이었다. 1780년, 상위 10퍼센트가 토지의 26퍼센트를 소유했다. 1790년대 중반에는 35퍼센트가 되었다. 1780년, 하위 10퍼센트는 토지의 2퍼센트를 소유했고, 1790년대 중반에는 딱 1퍼센트가 되었다.[89]

위스키 반란이 일어난 1792년쯤에는 개척민 4분의 1이 "소작인", 즉 조지 워싱턴 같이 대부분 동부 연안에 사는 부재지주의 땅에서 농사를 짓는 일꾼이었다. 소작인들 — 본질상 농노 — 은 농작물로 지대를 지불했고 나머지를 자기 몫으로 가져갔다.[90]

1790년대 초, 딱 36명이 펜실베이니아 서부의 파이에트 카운티와 워싱턴 카운티를 지배했다. 존 네빌, 조지 워싱턴, 카운티 보안

♦ 워싱턴의 전기에 등장하는 유명한 벚나무 일화는 워싱턴을 '정직한 정치가'로 각인시키는 데 일조했지만, 사실 이 일화는 개정판을 찍을 당시 전기 작가가 지어내 추가한 이야기였다.

관들 같은 소수가 크게 번창하는 동안 많은 정착민들은, 부와 번영을 약속해 놓고 가난과 절망을 안겨 준 땅 투기꾼들이 자신들을 강탈했다고 느꼈다.

새로운 미국 의회가 처음에 실시한 조치 중 하나는 1791년에 위스키 소비세를 통과시킨 것으로, 그런 세금들은 최후의 수단으로 부과하겠다는 약속에 반하는 것이었다. 이미 극빈하고 절망적이었던 펜실베이니아 서부 개척민들은 그 소비세를 무시했다. 그들은 위스키와 동전 한 푼에 생사가 걸려 있었다. 그들은 세무서를 세우거나 지역 양조장들을 등록시키려는 몇몇 연방 대리인들에게 타르를 바르고 깃털을 붙이거나* 괴롭혔다. 그리고 그들이 그렇게 하는 건 옳았다. 왜 "인간쓰레기"들이 얼마 있지도 않은 돈을 주州 부채를 갚는 데 지불해야 한단 말인가? 전쟁에서 엄청난 이득을 본 새로운 올리가르히들은 전쟁 비용을 전혀 감당하지 않았는데 말이다.

알렉산더 해밀턴은 펜실베이니아에서 징세를 담당했던, 코믹한 인물 조지 클라이머George Clymer** 를 끌어들여 반항적인 서부 지역들에 염탐꾼으로 보내려 했다. 클라이머는 수락했지만 그는 편집증이 심했고 극히 어리석었다. 클라이머는 각종 가명을 썼고, 가명을 바꿔 쓸 때마다 그 결과는 슬랩스틱코미디 같았다. 1792년 9월, 필라델피아에서 서쪽으로 가는 길에 클라이머는 우선 전쟁부 장관 헨리 녹스 행세를 했다. 하지만 녹스는 가장 뚱뚱한 미국인 중 한 명으로

* 봉건 유럽과 그 식민지들, 그리고 미국 변경에서 사적 복수의 방법으로 사용되었다.

** 미국독립선언문에 펜실베이니아 대표로 서명한 '건국의 아버지'들 중 한 사람으로 1791년 무렵에는 펜실베이니아 주 소비세 국장이었다.

널리 알려져 있어서 주민들은 훨씬 홀쭉한 클라이머를, 돈을 목적으로 다른 이를 사칭하는 악질 사기꾼으로 보았다. 실수를 깨달은 그는 이름을 "스미스"로 바꾸고는 하인과 함께 말을 바꿔 탔다. 어디 형편없는 유럽 오페라에서 주워들은 전형적인 변신 수법이었다. 한 주민이 "마모馬毛를 빗는 법도 모르는 못난이"라고 놀리자 클라이머는 바로 이 계략을 포기했다. 몹시 화가 난 클라이머는 다음으로 그저 일반인 행세를 했다. 슬픈 것은 그가 자신이 진짜 클라이머 본인임을 인정했을 때조차 그를 알아본 사람이 아무도 없었다는 것이다. 그가 독립선언문에 서명한 일인이라는 사실에도 불구하고 말이다.[91]

[펜실베이니아 주 서남쪽의] 피츠버그에 도착한 클라이머는 문명이 주는 안락에 대한 욕구를 거부할 수 없어 가장 호화로운 호텔에서 며칠 밤을 보낼 방을 잡았다. 기운을 회복한 그는 바로 코앞의 오성급 호텔에서 막 체크아웃 한 것을 아무도 알아차리지 못하길 바라면서 더 평범한 호텔 베어 인으로 옮겼다. 이내 주민들은 보고 들은 것들을 종합해 그가 소비세 징수를 위해 피츠버그에 왔음을 알게 되었고 그에게 베어 인을 떠나라고 요구했다. 클라이머는 동의했지만, 그 도시에서 나와 위험을 무릅쓰고 해밀턴이 지시한 임무대로 변경 시골 지역에 가서 조사를 수행하기가 너무도 무서웠다. 그러나 그가 가장 견디기 힘들었던 것은 많은 이들이 보내는 경멸의 눈빛과 쌀쌀맞은 말들이었다. 그들은 그를 해하려 하지 않았다 ― 그들은 그에게 분명하게 이야기했다. 그러나 클라이머는 확신할 수 없었다. 며칠 뒤 그는 잔뜩 겁에 질려서 보디가드로 쓸 민병들을 모아 피츠버그를 허둥지둥 떠나 전속력으로 필라델피아를 향해 달렸다. 물론 어느 누구도 뒤쫓아 오지 않았다.

수도로 돌아온 그는 자신의 코믹한 모험에 대한 소문이 자신을 따라다녔음을 알고는 깜짝 놀랐다. 클라이머는 깡그리 부인했지만 어느 누구도 믿지 않았다. 그래서 전략을 바꾼 그는 자신의 변장과 도주를 열렬히 변론하면서, 주민들이 "정부에 맞서 실제로 반란을 일으키려는 상태"이고 거기에는 그 지역의 "장들과 다른 관리들, 성직자들"이 포함되어 있다고 주장했고 또 자신의 대담한 모험은 "어쩌면 아메리카 원주민과의 전쟁에서 명예롭게 위험을 감수했던 일보다 위험했다"고 했다.[92]

그가 한 어릿광대짓의 결과는 비극적이었다. 정부 관리들이 그의 갈팡질팡하는 말을 곧이곧대로 믿고 예상되는 대반란을 분쇄하고자 군대를 소집한 것이다. 바로 여기서, 수많은 불운의 노예 반란들에서 똑같이 반복되는 이야기가 시작된다. 즉, 지배계급들 사이에 야만적인 하층이 살인 모의를 꾸민다는 히스테리가 퍼지고 이어 폭력적인 분쇄가 뒤따르고, 주인들을 기쁘게 하려고 노예가 노예에게 등을 돌리는 일이 생기는 것이다.

뒤이은 전투들은 너절하고 우울했다. 한 전투에서 개척민 반란군이 지역 올리가르히인 존 네빌을 공격했는데 그는 연방 소비세 당국자들을 불러들이고, 개인적으로도 집에 초대한 인물이었다. 반란자들은 연방 소비세 관련자가 숨어 있는 네빌의 집을 포위했다. 다 끝난 것처럼 보인 바로 그때 네빌의 노예들이 지연작전을 써 가난한 백인 반란자들을 후위에서 기습 공격함으로써 네빌을 구했다. 노예들이 올리가르히를 보호하고자 빈민들과 싸운 것이다.

연방군의 탄압은 평소대로 잔혹하고 강력했다. 결과적으로 그들의 전술은 펜실베이니아 서부 주민들이 반란자들의 편에 서도록 이

끌었다. [반란이] 일종의 임계치에 다다르자 다수는 마음을 바꿨던 것이다. 반란이 작고, 갓 시작될 때는 미친 짓으로 보인다. 하지만 반란이 성공하기 시작하고, 지속되고, 가속도가 붙으면, 필연적으로 정당화되기 마련이다. 이 정당성은 대부분의 사람들이 필요로 하는 바로 그 신념이다. 1793년과 1794년 사이, 불공평한 소비세에 맞선 반란은 부재지주들에 맞선 주민들의 광범위한 계급투쟁으로 변형되었다. 이런 반란 맥락의 변형은 유익한 교훈을 준다. 이는 반란자들이 통제력을 상실했음을 의미하는 게 아니라 오히려, 반란이 강력해지는 동안 그들이 부당함을 어떤 틀로 바라보는 능력이 증가했음을 의미한다. 맥락이 의미 있는 형태를 띠기 시작했다. 식민지 미국인들의 의식은 1760년대의 불공평한 조세에 맞선 반란에서, 인류의 생득권을 언급하는 넓고 고귀하고 혁명적인 목표들로 확장되었다. 곧 위스키 반란 게릴라들의 의식에서 점점 부당함이 중요해지면서 그들은 더 폭넓은 주제들을 다루었다. 일단 한곳에서 부당함이 보이기 시작하면 눈에 콩깍지가 벗겨진 것처럼 도처에서 부당함이 보이기 시작하고, 그 모든 것이 연결되어 있는 게 보이는 것이다. 한 기수는 말을 타고 피츠버그 곳곳을 돌아다니며 이렇게 외쳤다. "이것이 내가 바라는 전부는 아니다. 무너져야 하는 것은 소비세법만이 아니다. 당신들의 지방 판사들과 배석판사들도 무너져야 한다. 당신들의 고위직들도, 당신들의 높은 임금도, 그리고 훨씬 더 많은 것들이 무너져야 한다. 이건 이제 시작에 불과하다."

1794년, 워싱턴 대통령은 1만2,950명의 군대를 소집하고는 질서를 회복하고 자신의 소유지들을 보호하고자 반란의 땅으로 행군했다. 무력의 과시는 잔혹했고 효과적이었다. 패배가 확실해 보이자 반란자들은 눈 녹듯 사라졌고 그러는 동안 형세를 관망하던 자들과 반란에 동조하던 대다수도 연방정부 편으로 돌아섰다. 결국 십여 명의 위스키 반란자들만이 반란죄로 필라델피아로 보내졌고, 두 명만이 유죄 선고를 받았으며, 그들조차 아프리카계 노예 반란자들과는 달리 사면되었다.

그러나 이 반란의 볼품없는 코미디와 잔혹한 진압에도 불구하고 결국 위스키 반란은 어떤 면에서는 성공적이었다. 그 후로 남북전쟁 때까지 어떤 정부도, 전시나 국가비상사태를 제외하고는, 술에 연방 정부 차원의 소비세를 부과할 수 없다는 것이 사실상의 정부 정책이 된 것이다(뿐만 아니라 미국인들의 일반적인 생각도 그렇게 되었다). 모든 내국 반란들이 불운하다 하더라도 어떤 경우, 부분적으로는 정의의 실현이 뒤따른다. 반란이란 무릇 폭력적이며, 인정받지 못하고, 결국 패배하기 마련이지만, 그 순교가 늘 헛되지는 않다.

3장

우체국에서 생긴 일

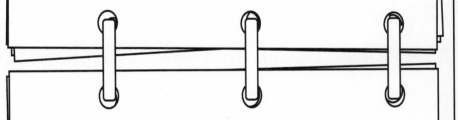

상사: 자네가 나라면 어쩌겠나? 이런 걸 봤을 때 말야.

잭 : 저요? 만약 저라면 상대를 봐 가며 말할 거요. 이걸 쓴 놈은 악질이 걸랑요. …… 한 번 열 받으면 꼭지가 홱 돌아서 사무실마다 돌아다 니면서 동료들을 다 벌집으로 만들 놈이죠.

(잭, 상사에게 가까이 다가가 [파이트 클럽의 규칙을 적은] 그 문서를 들고 는 갈기갈기 찢기 시작한다.)

잭 : 당신이 잘 아는 사람일 거요. …… 무지무지 가까운 사람.

/영화 〈파이트 클럽〉 중에서

사람들은 정말 느닷없이 분노가 폭발해 묻지마 살인을 저지르는 것일까? 세간에서 이야기하듯이, 사람들은 "하등의 이유나 유인 없이도" 그렇게 행동할까? 아니면 구체적인 불만 사항, 제도적인 고충들 때문에 그런 행동을 하게 되는 것일까? 사실, 제도적 고충들은 좀처럼 쉽게 보이지 않는다. 거리를 두고 봐야 하는데, [우리가 살아가는 제도 속에서는] 그럴 수 없기 때문이다. 번화가에 늘어선 상점, 스트레스성 가슴 두근거림 같이 새천년을 맞이하는 날 흔히 볼 수 있는 지극히 평범하고 흔한 풍경처럼, 오늘날 고충들은 [삶의] 자연스러운 일부로 간주될 수도 있지만, 지금으로부터 20년, 30년, 50년 뒤에는 명백히 견디기 힘든 것으로 인식될 것이다. 〈파이트 클럽〉에서 잭이 미국의 중산층에 맞서 폭력 혁명을 일으키도록 이끈 고충들은 무엇일까?◆

일부는 쉽게 지적할 수 있겠지만, 어떤 고충들은 말로 표현하기가 거의 불가능하다. 말하자면, 어떤 고충은 '삶' 그 자체라 할 수 있다. 그런데 영화를 보고 그 메시지에 공감한 수백만의 사람들은 잭을 폭력적인 반항으로 이끈 게 무엇인지 이해했다. 그의 폭력에 대해, [사람들에게] 좀 더 안도감을 줄 만한 또 다른 설명도 있다. 즉, 책의 말미에서 알게 되듯이 잭은 정신적으로 병들어 있었다는 것이

◆ 데이비드 핀처 감독의 1999년작 〈파이트 클럽〉은 1996년에 발표된 척 팔라닉의 동명 소설을 바탕으로 한 영화로 잭은 자동차 회사의 리콜 심사관으로 일하는 사무직 노동자다.

다. 시대에 앞선 반란자들이 하나같이 [정신적으로] 병든 사람이듯 말이다. (영화는 현명하게도 책의 그 간편한 끝맺음을 더 모호하게 남겨 두었고 그래서 영화가 책보다 훨씬 효과적이었다.) 〈파이트 클럽〉의 메시지가 언더그라운드에서 거둔 엄청난 인기가 시사하는 바는 또 있다. 즉, 건강한 사람들은 자각조차 못하고 그대로 받아들이는 압박감을 자각하고 그것과 싸우는 데는 정신적으로 병든 사람이 필요하다는 것이다.

오늘날에는 누구나 노예제가 노예의 폭력을 야기했다는 것에, 또 도심 지역의 가난과 스트레스가 폭력적인 범죄를 낳는다는 것에 동의한다. [그런데] 오늘날 별 특별할 것도 없는 사무실이 사무실 학살을 낳는다고 말하는 것은 왜 그리도 싫어할까?

학교와 회사는 현대 미국인들에게 가장 중요한 두 가지 물리적 공간, 삶의 무대이다. 지난 30년을 돌아보건대, 더 그렇게 되어 가고 있다. 그동안 가족은 해체되었고, 삶의 일부였던 지역사회는 연민을 자아내는 신화가 되어 버렸다. 가족과 지역사회의 종말은 주류 대중문화에서, 예컨대 『나 홀로 볼링』 같은 책들에서, 예외 없이 애도의 대상이 된다. 동시에 업무량과 경쟁은 증가해 왔고, 그에 따라 미국인들의 삶은 그 두 무대, 즉 사무실과 학교에 훨씬 더 집중하게 되었다. 가정 및 가족은 전全 인간사에서 폭력의 전통적 무대인 반면, 학교와 사무실은 늘 안전하다고 여겨져 왔다 — 여태까지는 말이다.

지독한 외로움

아니, 대체 뭐하고 있는 거야? 난 당신이 들어와 총질을 할 줄 알았단

말이야. / 영화 〈사무실〉 *Office Space* 중에서

1986년 8월 20일, 우체국에서 패트릭 셰릴이 쏜 50발의 총성이 들려왔다.

"분노 살인" 전, 셰릴은 18개월 동안 오클라호마 주 에드먼드 우체국 지소에서 근무했다. 그는 주차장에 도착해서 자신의 파란색 자동차를 동료 마이클 비글러의 차 바로 옆에 댔다. 오전 6시 30분경이었다. 용광로 같은 그레이트 플레인스Great Plains[북미 대륙 중앙의 대평원]가 몸을 데우며 하루를 또 찜통으로 만들 준비를 하고 있었다. 빈 좌석에 놓여 있는, 비어 있어야 할 셰릴의 우체부 가방이 크게 불룩한 게 복음주의 기독교 신자 비글러의 눈길을 끌었다.[1] 안에는 45구경 반자동 권총 두 정, 2백 발에 이르는 탄약, 화약과 파편으로부터 보호해 주는 선글라스, 그리고 귀마개가 있었다. 전국 명사수 대회 준비를 위해 몇 주 전 오클라호마 주 공군 기지에서 대여한 장비였다.

비글러는 우편물 분류 작업을 하러 갔다. 그곳에서는 약 50명의 직원들이 작업 중이었다. 7시 직전 셰릴은 배달용 우체부 가방을 왼쪽 어깨에 메고 오른손에는 권총을 쥐고 건물 동쪽으로 들어왔다.[2] 그가 맨 처음 쏜 두 사람은 자신의 감독 릭 에서와 마이크 로크니Mike Rockne — 노터데임 대학교의 유명한 미식축구 코치 크누트 로크니Knute Rockne의 손자 — 였다. 그렇다. 로널드 레이건의 가장 유명

한 영화 〈크누트 로크니, 올 아메리칸〉*Knute Rockne, All American*이 다룬 인물, 그 크누트 로크니다 — 영화에서 레이건은 폐렴으로 사망한 노터데임 미식축구 스타 조지 "더 기퍼" 깁George "The Gipper" Gipp 역을 맡았다(레이건도 같은 질병으로 죽었다. 또 폐렴은 레이거노믹스의 눈에 띄는 유산인 노숙인들의 가장 흔한 사망 원인이기도 했다). 영화에서 기퍼는 [코치] 로크니한테 팀원들에게 이렇게 전해 달라고 말한다. "기퍼를 위해 한 번만 이기자." 레이건은 이 대사를 40년 뒤 대선에서 사용했고, 초선과 재선에서 엄청난 효과를 보았다. 레이거노믹스에 맞선 최초의 봉기들은 1980년대 중반 우체국에서 일어났다. 이 봉기들의 진정한 도화선, 셰릴의 학살은 마이크 로크니의 머리에 총알이 발사됨으로써 불이 붙었다. 결과적으로 적어도 한 명의 로크니는 기퍼[레이건] 때문에 잃은 셈이다.³

에서와 로크니를 죽인 뒤 셰릴은 출구로 나가는 비글러를 뒤쫓아 가 등에 총을 쐈다. 셰릴은 정문 로비로 뛰어가 원을 그리며 총을 갈겼고 직원들이 뒤쪽으로 이어지는 출구로 달아나자 뒤쫓으며 총격을 가했다. 세 번째 사망자는 우체부 제리 파일로, 주차장에 세워 둔 자신의 구형 폭스바겐 뒤로 몸을 피하던 중 총에 맞았다. 셰릴은 건물로 돌아왔다. 그는 문을 빗장으로 걸어 잠그고는 안으로 찬찬히 걸어 들어가 각 구획을 돌면서, 칸막이 아래 웅크리고 있거나 자기 자리에 숨어 있는 이들에게 총을 쐈는데, 일부는 살려 주고 일부는 살육했다.

총격이 시작되었을 때 데비 스미스는 편지를 분류하고 있었다. "몸이 얼어붙었어요. 도망도 못 치겠더라고요. 그가 제 바로 옆 부서 직원들에게 총을 쐈어요. 다음은 저란 걸 알았죠." 하지만 그녀가 숨어 있는 동안 셰릴은 지나갔고 옆 부서에서 발포했다. 그녀는 이렇게 말했다. 정문으로 뛰어가는데 "총에 맞은 직원들의 비명 소리가 들렸어요."

"속사로 두 발을 쏘는 소리가 들렸고, 그러고는 딱 한 발의 총성이 들렸어요." 한 생존자는 이렇게 상기했다. "남자들이 떼로 모여서 바보짓하며 놀고 있겠거니 했어요. 그러다 한 명이 우편물 수납 상자 같은 걸 떨어뜨렸나 싶었죠. 그런데 온몸에 피범벅이 된 남자가 보였어요. 그러고 나서 총소리가 또 들렸어요. 그리고 누군가 소리를 질렀어요. '안 돼! 안 돼!' 또 총소리가 들렸고 누군가 비명을 질렀지요. '오, 맙소사!'"[4]

한 목격자는 셰릴이 "움직이는 것은 다 쏴버렸다"[5]고 했다. 그러나 한 생존자는 셰릴이 일부는 표적으로 삼았고, 다른 이들은 의도적으로 못 본 체했다고 이야기했다.

그날 오전 근무 중이던 휴버트 해먼드는 이렇게 전했다. "패트릭 셰릴이 (윌리엄 니모가 있는) C-9 구역으로 걸어와서는 그를 두 번 쐈어요. 그러고는 제 쪽으로 몸을 돌린 뒤 총을 겨눴지만 쏘진 않았습니다. 그때 뒤돌아서 정문으로 뛰었어요. 밖으로 나오는데 안에서 총소리가 많이 들렸어요."

직원 트레이시 산체스도 죽음을 면했다. "휴게실 근처 제 자리에 있었는데 한 차례 총성이 들렸어요. 방을 보니까 사람들이 비명을 지르며 쓰러지는 게 보였어요. 셰릴이 총을 들고 다니며 사람들을 쏘고 있었어요. …… 그가 바로 제 옆을 지나쳐 가고 나서 전 뒷문으로 뛰었는데 잠겨 있었어요. 또 다른 이도 저랑 밖으로 나가려고 애를 썼어요. 우린 뒤돌아 뛰었는데 가까운 곳에 수납장이 있었어요. 거기에 같이 숨었는데 잠기지가 않아서 불을 끄고 숨죽이고 있었지요. 셰릴이 우리 문 앞에 서서 탄피들을 비우고 다시 장전했어요 — 세 번쯤이요. 그가 이 방 저 방 돌아다니며 총을 쏘는 게 들렸어요. 여러 차례요. 사람들이 애걸복걸했지만 그는 고함을 지르고 여러 번 총을 쐈어요. 그러고는 마침내 조용해졌어요. 하지만 우린 경찰 소리가 들릴 때까지 계속 숨어 있었어요.”

생존자에 따르면, 한 감독이, 아마도 (갓 승진한) 패티 허즈번드가 셰릴에게 이렇게 고함쳤다고 한다. “여기서 나가, 이 미친 새끼야!” 생존자는 이렇게 설명했다. “그러고는 세 발의 총소리가 또 들렸어요. 그녀한테 쏜 거였습니다.”[6] 허즈번드는 영화를 너무 많이 본 게 분명하다. 아니면 〈풀 메탈 자켓〉*Full Metal Jacket*의 교관처럼♦ 단호한 모습을 보임으로써 살인에 환장한 부하를 굴복시킬 수 있다고 생각한 것 같다.

여자 다섯이 칸막이로 둘러싸인 자기 자리에서 옴짝달싹 못한 채 공포에 떨며 몸을 잔뜩 웅크리고 있었다. 셰릴이 총을 쐈고 그중 넷이 죽었고 하나는 부상을 입었다. 사망자 주디 데니는 백금발에 조지아 주 출신으로, 마찬가지로 우체국에서 일하는 남편과 함께 애틀랜타를 떠나 이곳으로 온 지 얼마 되지 않은 때였다. 그들이 애틀랜타를 피해 에드먼드로 이사한 이유는, 1년 전 그곳의 한 우체국에서 광란의 총격 사건이 발생해 직원 둘이 죽었기 때문이다.

♦ 베트남전을 배경으로 한 스탠리 큐브릭 감독의 1987년작 〈풀 메탈 자켓〉에서 혹독하기로 악명 높은 신병 훈련소 교관 하트만 상사는, 실탄이 장전된 소총을 들고 있는 고문관 로렌스에게 인격 모독적인 말을 던지며 총을 반납하라고 요구하다가 그의 총에 맞아 죽는다.

셰릴은 살인을 이어 갔다. 젊은 직원 빌리 밀러가 살해되었다. 그는 초코칩 쿠키를 가져와 사람들에게 나눠 주던 참이었는데, 셰릴이 나타난 것이었다. 한 젊은 직원이 신문 뭉치를 들고 모퉁이를 돌았다. 셰릴은 그를 쐈다 ─ 그의 시신은 신문지를 움켜쥔 채로 발견됐다.

마지막으로 그는 웨스베커가 한바탕 저지레를 끝낸 지점과 같은 곳 ─ 휴게실 ─ 으로 향했다. 거기서 리어리 필립스를 보고는 총으로 쐈다. 열네 번째 사망자였다. 이내 경찰이 도착했고, 경찰특공대 SWAT도 왔다. 그들이 도착한 뒤 울린 총성은 ─ 셰릴이 자기 머리에 쏜 총알로 추정되는 ─ 단 한 발뿐이었다. 한 경찰관은 이렇게 증언했다. "[우리가 도착한 지] 몇 분 지나고, 우리의 표적이 우체국 안에 있는 게 보였습니다. 그는 걸어가서 뒷문을 잠그고는 잠시 창밖을 내다보더니 시야에서 사라졌습니다. 그 남자는 대머리였고 이마에 피가 묻어 있었습니다. …… 그가 [시야에서] 사라진 지 대략 30초 뒤, 그러니까 7시 15분에서 20분 사이, 소리를 죽인 총성 한 발이 또렷이 들렸습니다."[7]

결국 우체국 직원 열다섯 명이 사망했고 여섯 명이 부상을 입었다. 미국사에서 세 번째로 큰 대형 살인 사건이었다. 첫 번째 우체국 학살은 아니었지만(1983년과 1985년 사이에 소규모 공격이 네 건 있었다) 미국인의 의식에 선명한 인상을 남긴 첫 번째 우체국 광란 사건이었고, 지금까지도 가장 대규모의 직장 내 학살로 남아 있다. 앤서니 배런 박사는 『일터 폭력』에서 이렇게 썼다. "일종의 테러가 매년 증가했지만 대부분은 간과되거나 무시됐다. 보통 사람들이 이를 강렬히, 뼈저리게 의식하게 만든 것은 누구보다도 [패트릭] 셰릴의 영향이 컸다. 그로 인해 이내 언론이 일터 폭력이라는 주제에 주목하게 되었다."[8]

원인은 무엇이었을까?

언론은 이웃 꼬마들이 패트릭 셰릴을 "미친 팻"Crazy Pat[팻은 패트릭의 약칭]으로 불렀다고 보도했다. 꼬마들이 그렇게 부른 까닭은 셰릴이 늘 자신들이 그를 비웃는다고 생각했기 때문이다. 그는 키 183센티미터에 몸무게가 90킬로그램이었고 고등학교 때부터 머리가 벗겨지기 시작했다. 셰릴은 오클라호마시티의 노동계급 지구, 하얀 목조 가옥에서 어머니와 단 둘이 살았다. 어머니는 1977년부터 알츠하이머병을 앓기 시작했고 1978년에 사망해 그는 혼자가 됐다. 결국 그는 핏불[작고 사나운 투견용 개] 한 마리 — 유일한 동반자 — 를 마련했다.

셰릴은 이따금 밤에 잔디를 깎았다. 이웃의 창을 응시하는 모습이 목격되기도 했다. 그는 미국 중산층의 밑바닥에서 벗어나지 못하는, 몹시도 외로운 중하층이었다. 학살 뒤 그의 집에서 조사관들은 『펜트하우스』와 『플레이보이』, 『솔져 오브 포천』, 『소비에트 라이프』, 『러시안 메이드 심플』 같은 잡지들◆을 무더기로 발견했다. 또 이런 제목의 소책자도 발견했다. 『내 인생 최대의 모험, 죽

◆『솔져 오브 포천』Soldier of Fortune은 세계 각지의 전쟁과 용병의 활동을 전하는 잡지. 1975년에 베트남전 미군 특수부대 출신들이 만들어 지금도 간행되고 있다. 『소비에트 라이프』는 1956년부터 간행된 격월간 러시아 문화 잡지이다. 과거에는 소비에트의 프로파간다 도구로 쓰였지만 1995년 이후로는 미국 기업이 발행하고 있다. 『러시안 메이드 심플』Russian Made Simple은 1967년에 발행된 러시아어 기초 학습서이다.

음: 어느 가정의의 고백』*Dying, The Greatest Adventure of My Life: A Family Doctor Tells His Story*.[9]

　셰릴은 지독히도 외로웠다. 미국 중산층에게 외로움은 우리 생각보다 훨씬 흔하다. 외로움 때문에 그는 분노했고 자신과 주변 사람들을 탓했으며 음란 전화를 걸거나 남의 집을 엿보는 등 극단적인 성적 행동도 보였다. 또 밀리터리 마니아이자 사신死神 문화에도 심취했으며, 아마추어 무선 라디오ham radio(인터넷 채팅방의 전신)에 집착했고, 극도로 예민해졌다. 외로움은 이상한 행동을, 이상한 행동은 또다시 외로움과 소외를 낳는 악순환이 만들어졌다.

　셰릴이 복무했던 주 방위군 219 E-I 비행대대의 한 여성 군무원은 이렇게 말했다. "제가 받은 인상은, 알다시피, 괴상한 사람이었어요."[10] 셰릴이 그곳에서 문서 정리원으로 잡무를 담당하는 동안 그를 감독했던 연방항공청FAA 관리자는 그를 "말 걸기 힘든" "별종"이라 불렀다. 그는 "1950년대에나 입을 바지"를[11] 입고 다녔다.

　다르게 본 사람들도 있었다. 1980년대 초 셰릴과 같은 공군 예비군 막사에 배치되었던 빈센트 스텁스는 그를 "성공하지 못할 거라는 걱정을 달고 사는 뚱뚱한 총각"이자 "내가 아는 가장 외로운 사람"[12]으로 묘사했다. 이웃에 살았던 찰스 시그펜은 『뉴스위크』에 이렇게 이야기했다. "람보 같은 사람이 아니었어요. …… 수줍음을 많이 탔지만 온화했습니다. '감사합니다.' '부탁합니다' 같은 말들을 잘 썼어요."[13] 셰릴의 유해가 오클라호마 주 와통가에 있는 그의 부모 묘지 곁에 묻힐 당시, 장례식에는 25명이 참석했다. 지역신문에는 지나가던 한 여성이 그의 묘지 앞에 무릎을 꿇고 앉아 있는 사진이 실렸다. 텍사스 주 어빙의 (보이스카우트 본부) 집배원들이 셰릴의 장례식에 꽃다발을 보내오기도 했다. 꽃다발에 동봉된 카드에는 이렇게 쓰여 있었다. "집배원으로서 그가 겪은 것을 이해하는 이들에게. 그가 그 지경에 이르기까지 얼마나 내몰렸는지는 아무도 알지 못할 겁니다."[14]

한 우체국 노조 간부는 셰릴의 총격과 관련해 경영진을 비난했다. 몇몇 동료 직원들 역시 셰릴의 광란은 복수라고 말했다.[15] 이 사건에서 악역은 빌 블랜드Bill Bland라는 기막힌 이름을 가진 감독인데, 셰릴은 그가 자기만 골라 괴롭혔다고 비난한 바 있다. 셰릴의 단조로운bland 업무와 외로운 심리 상태, 주거 환경, 심지어는 그가 살았던 주까지 단조로웠고, 이 모든 것으로 인해 아무튼 그는 단조로운 빌이라는 이름을 가진 주임에게 공포를 느끼게 되었을 것이다.

학살이 있기 약 9개월 전, 블랜드는 셰릴에게 7일간의 정직 처분을 내렸다. "할당된 직무를 양심적으로, 효과적으로 이행하지 못했다"는 게 이유였다. 블랜드는 서한에 이렇게 썼다. "1985년 9월 19일, 귀하는 귀하에게 맡긴 우편물을 제대로 보호하지 못했습니다. 우편물이 담긴 수납 상자 둘과 소포 셋을 밤새 비스타 가 601번지에 방치해 두었다는 사실이 그 증거입니다. 귀하가 할당된 직무를 양심적으로, 효과적으로 이행하지 못해서, 귀하에게 맡긴 우편물 5백여 개의 배달이 하루 지연되었습니다."[16] 한 기록에 따르면 몇 달 뒤 셰릴은 자신을 향해 짖는 개를 향해, 잠긴 울타리 안에 있었음에도 불구하고, 호신용 최루액을 쐈다. 이를 목격한 개 주인이 우체국에 신고했고, 셰릴은 이런 사실을 인정했다. 그는 보는 사람이 없는 줄 알았다고 말했다.

셰릴은 관리자들이 자신에 대한 "기록부를 만들고 있다"고 확신했다. 즉 해고의 근거가 되는 기록부를 만들고자 아주 작은 위반 사항도 낱낱이 수집하고 있다는 것이었다. 그들은 그가 배달량이 많은 날을 골라 경로 이동 시간을 체크했다. 하지만 그가 친구에게 이야기한 바에 따르면, 한 여성 집배원은 배달량이 적은 날에 체크를 당했다.

8월 19일, 분노 살인 전날, 셰릴은 블랜드와 또 다른 관리자 릭에서가 주재하는 회의에서 내내 호된 꾸짖음을 또 들었다. 사무실 창문을 통해 그 광경을 목격한 집배원은 이렇게 말했다. "들리진 않았지만 팻 셰릴이 심한 질책을 받고 있다는 게 분명했어요. 저는 그의 표정을 보고 흠칫했어요. 아주 낯설고, 섬뜩한 표정이었거든요."[17] 일부 설명에 따르면, 셰릴은 다음날 자신이 해고될 것이라는 걸 확신한 상태에서 회의 석상을 떠났다. 그러니까 이미 그는 자신에 관한 치부책이 완성되었다고 확신한 것이다.

얄궂게도 빌 블랜드는 8월 20일 아침에 늦잠을 잤다. 셰릴이 특별히 자신을 위해 준비한 쇼를 놓치고 만 것이다. 이는 매 사례마다 나타난다. 학살의 날, 지역의 작은 폭군에게는 늘 운이 따르고 부하와 비서 같은 다른 이들이 보통 총알을 맞는다. 마치 그들은 영원히 운을 타고난 것 같다. 지배자 위치에 올라갈 수 있도록 해준 운, 거기서 더 출세할 수 있게 해준 운, 자신을 겨냥한 총알이 용케도 빗나가게 해주는 그런 운 말이다.

문: 우체국에 조기가 걸려 있으면 무슨 의미인 줄 알아요?

답: 직원을 모집하고 있다는 겁니다./현대 미국 농담

직장 내 분노 살인 현상은 우체국 학살과 더불어 시작됐다. 대중의 마음속에는 우체국에서 벌어진 살인 행각들을 해석할 어떤 맥락이 없었다. 그것들은 너무 괴이했고, 너무 터무니없었다. 대중이 보기에 우체국은 조용한 무채색의 장소다. 미국 우체국보다 따분하고 이상할 정도로 단조로운 곳도 없을 것이다. 또 청회색 반바지를 입고 하얀색 배달 트럭을 몰거나 피스 헬멧[가볍고 단단한 소재로 된 흰색 모자]을 쓰고 파워 워킹을 하는 우편배달부보다 무해한 사람도 없을 것이다. 우체국 직원을 머리에 떠올려 보면 동네의 친근한 터줏대감이 떠오를 것이다. 가령 공동체를 중시하는 이웃들이 서로 손을 흔들며 인사하는 1950년대 같이 행복했던 시절을 떠올리게 하는 사람 말이다. 우체국 직원은 확실한 임금과 복지 혜택을 위해 단순한 일을 선택한 사람이라는 게 일반적인 생각이다. 어떤 이들은 우리가 상상하는 서유럽 관료의 삶 같은 그런 삶 — 느긋한 일, 고정적인 월급, 위대한 문학작품을 쓸 수 있을 만큼 충분한 여가 — 을 원하는 교양 있는 지식인일 거라고 생각할 것이다. 또 어떤 이들은 전직 군인들 같이 자궁처럼 거대하고 안전한 조직체에 끌리는 지극히 평범한 출신들을 떠올릴 것이다. 교통국과 달리 우체국은 거의 동네 도서관만큼이나 조용하고, 느긋하고, 깨끗해 보인다. 이는 어떤 의미에서 미국 중산층 자체, 〈앤디 그리피스 쇼〉•에나 나올 법한 중산층이다. 이와 같은 우체국 문화에 대한 성급한 오인으로 인해 우체국 살인 사건들은 그야말로 난데없이 나타난, 초현실적인, 맥락 없는 사건으로 보이게 되었다. 그런 사건이 우체국에서 일어날 수 있다면 그다음은 어디일까?

우체국에서 학살이 시작되자 사람들은 대부분 그것이 폭력적인 미국 문화의 징후 가운데 하나일 뿐이라고 판단했다. 우체국 학살들은, 이 나라가 온통 미친놈들로 가득 차 있고 그들이 도처에 있을 수 있다는, 즉 이웃일 수도 있고 심지어는 우편배달부일 수도 있다는 두려움을 확인해 주었을 따름이다. 킬러루스 아메리카누스Killerus americanus[살인자 미국인. 저자가 라틴어식으로 조어한 말]가 그저 쇄신, 변형됨에 따라 살인 방식 목록에 우체국 살인 방식이 추가됐을 따름이다. 그리고 이는 반어적인 유행어 — 휴게실 농담으로, "우체국 직원처럼 격분하다"라는 표현의 블랙 유머 — 로 사용되기 시작했다.

분노 살인 현상 전반이 우체국과 더불어 시작되었다고 볼 수 있는 한 가지 이유는, 미국에서 직원 규모로는 두 번째로 큰, 80만 명에 이르는 직원을 거느린 공기업으로 가장 먼저 탈규제·민영화 조치의 대상이 되었기 때문이다. 신보수주의 성향의 미국기업연구소는 이 조치를 "연방 기관 가운데 가장 대규모로 진행된 구조 조정"[18]이라 불렀다. 공화당 대통령 리처드 닉슨이 서명한 1970년 우편재조직법의 목적은 우체국을 자급자족적으로, 조직 자체의 이윤

◆ 1960년대 인기 시트콤으로, 앤디 그리피스가 가상의 마을 메이베리에서 근무하는 홀아비 보안관을 연기했다. 비현실적이고 모범적인 인물들이 주로 나온다.

을 기반으로 운영되도록 만드는 것이었다. 우체국은 이 개혁이 이루어지기 이전 160년 가운데 131년이 적자로 운영되었다. 이 개혁 법안은, 1970년 [3월 18일 뉴욕의] 우체국 노동자들이 임금 하락에 맞서 벌인 사무실 점거 투쟁이 전국적으로 확산되고 있는 와중에 추진되었다. 이 파업은 매우 효과적이었는데, 닉슨은 파업을 끝내고자 주 방위군을 뉴욕에 투입할 정도였다. [1971년 7월] 법이 시행된 이래로, 우체국 노조는 더는 파업을 외치거나 그런 기미조차 보일 수 없었다. 모든 분쟁은 단체교섭으로 풀고, 합의에 이르지 못하면 법적 구속력이 있는 중재 기관에 넘기라는 요구를 받았다. 우체국 노동자들은 그 뒤로 결코 파업을 해본 적이 없었다.

또한 우편 시장은 더 큰 경쟁 상황에 놓이게 됐다. 1973년, 페더럴 익스프레스[현재는 페덱스]가 배송을 시작한 것이다. 달리 말해, 우편 서비스는, 포스트 뉴딜 시기에 수많은 노동자의 권리를 약화시키고 그들의 기업을 잔혹한 경쟁 세계에 밀어 넣는 실험의 첫 번째 대상이었다. 오늘날 경쟁에도 불구하고 우체국 직원들은 페덱스 직원보다 많은 임금과 복지 혜택을 받고 있고 이는 개혁가들이 [여전히] 우체국을 비판하고 있는 부분이다.[19]

우체국은 다음과 같은 친숙한 전략들을 통해 더욱 영리적으로 운영될 수 있었다. 노동 강도를 높이고 스트레스 가득한 분위기를 조장해 더 쥐어짜는 전략, 즉 가치중립적인 경제학 용어로는 "노동생산성 증가"를 통해 말이다. 기이하게도 연방 정부가 우체국에 지원하던 보조금 지급을 중단한 첫해였던 1983년은 첫 번째 우체국 총격 사건이 사우스캐롤라이나 주 존스턴에서 발생한 해이기도 하다.

페리 스미스는 25년간 우체국에서 근무했다.[20] 1982년 말, 아들이 자살하자 스미스는 비탄에 빠졌다. 아들의 죽음은 자연히 그의 일에도 영향을 미쳤다. 줄어든 몸무게와 흐트러진 옷매무새를 한 그의 행색은 전체적으로 무너져 가고 있는 사람의 그런 모습이었다. [그럼에도] 그의 감독들은 일말의 동정심도 보이지 않았고, 외려 작은 위반이라도 발견되면 낱낱이 견책했다. 한번은 스미스가 우편 가방을 몇 분 방치했는데, 이를 발견한 주임이 경고 조치를 내렸다. 이런 일이 또 일어나자 그는 정직 처분을 받았다. 그가 점심시간을 넘기거나 편지를 잘못된 주소지에 넣으면, 그들은 거세게 몰아붙였다. 스트레스는 이미 부서질 대로 부서진 그를 한계점 이상으로 몰아갔고 감독들의 끊임없는 괴롭힘은 그의 분노를 키웠다. 그는 자신이 나락으로 떨어진 게 새로 부임한 우체국장 찰스 맥기 때문이라고 생각했다. 맥기 이후 모든 게 악화되었기 때문이다.

페리는 아들이 자살한 뒤 약 6개월 동안 괴롭힘을 당하며 비참한 직장 생활을 하다 사직했다. 8월, 그는 맥기가 우체국을 그만둔다는 말을 들었다. 스미스는 인생 최악의 시기에 우체국에서 당한 학대를 극복하지 못한 상태였다. 우체국장의 마지막 근무일, 스미스는 12구경 산탄총을 가지고 우체국에 나타났다.

그는 처음 마주친 전 직장 동료에게 이렇게 말했다. "조, 가만있어요." 그러고는 나머지 사람들에게 말했다. "가만있어요. 움직이면 다 죽일 겁니다."

맥기는 복도 아래쪽 사무실에 있었다. 스미스가 산탄총을 휘두르고 있는 걸 본 그는 잽싸게 옆문을 통해 빠져나왔다. 10년간 근속했던 다른 한 직원이 맥기가 내빼는 것을 보았고 그와 함께 내달리기로 결심했다. 끔찍한 실수였다. 스미스는 맥기를 겨냥해 총을 쐈지만 뒤따라가던 그 젊은 직원이 쓰러지고 말았고 그는 귀가 찢겨 나가고 척추가 손상됐다.

맥기는 도로를 건너 편의점으로 뛰어들었다. 그러고는 안에 있던 여성 점원 둘에게 숨으라고 외치고, 창고로 들어가 문을 잠갔다. 점원들은 여성용 탈의실에 숨었다. 맥기를 뒤따라온 스미스는 산탄총을 재장전한 뒤 곧장 창고로 향했다. 스미스는 문을 부수고는 맥기와 대면했다. "내가 그랬지, 널 잡겠다고." 그는 이렇게 내지르며 맥기의 배를 날려 버렸다. 그러고는 한 번 더 장전을 하고는 또 총을 쐈다. 이번엔 가슴이었다. "말했잖아. 복수하겠다고. 이 개새끼야!"

편의점에서 뛰쳐나온 스미스는 우체국 뒤쪽으로 질주했다. 거기서 그는 경찰관과 마주쳤다. 경찰관은 스미스가 쏜 산탄에 맞았다. 경찰들은 항복할 기회를 한 번 더 주었고 스미스는 돌연 그 모든 분노가 사그라든 것처럼 항복했다. 그를 억압하던 대상은 이미 쓰러졌다. 계속할 하등의 이유가 없었다. 경찰이 수갑을 채우자 스미스는 그의 눈을 들여다보았고 마침내 그가 경찰인 줄 알았다. 그는 경찰에게 이렇게 말했다. "오, 경찰인 줄 몰랐어요. 당신들을 쏠 생각이 아니었어요."

일심에서 판사는 페리 스미스가 정신적인 측면에서 재판을 받을 수 없는 금치산자라고 선고했다. 스미스는 자신이 모세라고 생각했다고 한다. 국선 정신과 의사는 이렇게 증언했다. "악의 세력에 맞서 들고일어나는 건 [스미스의] 사명이었습니다. 모세의 사명 같은 것이었죠." 이는 꼭 냇 터너가 들었다고 생각한 목소리를 상기시킨다.

몇 달 뒤, 앨라배마 주 애니스톤에서 한 우체국 직원(53세)이 우체국장을 쏴 죽였다. 그는 초과근무를 강요받았고 그에 적절한 초과 수당 또한 받지 못했다며 노조에 고충을 접수했으나 도움을 받지 못했다. 그는 다시 전국노동관계위원회에 이 문제에 대한 중재를 요청했다. 마지막 조정에서 우체국 직원 제임스 브룩스는 제소를 취하하는 데 동의했다. 이에 만족하지 못한 브룩스의 불만은 바로 우체국장을 향했다. 그를 38구경 권총으로 쏴 죽인 것이다. 존슨을 죽인 뒤 브룩스는 2층에 있는 자신의 직속 감독 부치 테일러의 사무실로 뛰어올라 갔다. 직원들은 테일러가 애원하는 소리를 들었다. "제발. 안 돼! 안 돼!" 크게 탕 탕 하는 소리가 들리고 정적이 흐르다가 또 한 방의 총소리가 울렸다. 테일러는 배와 팔에 상처를 입어 살아남았지만, 존슨은 머리에 총을 맞아 사망했다.[21]

1년 뒤, 조지아 주 애틀랜타에서 우체국 직원 스티븐 브라운리가 브룩스에게서 분노의 횃불을 건네받았다. 이런 총격 사건들에서 늘 그렇듯, 초기의 보도들은 브라운리를 분명한 이유 없이 폭발해 닥치는 대로 총을 쏜 미치광이로 그렸다. 그의 일터가 한 원인이 될 수도 있겠다고 여겨진 것은 시간이 지나고 나서였다. 서른 살의 아프리카계 미국인 브라운리는 감독이 요구하는 과중한 작업량을 채우기 위해 주당 70~80시간을 일해야 했다. 야간에는 귀청을 찢는 듯한 소리가 나는 기계 위에서 우편물 분류 작업을 했다. 그가 워낙 정신적으로 허약한 사람이긴 했지만, 그의 변호사 주장대로, 그를 벼랑 끝으로 몬 것은 업무 스트레스와 과로였다. 그가 살인 행각을 벌인 당일은 우편량이 유난히 많아서 그를 포함해 분류원들은 두 시간 일찍 출근하라는 요청을 받았다. 정오에 브라운리는 22구경 권총을 꺼내 분류 라인의 감독과 동료 둘을 쏴 죽였다. 한 직원은 이렇게 말했다. "그냥 막 쏜 건 아닐 거예요."[22]

이런 충격 사건들은 모든 분노 살인 사건들의 어머니 격인 오클라호마 주 에드먼드 총격 사건, 즉 "우체국 직원처럼 격분하다"라는 새로운 표현을 미국인들의 집단의식과 어휘 목록에 새겨 넣은 사건의 전주곡이었다.

우체국 경영진과 간부들이 충격을 받고 변화를 위한 근본적 조치를 단행하는 일은 없었다. 새로운 레이거노믹스 기업 문화가 강화되는 동안 스트레스 가득한 분위기와 위로부터 가해지는 제도화된 괴롭힘은 늘어나기만 했다. 그리고 이에 따라 우체국 학살 건수도 늘어났다. 자신들이 당하는 학대에 대한 분노와 좌절을 표현하는 새로운 어휘와 더불어 우체국 노동자들은 도처에서 들고일어났다. 1988년 12월, 워런 머피는 뉴올리언스의 한 우체국에서 자신의 감독에게 총을 쏴 부상을 입혔다. 이 광란의 총격 사건에서는 총 세 명이 부상을 당했다. 머피는 체포되었을 때 이렇게 말했다. 우체국 "경영진의 관심을 끌어 기쁘네요." "그들을 생각하면 역겹고 화가 치밀어 오릅니다." 몇 달 전 여자 친구가 이사를 나가고 머피의 작업 능률이 떨어진 이래로 그의 감독들은 그에 대한 기록부를 만들고 있었다.[23]

1989년 3월, 샌디에이고 지역의 우체국에서 근무하던 돈 메이스는 주임들에게서 저열한 괴롭힘과 왕따를 당했다. 깊이 좌절한 그는 자신의 고충들을 상세히 적은 편지를 언론들에 보냈다. 탄원도 교섭도 먹히지 않자 그는 제복을 입은 채로 우체국으로 차를 몰았고 작업장으로 걸어 들어가서는 38구경 리볼버를 꺼낸 뒤 머리를 쏴 자살했다. 감독들은, 화장실에 가려면 근무시간 외에 개인 시간을 이용하라는 지시 사항을 쪽지로 전달하고, 점심시간에 집에서 아내와 점심을 먹는 그를 부엌 창으로 지켜보면서 시간을 재는 등의 방법으로 그를 괴롭혔다. 그가 자살한 뒤 한 대변인은 메이스가 "징계를 받은 이력"이 있다고 주장했다.[24]

샌디에이고 카운티에서는 그해에만 우체국 직원 넷이 자살했다. 1년 뒤 같은 지역에서, 존경 받던 가정적인 중년 남자 존 멀린 테일러가 동료 둘을 총으로 쏴 죽인 뒤 자살했다. 운 좋게도 그날 그의 감독은 부재중이었다. 모범 사원이었던 테일러는 스트레스를 받으며 틀어지기 시작했고, 총격 사건을 일으키기 전 오클라호마 에드먼드 학살에 대해 이야기하는 횟수가 늘었다. 오렌지 글렌 우체국 노동자들은 테일러와 같이 셰릴의 학살 사건을 이야기하면서 이렇게 말했다. "누군가가 어쩌다 셰릴이 그렇게 광분하게 됐을까 의아해 했어요. 그러자 누가 대답했죠. '업무 스트레스지.' 모두들 웃었고 존도 웃었죠."[25] 그도 미치광이였을까? 학살이 벌어진 뒤 한 감독은 이렇게 말했다. "그는 늘 친절했고 마음이 맞는 사람이었어요. 얼굴에서 미소가 떠나질 않았죠. 만약 모범 사원들의 합성사진을 만든다면 존 테일러가 나올 거예요."[26] 그는 무수한 상과 보너스를 받았고, 거의 모두가 그를 좋아했다. 망연자실한 한 동료는 이렇게 말했다. "제가 아는 한 존은 불만을 입 밖에 내지 않았어요. 어느 누구에게도, 어떤 것에 대해서도요. 반면 우리는 늘 불평불만이 있었죠. 하지만 존은 정말 점잖아서 불평하는 일이 없었습니다. 그래서 더 깜짝 놀랐고 훨씬 끔찍하게 느껴졌어요. 맙소사, 존 테일러라니? 다음은 누구지?"[27] 이 사건에서 인종주의나 "한심하고 외로운" 별종을 탓하기란 쉽지 않다. 사실, 테일러는 우체국 문화의 변화에 점점 더 마음이 상했다. 그가 보기에 스트레스는 늘어 가는데 동지

애는 줄고 있었다. 또한 증가하는 자동화의 영향에도 불만을 토로했다. 학살 전날, 회사를 나가면서 그는 편지가 별로 없어 모두 일할 필요는 없을 것 같으니 집에 가겠다고 농담을 던졌다. 한 동료는 나중에 이렇게 말했다. "그냥 비꼬는 줄 알았어요. 편지가 산더미같이 쌓여 있었거든요."[28]

2년 뒤, 뉴저지 주 리지우드에서 해고된 우체국 직원이 자신의 전임 감독을 추적해, 아파트 침실에서 자고 있던 그를 일본도로 살해했다. 그런 뒤 그는 근무했던 우체국으로 질주해 직원 둘을 처형한 뒤 경찰에 항복했다. 살인 행각을 시작하기 전, 일본도와 총으로 무장한 조셉 해리스는 두 쪽짜리 편지를 썼는데, 거기서 그는 전임 주임들의 "불공평한 대우"에 불만을 토로했고 오클라호마 에드먼드 학살 사건을 언급했다.

불과 몇 달 뒤, 그러니까 1991년 11월, 미시건 주 로열 오크에서는 우체국 직원이 총신을 짧게 자른 22구경 소총과 탄환 25발이 들어가는 바나나 클립 네 개를 가지고 사무실에 들어섰다. 토머스 매클베인은 감독들에게서 기괴한 괴롭힘을 당하고 있었다. 예컨대, 1989년 크리스마스가 지나고 사흘 뒤, 주임은 그에게 정직 14일을 알리는 통고장을 건넸는데, 거기에는 다음과 같은 위반 사항들이 적혀 있었다. 차량 우측 창에 낀 성에를 제거하지 않아 "안전 운전에 위험 요소"를 만듦. 2분 동안 화장실을 이용하면서 엔진을 켜둠. 시속 30마일 구간에서 31~35마일로 달림. 비서와 "불필요한 대화"를 해 업무 시간을 낭비함. "에드먼드를 저항의 장소로 만들겠다"고 선언한 매클베인은 고충 사항 접수를 단념하고 총을 들었다. 그는 세 명을 죽이고 여섯 명에게 부상을 입히고는 총을 자신의 머리로 가져갔다. 그 무렵, 학살 사건이 빈발하고 우체국 노동환경에 대한 불만과 제소가 잇따르자 미시건 주 상원 의원 칼 레빈이 이끄는 의회 조사가 실시되었다. 레빈의 우체국 보고서는 "괴롭힘, 협박, 잔학 행위, 그리고 승진과 강등에서의 정실 혐의"를 실증했다.[29]

　보고서와 스트레스 및 왕따를 완화하라는 권고안에도 불구하고 변한 것은 거의 없었다. 로열 오크 총격 사건 1년 뒤, 캘리포니아 주 새크라멘토에서는 우체국 직원 로이 반스(60세)가 압박감에 무너지고 말았다. 그는 자신이 주임들에게 "찍혔다고" 확신했다. 어느 날 반스는 작업실에 모습을 드러낸 뒤 모든 동료들 앞에서 22구경 권총을 꺼내 자기 가슴을 쐈다. 새크라멘토 지부의 우체국 대변인은 기자들에게 이렇게 말했다. "저희는 이 일이 왜 일어났는지 모르겠습니다." 나중에 밝혀진 바에 따르면, 우체국장의 괴롭힘이 심히 잔혹해서 반스는 지역 노조의 도움을 받아 자신의 감독에 대한 비공식 "접근 금지명령"을 간신히 얻어 낸 바 있었다. 그러나 아무 소용이 없었다. 반스가 자살한 뒤, 우체국장은 정직 및 전근 처분을 받았다.[30]

　1993년 5월에는 미시건 주 로열 오크에서 겨우 15마일 떨어진 곳에서 고충을 제소한 바 있는 우체국 직원이 분노 살인을 저질렀다. 그 45세의 분노 반란자는 남자 화장실에 "로열 오크는 [자신이 저지를 일에 비하면] 크리스마스 시즌 같이 만들어 주겠다"고 휘갈겨 쓴 뒤 자살 계획을 실행에 옮겼다. 그는 직원 하나를 죽였고, 셋에게 부상을 입혔다. 부상자 한 명은 그와 싸운 감독이었다. 그러고는 자기 콧대를 쏴 임무를 끝냈다. 나중에 한 직장 동료는 그 살인자에 대해 이렇게 말했다. "고위층이 [그를] 협박하고 있다고 생각했어요. 직장에서 직원들에게 그런 식으로 동기 부여를 한 거죠. 거긴 정말 무슨 선사시대 같았어요."31

로열 오크 총격 사건 뒤, 우체국은 직원 신고 핫라인을 설치했다. 수천 통의 전화가 쇄도했고 그 결과 3백 건에 대해 진지한 조사가 이루어졌으며, 그 가운데 일곱 명이 감독관과 동료들에게 위협을 가한 혐의로 체포되었다.32

그런데 왜 분노와 위협이라는 위험한 분위기가 조성된 것일까?

1994년에 발간한 한 보고서는 우체국 내 관리자와 직원 사이의 "대립적 관계"를 그 원인으로 지적했다. 그리고 고충 제기의 급증(이로 인해 1994년에는 고충 중재 기간이 1년까지 걸리기도 했다)과 1989년과 1994년 사이에 배가 된 초과근무를 언급했다. 더욱이, 정당한 병가를 내고 쉬었는데 불공평하게 징계를 받았다는 생각을, 전 직원의 절반이 갖고 있었다. 예컨대, 어떤 직원은 아버지 생일잔치에 가려고 감독에게 하루 휴가를 신청했는데 두 시간 늦은 출근만 허락받았다. 공교롭게도 당일에, 아버지가 아파서 응급실에 모시고 가는 일이 생겼는데, 응급실에서 받은 치료 확인서를 제출했음에도 감독은 정직 처분을 내렸다. "잔치에는 아버지를 병원에 데리고 갈 다른 친척들도 있었으니 출근할 수 있었다"는 게 이유였다.33

우체국 당국은 우체국 생활이 다른 직장보다 스트레스가 더 많거나 더 위험하다는 "근거 없는 믿음"을 반박하기 위해 애써 왔는데, 이를테면 소매업과 택시 운전 같은 다른 영역의 살인율이 우체국보다 높다고 지적했다. 그러나 전국집배원연합 댈러스 132지부의 직장위원 글로리아 무어는 이렇게 말했다. "택시 운전사들이 자기들끼리 총질을 하진 않잖아요. 우린 그러고 있고요. 서로 못 잡아

먹어 안달인 거죠."[34]

우체국 직원의 다음과 같은 증언을 숙고해 보라. 이는 뼈아프게도 왕따로 인한 학내 분노 살인과 거의 흡사하다. 이 증언은 불만을 품은 우체국 직원들이 만든 여러 웹 사이트들 중 한 곳에서 가져온 것이다.

짐은 키가 193센티미터에 달하는 마른 체형에, 웃는 모습이 천사 같은 스물네 살짜리 집배원이었다. 키가 152센티미터인 내 관리자[재닛]는 그의 외모가 책벌레 같다며 놀려 댔고, 우리가 보는 앞에서 대놓고 그에게 굴욕감을 주었다. 소리치고 고래고래 악을 쓰는 동안 그녀는 "정말로" 공포 그 자체였다.

그녀는 게시판에 집배원 유형을 적어 놓고 우리가 어느 유형에 해당하는지 매일매일 이름을 바꿔 달 정도로 미친년이었다. 게시판은 작업장 들어가면 바로 보이는 곳에 걸어 두어 안 볼 수가 없었다. 우리 모두가 공개적으로 굴욕감을 느끼길 그녀가 바랐다는 것은 분명해 보였다. 게시판에는 명단 A(물론 여기에 올라간 이름은 없었다), B, C, D, "F"가 있었다. 어떤 집배원은 이런 의견을 밝히기도 했다. "우리가 전부 "F" 등급 수준의 일을 하면 그녀의 실적이 줄어들 테고 그러면 그녀가 쫓겨나게 될 거야."

재닛 씨는 작업장에 있는 모든 이들에게 애처로울 정도로 소리를 질러 대곤 했다. 특히 표적으로 삼은 것은 짐이었는데 멀대 같이 큰 키에 파리 한 마리도 죽이지 못할 성격이었기 때문이다. 그의 얼굴에 그렇게 쓰여 있었다. 그녀가 왜 그랬는지 확신할 수는 없지만 굴욕감을 주어 나머지를 길들이려는 계략으로 보였다. 매일 그녀는 그가 일하는 곳을 떠나지 않았다. 몇 시간이나 신발로 탁 탁 소리를 내며 끔찍이도 화난 표정으로 그를 째려보았고 시계를 흘끗거렸다. 그는 한마디 대꾸도 없이 잠자코 일만 했다.

돌연 그가 죽었다. 수막염으로 이틀 만에 죽어 버린 것이다. 그녀의 학대는 역효과를 냈다. "그녀 때문에 그가 죽었다"는 소문이 삽시간에 퍼졌다. 최고 관리자와 노조가 불화의 내용을 확인하러 왔다. 그녀 때문에 그가 죽었다고 생각하느냐는 질문을 받고 나는 이렇게 답했다. "아니요. 하지만 그녀 때문에 그의 삶은 지옥이 되었습니다. 그가 살고 싶지 않았다 해도 전혀 놀랄 일이 아니었어요."

짐의 추모식 날, 사람들은 작업장에 함께 모여 기도했다. 눈물을 흘리고 흐느끼기도 했다. 관리자 재닛 씨는 유리로 된 자신의 사무실에 남아 문을 잠그고는 책상에 엎드려 있었다. 그게 죄책감의 표현인지 아니면 따뜻한 말 한마디 건네지 않으려는 비열한 방법인지는 알 수 없었다.

우린 건물 출구 옆에 짐에게 바치는 추모의 글을 붙였다. 재닛 씨가 내 글을 떼어 냈다. 그러고는 이렇게 명령했다. "여기서는 하느님 운운하면 안 됩니다."

그녀는 나를 징계하겠다고 위협했다. 나는 이렇게 썼다. "걱정 말아요, 짐 …… 이제는 진정한 보스REAL BOSS와 함께 있잖아요."

그녀에게는 전근 조치가 내려졌다. 그곳 직원들이 지소 전체를 비워서라도 재닛 씨 밑에서 벗어나겠다며 다 같이 전근 신청서를 제출했기 때문이다.

재닛 씨는 재배치되었고, 지역 관리자로 승진했다. 사람들은 노동자들을 학대하면 보상을 받는다는 결론을 얻을 수 있었다.

불만을 품은 직원들

패트릭 셰릴의 살인 행각을 시발점으로 일련의 우체국 총격 사건들이 터졌다. 웨스베커도 자신의 반란 전술을 직장에 적용할 때 셰릴의 사례를 끌어왔다. 1989년, 스탠더드 그라비어에서 분노의 공격이 발생한 뒤 직장 내 분노 살인은 전국으로 퍼져 나갔다. 어떤 직장도 안전해 보이지 않았다. 다음은 뒤이어 발생한 사건들 가운데 상대적으로 좀 더 유명한 사건들을 일부 나열한 것이다.

1990년 6월 18일, 플로리다 주, 제임스 에드워드 포우가 GMAC[제너럴 모터스의 금융 계열사]의 한 사무실에서 총격을 벌여 열 명을 죽이고 네 명에게 부상을 입히고는 자살했다.

1991년, 캘리포니아 코스타 메사, 페어뷰개발센터[발달 장애인에게 의료 서비스를 제공하는 기관]에서 불만을 품은 한 직원이 한 명을 죽이고 두 명에게 부상을 입혔다.

1991년, 샌디에이고, 엘가 코퍼레이션[전자 기기 공급 회사]에서 해고된 직원이 세 명에게 총격을 가했다.

1991년, 버몬트 주 베닝턴, 에버레디 배터리[배터리 회사]에서 회사의 처우에 만족하지 못한 한 여자 직원이 공장 관리자를 살해하고 두 명에게 부상을 입혔으며 공장에 방화를 시도했다.

1992년, 플로리다 주 탬파, 파이어맨보험기금Fireman's Fund Insurance[미국 최대 손해보험사 중 하나]에서 해고된 직원이 세 명을 죽이고 두 명에게 부상을 입혔다.

1993년 12월 2일, 캘리포니아 주 옥스나드, 실직한 컴퓨터 엔지니어 앨런 윈터본(32세)이 주州 직업소개소에서 발포해 노동자 네 명이 죽고 네 명이 부상을 입었다. 윈터본은 도주 중에 경찰관 한 명을 죽이고 본인도 치명적인 총상을 입었다.

1994년 3월 14일, 캘리포니아 주 샌터페이 스프링스, 뚜언 응우옌(29세)이 전자 제품 공장에서 총을 쐈다. 그는 유효기간이 남아 있는 보안 코드를 이용해 들어가 세 사람을 쏴 죽이고는 자살했다.

1995년, 캘리포니아 주 리치먼드, 리치먼드 주택청에서 해고된 직원이 감독과 동료를 죽였다.

1995년, 노스캐롤라이나 주 애슈빌에서 해고된 직원이 세 명을 죽이고 네 명에게 부상을 입혔다.

1995년, 텍사스 주 코퍼스크리스티에서 해고된 지 얼마 안 된 정유공장 감독관이 동료 다섯 명을 죽이고 자살했다.

1997년 9월 15일, 사우스캐롤라이나 주 에이킨에서 아서 헤이스팅스 와이즈(44세)가 부품 공장에서 네 명을 죽이고 세 명에게 부상을 입혔다. 와이즈는 그 공장에서 두 달 전에 해고된 바 있다.

1997년 6월 5일, 캘리포니아 주 샌터페이스프링스에서 플라스틱 공장 직원 대니얼 S. 마스던이 일하던 중 언쟁을 벌인 뒤 동료 두 명에게 치명적인 총상을 입히고 네 명에게 부상을 입히고는 두 시간이 안 되어 자살했다.

1997년 12월 18일, 캘리포니아 주 오렌지에서 아르투로 레예스 토레스(43세)가 AK-47 소총을 가지고 유지 보수 작업장으로 걸어 들어가 전임 상사와 직원 세 명을 죽였다. 해고된 게 그 감독 때문이라고 한 바 있는 토레스는 이윽고 경찰의 총에 맞았다.

1999년, 애틀랜타 금융가에서 한 단타 매매자day-trader[당일치기 주식 매매를 일삼는 투자자]가 사무직 노동자 아홉 명을 죽였다.

1999년 11월, 하와이, 제록스 직원 브라이언 우예수기가 동료 일곱 명을 죽였다.

2000년, 매사추세츠 주의 한 인터넷 컨설팅 회사 에지워터 테크놀로지에서 직원이 일곱 명을 살해했다.

이런 사건들을 보도하는 전형적인 머리기사는 이렇다.

코네티컷 복권에서 직원이 네 명 살해

코네티컷 복권 회계원 매슈 벡이 고위 임원 넷을 죽이고 자살

치명적인 일제사격이었다. 불만을 품은 회계원이 오늘 코네티컷 복권 본부에서 고위 임원 네 명을 총으로 쏴 죽이고는 자살했다. 이런 경악스러운 비극은 현재 전국의 작업장에서 더욱 증가하고 있는 추세다./블레인 하든 기자, 『워싱턴 포스트』(1998/03/07 토요일, A1면)

새 천 년 들어 일터에는 시신들이 무더기로 쌓여 갔다. 부시 정권 시기에 발생한 더 섬뜩한 사무실 학살들을 일부 열거하면 다음과 같다. 2001년 2월, 일리노이 주 멜로즈 파크, 내비스타 공장[자동차 제조 회사]에서 네 명이 죽고 다섯 명이 부상을 입었다. 2001년 말, 인디애나 주 고센에 위치한 공장에서 일어난 총격 행각으로 두 명이 죽고 여섯 명이 부상을 입었다. 2002년 10월, 애리조나 주 투손, 간호학교에서 일어난 학살 사건으로 네 명이 죽었다. 2002년 3월, 인디애나 주 사우스벤드에서 54세 직원이 항공기 부품 공장에 들어가 동료 넷을 죽이고 두 명에게 부상을 입힌 뒤, 빠르게 추적해 오는 이들을 뒤로하고 자살했다. 2003년 말, 로드아일랜드 주 프로비던스, 신문사에서 일어난 학살 사건으로 세 명이 죽고 한 명이 부상을 입었다. 2003년 8월, 시카고 창고회사에서 정리 해고를 당할 예정이었던 한 직원이 일곱 명을 살해했다. 미시시피 주 머리디언, 록히드마틴 공장에서 총격 사건이 발생해 다섯 명이 죽고 아홉 명이 부상을 입었다. 2003년 7월, 미주리 주 제퍼슨시티, 제조 회사 모던 매뉴팩처링에서 직원이 직원 셋을 죽였다. 이렇게 열거한 사례들을 보면 바그다드에 있는 미군 사령부의 기자회견장에서 브리핑을 받고 있는 것 같다.

2004년 들어서도 이런 사례들은 줄어들고 있지 않다. 유타 주 플레전트 그로브, 프로보 리버 워터스 어소시에이션에서 정직 처분을 받은 직원이 감독을 총으로 쏴 죽이고는 회사 휴게실에 들어가 문을 잠그고 자살을 시도했지만 빗맞아 살아남았다. 캘리포니아 주 중부 도시 비살리아에서는 2003년 12월과 2004년 4월에 각각 직장 내 총격 사건이 일어났고, 그 결과 총 두 명이 사망하고 한 명이 부상을 입었다(하나는 인쇄기 업체 프린트엑셀에서 일어난 것이었고, 다른 하나는 공장에 노조를 만들려던 육체노동자가 노조에 반대하는 다른 육체노동자를 총으로 쏜 사건이었다). 2004년 2월, 노스캐롤라이나 주 헤더슨빌, 직업소개소에서 한 명이 죽는 사건이 발생했다. 2004년 4월, 피닉스의 한 사무실에서 두 명이 총에 맞아 죽었다. 2004년 7월, 캔자스 주 캔자스시티, 콘아그라[식품 제조사] 공장에서 불만을 품은 직원이 다섯 명을 죽이고 두 명에게 부상을 입히고는 여느 사건들과 마찬가지로 총구를 자신에게 향하면서 끝을 맺었다.

이는 조셉 "록키" 웨스베커가 주식회사 미국의 모든 "한심하고 외로운" 노동자들에게 물려준 세계이다. 그가 이런 유형의 범죄를 처음 만들어 낸 사람은 아니다. 그렇지만 분노 살인 현상이 [웨스베커를 통해] 우체국이라는 좁은 경계를 넘어 전국의 작업장 전체로 퍼져 나가자 이는 비로소 유의미한 사건이 되었다. 신성불가침이었던 사무실 세계의 벽을 무너뜨린 인물이 바로 웨스베커였다. 그전에는 직원이 사무실에서 학살 사건을 일으킨다는 것은 상상조차 할 수 없는 일이었다. 사무실이 대량 살인의 장소일 수 있다는 ― 또는 확실히 그런 장소라는 — 것이나 회사 자체를 살해 대상으로 삼을 수 있다는 것 혹은 일터가 자살 공격을 고무한다는 것은 어느 누구도 생각해 본 적이 없는 일이었다.

웨스베커 사건이 있은 지 15년이 지난 시점에서도 분노 살인이 일어날 때마다 미국인들이 얼마나 충격을 받고 놀라워하는지 보라.

모두가 충격에 빠졌어요. 누가 예상이나 했겠어요. 어찌 이런 일이 일어날 수 있는지 정말 납득이 안 돼요./스티브 스테이시, 오하이오 주 웨스트체스터 왓킨스모터라인스 직원(38세)[35]

우체국에서라면 몰라도 나한테 이런 일어날 거라고는 상상도 못하죠./로라 그린, 노스캐롤라이나 고용안정위원회 대변인[36]

이것은
문화 전반에 퍼져 있다

때때로 그들은 회사를 죽이고 싶어 한다./제임스 앨런 폭스, 노스이스턴 대학교 범죄학 교수[37]

좀 더 최근에 일어난 분노 살인 행각 가운데 내가 보기에 다른 것들보다 좀 더 눈에 띄는 사건은 하와이에서 발생한 일이다. 이것은 어떤 의미에서는 고전적인 분노 살인 사건이다. 즉 조용한 유형으로 여겨지던 직원이 느닷없이 폭발해 사무실로 가 동료들에게 태연히 총알을 쏟아붓는 사건 말이다. 그런데 또 다른 의미에서 보면 특유의 혼란스러운 측면이 있다. 그 무대였던 호놀룰루에서는 사람들이 본토의 고통과 스트레스와는 거리가 먼 목가적인 삶을 산다고들 생각하기 때문이다. 또 이 분노의 공격자인 태평양 섬 주민은 일반적으로 수용되는 느닷없이 폭발하는 유형의 프로필이 아니기(심각한 결함을 노출한 일부 연구들은 25~40세의 백인 남성이라 했다) 때문이다.[38] 분노 살인이 가장 가능성 없어 보이는 무대에서도 일어날 수 있다는 사실은, 우리 문화 안에 좀 더 깊숙이 존재하는 미지의 무언가가 이런 살인들을 유발하고 있음을 시사했다.

이 분노 살인자는 마흔 살 제록스 직원 브라이언 우예수기였다. 우예수기는 누아누 교외 이지 가 ─ 은유적 의미[easy street에는 유복한 신분이라는 뜻이 있다]가 아니라 실제 거리 이름이다 ─ 2853번지에 있는 집에서 형제와 아버지와 함께 살았고, 희귀한 금붕어들뿐만 아니라 총도 ─ 소총, 산탄총, 권총이 총 24정 ─ 수집했다. 우예수기의 아버지는 참 기이하게도 우체국에서 집배원으로 일하다 퇴직했다. 분노 공격이 제록스[복사기 전문 회사]에서 일어났다는 사실로 인해 사건에는 풍부한 은유를 담은 문학적 맥락이 더해졌다. 이는 특히, 이런 광란 행각들 가운데 다수가 흔히 "모방 살인"copycat murders으로 편리하게 포장되기 때문이다.

우예수기는 사무실에 오전 8시, 곧 '분노 살인의 표준시'에 나타나 엘리베이터를 타고 2층으로 올라가 글록 9밀리 권총으로 총격을 개시했다. 그는 학살 동안 17발이 들어가는 클립의 총을 재장전해 가며, 총 28발을 비웠고, 누차 "전투 자세"를 취했다고 한다. 나중에 경찰이 발견했을 때 한 희생자는 칸막이 컴퓨터 책상에 주저

앉아 있었고 한 명은 바닥에 대자로 뻗어 있었으며 회의실에는 다섯 명이 사망해 있었다. 일부는 최대 다섯 발까지 맞기도 했다. 우예수기는 명사수였다. 사망자는 그의 감독 멜빈 리 — 전에 "우예수기를 호되게 꾸짖은 바 있는" — 와 동료 정비사 여섯 명이었다. 법정은 우예수기의 정신이상 주장을 받아들이지 않았는데, 이는 그가 의도적으로 살려 준 사람들이 있었기 때문이다. 이를테면, 예전에 식당에 혼자 앉아 있는 그를 보고 다가가 몇 분 이야기를 나누고 잘되길 바란다는 안부를 건넨 적이 있는 동료 랜들 신이 그랬다. 반면 아내와 검찰 측이 "장난을 몹시도 좋아하는" "장난꾸러기"로 묘사한 동료는 특별히 표적이 되어 살해되었다. 우예수기는 그의 장난이 그만큼 즐겁지 않았던 것 같다. 그래서 장난을 멈추게 했다. 생존자들에 따르면, 그는 총격을 끝마치자 "해치지 않은 이들에게 손을 흔들어 인사"하고는 조용히 사무실을 나가 주차장으로 갔다.

몇 마일 떨어진 제록스 하와이 본사 직원들은 우예수기가 임원들도 죽이기 위해 본사로 오고 있다고 생각해 대피했다. 그는 결국 마키키에 있는 하와이 자연 센터에서 체포되었는데, 거기서 그는 자신의 밴을 주차한 뒤 다섯 시간 동안의 대치 상태에서 자살을 기도하기도 했다. 영화 [코믹 서부극] 〈블레이징 새들스〉*Blazing Saddles*에서 클리본 리틀[주인공인 흑인 보안관]이 개척민 무리에서 탈출하는 장면처럼, 우예수기는 자기 머리에 총을 대고 누구든 가까이 오면 방아쇠를 당기겠다고 경찰을 위협했다.

학살 뒤 우예수기는 폭력적이고 성마른 별종으로 묘사되었다. 그가 우울증으로 병원을 찾은 바 있고, 혼자 있는 것을 좋아하는 유형이며, "엘리베이터를 발로 차서" 질책을 받은 적이 있다고 했다.

하지만 우예수기 친구들의 말은 달랐다.

"괴상한 녀석이 아니었어요." 고등학교 때 우예수기와 함께 주니어 ROTC 소총팀이었던 빅터 카발테라는 그에 대해 이렇게 말했다. "제가 알기론 고등학교 때 혼자 있길 좋아하는 그런 유형이 아니었어요. 재밌었어요. 걔가 어떤 사람인지 사람들은 몰라요. 걔는 정말 천진했어요."

유치원 때부터 우예수기와 알고 지내 온 브레인 이사라는 이렇게 말했다. "친구가 많았어요. 많은 친구들이 걔를 좋아했어요." 또 그는 우예수기가 하와이 대학교 미식축구 팀 레인보우스 정기 입장권을 가지고 있었고, 테일게이트 파티tailgate party◆를 좋아했으며, 학살 사흘 전에는 알로하 경기장에서 레인보우스가 텍사스 크리스천에 진 경기를 보았다고 말했다.[39]

그렇지만 호놀룰루 시장 제러미 해리스는 "불만을 품은 직원이 느닷없이 폭발한" 것 같다고 말했고, "누군가가 이렇게 폭발해 일곱 명을 살해하게 만드는 상황이 참으로 소름 끼친다고" 발언했다. 그러고는 아마도 무심코, 아마도 잠재의식적으로, 깜짝 놀랄 만한 인정을 한다. "이 같은 대량 살인은 누가 봐도 충격입니다. 이 사건은 이런 **폭력이 문화 전반에 침투해 영향을 미치고 있음**을 보여 주고 있습니다."[40]

해리스 시장은 그 인정을 반대로 — 우리 문화 전반이 이런 사무실 학살에 침투해 영향을 미치고 있다고 — 표현했어야 했다. 문화

◆ 경기장 등에서 스테이션왜건 등의 짐칸을 펼쳐 음식을 차린 간단한 야외 파티.

의 작은 한 부분, 폭력적인 미디어나 전미총기협회에 미쳐 있는 부류가 아니라 문화 **전반** 말이다. 이것은 칸막이 책상, 컴퓨터 모니터에 붙여 둔 만화 〈딜버트〉*Dilbert*♦의 한 컷, 정리 해고를 알리는 사내 게시판, 대폭 삭감된 복지 혜택, 제 살 깎아 먹기 식으로 서로 저임금으로 일하려는 가까운 동료들, 그리고 협동과 긍지를 강조하는 공허한 구호에 퍼져 있다.

이 총격 사건을 "제록스사 역사상 단연코 최악의 비극"[41]이라고 말한 제록스 하와이 부사장 겸 총관리자 글렌 섹스턴의 말을 예로 들어 보자.

"제록스에 있는 우리 모두와 마찬가지로 여러분도 의심할 여지없이 의문이 있을 겁니다." 그는 이어 말했다. "왜? 어째서 이런 일이 발생했을까? 시간이 지나고 또 호놀룰루 경찰서가 조사한 뒤에야 밝혀지겠죠. 어쩌면 결코 알 수 없을지도 모릅니다. 바라건대 알게 되었으면 좋겠습니다."

모든 학살에는 이런 솔직하지 못한 질문들이 뒤따르고 또 매번 더 넓은 문화적 경향은 간과되고 만다. 하지만 우예수기의 학살은 분노 살인에는 맥락이 있음을 시사한다. 어떤 틀로 설명하기 쉽지 않은, 현대 미국의 무언가로 인해 그것들이 미국에서만, 또 최근에만 발생하고 있는 것이다. 이것들은 예전의 그 어떤 살인 사건들과

♦사무직의 애환과 부조리한 대기업 문화를 코믹하게 그려 선풍적 인기를 끌었던 스콧 애덤스의 신문 연재만화. 1989년부터 연재가 시작됐다. 주인공 딜버트는 실리콘밸리에 위치한 하이테크 회사에서 일하는 30대 엔지니어다. 구어로는 승진이나 실직에 대한 염려로 전전긍긍하는 회사원, 실패자를 가리키기도 한다.

도 달랐다. 이것들은 규정하기 힘든 무언가의 일부였다. 그런데 그것들은 모두 관련을 맺고 있었다. 제록스와 콜럼바인, 우체국과 사무실 모든 게 말이다. 사실, 학교 학살과 사무실 학살이 필시 연관되었다는 것은 내게 **자명해** 보였다. 줄거리가 거의 동일했는데, 이를테면 더플백, 조용한 성격, 난사, 그리고 늘 똑같이 되풀이되는 지역사회의 반응이 뒤따랐다. 이를 설명하는 방식을 떠올릴 수 없었던 대중은 이유를 묻고는 미리 만들어 놓은 용의선상에서 가장 편리한 악역을 끌어내곤 했다. 주로 폭력적인 문화, 느슨한 총기 규제법, 비디오게임, 느닷없이 폭발하는 사람들 같은 것들이 단골 악역을 도맡았다.

마이클 무어는 다큐멘터리 〈볼링 포 콜럼바인〉에서 이런 어리석고 주의를 딴 데로 돌리는 설명들이 틀렸음을 폭로했다. 하지만 다른 모든 이들과 마찬가지로 무어도 그 노동자들이 그렇게 된 원인이 사무실에 있을 수 있듯이, 학교 자체가 그 아이들이 그렇게 된 원인일 수 있다는 점은 고려하지 못했다.

기자들이 우예수기 분노 살인의 원인 중 하나로 꼽았던 것은 제록스의 문화였다. 당시 제록스에서는 1990년대 주식회사 미국에서 가장 큰 규모의 정리 해고가 이루어지고 있었다. 우예수기 학살 1년 전, 제록스는 9천 명, 곧 전 직원의 10퍼센트를 정리 해고하겠다고 발표했다. 이는 호황기에도 대량 해고를 감행하는, 레이건 이후 기업 문화의 일부였다.

하와이 주 의사당 사무장 해리 프리엘은 한 기자에게 이렇게 이야기했다. 참고로 거기는 우예수기가 정기적으로 복사기를 수리한 곳이기도 하다. "그는 좌절했지만 겉으로 표현하지 않았어요. 그걸 밖으로 표출하도록 했어야죠. 결국 스트레스 상황이었다는 것, 그러니까 뭔가가 그를 괴롭혔다는 사실이 드러났습니다. 옳지 않은 일이었지만 그 스스로도 대수롭지 않게 여기고 넘어갔습니다. 말하고 싶지 않았던 거죠."42

그는 스트레스를 받았지만 그럼에도 그것에 대해 말하지 않았다. 분노 살인에서 되풀이되는 주제다. 스트레스가 지나치게 심할 때조차 사람들은 그것에 대해 이야기하려 하지 않는데, 자신의 불행을 인정하거나 스트레스를 처리하지 못한다고 인정하는 것만으로도 패배자가 되기 때문이다.

우예수기 아버지가 언론에 보인 첫 반응은 아들이 자신이 정리 해고될 거라고 생각했다는 거였다. 보도에 따르면 그가 견책 처분을 받은 적이 있어 정리 해고 명단에 들어갔는데, 제록스는 공식적으로 이를 부인했다. 우예수기는 자신이 해고되리라고 생각했던 게 틀림없다. 그는 회사가 고객의 불만들 때문에 "그를 심하게 나무랄 거"라는 경고를 동료한테서 받은 바 있었다. 또 그 무렵 자신의 감독에게서 "호된 꾸짖음"을 받기도 했다. 그리고 업무량과 주임의 고집도 그에겐 스트레스였다. 주임은 그가 갓 도입된 최신식 기계 수리 방법을 배워야 한다고 고집했고, 그는 자신이 할 수 있는 일이 아니라고 토로했다.

그런데 겉보기에 사소해 보이는 이런 불만들 외에도, 우예수기가 학살을 벌인 더 큰 이유도 밝혀졌다. 그가 투항하도록 협상했던 한 여자 경찰은 이렇게 이야기했다. "그는 마땅히 할 일을 하는 거라고 계속 강조했어요. 일종의 전기轉機를 만들고 싶다고요."43 번번이 이 광란의 살인자들은 똑같이 모호하고 폭넓은, 〈파이트 클럽〉,

⟨폴링 다운⟩*Falling Down*•의 주인공들과 같은 이유를 댄다. 그들이 살해하고 파괴한 이유는 전기를 만들고 싶어서였다는 것이다.

프로작이나 먹어

불행하다면 새로운 일자리를 찾는 게 어때요? ― 아니면 프로작을 먹던지요./수전 셰이바니, 부시 선거 캠페인 관계자(2004/07/29)[44]

직장 내 분노 살인에는 사회경제적 맥락이 있다. 분노 살인은 새로운 것이다. 이것은 레이건 정권에서, 그의 문화적·경제적 혁명하에서 나타났고 그로 인해 확대되었다. 그 이후로 줄곧 레이거노믹스는 미국을 지배해 왔다. 클린턴이 좌파라는 우파의 히스테리적 공격에 대해 말하자면, 사실 복지 시스템에 치명적인 주사를 놓은 것은 다름 아닌 클린턴이었다. '개인 책임과 노동기회조정법'으로 말이다. 클린턴 정부에서 이루어진 규제 완화로 월가는 더욱 번창했고, 지구화는 그 어느 때보다 가속화되었으며, 정리 해고가 급증했고, 레이건이 개시한 반노동·친주주 기업 문화는 급진적 실험에서 삶의 방식으로 바뀌었다. [2001년에] 조지 W. 부시가 취임할 무렵에는 문화·경제적 변형이 깊숙이 자리 잡아서, 한때 극단적이고 수용할 수 없는 것이라고 여겼던 것이 환호와 찬양을 받았는데, 심지어

• 조엘 슈마허 감독의 1993년작. 방위산업체에 근무하던 주인공 빌이 갑자기 해고당한 후 헤어진 아내와 딸을 찾아가면서 겪는 에피소드를 담고 있다.

는 그로 인해 고통 받는 이들에게서도 그러했다. 그 변화는 급진적이고 트라우마적이었다. 그러니까 역사학자들이 이 시대를 뒤돌아볼 때 어째서 살인 사건과 반란이 더 일어나지 않았던 것일까 의아해 할 수 있을 정도였다. 노예 반란이 그토록 적었다는 것이 오늘날에는 충격적인 것처럼 말이다.

이 총격 사건들을 설명하기 위해 사무실 세계 바깥을 들여다보는 대신 — 폭력적인 영화, 총기 확산, 가족 붕괴, 하느님의 부재, 두려움을 퍼뜨리는 미디어를 탓하는 대신 — 미국의 기업 문화 자체에서 발생한 변화들을 고려해 보는 것은 어떨까? 우리가 주류 담론에서 이 주제를 피하고, 또 자기 검열을 하는 데는 강력한 이유들이 있다. 즉 직장에 책임이 있다면, 미국의 모든 직장인들이 잠재적으로 위험에 처해 있고, 더는 감내할 수 없는 환경에서 살고 있다는 의미가 되며, 그럼에도 그들은 깊은 착각에 빠져, 또는 완전히 녹초가 되어 이를 깨닫지 못하고 있다는 뜻이 되기 때문이다.

한때 기업은 직원과 그 가족들에게 안정을 선물했지만, 레이건 정권하에서 기업은 두려움을 양산하는 스트레스 엔진으로 변형됐다. 레이건이 미국과 현대인에게 남긴 유산은 냉전에서 거둔 승리가 아니었다. 냉전과 관련해 그는 그저 운이 좋았을 따름이다. 그가 남긴 유산은 세계사에서 가장 충격적인 부의 이전이었다. 이는 "미국을 경쟁력 있게 만들고" "미국 노동자의 창조적 에너지를 분출한다"라는 프로파간다 작전 아래 진행되었다. 새로운 기업 영웅 중하나인, 제너럴일렉트릭의 [최고 경영자] 잭 웰치는 자사 직원들에게서 "무제한의 주스"를 짜낼 수 있다고 있다고 말했다 — 그러고는 그들을 쥐어짰다. 대다수에게 노동은 점차 스트레스 가득하고 시간은 많이 드는데 보상은 적은 일이 되어 가는 동안 미국 중하층 노동 계급에서 빨려 나온 자본은 최고위층 임원 및 주주 계급의 역외 계좌에 예치되었다. 경제정책연구소가 보고했듯이 "1979년과 1989년 사이 소득 증가의 주원인은 더 적은 임금에 더 많은 일을 했기 때문이었다."[45]

사람들의 기억은 짧고 미국의 프로파간다는 아주 강력해서 사람들 대부분은, 이런 전용에서 가장 큰 손해를 본 이들조차, 심원한 변화가 일어났음을 잊고 말았고 우리는 이제 그 변화를 당연시한다. 우리는 현재 통용되는 기업 가치들, 곧 우리 일상의 토대를 형성하는 가치들에 대한 비판에 회의적으로 반응하도록, 심지어는 적대적으로, 반응하도록 길들어졌다. 더 소름 끼치는 것은, 부의 이전에서 아무런 혜택도 받지 못한 이들 상당수가 새로운 재벌 계급에 굽실거리면서 가장 잔인한 최상위 최고 경영자들을 찬양했다는 것이다. 이런 최고 경영자 숭배는 오늘날에도 계속되고 있다 — 미국 중산층은 퇴근 후 지친 몸을 이끌고 집에 와 텔레비전 앞에 앉은 뒤 [리얼리티 쇼 〈어프렌티스〉에서] 멍청한 억만장자 놈팽이 도널드 트럼프가 스트레스에 잔뜩 절은 스미더스♦ 같은 일벌레에게 "넌 해고야!"라는 대사를 외치는 것을 지켜본다. 오락물은 이제 쾌락이나 도피와는 관련이 없다. 사람들은 그것을 보면서 사무실 생활을 또 한 번 경험한다. 퇴근한 지 이제 겨우 15분이 지났다 하더라도 말이다. 고통을 즐기는 마조히즘 비슷한, 일종의 스트레스 페티시즘, 스트레스 중독 같다. 길들이기 전략이 너무도 잘 먹힌 것 같다. 이 새로

♦ 애니메이션 〈심슨네 가족들〉*The Simpsons*에서 사장 번즈를 보좌하는 비서.

운 재벌 숭배는 중세 농민이 자신을 짓밟은 왕족을 찬양하던 것을 상기시킨다. 레이거노믹스에 뒤이어 일어난 일종의 새로운 봉건적 분열에 대해 말하자면, 정말이지 농노제만큼 딱 맞는 유비도 없다.

이런 봉건적 분열의 사례는 2001년 5월 22일자 『USA 투데이』 기사에 폭로되었다. "초대형 맨션, 작은 마을을 뒤흔들다"라는 기사를 보면, 단순히 부자가 되고 일반 맨션에 사는 것만으로는 더는 충분치 않음을 알 수 있다. 미국의 한낱 백만장자들은 일종의 장인 계급으로 강등되었다. 저 언덕 위 새로 지은 엄청난 부자들의 집을 헛된 선망의 눈빛으로 바라보며 주먹을 부르르 떠는 장인 계급 말이다. 『USA 투데이』의 보도에 따르면, "이곳[워싱턴 주 메디나]에 거대한 맨션들이 늘어나면서 지난달 좌절감과 불만이 부글부글 끓었다. …… 메디나 시의회는 380평을 초과하는 주택 공사들을 6개월간 중단시키는 명령을 내렸다."[46] 메디나는 마이크로소프트의 올리가르히들이 사는 곳으로, 빌 게이츠의 집은 무려 1,500평에 이른다.

기사를 더 보자. "메디나만이 아니다. 슈퍼 부자들이 이웃 주택들을 왜소해 보이게 만드는 주택 단지를 짓는 권리에 이의를 제기하는 시민들의 전투가 전국에서 벌어지고 있다. …… 플로리다 주 팜비치, 콜로라도 주 아스펜, [루이지애나 주] 뉴올리언스, 워싱턴 D.C. 교외, 로스앤젤레스 곳곳에서 이런 주택들을 규제하려는 노력이 계속되고 있다. 주된 방법은 주택 면적, 건물 높이, 건폐율 허용치를 제한하는 것이다."

주식회사 미국의 변모와 관련한 엄연한 사실들, 또 이 거대한 부의 이전이 미국의 풍경에 끼친 영향은 부인할 수 없다. 그런데 이를 폭로하는 것은 좌파 언론뿐이어서, 귀가 얇고 쏠림 현상이 심한 미국 중산층은 바로 눈앞에서 벌어지는 일을 그저 일축해 버렸다. 하지만 지난 몇 년간 『화이트칼라의 위기』White Collar Sweatshop, 『노동의 배신』Nickel and Dimed, 『워킹 푸어, 빈곤의 경계에서 말하다』Working Poor 같은 보다 주류의 책들이 중도의 담론을 변화시키려 얼마간 애를 쓰긴 했다.

한 가지 문제는 좌파 대부분이 여전히 반사적으로 자신들의 에너지와 지지를, 미국에서 쇠락한 지 이미 오래인 산업 프롤레타리아에 집중하고 있다는 것이다. 우리는 모두 그들이 레이건 정권하에서 무너졌음을 알고 있다. 또 육체노동자 노조들이 러스트 벨트rust belt *를 비롯해 곳곳에서 파괴되었고, 제조업은 잘못된 선택지 — 노조를 파괴하거나 공장을 폐쇄하고 해외로 이전하는 것 — 사이에서 어느 한쪽을 선택해야 한다는 식으로 내몰렸다. 사실, 레이건 정부 시기에 고삐가 풀린 기업들은 이 선택지들 사이에서 둘 다 했다. 꿩도 먹고 알도 먹은 격인데, 먼저 기업들은 노조를 파괴했고, 그런 다음 공장을 폐쇄하고 노동력이 더 싼 해외로 공장을 이전했다. 노동통계국에 따르면, 1980년 이후 미국에서 제조업 일자리는 1,930만 명에서 1,440만 명으로 약 25퍼센트 감소했는데, 그 사이 전체 인구는 7천만 명이 증가했다.[47] 정부는 또한 경제 상황이 몹시 안 좋은 노동자들에게 그야말로 더 큰 가난을 법률로 떠안겨 주었다. 통계국에 따르면, 레이건이 취임한 1981년, 최저임금을 받는 노동자

---

* 한때는 호황을 누리던 제조업 덕분에 번성했으나 제조업이 불황을 맞으면서 몰락한 지역을 이르는 말. 자동차 산업의 중심지인 디트로이트를 비롯해 철강 산업의 메카 피츠버그, 그 외 필라델피아, 볼티모어, 멤피스 등이 이에 속한다.

의 연간 소득은 공식적인 빈곤선[최저한도의 생활을 유지하는 데 필요한 수입 수준]의 98.2퍼센트였다. 레이건이 퇴임한 1989년, 최저임금을 받는 노동자의 연봉은 빈곤선의 70.4퍼센트에 불과했다.[48] 이유는 단순하다. 레이건이 임기 동안 최저임금을 한 번도 인상하지 않은 것이다. 1981년에는 최저임금이 3.35달러였고, 1989년, 즉 우리가 믿는 대로라면, 엄청난 부의 급증이 살아 있는 모든 미국인에게 혜택을 준 뒤에는, 최저임금이 — 두구두구두구 짠 — 3.35달러였다![49] 1960년대에는 최저임금이 일곱 차례 인상되었고, 1970년대에는 여섯 차례 인상되었다. 하지만 레이건의 집권기 동안 가난한 이들이 땡전 한 푼 더 받는 일은 없었고, 외려 레이건은 그 땡전의 대부분을 가져가 버렸다. 오늘날 기준으로 환산해 보면, 1981년의 3.35달러는 2001년의 6.53달러지만 1989년의 3.35달러는 4.78달러에 지나지 않는다. 실질 가격을 기준으로 하면, 레이건은 가장 가난한 이들의 소득을 실제로 27퍼센트 삭감했는데, 같은 시기 월가와 재벌들의 소득은 세 자릿수 증가율을 보였다. 회유책으로 받은 감세는 덤이었다. 현재 2005년 여름 기준, 최저임금은 9년 동안 인상된 적이 없었고 부시는 그 요청을 거부해 오고 있는데 알다시피 최저임금을 인상하면 "경제에 좋지 않을" 것이기 때문이다.

이 모든 것이 이 나라의 다수에게는 큰 문제가 아니었을 것이다. 중산층은 노동계급에게 나쁜 것이 미국(즉 중산층)에 좋다는 주장을 믿어 버렸다. 육체노동자의 등골을 빨아먹은 음흉한 자본가 세력이 감히 사무직 노동자에게는 송곳니를 꽂지 않으리라는 잘못된 가정에서 말이다.

하지만 그들은 꽂았다. 그리고 이제는 노동계급이 쇠락함에 따라 새로움 그리고 잔혹함의 측면에서 결코 뒤지지 않는 변증법이 전개되기 시작했다. 이에 따라 점점 더 절망적이 되어 가는 중산층과 점점 더 부유해져 가는 임원·주주 계급의 격차는 더욱더 커져 갔고, 언론은 이들에게 경탄해 마지않는 논조로 "메가 리치"mega-rich라는 이름을 붙여 주었다. (그런데 여기서 주주 계급이란 피델리티 펀드에 4만 2,194달러를 맡겨 놓은, 파란 머리에♦ 체구가 아담한 노부인, 그러니까 1980년대와 1990년대에 사람들을 달콤한 말로 현혹하던 자본주의 프로파간다의 표적이 아니라 실제로 기업 정책에 영향을 미치고 기업의 새로운 우선권에서 이득을 보는 주주 — 소위 "대주주"를 가리킨다.)

노동통계국에 따르면 미국의 사무직 노동자는 약 8천만 명이다.[50] 오늘날 탈산업화된 미국에서 그들은 한 세대 전보다 잘 살고 있을까? 우리가 진보에 대해 갖고 있는 이미지와는 달리, 1997년 사무직 남성들은 달러의 실질 가치로 계산하면 1973년보다 시간당 딱 6센트 더, 즉 시간당 평균 19.24달러를 벌었다.[51] 조지 W. 부시 대통령이 취임한 뒤, 2003년에는 시급이 실제로 감소했다. 그래서 운 좋게 새로운 일자리를 구한 노동자 가운데 대다수는 이전 일자리보다 실제로 적게 받았다.[52] 하버드 대학교 법학 교수 엘리자베스 워런의 연구에 따르면, 소득의 40퍼센트 이상을 주택 담보대출 납부금에 쓰는 "하우스 푸어"가 될 중위 소득 가구의 비율은 1975

♦ 흰 머리의 누른빛을 감소시키는 데 사용되는 머리 염색제의 일종인 블루린스를 사용한 머리를 말한다. 주로 여성 노인들이 많이 쓴다. 진 할로우가 하워드 휴즈 감독의 1930년작 〈지옥의 천사들〉에서 백색에 가까운 금발 머리를 하고 나온 이후 인기를 얻게 됐으며, 영국의 엘리자베스 여왕도 1940년대 블루린스의 인기에 한몫했다.

년 이후 배로 증가했다.[53]

반면 최고 경영자의 보수는 치솟았다. 1990년과 2000년 사이 최고 경영자 급여는 571퍼센트 치솟았지만 노동자 평균 급여는 34퍼센트 증가한 데 그쳤다.[54] 그들은 급여 자체가 급등했을 뿐만 아니라 자사 평균 노동자 급여와 비교한 급여도 극적으로, 심지어는 터무니없을 정도로 커졌다. 1978년, 최고 경영자의 소득은 자사 노동자 평균 급여의 30배를 넘지 않았다. 1995년에는 그 수치가 115배로 늘어났고 2001년, 대기업 최고 경영자는 531배였다.[55] 경제학자 로버트 프랭크에 따르면, 1970년대 중반 이래, 상위 1퍼센트가 수익 증가분 전체의 70퍼센트를 차지했다.[56] 수혜자가 단지 최고 경영자만은 아니다 — 주주, 진정한 신봉건귀족도 수혜자다. 예컨대 부시가 취임하고 2004년 중반까지 기업 이익은 40퍼센트 커졌지만 실질임금은 겨우 0.3퍼센트 증가했다.[57] 의회예산처의 작년 평가에 따르면 모든 기업 이익의 절반 이상이 곧장 최상위 부자 1퍼센트의 호주머니로 들어간다.[58]

"우린 중세 농노와 왕족으로 돌아왔다."[59] 서던캘리포니아대학교 마셜경영대학 교수 에드워드 롤러는 말한다.

부시의 조세정책들은 봉건적 경향을 악화시키고 있다. 세간의 이목을 끄는 세무사이자 공화당원인 마틴 R. 프레스에 따르면, 상속과 배당에 대한 세금을 없애려는 조치들은 이 나라가, 패리스 힐튼이 자신의 청소부보다 낮은 세율로 세금을 내는 사회를 지향하고 있음을 의미한다.[60]

이런 부의 이전은 모든 통계에 분명히 나타나 있다. 1979년부터 1998년까지, 상위 5퍼센트의 소득은 38퍼센트 더 늘어났지만 하위 5퍼센트는 실질소득이 5퍼센트 줄었다. 오늘날 상위 1퍼센트의 금융자산은 하위 95퍼센트의 자산 총합을 넘는다 — 미국은 제1세계 국가 중 빈부 격차가 가장 심한 나라다.[61]

재계도 이런 심란한 경향을 간과할 수 없었고 간헐적으로 분개했다. 2000년 1월 31일자 『비즈니스위크』 기사 "적하 효과만으론 충분치 않다"에 따르면, 1988년부터 1998년까지, 중위 20퍼센트의 가계소득은 780달러 증가했지만 상위 5퍼센트의 소득은 5만760달러 증가했다.[62] 『뉴욕타임스』도 2001년 8월 31일자 기사 "1990년대 호황은 중산층 다수를 비켜 갔다"에서 같은 결론에 도달했다. 기사는 이렇게 시작한다. "인구조사국 분석에 따르면, 1990년대 말 호황 동안, 뉴욕과 캘리포니아 중산층은 형편이 10년 전보다 나아지지 않은 것으로 보인다. 빈민은 좀 더 가난해졌고 부자는 많이 부유해졌으며 중산층 다수는 10년 전보다 형편이 다소 나빠졌다. …… 이 연구 분석을 수행한 퀸스 칼리지 사회학 교수 앤드루 A. 베버리지는 전국의 빈부 격차가 1990년대에 조금씩 더 벌어졌다고도 말했다. 예컨대, 워싱턴 D.C.에서는 상위 15퍼센트의 평균 소득이, 인플레이션을 감안했을 때, 하위 15퍼센트 소득의 18배에서 24배로 늘어났다."[63]

그러니까 중산층 대부분의 수입이 하락하고 업무량이 과중해지는 사이, 임원들은 자신들에게 떨어진 뜻밖의 소득 전체를 거의 독차지했다. 1999년에만 최고 경영자의 평균 급여는 37퍼센트나 급증했다. 그해 마이클 아이스너[당시 월트디즈니 최고 경영자]는 터무니없는 보수 5억7천6백만 달러를 받아 증가율을 끌어올렸다. 반면 노동자의 평균 봉급은 고작 2.7퍼센트 증가했다. 정책연구소 소장 존

커배너는 〈맥닐-레러의 뉴스 아워〉*McNeil-Lehrer News Hour*에서 이렇게 언명했다. "올해 정말 환장하겠더라고요. ······ 경제는 잘 돌아가고 있는데 어떤 집단은 거대한 이득을 보고 있고, 어떤 집단은 남는 게 하나도 없는 거예요. 어떤 의미에서는 두 개의 미국이 출현했다고 할 수 있습니다."[64] "환장하겠다"라는 발언은 미국 프로파간다의 성공과 힘을 보여 주는 증거다 — 이런 분기는 20년째 계속돼 오고 있는데도, 이것을 연구하는 데 일생을 바친 이들도 이에 충격을 받을 정도니 말이다.

또 다른 변화는 보수가 더는 업무 수행 능력 및 실적과 연관되지 않는다는 것이었다. 대신 급여 인상은 "계급적" 기초라 규정할 수 있는 것에 따라 결정되었다 — 부자는 중산층을 털어 엄청난 부자가 되었다. 그러니 노동자들이 계속적인 정리 해고 위협 아래 더 적은 급여에 더 많은 일을 하는 동안에도, 가장 처참한 실적을 보인 최고 경영자들조차 죽을 때까지 쓸 수 있을 만큼 터무니없는 보수와 수당을 쓸어 담을 수 있었다. 실리콘밸리에서는 상위 150위권 회사들의 임원 급여가 2000년에서 2001년 사이 실제로 배로 뛰어 5천9백만 달러가 되었다.[65] 우리 시대 가장 큰 재정 파탄 중 하나가 일어난 시기에, 그들의 사업이 그야말로 붕괴했음에도 말이다. 시스코시스템스[네트워크 통신 회사] 최고 경영자 존 챔버스는 경기하강 시기에 1억5,730만 달러를 벌어들였다. 무려 22억5천만 달러의 자사 제품이 과잉 공급된 것을 간과했음에도 말이다.

실리콘밸리는 많은 영역에서, 특히 부의 이전 측면에서, 혁신의 원천임이 입증되었다. 2000년 3월 주식 장세가 최고조를 찍은 이후 완전히 망해 버린 실리콘밸리 회사 마흔 곳의 내부자거래를 『새너제이 머큐리 뉴스』가 조사한 바에 따르면, 임원, 이사, 벤처 투자가들이 34억1천 달러를 버는 동안 그 회사들의 가치는 99.8퍼센트 급락해 2002년 9월에는 딱 2억2,950만 달러가 되었다.『새너제이 머큐리 뉴스』는 이렇게 평했다. "이는 익명의 투자자 다수 — 단타 매매자부터 연금 생활자까지 — 의 호주머니에서 임원과 이사들의 지갑으로 부가 이전되었음을 보여 주었다. 후자가 승자인 것으로 밝혀졌다. 그들의 회사는 실리콘밸리 최대 패배자가 되었음에도 말이다."[66] 흥미롭게도 기사는, 이들 회사 직원들의 호주머니에서 이전된 부에 대해선 고려조차 않고 있다. 직원들은 한낱 대체 가능한 비용일 뿐이라는 게 이제는 기정사실이라는 듯 말이다. 교훈은 단순하다. 레이건 이후로는 고되게 일해 봐야 돈을 벌 수 없다. 방법은 스스로 챙겨 먹는 길뿐이다.

이는 단지 신생 회사들만의 문제가 아니다. 루슨트테크놀로지스 [통신장비 제조업체] 회장이자 최고 경영자였던 리처드 맥긴은 회사 주식을 95퍼센트 폭락시켜 회사를 거의 파산 지경으로 내몬 뒤 2001년에 쫓겨났다. 그럼에도 그는 퇴직금으로 550만 달러를 받았고, 회사는 그의 개인 대출금 430만 달러를 떠맡아 주었으며, 죽을 때까지 의료보험을 제공하기로 하고, 무엇보다 연금으로 매년 1백만 달러를 제공하기로 했다. 최고 재무 책임자 데버러 홉킨스도 함께 쫓겨났는데, 퇴직금으로 330만 달러를 받았고, 딱 1년 전에 사이닝 보너스signing bonus♦로 4백만 달러를 받은 바 있었다. 그러니까 그가

♦ 기업이 전문성 있는 인력을 영입하면서 연봉과 별개로 근로계약 체결에 즈음해 일회성 인센티브로 지급하는 특별 보너스.

재임한 1년 동안 회사는 파탄이 났는데 이 운 좋은 여성은 파탄과
는 아무 관련이 없었던 셈이다.[67]

물론 어떤 이는 루슨트 임원들에게 지불한 금액과 회사의 재정
붕괴에 대가를 치러야 했다. 그 어떤 이 — 정확히 말해 **어떤 이들**
— 가 누구였는지 짐작해 보시라. 그 퇴직금 합의서들에 서명이 이
루어진 시기에, 루슨트는 대량 정리 해고 — 맥긴이 쫓겨나고 몇 달
사이에만 1만6천 명이 해고되었다 — 를 시작했다. 감축은 계속되
고 있다. 즉 루슨트는 추가로 정리 해고를 단행했고 요즘에는 고용
계약서를 무시하면서까지 퇴직자들의 의료보험 혜택마저 빼앗고
있어 퇴직자들은 대개 감당하지 못할 보험료를 내야 할 처지에 있
다. 2004년 초에 나온 『뉴욕타임스』 기사를 보면, 루슨트, 그리고
생각이 비슷한 다른 회사들은 퇴직자 의료보험 혜택 없애기라는 주
식회사 미국의 새로운 경향을 이끌고 있다. 고용계약서들이 무용지
물이 되고 있는 것이다. 10년 전에는 직원이 5백 인 이상인 회사들
가운데 절반이, [65세 이상에게 주는] 노인의료보험 혜택Medicare 수급 자
격이 아직 안 된 퇴직자들에게 의료보험 혜택을 제공했다. 하지만
요즘에 그렇게 하는 기업은 36퍼센트 미만이다.[68] "앞으로 20년 후
에는 어떤 회사도 퇴직자에게 의료보험 혜택을 제공하지 않을 것입
니다." 프린스턴 대학교 보건 경제학자 우베 라인하르트는 『뉴욕타
임스』에 이렇게 말했다.

한때 신성시되던 퇴직자 의료보험 혜택을 없애 버린 것은 차치
한다 하더라도 — 아무튼 그 사람들은 더는 회사에 도움이 되지 않
으니 말이다 — 기업들은 재직 중인 직원들의 의료보험 혜택도 대
폭 삭감해 왔다.

그러나 늘 이랬던 것은 아니다. 1970년대 말, 그러니까 레이건 혁명 전야에는 의료보험이 대기업 직원에게 사실상 보편적이었다.[69] 제2차 세계대전부터 레이건이 정권을 잡기 전까지, 보험 가입자는 해마다 꾸준히 증가했다. [1989년, 레이건이 퇴임한 이후] 1993년에는 고용주가 보험금을 부담하는 민간 부문 노동자들이 63퍼센트로 떨어졌다. 10년 뒤에는 45퍼센트로 떨어졌다.[70] 동시에 보험 미가입자는 1987년 3천4백만에서 2003년 4천5백만으로 증가했다. 2003년과 2004년 사이에 일정 기간이라도 의료보험 혜택을 받지 못한 이들은 8천5백만 명이 넘었다.[71] 바꿔 말하면, 레이건이 취임한 1981년부터 2001년까지, 심각한 질병에 걸려 파산을 선언한 가구는 2천 퍼센트 증가했다.[72]

게다가 보험의 질도 떨어졌다. 1991년까지만 해도 대기업 전일 근무 직원의 3분의 2가, 행위별 수가제의 적용을 받았고, 이로 인해 의사를 선택할 수 있었다.[73] 이는 1997년, 고작 27퍼센트로 줄었고 나머지는 관리 의료managed care *를 이용해야만 했다. 브라이언 우예수기도 제록스에서 학살을 일으키기 전까지 6년 동안 관리 의료로 우울증 치료를 받은 바 있다. 그의 건강관리기구 의사들은 1993년, 그가 치료되었다고 단언했고 바로 직장으로 돌려보냈다.

* 회사가 계약을 맺은 지정 병원에서만 진료를 받을 수 있는 서비스로, 기업은 연간 일정액의 건강관리기구 의료보험에 가입하고, 기업의 노동자는 건강관리기구 산하 의료 기관에서 진료를 받는다. 이들 의료 기관은 과잉 진료를 하지 않도록 건강관리기구의 지도를 받는데, 이로 인해 의료비 억제 효과는 크나 의료 기관의 지나친 비용 삭감 시책 때문에 의료 서비스의 질이 떨어지는 폐해가 발생하고 있다.

한편, 지난 10년간, 이 품질이 저하된 의료보험에 직원 개인이 분담하는 평균 비용은 75퍼센트로 치솟았다.[74]

이것도 의료보험 혜택을 누릴 만큼 운이 좋은 사람들에게나 해당되는 이야기다. 빈민, 실업자, 퇴직자와 더불어 수많은 노동자들 — 2천만 명, 즉 전체 인구 중 열에 하나 이상 — 은 그 어떤 의료보험도 없다. 일부 주 — 텍사스, 오클라호마, 루이지애나 — 의 경우 보험에 가입되지 않은 노동자가 노동인구의 20퍼센트를 넘는다.[75] 부시는 텍사스 주지사를 지내는 동안 의료보험이 없는 노동인구를 만들어 내는 실험을 감행해 큰 성공을 거두었고, 현재 이를 나라 전체에 적용하고 있다.

이 책의 다른 모든 것과 마찬가지로, 미국의 봉건적 의료보험은 "빈민을 죽인다"는 면에서 소름 끼칠 수도 있고 소름 끼치도록 이상할 수도 있는데, 이는 당신이 이 책을 읽고 있는 시대, 당신의 건강 상태, 그리고 당신이 이 사실들을 얼마나 깊이 이해하려 하는지에 달려 있다. 여러 연구들은 의료보험은 말 그대로 생사의 문제임을 보여 주었다. 의료보험의 명백한 혜택을 차치한다 하더라도, 보험이 없는 사람들은 보험이 있는 사람들보다 의사에게 진찰 받을 공산은 적고, 질병을 늦게 진단 받을 공산은 크며, 또 건강상태도 나쁨 혹은 보통인 경우가 더 흔하다고 보고한다. 더욱이 1999년 세계보건기구 보고서 "건강의 사회적 결정 요인"에 따르면 불평등은 그 자체로 살인자다. 『포브스』가 "부자는 왜 더 오래 사는가"라는 제목의 기사에서 지적했듯이 "낮은 지위는 불안정, 스트레스, 불안으로 바뀌고, 이 모든 것은 질병에 대한 민감성을 증가시킨다."[76]

달리 말해, 사회경제적 불평등의 골이 갈수록 깊어지는 동안 수

많은 미국인들은 더 낮아진 상대임금을 감내하고 있을 뿐만 아니라 재벌들을 살찌우기 위해 말 그대로 죽어 가고 있다. 그리고 이는 고용주들에게 그저 즐거운 뉴스일 뿐인데, 직원들 의료보험을 줄이면 돈이 절약되고, 또한 건강하지 못한 직원들의 작업 속도가 느려지면 그저 구조 조정을 발표하고 그들을 모조리 잘라 버리면 되기 때문이다. 칸막이 책상에서 일할 농노가 또 필요하면 언제든 맨파워 [세계 최대 인력 파견 업체]에 연락하면 된다.

의료보험 혜택이 사라지거나 의료비 부담이 늘어나는 것만이 다가 아니다. 직원들은 연금 비용도 더 부담해야 할 처지에 있다. 1979년에는 회사들이 직원의 연금 비용으로 시간당 63센트를 내주었다. 그런데 1996년에는 사용자가 내는 몫이 45센트로 줄었다.[77] 당연한 수순은 회사들이 연금을 단계적으로 줄여 결국에는 아예 없애는 것이다. 정부는 이를 앞장서서 진행하려 하고 있다. 부시 행정부는 공공연히 사회보장제도와 노인 의료보험 제도의 파산을 몰아붙였다. 적자를 엄청나게 증가시킴으로써 그 시스템들의 파멸을 재촉해 민영화하려는 시도였다. 민영화된 사회보장 연금과 노인 의료보험에서 혜택을 볼 유일한 이들은 돈 있는 사람들이다.

전통적으로 중산층이 누려 온 다른 복지 혜택들도 사라졌다. 해마다 지급되던 크리스마스 보너스, 그러니까 한때 재계가 도의상 체면상 으레 지급해 주던 것이 이제는 과거의 유물이 되었다. 1950년에는 대부분의 직원들이 크리스마스 보너스를 받았다. 하지만 오늘날에는 36퍼센트로 떨어졌고 그 하락의 대부분은 1990년대에 발생했다.[78]

휴가도 줄었다. 30년간 유급휴가가 꾸준히 증가했는데, 레이건

재임 기간에는 연중 휴가가 평균 사흘 반 **줄었다**. 요즘에는 모든 휴가의 절반이 주말 휴가weekend vacations ◆다.[79] 사실 오스트레일리아 노동자가 1년 재직하면 받는 유급휴가 일수를 얻으려면 미국에서는 평균 15년을 근무해야 한다. 반면 우리의 평균 휴가일 14일은 유럽의 딱 절반이다.[80] 그것도 유급휴가가 있는 직장에 다니는 경우에나 해당되는 이야기다. 요즘은 전체 기업들 가운데 13퍼센트가 유급휴가가 없으며, 이는 1998년 5퍼센트에서 상승한 수치다.[81] 그러나 이마저도 미국 노동자의 휴가일을 과장한 것이다. 많은 미국인은 허락된, 며칠 안 되는 휴가마저도 쓰기를 주저한다. 뒤처지거나 상사에게 나쁜 인상을 줄까 두렵기 때문이다 ― 그러니 회사들도 휴가일을 확 줄일 수 있는 것이다.

미국인들 중 무려 4분의 1이 얼마 안 되는 휴가도 쓰지 않는다. 그들의 두려움은 인사고과 평가서에서도 확인되었는데, 관리자들은 휴가를 더 많이 쓴 직원들에게 더 낮은 점수를 주었다. 2003년 보스턴 대학의 연구에 따르면, 2002년에 미국 노동자의 26퍼센트가 휴가를 하루도 쓰지 않았다.[82] 진심으로 많은 직원들은 쉬는 것보다 일하는 게 좋다고 이야기할 것이다 ― 왜냐하면 쉬는 데는 완전히 다른 종류의 사교 기술이 필요하기 때문이다. 일에 중독돼 늘 과로하는 삶을 사는 많은 미국인들이 점점 잃어 가고 있는 그 기술 말이다.

전형적인 예가 하나 있다. 『피츠버그 포스트-가제트』 2003년 8월 24일자 기사 "그 누구에게 휴가가 필요하단 말인가? 이 행복한

◆ 주말 동안 쉬거나 주말에 하루 이틀을 보태 쓰는 휴가.

근로자들에겐 필요 없다"를 보자.

E. J. 보게티는 피츠버그 지역에서 일하는 직원으로, 7년 동안 이틀 연속으로는 쉬어 본 적이 없다 — 이는 본인의 선택이었다.
"네 마디로 설명할 수 있어요. 전 일이 정말 좋아요." 33세의 미혼남 보게티는 분명히 말했다.
"인사과에서 이런 알림을 보내올 거예요. '귀하가 사용하지 않은 휴가일이 소멸될 예정입니다.' 내가 안쓰럽다는 듯 말예요. 하지만 제가 선택한 거예요. 정말 괜찮습니다."[83]

친절한 주인을 둔 노예들은 아마도 보통 사람들만큼 행복할 것이다. 그들은 자신들의 조건이 나아질 수 있다는 것을 의식하지 못하는데, 나는 그게 가능한지 잘 모르겠다./탈출 노예 윌리엄 그림스[84]

모든 사람들이 보게티 같이 정말 짜증나는 모범 사원들과 일하고 있다. 공공연히 사무실이 — 그리고 사무실에서 보내는 시간이 — 너무도 좋아서 휴가를 안 쓴다고 말해 사내 스트레스와 압박감을 늘리는 사람들 말이다. 사실 미국인 대부분은 가족들과 스스로 알아서 지내야 하는 휴가보다 일터 — 규정되고, 통제되고, 길들여진 — 가 편하다. 일을 쉬면 돌연 알게 된다. 그저 남이 시키는 대로 열심히만 하면 되는 게 아니라, 업무와 직접적인 연관이 없는 대화도 나누고, 즐겁게 놀 계획도 짜며, 흥겨운 시간을 보내야 한다는 것을 말이다. 과로하는 미국인들은 사무실 생활을 자신의 장대한 과업으로 여기도록 길들여졌지만 그들의 사생활과 쉬는 날에 필요한 기술에는 젬병이 되었다. 그러니 휴가는 재미없고 벅찬 일로 느껴지고, 결국 여행을 떠난 미국인들 중 대부분은 사무실로, 즉 자신을 감독하는 사람이 있고 해야 할 일이 명확한 세계로, 자기 대사를 잘 알고 있는 친숙한 대본으로 돌아가는 것이 자신의 유일한 바람임을 깨닫게 된다.

대폭 줄어든 것은 휴가만이 아니다. 자유 시간도 그렇게 됐다. 전통적으로 점심시간은 한 시간이었는데 이제는 평균 29분이 됐다.[85]

문제의 일부는 과학기술의 급속한 발전이다. 수십 년 전 낙관주의자들은 기술이 결국 노동자를 해방해 일은 갈수록 적게 하고 혜택은 더 많이 누려 그 어느 때보다도 가족과 많은 시간을 보내게 될 것이라고 예측했다. 1990년대에는, 우리의 패러다임들을 모조리 전복한다고 한 소위 인터넷 혁명이 부상하면서 공식적 낙관주의는 정점에 이르렀다. 알다시피 오늘날 상황은 정반대다. 1980년대와 1990년대에 일해 본 사람이라면 누구나 기술 — 휴대전화, 삐삐, 블랙베리, 인터넷 등 — 이 근무시간과 근무 외 시간의 경계를 흐릿하게 만들었다는 점을 잘 알고 있다. 아니 더 정확히 말해, 근무 외 시간 같은 것은 더는 없다.

개밋둑과 엠파이어스테이트빌딩

어디서 일하든 한 해 30만~75만 달러를 벌면, 그게 중산층입니다.

/노스캐롤라이나 주 공화당 하원 의원 프레드 하이네먼[86]

레이건 이후 사무직 노동자의 삶을 들여다보자. 그들이 받던 복지 혜택들은 대폭 삭감되었고 급여는 정체되었으며 휴가는 점점 줄어들었다. 삶이 객관적으로 악화되었다. 하지만 고용주에게 이 같은 상황은 반길 일이었다. 노동자들은 그 어느 때보다도 많이 일한다.

지난 30년 동안, 미국인의 연간 평균 노동시간은 184시간 늘어났다. 급여는 같거나 줄었는데, 근무일은 4주 반가량 늘어난 셈이다. 또 미국인들은 같은 일을 하는 유럽인들보다 한 해 350시간 더 일한다.[87] 초과근무라는 것은 거의 아무런 의미가 없다. 오늘날 미국에서는 직원 중 거의 40퍼센트가 주당 40시간 이상 일한다.[88]

이렇게 증가된 업무량은 지난 10년 사이에 훨씬 더 늘어났다. 경제정책연구소 에일린 애플바움의 보고에 따르면 2000년에 부부로 구성된 전형적인 2인 가구는 1990년보다 5백 시간 더 일했다.[89] 노동시간이 사람이 감당할 수 있는 최대치로 치솟는 동안 부시 대통령은 2004년 여름, 기업들에게 또 다른 선물을 안겨 주었다. 수많은 노동자들에게서 초과근무 수당이라는 전통적 권리를 박탈하는 새로운 법을 제정한 것이다.

미국인들이 사무실에서 미친 듯 오랜 시간을 보내는 동안 그들이 사용하는 물리적 공간도 줄어들었다. 1997년에 나온 『비즈니스 위크』 기사 "도와주세요! 나는 점점 쪼그라드는 칸막이 책상에 갇힌 죄수랍니다!"에 따르면 1980년대 중반부터 1990년대 중반까지 딱 10년 사이에 업무 공간의 평균 크기가 25~50퍼센트가량 줄었다. 3천5백만 명이 칸막이 책상에서 일하고 있는데, 이는 "끊임없는 감시 메커니즘"을 위해 의도적으로 설계된 것이다. 또한 죄다 똑같은, 이 모욕적인 벌집 구조는 거기서 일하는 사람들에게, 독립된 사무실에서 일하는 고위 감독자들에 견줘 자신들이 얼마나 낮은 위치에 있는지 단단히 상기시키도록 만들어졌다.[90]

또한 칸막이 책상들은 직장 내 소외감을 증가시킨다. 미국스트레스연구소 소장 폴 로쉬 박사는 이렇게 설명한다. "작은 칸막이 책상에, 서로 180센티미터쯤 떨어져 앉아 컴퓨터를 통하지 않고는 이야기를 나누는 일이 없습니다. 사람 목소리를 들을 일이 없어요. 들려오는 건 '1번을 누르세요' '3번을 누르세요'라는 말뿐이죠. 상당히 좌절감을 주는 일입니다."[91] 익숙한 소외다. 교외에 위치한 서로 구획된 집에서 느끼는 특별한 소외와 거의 똑같다. 그러니까 낮에는 회사 칸막이 책상에서 생활하는 노동자들이 아침과 밤에도 이웃과 말 한마디, 시선 한 번 교환할 일 없는 그런 곳에서 사는 것이다.

인간이란 존재는 그렇게 만들어지지 않았습니다. 작은 칸막이 책상에 앉아 하루 종일 컴퓨터 화면만 빤히 쳐다보고 쓸모없는 양식들을 작성하며 여덟 명의 상관이 저마다 지겹게 내뱉는 업무 지시에 귀 기울이도록 말입니다. /영화 〈사무실〉 중에서 ◆

◆ 마이크 저지 감독의 1999년작으로 국내에는 〈뛰는 백수 나는 건달〉로 소개되었다. 반복되는 업무로 스트레스에 찌든 주인공이 최면 치료를 받으러 갔다가 치료사가 갑자기 죽는 바람에 최면 상태로 근무를 하게 되면서 벌어지는 일을 담은 코믹 영화다. 최면 요법으로 흐트러진 주인공은 갑자기 자유로운 복장에 지각은 물론이고 근무시간에 전자오락을 하는 등 빈둥거리면서 회사 생활을 하고, 평소 감정이 좋지 않았던 상사에게 대드는 등 직설적인 성격으로 변한다. 하지만 이런 그의 행동이 본사에서 내려온 인사팀에게 오히려 좋은 평가를 받으면서 그의 행동은 점점 대담해져 간다.

칸막이 책상이 현대 기업들이 발명해 낸 최악의 것은 아니다. 1990년대 말에는 "호텔링"hotelling♦ 또는 "개방형"open-space 업무 공간이 차츰 흔해졌다. 고정된 작업 장소가 없어지고 흔히 프라이버시도 보호 받지 못하게 된 것이다. 점차 직원들은 누군가 자신을 지켜보고 있고 또 자신이 교체 가능하고 무의미한 존재라고 느끼게 되었다. 급기야 『포춘』지는 미시건 주의 회계 법인 플랜트앤모란을 2001년 미국에서 일하기 좋은 열 번째 직장으로 선정했는데, 직원 하나하나에게 문, 책상, 컴퓨터가 구비된 사무실을 제공한다는 게 이유였다.[92]

우리는 이런 노예적 생활을 하고 싶어 안달이 난, 이 세상의 유일한 바보다.

일본인을 떠올려 보라. 1980년대 말, 그 로봇 같은 일 중독자들의 성공 비결은 기업에 비인간적으로 개미처럼 헌신하는 것이었다. 개인주의적이고 자유를 사랑하며 늘 재미를 추구하는 우리 미국인들은 과연 그렇게 못할까? 우리는 매우 인간적이고 매우 창의적이고 매우 개척자 정신이 가득해서? 글쎄, 정말 그럴까. 국제노동기구 연구에 따르면, 오늘날 미국인들은 일본인보다는 1년에 거의 한 달 더 일하고 독일인보다는 거의 세 달을 더 일한다.[93] 어떻게 그럴 수 있을까? 답은 초과근무. 그리고 우리가 사용하지 못하는 휴가일과 사용할 수 있지만 사용하지 않는 휴가일 전부를 합치면 그렇다. 또 이 점을 기억해야 한다. 독일인과 일본인은 모든 치료에 대해 보

♦ 주로 외근을 하는 직원들이 지정된 책상을 쓰지 않고 사무실의 공용 책상을 호텔 이용하듯 쓰는 방식.

험 혜택을 누리고 있고 휴가일은 우리보다 두 배인데, 그 휴가일을 받기까지 30년을 — 혹은 몇 년조차 — 기다리지 않아도 된다!

그럼에도 우리 미국인들은 스스로를 엉뚱하고 재밌는 사람들이라고 생각한다. 우리 삶은 정말로 〈사인필드〉나 〈프렌즈〉처럼 사소하지만 재미있는 홈드라마와 비슷하다고 말이다 — 그런데 정작 집에서 몇 분이라도 보낼 시간이 있어야, 우리 문화가 우리에게 존재한다고 이야기하는, 그런 웃음을 유발하는 엉뚱한 행동들을 경험할 수 있지 않겠는가.

주식회사 미국의 임원들은 지난 20년간 직원들을 희생해 만들어 낸 새로운 부의 거의 전부를 독차지했을 뿐만 아니라, 노동자들의 행복도 앗아 갔다. 재계 엘리트들이 일러 준 바에 따르면, 이는 불가피하고 자연스러운 과정이 아닌, 새로운 거물 경영자들이 의식적으로 퍼뜨린 경영 철학의 산물이었다. 그 기업 철학의 정수는 가능한 짧은 시간 동안 최대한의 가치를 뽑아내려는 목적으로 노동자들에게 두려움을 심어 주어 생산성을 높이는 것이었다.

업계에서 가장 유명한 재벌 가운데 하나는 제너럴일렉트릭 최고 경영자 잭 웰치였다. 그는 직원들에게는 무제한으로 짜낼 수 있는 주스가 있다는 유명한 웰치즘Welchism을 창안해 낸 바 있고, 사람들에게 "현실을 직시하라"라고 즐겨 이야기하곤 했던 인물이다. 그는 직원 12만8천 명을 해고하고는, 다 자르고 나니 남는 건 건물밖에 없다고 너스레를 떠는 바람에 중성자탄◆ 잭Neutron Jack이라는 별명을

◆ 1977년부터 미국에서 생산하기 시작한 원자폭탄으로 폭발력·폭풍·낙진은 약하나 방사선 방출이 강해, 시설물에는 피해를 주지 않으면서 많은 사

얻기도 했다. 그러고 나서 잭과 그 회사의 행복한 주주들에게는 엄청난 현금이 떨어졌다. 그의 유머가 내 취향은 아니라 생각할 사람도 있겠지만 아마도 케네벙크포트, 더 햄튼스, 버크셔[미국의 부촌들] 혹은 그 밖의 재계 억만장자들이 모이는 소굴들에서는 어디서든 자지러지는 소리가 났을 것이다.

> 억만장자들은(물론 백만장자들도) 아스펜과 크슈타트[스위스의 고급 휴양지]의 스키 슬로프부터 무스티크와 더 햄튼스의 해변에 이르기까지, 곳곳의 리조트보다는 세계 각지에 마련해 둔 자기 집에 머무는 것을 선호한다 — 이는 자기 침대에서 자는 게 더 좋기 때문이기도 하고 그럴 능력이 되니까 그런 것이기도 하다. 물론 초고액 순자산가라면 집도 리조트만큼 클 것이고 개인 요리사와 가정부, 골프장과 테니스장을 완비한 호화스런 집일 터다.[94]

웰치는 사람들이 자신을 재벌로 기억하게끔 하려 했고 또 부끄러워하지 않고 그것을 스스럼없이 인정했다. 『월스트리트 저널』에서 그는 이렇게 말했다. "물론 난 배부른 자본가the fat cat[특히 거액의 정치자금을 대는 부자]입니다. 사실, 가장 배부른 자본가지요. 운 좋게도 이게 내 직업이니까요."[95]

그는 얼마나 배가 불렀고 또 얼마나 운이 좋았을까? 웰치는 1996년과 1998년 사이에 1억5천만 달러를 벌어들였는데 1998년에만 8,360만 달러를 벌었다.[96] 시민 단체 공정경제연대는 웰치의

람을 죽일 수 있다.

봉건적 부를 이렇게 묘사했다. "웰치 씨가 1998년에 받은 총 보수 8천3백만 달러가 엠파이어스테이트빌딩 높이[381미터]라고 한다면 다른 제너럴일렉트릭 직원들이 받은 보수를 나타내는 빌딩의 높이는 얼마일까? 한 해 4만 달러 버는 전형적인 공장노동자는 8인치[약 20센티미터] 빌딩이다. 한 해 10만 달러를 받는 보수 두둑한 제너럴일렉트릭의 관리자는 2피트[약 60센티미터]도 안 되는 빌딩이다. 전 세계적으로 보면 제너럴일렉트릭 멕시코 공장에서 근무하며, 한 해 4천5백 달러 버는 전형적인 직원은 1인치[약 2.5센티미터]도 안 되는 ─ 개밋둑보다 작은 ─ 빌딩이다."[97]

웰치는 9·11 테러 공격이 있기 바로 며칠 전에 퇴직했고 사우디아라비아 왕자나 누릴 만한 퇴직금 패키지를 받았다. 제너럴일렉트릭이 중성자탄 잭에게 제공한 것은 매년 9백만 달러의 연금, 건강보험과 생명보험, 1천5백만 달러 가치의 맨해튼 펜트하우스, 회사 전용 보잉 737기와 리무진의 무제한 이용권, 컨트리클럽 회원권, 뉴욕 닉스와 양키스 경기의 VIP 좌석, 그의 집 네 채의 인테리어 비용 750만 달러 등이다. 이 모든 것이, 임기 동안 노동자 12만8천 명을 해고하고 자신은 10억 달러 가까이로 추정되는 개인 재산을 축적한 한 사람에게 준 것이다. 중성자탄 잭이 약탈한 부의 규모는 그가 다른 여자와 자는 현장을 아내가 급습하고 나서야 드러났다. 그녀는 이혼소송을 제기했고 웰치는 전형적인 중성자탄 잭의 방식대로 합의금 1천5백만 달러를 제시했는데 그녀의 변호사는 그 총액이 "모욕적"이라 표현했다. 뒤이어 금이 간 웰치의 대저택에서 두 이무깃돌[웰치 부부]이 충돌해 웰치의 말도 안 되는 보수가 폭로되었고 증권거래위원회는 조사에 들어갔다. 결국 웰치는 퇴직금 패키지의 일부를 제너럴일렉트릭에 반환하겠다는 약속을 했다.

가장 소름 끼치는 것은 조지 왕 같은 추악한 성격에도 불구하고 잭 웰치는 용케도, 미국의 사무직 노동자들이 절대적으로 숭상하는 인물이 되었다는 것이다. 그의 졸개들은, 소수를 더 부유하게 만들기 위해 수십만 명의 삶을 파괴하는 그의 철학을 숭배해 봐야 결단코 득 될 것은 하나 없고 손해만 볼 처지임에도 "웰치의 분신"임을 자칭했다. 레이건 시대에 농노 같은 행태를 보여 주는 또 다른 예다.

예컨대, 텍사스의 어떤 웰치의 분신이 2001년 10월 아마존 닷컴 서평에서 전 세계 사람들이 볼 수 있도록 웰치의 자서전에 대해 신나게 써놓은 것을 보자.

난 이 책을 몇 장 읽다가 혼자 거듭 외쳤다. '그래, 이거야!' 예컨대 직원들에게 등급을 매기고 그에 따라 보상을 주는 내용의 장은 훌륭했다. 이를테면 A등급 직원에게 B등급 직원보다 임금 인상을 세 배로 하는 것 — 아주 좋았다!! C등급 직원에게는 임금을 단 한 푼도 인상하지 않는 것, 또 그들을 차라리 일찌감치 없애 버리는 것. 뭐라 말하겠는가. 정말 마음에 든다!!

C등급 직원이 (실제로는 값어치를 못하는데) 일정 수준의 임금을 계속 받게 해주는 것이 더 잔인하다는 그의 말은 지극히 옳다. 그들이 나이가 더 들어 주택 담보대출 납부금은 산더미처럼 불어나고 아이들이 대학생이 될 때까지 기다리다가, 그때 가서 결국 당신은 등급에 못 미칩니다 라고 하는 것이 더 잔인하지 않은가?

종국에는 그런 사람들은 '정말로' 추려진다. (난 바로 지금 우리 경제에서 이런 일이 일어나는 것을 목도하고 있다.) 사용자를 위해서나

직원을 위해서나 일찌감치가 나중보다 낫다. 나는 또한 이런 유형의 사람들과 일하는 것도 별로다.[98]

이렇게 터무니없이 많은 부가 모조리 소수의 올리가르히에게 집중되는 것이 만인에게 유익한가 보다. 적어도 이는 우리가 레이건 혁명 초기에 들은 것이고 또 그 이후 수년 동안 절대적으로, 거의 선천적으로 믿게 된 것이다. 그동안 레이거노믹스 이론에 대한 모든 도전들은 주류 담론에서 축출되었다. 그럼에도 여전히 미국인들에게 레이거노믹스 이론을 팔 필요가 있을 때 그들은 이렇게 말했다. 우리는 부를 상징하는 바다에서 저마다 자신만의 배를 타고 있는 사람들인데 부자가 더 부유해질수록 해수면은 상승하고 추측컨대 우리의 변변찮은 배도 저들의 배와 함께 상승할 터다. 마치 극지방의 빙산이 온 인류의 혜택을 위해 녹아내린다는 듯 말이다. 더욱이 거대한 요트를 탄 사람들만이 우리 모두를 위해 해수면을 상승시킬 수 있다. 나는 이런 비유가 이상하게 느껴졌다. 뭍은 물에 잠기고 퀸엘리자베스 2호[영국의 호화 유람선]에 타지 못한 우리는 여생 동안 높은 파도에 맞서 부지런히 노를 젓고 가능한 빨리 물을 퍼내야 한다는 것이 이 비유에 함축되어 있기 때문이다. 그리고 이것이 바로 우리에게 일어난 일이다.

구조 조정은 전기톱처럼

그런데 도대체 누가 미국인들이 1970년대에 그렇게 궁핍했다는 판단을 내렸는가? 우파 수정주의자들이 퍼뜨리고 그 이후로 사실로 받아들여진 프로파간다에 의해 사람들은 카터 대통령 시기 미국인들이 레닌그라드 공방전과 바이마르공화국이 중첩된 것 같은 최악의 시기를 겪었다고 생각한다. 진실을 말하면 거시 경제 수준에서 카터 시기와 레이건 시기 사이에는 차이가 거의 없었다. 이를테면 카터 행정부에서는 연간 경제성장률이 평균 2.8퍼센트였고 레이건 집권기, 그러니까 1982년과 1989년 사이에는 평균 3.2퍼센트였다. 그 0.4퍼센트 성장을 위해 우리는 목숨을 내놓았는데 정말 그럴 가치가 있었을까? 그렇다, 운 좋은 소수를 위해서. 경제를 판단할 수 있는 다른 핵심 척도인 실업률로 보면 카터 시절은 실제로 레이건 시절보다 나았다. "불만이 가득한" 카터 시기에는 연평균 6.7퍼센트였고, 로널드 레이건이 통치한 영광스런 8년 동안에는 7.3퍼센트였다. 카터 때는 더 적게 일했고 복지 혜택들은 훨씬 더 많이 받았으며 고용도 훨씬 더 안정되어 있었는데 성장률은 레이건 때와 거의 비슷했다. 반면 1996년 『미국통계요람』에 따르면 레이건 집권 시기 미국인들의 삶은 더 나빠졌다. 곧 빈곤선 아래 있는 사람들이 1981년부터(3,180만 명) 1992년까지(3,930만 명) 거의 매년 증가했다.

그런데도 여전히 우리는 레이건 집권 전까지 미국이 쇠퇴하고 있었고 불만이 만연했다는 이야기를 듣는다. 대체 이 불만은 어디에 있었을까? 누구의 미국이 쇠퇴하고 있었단 말일까?

1970년대의 문제는 미국의 쇠퇴가 아니었다. 문제는 재벌이 자신이 쇠퇴하고 있다고 느꼈다는 것이다. 재벌들의 눈에 자신들의 재산은 미국의 재산이나 마찬가지다. 재벌이 스스로 쇠퇴하고 있다고 느꼈던 것은, 자신들이 충분히 호사스럽게 살고 있지 못하다고 생각했기 때문이다 — 그들은 노동자 평균임금의 30배가 아닌 531배가 필요했던 것이다.

지구상에 미국인들만큼 레이거노믹스를 불가피한 일이며 더 큰 선이라고 끈질기게 그리고 분별없이 용인해 준 사람들은 없을 것이다. 그들은 레이거노믹스가 자신들의 삶에 조금이라도 혜택을 가져다주기를 24년을 기다려 왔다. 삶은 객관적으로 비참해졌지만 그럼에도 여전히 결국에는 도움이 될 거라고 믿는데, 왜냐하면 "큰 정부"보다 나쁜 것은 없기 때문이다. 레이거노믹스의 수그러들 줄 모르는 민영화와 탈규제, 기업과 부자에 대한 끊임없는 감세를 비판하는 이들은 여전히 좌파나 돌팔이 의사로 취급되며 주변화된다 — 심지어는 레이거노믹스의 희생자들, 말하자면 압도적인 다수의 미국인들한테서도. 지금까지도 사람들은 레이거노믹스에 대한 비판에 알레르기 반응을 보인다. [코미디언] 데이나 카비가 [〈새터데이 나이트 라이브〉에서] 연기한 고약한 노인네Grumpy Old Man처럼 우린 이런 것을 좋아한다♦ — 부자가 더 부유해지는 동안 더 열심히 일하고 더 스트레스 받고 덜 버는 것 말이다. 그게 바로 지금의 모습이고 우린 그런 방식을 좋아한다.

이 시기에 나타난 최첨단 기업 철학가는 인텔의 최고 경영자 앤

♦ 1980년대 당시 카비가 연기한 '고약한 노인네'는 늘 '우리 때는 말야'라는 말을 입에 달고 사는 꼰대 캐릭터다. 일례로 그는 "우리 때는 헤어드라이어기도 없어서, 머리를 말리려면 허리케인 한가운데로 들어가야 했다"는 허풍을 늘어놓는다. 그에게 요즘 사람들은 편리해진 생활에 만족하지 못하는 인간들이고 자기 시대 사람들은 어려운 조건에서도 만족했던 사람들이다.

디 그로브였다. 그의 가학증은 고약한 노인네의 마음에 확 들었다. 그는 토르케마다Torquemada•의 열의와 연민으로 끊임없이 일터에 더 큰 두려움을 불어넣어야 한다고 설교했다. 『편집광만이 살아남는 다』에서 그로브는 이렇게 썼다.

품질 관리 전문가 W. 에드워즈 데밍은 기업에서 두려움을 근절해야 한다고 했다. 나는 이런 격언의 단순함이 곤혹스럽다. 관리자의 가장 중요한 역할은 사람들이 열정적으로 헌신해 시장에서 승리하는 환경 을 만들어 내는 것이다. 두려움은 그런 열정을 만들어 내고 유지하는 데 중대한 역할을 한다. 경쟁에 대한 두려움, 파산에 대한 두려움, 잘 못되는 것에 대한 두려움, 패배에 대한 두려움, 이 모든 것이 강력한 동인이다. 어떻게 우리는 직원들에게 패배에 대한 두려움을 심어 줄 수 있는가? 우리 스스로 두려움을 느껴야만 그렇게 할 수 있다.[99]

그런 개인적인 경영 혁신, 곧 직원들에게 크리스마스이브에도 온 종일 일해야 한다고 상기시키는 "스크루지 메모"로 유명해진 그로 브는 두려움에 기초한 경영 철학을 부끄러워하지 않았다.[100] 『포브 스』 인터뷰에서 그는 자랑스레 이렇게 말했다. "편안한 평형 상태에 서 빠져나와 어려운 과제를 떠맡으려면 다름 아닌 두려움이 필요합 니다. 통증이 건강에 좋은 것처럼, [두려움도] 건강에 좋은 거예요. 그러니까 뭔가 잘못되었다는 것을 몸에게 알려 주는 것이죠."[101]

♦ 15세기 에스파냐 초대 종교 재판소장으로 1만 명 이상을 이단으로 규정해 화형에 처했다.

이렇게 위에서 아래로 두려움과 스트레스를 주입해 지배 및 관리하는 방식의 전형적인 예는 다음 메모에 잘 드러나 있다. 의료정보시스템 기업 서너 코퍼레이션 최고 경영자가 2001년 3월 13일에 관리자들에게 보낸 공지다.

— 원본 메시지 —

발신: 닐 패터슨

수신: 관리자 전체

제목: 주간 관리 지침 #10-01 : 바로잡을 것. 그러지 않으면 변화가 있을 것임.

중요도: 높음

KC[캔자스시티] 관리자들에게

내가 귀에 못이 박히도록 누차 얘기했지. 이런 얘기를 한 지도 1년이 넘었어. 그런데 KC **직원들** 상당수가 노동시간이 주 40시간이 안 돼. 오전 8시에 주차장에 가보면 차가 띄엄띄엄 있어. 오후 5시도 똑같고. 관리자인 당신들은 **직원들**이 뭘 하고 있는지도 모르지? **당신들**은 **관심**도 없지? 당신들이 근무 활동 관리를 제대로 안 해서 서너에 이런 일이 생긴 거야. 아주 불건전한 환경이 생긴 거라고. 아무튼 문제는 당신들에게 있으니까 바로잡지 않으면 내가 당신들을 갈아 치울 거야.

여태껏 내가 회사 생활 해오면서 내 팀원들이 그렇게 생각하게끔 내버려 둔 적이 **결코** 없어. 주 40시간 일하는 회사에 다니고 있다는 생각 말이야. 하지만 **당신들**에게는 이런 문화를 허락하고 말았군. 하지만 **더는 아니야**.

다음 주말부터는 이렇게 할 거야.

1. **직원들**은 오전 7:30에서 오후 6:30 사이에는 직원 편의 시설에 출입할 수 없음.
2. 모든 KC 일자리에 대한 고용 동결. KC 팀에 새로운 직원을 채용할 때는 비공개회의를 한다. 비공개회의 의장은 내가 맡는다.
3. 시간기록계 도입. **직원들**은 출퇴근 시 기록계에 카드를 찍는다. 허가 없이 자리를 비울 경우 휴가일에서 제한한다.
4. 금요 이사회 회의에서, **직원들**이 서너의 주식을 15퍼센트 할인된 가격으로 구입할 수 있는 주식 구입 프로그램을 가결한 바 있다. 하지만 구입 못하게 할 것이다. 최고 경영자인 내가 이런 문화에 어울리는 **다른 직원에게** 혜택을 준다.
5. KC 직원 5퍼센트 축소.
6. 승진하는 사람들이 문제가 아니라 해결책이라는 확신이 들 때까지 승진을 연기한다. 자신이 문제인 사람들은 짐을 싸도록 한다.

내가 무슨 부모도 아니고 이런 조치를 내리는 게 **엿 같아**. 하지만 당신들이 이 회사에서 관리자로 하고 있는 짓을 보면 **신물이 나**. 이런 지시 사항을 써야 한다는 것도 신물이 난다고. 나도 알아. 내가 구체적으로 얘기하고 있지 않다는 걸. KC 동료들 다수가 열심히 일하고 있고 서너의 성공과 헬스케어 분야를 변화시키는 데 헌신했다는 거 알아. 주차장이 '노력'을 측정하는 좋은 수단이 아니란 것도 알지. '결과'는 계산할 수 있지만 '노력'은 그렇게 못한다는 것도 알아. 하지만 토론은 이제 끝이야.

우리에겐 큰 비전이 있어. 비전을 이루려면 큰 노력이 필요해. 그런데 KC의 너무 많은 이들이 노력을 하지 않고 있어.

얘기들 좀 해보라구. 내 말에서 틀린 게 하나라도 있다면 당신들 생각 좀 알려 달라고. 이 문제를 바로잡는 데 어떤 아이디어가 있으면 알려 줘. 우리가 이렇게 된 것을 당신들이 어떻게 생각하는지 정말 궁금해. 문제인 팀원을 알고 있다면 알려 줘. 모두들 답신에 손에 꼽을 만한 문제 팀원 이름을 적어 보내라고(당사자한테도 참조로 보내고).

강력히 제안하지. 오전 7시쯤, 오후 6시쯤, 그리고 토요일 오전에도 회의를 소집해. 당신들과 직접적으로 일하는 **직원들**과 말이야. 이 중요한 주제를 팀원들과 토론해. 첫 회의를—오늘 밤에—소집할 것을 제안하지. 뭔가 변화가 있을 거야.

이를 시정하는 데 2주를 주지. 내 척도는 주차장이야. 오전 7:30과 오후 6:30에 상당히 차 있어야 해. 밤늦게까지 배고프게 일하는 팀원들을 위해 오후 7:30에는 피자 배달부가 와야 하고. 주차장은 토요일 오전에도 반은 차 있어야 해. 우린 할 일이 많아. 당신들이 팀원들을 바쁘게 굴리기 힘들다면 바로 나한테 얘기해.

이보게들, 이건 관리 문제야, **직원** 문제가 아니라. 축하해, 당신들이 관리자잖아. 당신들에겐 우리 직원들에 대한 책임이 있어. 당신들에게 책임을 물을 거야. 당신들이 이 지경까지 오게 방기한 거야. 2주 준다. 똑딱 똑딱 똑딱.

닐 패터슨
회장, 최고 경영자
서너 코퍼레이션 www.cerner.com
"더 스마트한 헬스케어"

이 메모가 공개되기 불과 두 달 전만 해도 서너는 『포춘』이 발표한 미국에서 일하고 싶은 100대 기업에 꼽혔다 — 그러니까 패터슨은 오늘날 최고 경영자들 가운데서도 거의 최상의 조건에 있는 셈이다.

믿기 힘들게도 패터슨은 자신이 시골에서 자라서 그 잔인한 공지를 쓰게 된 거라고 해명했다. "농장에서 자란 소년이 농장을 떠난다고 해서 그런 생활 방식을 다 버리게 되는 건 아닙니다."[102] 그는 기자들에게 이렇게 말했다. 그러니까, 말인즉슨, 자신은 고상한 척 하는 월가의 엘리트주의자는 아니라는 말이다. 2004년 3월 1일 현재, 이 시골 소년 패터슨이 소유한 서너 주식은 342만6,936주다. 즉 스톡옵션만으로도 순자산은 무려 1억5,969만5,217.60달러에 이른다(그가 이미 수년간 팔아 치운 주식, 여섯 자리 숫자 급여, 보너스는 이 계산에 포함되지 않았다).

패터슨이 그 공지를 쓴 목적은 임금노예 주임들에게 지옥의 고통과 두려움을 심어 주어 결국 그들이 5,100명의 임금노예들을 채찍질해 바로잡도록 하는 것이었다. 그러면 패터슨과 그가 책임지는 주주들의 순자산은 천정부지로 치솟을 터였다. 어떤 이유에선지 대중은 패터슨의 공지에 표현된 잔악한 태도에 충격을 받았다. 기업에 다니는 사람들은 누구나 패터슨 같은 사장을 두었을 텐데도 말이다. 스탠퍼드 경영대학원 제프리 페퍼 교수가 평했듯이 "그건 기업이 사용하는 일종의 채찍, 밧줄, 사슬이다."[103] 정말로 그렇다.

뭐가 그리도 충격이었을까? 왜냐하면 공식적인 프로파간다에 따르면 우리는 이런 악의적인, 권위주의적인 노동환경을 실제로 넘어섰기 때문이다. 탈산업혁명의 지지자들에 따르면 기술과 진보가 인류를 전통적인 위계 구조를 초월하는 일종의 평등주의적 파라다이스로 이끌었다. 스탠퍼드 교수이자 『새로운 노동 세계』*The New World of Work*의 저자 스티븐 발리Stephen Barley에 따르면 "경영의 정당성의 전통적인 원천은 시들해질 것이다. …… 독단으로 똑똑한 결정을 내리지 못하는 관리자들은, 중요하지만 과단성은 덜 요하는 조정자 역할로 격하될 가능성이 크다."[104]

알다시피 진실은 그 반대였다. 위에서 아래로 — 주주에서 고위 임원으로, 고위 임원에서 임원으로, 그리고 그 사다리 끝에 있는, 최대로 쥐어짜이는 임시직까지 — 부과된 두려움은 레이건 이후 기업 문화를 보여 주는 지배적 어휘다. 이 두려움을 주입하는 가장 단순한 방법 가운데 하나는 직원들이 자신의 일자리가 결코 안전하지 않음을 통절히 인식하도록 하는 것이다. 인텔 그로브의 후임 크레이그 배릿은 주주들에게 이렇게 이야기한 바 있다. "엔지니어, 그러니까 소프트웨어·하드웨어 엔지니어의 한창때는 고작 몇 년이에요."[105]

끊임없는 구조 조정, 인원 감축, 정리 해고는 1980년대와 1990년대 주식회사 미국의 지배적인 운영 방식이 되었다. 당시의 호황과 이익에도 불구하고 말이다. 말이 안 되지만 사실이다. **기업의 이익이 증가하는 동안 기업의 정리 해고도 대폭 증가했다**. 잭 웰치 같은 최고 경영자들이 만들어 낸 정리 해고 열풍으로 1995년과 1997년 사이에만 650만 명이 감축됐다. 또한 1998년에 정리 해고된 인원은 그 이전 10년간 어느 해와 비교해도 10퍼센트 이상 높은 수치였다. 대량 해고는 더는 경기하강의 증상이 아니었다. 외려 직원에게 서서히 두려움을 주입하는 — 또 최고 경영자의 막대한 보너스를 늘리는 — 필수적인 요소로 간주됐다. 사실, 레이건 취임 때부터

1990년대 말까지, 4천5백만 명이 해고되었다. 현재 사무직 노동자들은 육체노동자들이 1980년대 초에 직면했던 그런 불확실한 일자리 전망에 직면해 있다. 제3세계 국가들로의 외주화 경향이 한때는 제조업에 국한돼 있었지만, 이제는 사무직 일자리까지 확대되고 있다. 금융·보험·부동산 산업들도 1980년대 중반 이후로 축소될 가능성이 세 배가 되었다.[106]

> 회사가 결코 두려움이 없는 곳이 될 리는 없다 — 또 그래서도 안 된다. 사실 두려움은 강력한 경영 수단이 될 수 있다./조지 베일리, "경영 일기: 두려움은 두려워할 게 아니다", 『월스트리트 저널』(1997/01/27)

이 정리 해고와 외주화 경향은 아들 부시 집권기 동안 경기후퇴를 악화시키기만 했다. 최근 의회 보고서에 따르면, 인도 같은 값싼 노동시장으로 보낸 일자리는 연간 20만 개에서 2004년에는 40만6천 개로 배가 된 것으로 추산되었다.[107] 따라서 미국 경제의 확대, 축소 여부는 더는 중요하지 않다. 미국 중산층에게 출구란 없다. 호경기든 불경기든 그들은 결국 쥐어짜이다 버려질 것이다.

거기에는 한 가지 이유가 있다. 대량 정리 해고라는 일종의 대학살을 시행한 최고 경영자들이 그로부터 혜택을 본 주주 계급에게서 현금과 주식을 아낌없이 받은 것이다. 일명 "전기톱"으로 불린 앨 던랩Al "Chainsaw" Dunlap은 1990년대에 유명 인사가 되었는데, 회사들을 인수한 뒤 수천 명을 해고하고는 자신은 수억 달러의 보너스를 챙겨 유유히 떠나 버렸기 때문이다. 그는 1994년, 스콧페이퍼를 인수한 뒤 1만1,200명, 곧 직원의 3분의 1을 해고했다. 주가는 225

퍼센트 올랐고 그는 딱 19개월 만에 1억 달러를 챙겼다.[108]

그는 집에서도 지독한 인물이었다. 첫 아내가 그와 이혼할 때 그녀는 그가 칼을 들이밀고는 이렇게 말했다고 고발했다. "인육은 무슨 맛인지 늘 궁금했어." 그는 강제로 아내의 머리를 금발로 염색시키기도 했다. 그래야 전 여자 친구 느낌이 난다는 것이었다. 임신하면 그 즉시 이혼이라며 위협하기도 했다. "먼지 검사"도 자주했다. 하얀 장갑을 끼고 집에 먼지가 있는지 조사했고 티끌이라도 묻어 나오면 욕설을 쏟아부었다. 던랩의 가학증은 병적이었다. "그는 자신의 비결은 이런 거라 했어요. 두세 살짜리 아기가 접근할 때까지 기다렸다가 아이 발을 밟고 웃어 젖히는 거라고요. 그러면 아이가 울면서 뒤뚱대며 가버린다고."[109] 놀랄 것도 없이 던랩은 두려움을 회사를 이끄는 수단으로 사용했다. "그의 부하들은 그를 두려워하며 살고 있어요 ― 몹시도 두려워해요."[110]

앨 던랩은 1990년대 들어서야 잘 나가는 유명인이 될 수 있었는데, 그제야 문화가 많이 달라졌기 때문이다. 레이건주의가 시행되면서 앨 던랩 같은 불쾌하기 짝이 없는 흡혈귀도 자기 심장에 직원들이 말뚝을 박지는 않을까 두려워하지 않고 자기 소굴에서 나올 수 있게 된 것이다. 하지만 늘 그랬던 건 아니다. 1967년, 그가 스털링 펄프앤페이퍼 본부장을 맡아 괴롭힘과 해고라는 "냉철한 경영"mean business 철학을 적용했을 당시에는 이내 살인 협박을 받기 시작했다.[111] 반면 1990년대에 그는 자신과 주주를 더 부유하게 하기 위해 직원 수만 명의 삶을 파괴했음에도 그들로부터 위협을 받는 일이 없었고, 외려 그때와 같은 처지에 있는 이들, 곧 던랩의 "냉철한 경영" 철학이 적용되면 삶을 잃게 되는 처지의 사람들에게서도 숭배를 받았다. 이는 레이거노믹스의 프로파간다가 문화를 얼마나 크게 바꾸었는가를 보여 주는 분명하고도 주목할 만한 예다.

던랩이 1996년에 낸 회고록 『냉철한 경영』*에 대해 독자가 아마존 닷컴에 쓴 서평을 보자.

이 책은 읽으면 읽을수록 좋다(2001-10-22)

글쓴이: 콜린 키닝, 미국 조지아 주 알파레타

놀라워요. 아직도 그의 방법에 동의하지 않는 사람들이 있다니요. 실례지만, 회사에서 주주를 최우선시하는 게 대체 무슨 문제가 있나요? 그러니까 **그들의** 돈이 위태롭지 않느냐는 겁니다. 그리고 언제부터 기업이 사회 변화를 이끄는 리더가 되었나요? 제가 깨달은 바는, 기업이란 군살을 빼고, 효율성과 수익성을 갖춰야 한다는 거예요. 경쟁자들과 정정당당하게 겨룬답시고 기름만 잔뜩 낀 거대 조직이 아니라요. 이 책도 군살이 없네요. 동의하지 않는 사람들에게는 냉혹하고

---

* 국내에는 『던랩의 기업 수술』(윤재관 옮김, 전경련 국제경영원, 1999)로 소개되어 있다. 국역본은 원제를 "가치 있는 기업 경영"으로 번역하는 것이 적절하다고 보고 있다(13쪽). '고육지책, 어렵고도 성가신 일'을 뜻하기도 하며, I mean business라고 하면 '심각하다, 진심으로 하는 말이다'라는 뜻도 된다. 책에서 던랩은 "기업은 노동자의 기업도 최고 경영자의 기업도 아니고, 주주를 위한 기업이어야 한다"라고 주장하며 경영 실적이 부실한 기업에 대한 냉혹한 구조 조정 원칙을 설파했다.
이 책의 출간 당시 던랩은 선빔이라는 가전업체의 CEO로 취임해 구조 조정을 단행했으나, 이미 이전에 몸 담았던 두 개 회사에서 회계 부정으로 해고된 바 있었고, 선빔의 이사회 역시 1998년 던랩을 같은 이유로 해고했다. 2001년 증권거래위원회도 던랩에게 회계 조작 혐의로 50만 달러의 벌금을 부과하고 상장 기업의 CEO나 이사 자리에 오르지 못하게 함으로써 그를 퇴출시켰고, 1백 년을 이어 오던 선빔 역시 같은 해 파산했다.

고통스러운 책이 되겠지만요. 애초에 회사가 주주를 최우선시했다면 구조 조정의 달인들이 올 필요가 없었겠죠.

1998년, 시티그룹 최고 경영자 샌디 웨일은 1억6천7백만 달러를 벌어들였다. 같은 해에 그는 직원의 5퍼센트를 삭감했고 401(k)[봉급에서 공제하는 퇴직금 적립 제도 및 적립금], 연금, 기타 복지 혜택들을 줄였다.[112]

『화이트칼라의 위기』에 따르면 1993년 2월, 뱅크오브아메리카는 직원 2만8,930명을 정리 해고함으로써 무려 15억 달러, 즉 은행 역사상 최대 규모의 이익을 냈다고 발표했다. 최고 경영자 리처드 로젠버그는 수익 보고에 이어 다음과 같은 새로운 발표를 했다. 추가로 7억6천만 달러를 절약하고자 사무직 8천 명을 주당 19시간, 즉 복지 혜택을 받기엔 한 시간 모자란 19시간만 근무하는 시간제 직원으로 강등한다는 것이었다. 그러니까 급여는 적어지고 의료보험, 휴가, 퇴직금은 사라진다는 것이었다.[113]

9·11도 조지 W. 부시 집권기의 경기후퇴도 이런 잔인한 경향을 바꾸진 못했다. 정책연구소와 공정경제연대가 2002년에 발표한 보고서에 따르면 최고 경영자들이 직원을 해고하고 복지 혜택을 삭감하고 기업을 해외로 이전할 때조차 그들의 보수는 대폭 증가했다. 새 천 년, 즉 각종 기업 스캔들이 언론을 도배하고 온통 애국심과 단결을 이야기했던 시점에도 말이다. 최고 경영자의 급여 중간값은 2002년, 6퍼센트 늘어났지만, 2001년에 대량 정리 해고를 발표한 최고 경영자들의 2002년 총 급여는 44퍼센트 치솟았다 — 수십 년간 전무후무했던 최악의 경기후퇴가 한창일 때 말이다! 2002년에 직원 연금에서 부족액이 가장 컸던 30개 기업을 보면 최고 경

영자들은 급여 패키지가 59퍼센트 치솟았다.[114] 달리 말해 경제 전반이 어떻게 돌아가든 상관없이 냉담하고 봉건적일수록 보수를 더 많이 받은 셈이다.

두려움의 효과

> 사람들이 이야기한다. "당신은 나이가 너무 많아요. 우리도 어쩔 수 없어요." 그러면 누군가를 죽이고 싶다는 마음까지 든다. 정말 힘들었다./『화이트칼라의 위기』[115]

정리 해고는 기업에게 종교와도 같은 것이 되었을 뿐만 아니라 전보다 훨씬 더 잔혹하고 굴욕적인 방식으로 실행되고 있다. 과거에는 해고 통지를 2~4주 전에 하는 게 일반적이었는데, 오늘날 사무직들에게 해고는 일상이고 그 방법도 아주 모멸적이다. 오늘날 기업 문화의 다른 모든 부분들과 마찬가지로, 고려 대상은 오직 임원과 주주의 이해뿐이고 직원들은 한낱 비용과 잠재적 위협으로 간주된다. 해고되면 즉시 자리를 비우고 출입증을 반납하라는 명령을 받는다. 그러면 자기 자리로 가서 동료들이 지켜보는 가운데 소지품을 비우는데, 그사이 퇴직자가 어떤 것도 훔치지 못하도록 경비원이나 관리자들이 동행한다. 회사를 보호하는 데 온통 정신이 팔려 있는 동안, 해고된 직원, 즉 흔히 임원의 보너스 봉투에 몇 달러를 더 넣어 주기 위해 내쫓긴 직원은 안중에 없다. 더욱이 이런 잔혹한 해고 방식은 나머지 모든 이들에게 경고의 역할을 한다. 두려움, 즉 굴욕을 당하지 않을까 하는 두려움, 자칫 신세를 망치지 않을까 하는 두려움을 부가하는 것이다.

전형적인 이야기 하나는 2001년 여름에 닷컴 버블이 터지면서 나온 것이다. 리얼네트웍스[마이크로소프트 전 임원이 만든 인터넷 스트리밍 서비스 업체]는 직원의 15퍼센트, 곧 140명을 정리 해고했다. 비통함이 담긴 통렬한 설명을 하나 인용한다. "그들이 한 짓은 참 훈훈했지요 — 점심 먹고 돌아왔는데 출입 카드가 안 먹혔어요. 빌딩에 있던 사람들은 경비원이 동행해 밖으로 내보냈고 출구에서는 **몸수색**까지 했어요."

이튿날 해고 이야기가 또 나왔다. 직원 1천 명 중 65명을 내보낸 시트릭스[소프트웨어 회사]다. 증언자들의 말에 따르면, 경비원들이 정리 해고된 이들을 건물 밖으로 내보냈고 채권사가 개인 물품을 박스에 담아 두었다가 나중에 회사 파일에 기록된 주소로 보내 준다고 통지했다고 한다. 거기서 근무하던 이들에 따르면 무장한 경비원들이 고용되어 몇 달 동안 회사 주위를 순찰하며 前 직원들이 나타나는지 감시했다. 前 직원들은 시트릭스 인근에서 발견되면 경찰에 신고된다는 이야기를 들었다. 시트릭스 직원들이 해고된 직원들과 회사 부지에서 이야기하는 게 발견되면 즉석에서 해고된다고 했다.

나는 한때 인기 있던 웹 사이트 펑트컴퍼니 닷컴Fuckedcompany.com 게시판에 올라온 리얼네트웍스의 해고에 대한 전형적인 반응 세 가지를 저장해 두었는데, 이들은 닷컴 폰지 사기ponzi scheme◆의 붕괴를

◆ 1920년대 미국에서 희대의 다단계 금융 사기극을 벌인 찰스 폰지의 이름

잘 보여 준다.

개수작이에요. 불만을 품은 직원이라면 아마 이걸 보고 길길이 날뛰었을 거예요. 아예 출입할 수 없는 직원 명단을 다음날 아침 문 앞에 붙여 두지 그래요? 백주 대낮에 직원들을 해고하는 것보단 낫지 않겠어요?

회사들은 정리 해고할 때 대체 왜 이렇게 게슈타포 같이 일을 처리하는지 이해가 안 돼요. 그러니까 여전히 일이 있는 "운 좋은" 사람들은 이런 좆같은 풍경을 보고 이렇게 생각하기 시작하겠죠. "어, 이런, 하느님의 은총이 없었다면 나도 그렇게 됐을 텐데" — 리얼네트웍스에서 다음 정리 해고가 있을 때까지 틀림없이 하드웨어가 많이 없어질 거예요.

주의를 돌리는 기술이 가히 예술적이군요. 실제로 돈이 어떻게 낭비되는지 보면 알게 될 거예요. 상관들은 (같이 어울리는 가족과 친구들도) 거의 늘 돈방석에 앉아 있죠. 터무니없는 급여를 받고 무가치한 주식을 판매하고 회사 경비를 호사스럽게 써서요. 그러니 그렇게 사취한 돈에 대한 주의를 어떻게 돌리겠어요? 어이 이봐! 어떤 녀석이 종이 클립을 훔치고 있어! 스미더스, 사냥개를 풀어.♦

에서 유래한 말로, 고수익을 미끼로 투자자들을 끌어모은 다음 나중에 투자하는 사람의 원금을 받아 앞 사람의 수익금을 지급하는 방식의 사기를 의미한다. 넓은 의미에서는 경제 영역에서 발생하는 광범위한 사기 행각을 지칭하기도 한다.

♦〈심슨네 가족들〉에서 사장 번즈가 비서 스미더스에게 이따금 내리는 명령.

이 모든 것이 포트 녹스[연방 금괴 저장소]와 캠프 엑스레이[관타나모 구금 시설] 사이쯤 뭔가를 닮아 가는 사무실 환경에서 일어나고 있는 일이다. 사진이 붙은 암호화된 신분증과 보안 카메라처럼 이제는 무장한 경비원들이 사무실에서 흔한 풍경이 되었다. 많은 회사들이 직원들을 모니터하기 위해 직원 컴퓨터에 자판 기록 소프트웨어를 설치해 놓고 있다.

미국경영조사에 따르면 대기업 가운데 4분의 3 이상이 직원들을 몰래 감시하고 있는데, 이는 불과 7년 전보다 두 배 증가한 수치다.[116] 모든 회사의 거반이 사람을 써 직원의 이메일과 웹서핑을 모니터하고, 또 비슷한 수의 회사들이 직원 이메일을 정기적으로 검사한다.[117] 트루피치가 시장에 내놓은 소프트웨어는 직원들이 키보드에 누른 키 하나하나를, 심지어는 삭제한 키들까지 기록하고 일과가 끝나면 직원들의 이메일, 메신저 채팅, 문서를 전부 정리해 일일 보고로 감독에게 전송한다.

회사들은 일상적으로 직원들의 움직임과 대화를 모니터하기 위해 오디오 및 비디오 장비를 설치한다. 컴퓨터 칩이 내장된 카드는 주차와 사무실 출입, 작업 위치 변화를 기록하는 데 일반적으로 사용되고 이로써 사용자는 직원들을 모니터하고 늘 감시하고 있음을 상기시킨다. 미국 노예들조차도 경비가 울타리 안에 가둬 놓고 감시하는 일은 일반적이지 않았다.

주제넘은 직원들이 어떤 모의를 하거나 회사에 대해 나쁜 이야기를 하지 못하도록 하는 구식 스파이 노릇은 더욱더 일반화되고 있다. 회사들은 신입사원인 체하면서 다른 직원들이 무슨 말을 하고 어떤 행동을 하는지 경영진에게 보고하는 사람들을 점점 더 많이 고용하고 있다.[118]

소비에트 시절, 노동자들은 보통 공장에 들어갈 때 신분증을 제시해야 했고 출입문에는 경비원이 있었다. 그렇지만 일단 안에 들어가면 오늘날 미국 노동자들이 받는 이와 같은 전면적인 지배는 받지 않았다. 1991년, 나는 레닌그라드의 한 텔레비전 공장을 방문했다. 반만 가동되던 공장 정문에서 경비원이 공장 출입을 제한하기 위해 신분증을 확인하는 것에 충격을 받았는데 그게 아직도 기억난다. 악한 소비에트의 권위주의를 드러내는 분명한 사례로 보였다. 하지만 일단 안에 들어가 보면 노동자들은 자연스럽게 어슬렁거리고, 잡담을 하며, 복도에서 담배를 피우고, 술을 마시기까지 했다.

2001년에 나는 켄터키 주 루이빌에 위치한 전미정보처리센터 [미 통계국 산하 데이터 수집 센터]에서 데이터 입력 직원으로 근무했다. 거기서는 전 직원이 경비실을 통과해야 했는데, 방탄유리가 달린 경비실에서는 무장한 경비원 서넛이 건물 안의 노동자를 보여 주는 수많은 비디오카메라들을 모니터하고 있었다. 사무실에 들어가려면 정문에서 자기카드를 대야 했다. 사무실 자체가 거대한 벌집 같았다. 어깨 높이의 칸막이 책상이어서 누구나 모든 사람들을 항시 볼 수 있었다. 고위 감독들에게 할당된 사무실들은 안은 유리벽인데 건물 밖 쪽으로는 창문이 하나도 없었다. 곧 모두가 안에서 서로를 볼 수 있었다 ― 어느 누구도 자유로운 바깥 세계는 볼 수 없었고, 자유로운 세계의 어느 누구도 우리를 볼 수 없었다. 현수막들이 벽을 따라 높이 걸려 있었고, 거기엔 소비에트 공장을 연상시키는, 직원을 응원하는 구호가 적혀 있었다. 그리고 전미정보처리센터의 길 건너편에는 제퍼슨 카운티 보안관서 특수부가 이 회사 직원 1천 4백 명 중 하나가 분노 살인을 저지르는 만일의 사태를 대비하며 자리하고 있었다.

이 모든 것과 관련해 가장 이상한 점은 지나가는 미국인에게 미국의 회사들이 소비에트 시절 소련보다 더 소비에트적이라고 말한다면 그야말로 미친놈으로 여겨질 것이라는 점이다. 어쩌면 그 생각이 맞을지도 모른다. 이 모든 것을 받아들이는 게 정상이니 말이다. 그러니 미친놈이나 반기를 드는 것이다.

길들여진 사람들

사람들은 왜 참고 있는 것일까? 왜 뭐라도 하지 않는 걸까? 다음에 인용한, 게임 소프트웨어 회사 일렉트로닉아츠 직원의 배우자가 최근에 라이브저널에 익명으로 올린 글이 보여 주듯이, 사람들은 자신의 비참하고 부당한 처지를 완벽히 인식하고 있어도, 건강이 무너져도, 배우자가 고통 받고 결혼 생활이 결딴나도 그럼에도 여전히 아주 비참한 처지를 받아들이고 또 개인적으로, 익명으로 투덜대는 방식으로만 마음을 달랜다.

제 남편은 일렉트로닉아츠에 다니고 있고, 저는 사람들이 불만 많은 아내라고 부를 그런 사람이에요.

제가 익명으로 글을 쓰는 이유는 실명으로 쓸 경우 우리 가족에게 어떤 일이 생길지 빤하기 때문입니다. 우리가 일렉트로닉아츠에서 하고 있는 모험은 1년 전쯤 시작됐어요. 기억해요. 그들은 [남편에게] [입사] 면접에서 이렇게 물었어요. "늦게까지 일하는 건 어떻게 생각하나요?" …… 몇 주 안 되어 '가벼운' 비상사태에 들어갔죠. 그러니까 주 6일 8시간 근무를 했어요. 나쁘지 않았어요. 그런데 다음엔 이전으로 돌아가는 게 아니라 오히려 더 늘어났어요. 주 6일 12시간씩, 오전 9시부터 오후 10시까지로요.

현재는 의무적인 근무시간이 주 7일, 오전 9시부터 오후 10시까지고, 얌전하게 굴면 간혹 토요일 저녁은 쉬게 해줘요(6시 30분 퇴근). 그러니까 평균적으로 주 85시간을 일해요. 불만을 이야기해도 묵살돼요.

그런데 이런 처우에도 일렉트로닉아츠 봉급생활자들은 시간 외 근무수당도, 보상 휴가도, 추가적인 병가나 휴가도 받지 못해요. 시간이 그냥 없어지는 거죠. 게다가 일렉트로닉아츠는 최근 이런 발표를 했어요. 과거에는 기본적으로 프로젝트가 끝날 무렵 몇 주간 보상 휴가를 줬지만 앞으로는 그럴 의향이 없고 직원들도 그런 기대를 해서는 안 된다고요. …… 제가 사랑하는 사람은 밤늦게 집에 와서는 만성적인 두통과 소화불량을 토로하고, 그이에게 힘이 돼 줄 제 행복한 미소도 이제는 말라 가요. …… 놀랍게도 일렉트로닉아츠는 『포춘』이 2003년에 선정한 "일하기 좋은 100대 회사" 가운데 91번째로 뽑혔어요. 이에 대한 일렉트로닉아츠의 태도는 이래요. (여러 관리자들한테 몇 번씩 들은 말이에요.) "맘에 안 들면 다른 데 가서 일하면 됩니다." 일렉트로닉아츠의 연 수익은 25억 달러쯤 돼요. 자금이 달리는 회사가 아니에요. 그러니 회사가 노동자들을 대하는 방식을 용납할 수 없어요.

저는 우리 처지를 들여다보고 '우리'에게 이렇게 묻는다면 어떨까 싶어요. 당신은 왜 그냥 참고 있나요? 그러면 십중팔구 대답은 참고만

있지 않겠다는 걸 겁니다.[119]

　그러나 슬프게도 진실은 틀림없이 그들은 참고 있을 거라는 것이다. 설사 그러지 않는다고 해도 다른 누군가가 그녀의 남편 자리를 차지할 것이고, 즉 일렉트로닉아츠에는 아무런 영향도 끼치지 못할 것이다. 어떤 이는 그녀의 글에 이런 답글을 달았다. "이게 아무런 도움이 안 된다는 걸 알지만 당신은 분명 혼자가 아니에요. 또 분명 이런 개수작을 부리는 게임 배급사도 일렉트로닉아츠만은 아니지요. 전 꽤 오래전부터 일을 그만두고 싶었어요. 하지만 대형 배급사들은 모두 방침이 똑같은 것 같아요."[120] 프레더릭 더글러스 시대의 노예들처럼 오늘날 미국 노동자들도 "미지의 다른 것을 향해 달려가는 대신 이승의 질곡을 참고 견디려" 한다.

　가장 충격적인 것은 다름 아닌 그들의 취약성과 무기력이다. 국제영화연극노조 16지부 소속 노조 조직책 조쉬 패스트라이히는 인터넷에 일렉트로닉아츠 사무직 개발자들에게 노조를 만들라고 제안하는 글을 올렸는데, 바로 이런 답변이 달렸다. "게임 개발자 노조, 전 IT산업 노조요? 전 10년 동안 IT산업에서 일해 왔습니다. 그렇게 오래 일한 건 아니라는 걸 저도 알지만 한 말씀 드리자면, 일하는 시간은 늘어나는데 임금은 사실상 그대로예요. 여긴 임금 인상도 없어요. 보너스뿐이죠. 대부분 일주일 내내 주말 없이 일해야 해요."[121]

　개인적으로 한 면담에서 패스트라이히는 낙관적이지 않았다. "많은 개발자들이 노조 만드는 일에 관심이 있지만 그들은 프로젝트 단위로 일합니다. 가장 큰 문제는 노동자들이 노조를 지지하다가 찍히지는 않을까 두려워 한다는 거예요. 그러면 IT업계에서는 더는 일할 수 없거든요. 너무 큰 대가에요. 지금까지 오는 데 시간, 노력, 돈을 엄청 투자했으니까요."[122] 이것이 1930년대 이전 이야기로 들린다면 현실이 실제로 그렇기 때문이다. 한 가지 다른 게 있다면 훨씬 심해졌다는 것이다. 레이건 시기의 효과적인 반노조 프로파간다 덕분에 신세대는 실제로 사용자의 반노조적 이해를 자신의 이해와 동일시하고 그래서 회사들은 더 나은 삶을 위해 노조를 조직하고 투쟁하는 이들을 두려워할 필요가 없다.

"요즘에는 졸업하고 바로 온 젊은 노동자들이 많아요. 노조 경험도 전무하고, 또 곤란한 처지에 있어도 노조를 조직하기엔 자신들이 너무 선하다고들 생각해요." "그들은 그대로 있을 거예요. 더 나아지기를, 그러니까 다음 작업에서는 그렇게 나쁘지 않기를 바라면서요. 상황을 바꾸려면 용감한 노동자들이 필요할 거예요. 계속 돈을 잘 버는 한 일렉트로닉아츠에게는 문제가 보이지 않을 테니까요."

불만 가득한 이 배우자는 흡혈귀의 가슴에 호소하며 다음과 같이 글을 끝맺는다.

일렉트로닉아츠 최고 경영자 래리 프롭스트와 통화할 수 있다면…….
제가 가장 알고 싶은 건 말이에요, 래리. 당신이 사람들에게 무슨 짓을 하고 있는지 알고 있죠, 그렇죠? 그들이 물리적 한계, 정서적 생활, 가족이 있는 사람이라는 것도 알고 있죠? 자기 의견, 성향, 유머 감각, 그런 것들이 있는 사람이란 말이에요. 그러니 당신이 우리 남편, 아내, 아이들을 사무실에 주 90시간을 잡아 둔 뒤 녹초가 된 몸과 멍한 정신 상태로 집에 돌려보내는 건 단지 그들만 아프게 하는 게 아니라 주변에 있는 모든 이들, 그들을 사랑하는 모든 이들을 아프게 하는 거라고요. 당신이 이익을 계산하고 비용을 분석할 때 그 비용의 상당 부분이 인간의 존엄성 그 자체로 치러지고 있음을 알고 있지 않나요?

이 "불만 많은" 배우자가 자신을 괴롭히는 이를 판타지 공간, 즉 안전한 익명의 인터넷 토론방에서 만나면서 프롭스트에게 전할 수 있다고 상상하는 최상의 것이 "당신의 마음을 들여다보세요"라면, 솔직히 말해 주식회사 미국의 래리 프롭스트 같은 인간들은 걱정할 게 전혀 없다. 이 사람들은 재벌 계급한테 호소할 수 있는 양심이 있다고 여전히 믿고 있는 것일까? 대체 이 사람들은 어떤 영화를 봐 온 걸까? 이 배우자의 생각이 얼마나 효과가 있을지는 프롭스트의 답변을 상상해 보면 된다. 그는 이렇게 말할 것이다. "네, 생각해 봤어요." 즉 그에게는 인정이 없다는 말인데 아무튼 그는 노동자들을 착취하기 때문이다. 이렇게 말할 수도 있다. "아니요. 생각해 보지 못했습니다." 이도 인정이 없다는 말이다. 더 말할 필요가 없다. 현 상황에서 내가 래리 프롭스트라면 그런 글을 읽고도 밤에 두 다리 쭉 뻗고 잘 잘 것 같다. 가장 중요한 것은 어느 누구도 실제 행동은 고려하지 않고 있다는 것이다. 회사 전체 혹은 화이트칼라 산업 전체를 공영화하겠다는 그런 심각한 위협도 없고, 가두시위도 없으며, "전기톱" 던랩이 1960년대 말에 견뎌야 했던 그런 살해 위협도 없다. 직원들은 항상 상관이 보지 못하는 안전한 곳에서 툴툴거린다. 온통 일에 빠져 있는 한 그들은 한밤중에나 울분을 토하게 될 것이다.

당신은 5년간 이니텍에서 등골 빠지도록 일해 왔어요. 승진이나 이익 배분 같은 걸 바라면서요. 20대 중반이 그렇게 지나간 거죠. 내일이 되면 그 사람들이 당신을 길바닥으로 내쫓을 거예요. 왜 그런지 알아요? 그래야 빌 럼버그[이니텍 관리자]의 주식이 치솟을 테니까요. 마이클, 그 주식을 떨어뜨립시다. 우리, 그 자리에서 돈을 왕창 가져 갑시다. 다시는 그 좁은 칸막이 책상에 앉지 않아도 될 만큼이요./영화

〈사무실〉 중에서

미국인 대부분은 견딜 수 없을 만큼 스트레스와 두려움이 가득한 일터, 임원과 주주라는 소수의 특권층에게 되도록 많은 부를 이전하기 위해 조직화되어 있는 일터를 당연시한다. 하지만 늘 그랬던 것은 아니다.

중성자탄 잭이 오기 전 오랫동안, 제너럴일렉트릭은 직원에 대해 의도적으로 온정주의적이고 정중하며 안전하고 공생적인 관계를 취했다. 1962년, 즉 잭 웰치가 제너럴일렉트릭에 들어온 지 얼마 지나지 않았을 무렵, 제너럴일렉트릭의 직원 복지 관리자 얼 S. 윌리스는 이렇게 썼다. "직원에게 안정된 자리를 최대한으로 보장하는 것이 회사의 일차 목표다." "타당한 확신을 가지고 자신의 미래 경제 상황을 계획할 수 있는 직원은 사용자에게 가장 생산적인 자산이다."[123]

이에 반해 잭 웰치는 12만8천 명을 해고한 뒤, 그러니까 잠재적으로 12만8천 가구를 풍비박산 낸 뒤, "남은 건 건물뿐"이라고 떠벌렸다. 아, 남은 게 또 있다. 그의 예금 10억 달러, 매년 받는 연금 1천5백만 달러, 회사 전용 보잉 737기 이용권.

"회사에 대한 충성, 그런 건 무의미하지요." 그는 『월스트리트

저널』에 이렇게 말했다.[124]

1941년 AT&T 직원 안내서에는 이렇게 명시되어 있다. "이것 [퇴직연금]과 기타 복지 정책을 통해 회사는 근속 기간 내내, 그리고 그 이후로도 직원들을 '돌보는 일'에 힘쓴다. 이에 대한 보상으로 회사는 자연히, 직원들이 사업을 진심으로 염려하고 회사의 평판과 지속적인 성공에 개인적인 책임을 느끼기를 기대한다."[125]

1996년, AT&T 인사부 부대표 제임스 메도우스는 이렇게 말했다. "AT&T에서 우린 전 직원을 비정규직화한다는 전체적인 구상을 강화해야 합니다. 이미 사내에 비정규직들이 많긴 하지만요."

의심할 여지없이 대부분의 미국인들의 상황이 더욱더 악화되고 있다. 수혜자들은 전기톱 던랩과 중성자탄 잭 같은 이들뿐이다.

최고 경영자들이 이런 봉건적 해법을 쓸 수 있었던 배경에는 레이건 집권 전에는 드물었던 종, 즉 임시직 노동자의 증가가 있었다. 미국 전역에서 임시직은 1986년부터 1998년까지 네 배가 되었다.[126] 『뉴욕타임스』가 언급했듯이 "1970년대까지 임시직이나 계약직 노동자는 거의 없었다."[127] 최근 조사에 따르면 오늘날 전형적인 회사는 필요 인력 가운데 12퍼센트를 임시직으로 쓴다 — 20퍼센트에 이르는 경우도 적지 않다. 임시직은 레이건 이후 시기의 완벽한 직원이다. 즉 복지 혜택도 없고, 전일 근무자보다 적게 받으며, 종신직에게 적절히 위협감을 줌으로써 사용자들은 모든 직원들을 더 열심히 일하게 하고 해고에 대한 두려움을 심어 줘 동기를 부여할 수 있는 것이다. 요즘에는 임시직이 그 지위를 연장해 한 회사에 수년 동안 머무는 것도 드물지 않다 — 싸고 해고하기도 쉽고 복지 혜택을 주지 않아도 되는 지위 …… 그러지 않아도 되는데 왜 그들에게 의료보험을 제공하겠는가? 그냥 켈리 서비스[미국 대규모 인력 파견 회사]에 전화해서 그 사람들 이젠 필요 없어요 라고 하면 되는데 왜 고용 안정을 제공하겠는가?

기업의 이런 비정규직 철학으로 인해 두려움 많은 노동자들이 해고되지 않으려고 더 열심히 일하게 되고, 또 고용 비용은 하락해 회사의 부에서 훨씬 더 큰 몫이 임원·주주 엘리트의 호주머니로 쏙 들어간다. 바로 이것이 그 모든 것의 총계다. 전일 근무자와 같은 칸막이 책상에서 일하지만 저임금에 복지 혜택도 없는 임시직 노예들이 있기에 직원들이 임금 인상을 당당히 요구할 가능성은 더 적다. 그런데 더 중요한 것은 단지 정리 해고 당하지 않기 위해서라도 임금 삭감을 받아들여야 할 가능성이 더 커지리라는 것이다. 달리 말해, 임원과 주주는 더 적은 비용으로 더 많은 이득을 얻고 그러기에 자신을 위해 그 차별을 유지하는 것이다. 그 결과 문명 세계에서 가장 고분고분한 직원이 만들어진다 ― 레이건 이후 미국인들은 자신들의 투쟁을 집단적·계급적 조건에서 보려 하지 않는다. 외려 그들 개개인은 인격의 시험대 앞에 선 주인공처럼 자기 운명을 개인적으로 보도록 길들여져 있고 이는 올리가르히에게는 더할 나위 없이 좋은 태도다.

반면 2004년 5월 프랑스에서는 시급으로 일하는 배우들이 자신들의 복지 혜택을 삭감한다는 계획에 분개해 칸 영화제를 급습하는 계획을 세웠고, 이에 관계자들은 시위에 대비해 경찰기동대원 6백 명을 대기시켜야 했다. 경제학자 레스터 서로는 이렇게 말했다. "이익을 많이 내는 회사들이 그야말로 당당히 직원들의 임금을 20~40퍼센트까지 삭감하는 예는 비일비재합니다. 직원들은 불만만 늘어놓지 그만두진 않아요."

　오늘날 미국 사무직 노동자들은 기이할 정도로 수동적이다. 미국의 많은 노예 소유주들조차 오늘날 최고 경영자들이 사용하는 스트레스, 두려움, 쥐어짜기 전략을 받아들이지 않았다는 사실만 봐도 그렇다. 유명한 노예 회고록의 저자 헨리 클레이 브루스는 1895년에 이렇게 썼다.

　"노예들을 인간적으로 대우하는 주인일수록 골칫거리가 더 적었다. 그럴수록 노예들은 주인을 더 잘 섬겼고 주인의 일을 충직하게 수행했으며, 주인이 없을 때조차 늘 주인의 이득을 생각했다. 노예들은 주인의 이해를 늘 염두에 두었다."[128]

　하지만 오늘날에는 기업들이 노동자들에게서 노동량을 최대로 쥐어짜면서도 그들이 최고로 솔선수범하도록 만들기 위해 좋은 대우도 해줄 필요가 없다.

스트레스의 대가

오늘날 중산층 직장인들은 억지로 명랑하고 열정적인 직원으로 보이도록 애쓰고 있는지도 모른다 — 사실 그래야 한다. 『화이트칼라의 위기』에서 리먼 브라더스 부사장은 회사 복도에서 마주친 상무이사가 자신에게 이렇게 말한 일화를 전해 준다. "더 자주 웃어요. 그래야 여전히 일자리가 있다는 것에 당신이 얼마나 감사하는지 사람들이 알 수 있지요."[129]

　웃는 게 뭐 대수인가만은, 이런 새로운 기업 문화가 끼친 영향은 처참하다. 스트레스는 벼랑으로 내몰린 너무도 많은 중산층 노동자들의 상태를 묘사하기에는 너무 사소해 보이는 단어다.

한 연구에 따르면 스트레스로 인해 미국 경제가 치르는 대가는, 생산성 감소, 이직률, 보험료를 합쳐 3천억 달러에 달한다.[130] 유럽 산업안전보건청의 보고에 따르면 미국에서 매년 결근으로 손실된 근무일 5억5천 일 중 절반 이상이 스트레스와 관련돼 있다. 사람들 앞에서 미국인들은 웃으며 참고 견딘다. 견디지 못하는 이들과 동류로 취급될까 두려워 무거운 스트레스를 드러낼 수 없는 것이다. 그런데 2000년 갤럽 조사에 따르면 노동자의 80퍼센트가 업무 스트레스를 느끼고 또 거반이 스트레스를 처리하는 데 도움이 필요하다고 말한다. 25퍼센트는 업무 스트레스 때문에 악을 쓰거나 고함을 치고 싶고, 14퍼센트는 동료를 때리고 싶으며, 10퍼센트는 동료가 폭력적으로 변해 가는 것이 염려된다고 한다.[131]

스트레스는 얼마나 위험할까? 스트레스는 고혈압, 심장병, 심장마비, 그리고 그 밖의 다른 문제들로 이어질 수 있다. 국립산업안전보건연구원에 따르면 업무 스트레스의 초기 징후는 두통, 짜증, 불면, 사기 저하다. 이는 자연히 노동자의 심리적 건강에 영향을 미친다. 미국심리학회는 결근의 60퍼센트가 심리적 문제 때문이고 그 비용이 매년 570억 달러가 넘는다고 추산한다. 『직업환경의학저널』에 따르면 스트레스를 받는 노동자들의 의료보험 비용은 일반보다 50퍼센트가 높다. 또 스트레스는 너무도 많이 퍼져 있다. 국립산업안전보건연구원에 따르면 업무 스트레스가 크다고 호소하는 노동자의 수는 여전히 넘쳐 나고 있는데, 2001년 37퍼센트에서 2002년 45퍼센트로 상승했다. 그중 40퍼센트는 일에서 "극단적인 스트

레스를 느낀다"라고 했으며, 25퍼센트는 업무 스트레스가 삶에서 "가장 큰 스트레스"라고 말한다.[132]

이런 수준의 스트레스는 중산층 일터에서 전혀 새로운 건강 문제다. 직장 내 학살과 마찬가지로 스트레스는 레이건 혁명 이후에야 보편화된 삶의 파괴자로 우리 어휘 목록에 등재됐다. 프린스턴 조사연구소가 1997년에 작성한 보고서에 따르면 미국 노동자의 4분의 3이 업무 스트레스가 한 세대 전보다 크다고 생각한다.[133] 국립과학재단이 기금을 대고 있으며, "사회과학 조사의 국제 표준"으로 평가되는 시카고대학의 전국여론조사센터는 1972년에 사회조사를 시작했음에도 1989년에야 노동자들에게 일터 스트레스에 대해 묻기 시작했다.[134] 이는 일터에서의 역할 스트레스가 전에는 얼마나 경미했는가를 보여 주는 징후다. 달리 말해 일터 스트레스는 레이건의 임기가 끝나기 전까지는 미국 최고의 사회과학자들의 눈에도 띄지 않았던 것이다.

스트레스와 두려움은 최근 새로운 유행어가 또 나타날 정도로 만연해 있다. 많이 아프더라도 뒤처질까 두려워 출근하는 현상 "프레젠티즘"presenteeism[135]이 그것으로, 이는 점점 더 흔해지고 있다.

새로운 기업 문화로 미국 재벌들은 터무니없이 퇴폐적인 생활을 할 수 있게 되었지만 중산층의 생활은 점점 더 견디기 힘든 투쟁이 되었다 — 이는 사무실뿐만 아니라 얼마 되지도 않는 집에서의 여가 시간에도 마찬가지다. 하버드 대학교 법학 교수 엘리자베스 워런의 연구에 따르면 평균적인 맞벌이 중산층 가구는 한 세대 전 외벌이 가구보다 소득은 많지만 주택 담보대출 납부금, 차 할부금, 세금, 의료보험료, 보육료, 등록금, 좋은 학군으로 이사하는 데 드는 비용(아이들 간의 경쟁이 점점 견딜 수 없을 정도로 심해지면서 생긴) 등등을 고려하면 사실 재량 소득discretionary income[가처분소득에서 기본 생활비를 뺀 잔액]은 더 적다.[136] 현재 경향들에 기초해 보면 자녀가 있는 일곱 가구당 한 가구 꼴로, 즉 5백만 가구 이상이 2010년까지 파산 신청을 할 것이다.[137] 2002년 주택 압류율은 25년 전보다 세 배가 되었다. 또 1973년부터 2000년까지 주택 담보대출 납부금은 실질적으로 증가했을 뿐만 아니라 가계소득에서 차지하는 비중이 63퍼센트로 급등했다.[138] 중산층을 경제적으로 점점 더 쥐어짜는 시기에 주택 소유자 기반 경제가 갖게 되는 단점을 분명히 보여 주는 예가 있다. 이자율이 역대 최저치보다 올라간다 해도 문제는 오히려 배가될 뿐이다. 자동차 압류는 1998년과 2002년 사이에 배가 되었다.[139] 사실, 파산의 90퍼센트 이상은 중산층으로 불리는 사람들이 선언한다.[140]

여성들은, 특히 싱글맘은, 문제가 더 심각하다. 지난 20년간 파산을 신청한 싱글맘은 6백 퍼센트 증가했다 — 2009년쯤에는 거의 여섯 중 하나가 파산할 것으로 예상된다.

이 모든 문제들이 한창인 상황에서 미국인들은 지도자들이 본인들을 탓하는 것을 내버려 두고 있다. 공화당 상원 의원 오린 해치는 수백만의 미국인들이 파산하는 원인은 "그들이 청구서가 엄청나게 쌓이도록 해놓고는 사회가 대신 갚아 주기를 기대하기" 때문이라고 말했다.[141] 또 그의 동료 공화당 하원 의원 헨리 하이드는 이렇게 비꼬았다. "파산이 어떤 이들에게는 최후의 수단이 아니라 최우선 수단이 되고 있네요." 놀랍게도, 모욕을 당한 이들, 곧 반쯤 파산한 중산층은 여전히 해치와 하이드 같은 이들 — 이들의 활동은 은행들이 재정적으로 보장해 준다 — 에게 그 어느 때보다도 큰 지지표로 보답하고 이런 지지표들은 눈덩이처럼 불어나는 그들의 부채와 정비례한다.

이런 압류와 파산이 폭발적으로 증가한 주원인 중 하나는 레이건 이후 신용 및 주택 담보대출 산업들에 대한 탈규제다. 탈규제를 실시하고 뒤이어 미국의 부가 급증하면 압류가 줄어들 것이라고 생각했다. 하지만 오늘날 주택 소유자들이 압류를 당할 공산은 탈규제 전보다 세 배 더 높아졌다.[142] 그 원인은 점점 더 절망적인, 발버둥치는 상태가 되어 가는 중산층 가구들에게 판매한 "손쉬운 신용대출 상품"easy credit, 또한 소비자를 유인하는 방식까지 쓰기 시작한 소비자금융 대출 산업이다. 이런 서비스를 계속 이용하다 보니 신용카드 빚은 1981년과 1999년 사이에 570퍼센트 치솟았다.[143]

주식회사 미국의 화이트칼라 및 블루칼라 대중은 급여는 오르지 않고, 빚은 늘어난 데다, 복지 혜택은 대폭 삭감되는 것을 지켜보면서 더는 안전하다고 할 수 없는 상황에 이르렀다. 오늘날 미국인에게 의료보험이 없을 공산은 레이건 혁명이 시작되기 전보다 49퍼센트가 늘었다. 또 지난 20년간 심각한 질병에 걸려 파산을 선언한 가구는 20배, 곧 2천 퍼센트 이상 급등했다.[144] 아마도 이들이 레이건 지지자들이 말하는 "자기 삶에 대해 개인적으로 책임을" 지는 사람들일 것이다. 즉 중산층 및 중하층은 자신의 참담한 빈곤 상황에 대해 책임져야 하는 것이다. 자기에게만 이익이 되도록 상황을 세밀히 조정한 재벌들에게 책임을 묻는 게 아니고 말이다. 만약 당신이 손가락을 재벌들에게로 향한다면 개인적 책임을 받아들이지 않는 것이다 — 대신 계급투쟁을 시작하는 것이다.

요는 중산층은 더는 존재하지 않는다는 것이다. 한때 우리가 알던 중산층, 그러니까 레이건주의가 전후戰後의 이상적인 중산층, 편안하고 행복하며 6시면 집에 오는 중산층을 파괴하기 전에 알던 중산층 말이다. 중산층은 사라져 버렸다. 인구통계학적 특정 인구가 통계적 정의에 기초해 여전히 그렇게 불릴 수도 있지만 그것은 과거의 중산층과 동일한 것이 아니다. 오늘날 중산층은 점점 더 견딜 수 없어지는 조건 속에서 발버둥 치면서 제3세계에서 거의 노예에 가까운 노동자들이 생산한 값싼 수입품과 자신들을 하나씩 서서히 제거해 나가는 손쉬운 신용 대출에 의지해야 덫과 같은 중산층 생활 방식을 유지할 수 있을 따름이다.

워드 클리버•가 이 시대를 살아간다면 집에서 아내와 아이들과 시간을 보내는 일은 드물 것이다. 또 집에 있다 해도 함께 있기 싫은 피곤한 인물, 휴대폰이나 블랙베리가 늘 울려 대는 그런 사람이 되었을 터다. 의료보험 대폭 삭감으로 인한 스트레스는 추가 정리 해고에 대한 두려움으로 무색해질 따름이다. 급여 대상자 명단에서 삭제할 이름들이 아직 남았음을 암시하는 고위 임원의 잔인한 공지도 그런 스트레스를 무색케 할 것이다. 클리버 씨는 주말에도 일하고 휴가도 포기하며 공화당에 투표할 공산이 크다. 또 고혈압 약과 혈액 희석제[뇌졸중이나 심장마비 예방에 널리 처방된다] 중 하나를 선택해야 할 텐데 새로운 기업 건강관리기구 계획에서는 둘 다 복용할 여력이 안 되기 때문이다. 치솟는 분노와 스트레스를 그는 다른 곳에 쏟

• 건전한 중산층 가족을 그린 시트콤 〈비버에게 맡겨〉*Leave it to Beaver* (1957~63)에 나오는 권위 있는 아버지.

을지도 모른다. 이를테면 캐나다를 반미 자유주의의 온상이라고 욕하는 것이다. 또 한편으로는 어느 인터넷 약국이 더 싼지를 두고 머리를 싸맬 것이다. 아이들에게 작은 교훈을 전해 줄 겨를도 없으리라. "다음에 얘기하자. 나 좀 내버려 둬." 〈오라일리 팩터〉*The O'Reilly Factor*[폭스 TV에서 하는 보수 성향의 뉴스쇼]를 보며 앙다문 이 사이로 하나 남은 쿠마딘[혈액 희석제]을 집어넣고 저탄수화물 무알콜 맥주를 삼키며 투덜댈 것이다. 아내 준은 — 그때까지 이혼하지 않았다면 — 애리조나 주 템페 홀리데이인 호텔에서 열리는 판촉 행사장에 틀어박혀 있을 테고, 그러는 동안 비버는 긴 검정 트렌치코트를 걸치고 사제 파이프 폭탄을 움켜쥔 채로 침실 화장대 거울 앞에 서있을 것이다. 자신을 "게이" "계집년"으로 부르며 삶을 생지옥으로 만든 에디 하스켈◆과 그 밖의 다른 아이들 전부에게 복수할 음모를 꾸미면서.

◆ 〈비버에게 맡겨〉에서 어른들에게는 예의 바르지만 친구들은 괴롭히는 야비한 아이.

4장

임금 분노

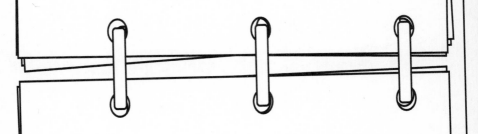

직원증과 함께 방탄조끼도 나눠 줘야 하는 때가 된 것 같다. 불만을 품은 전·현직 직원들이 일터에서 저지르는 살인이 증가하고 있다. 그런 류의 살인은 사실상 1980년 이전에는 존재하지 않았다. 그러나 1988년 이후로 사무실 살인은 심각할 정도로 급증하고 있다.

/『포춘』(1993/08/09)

부르주아 한 명으로
나머지를 소외시키다

그 어떤 역사적 기준으로 본다 해도, 미국에서 반란을 위한 토양은 레이건 혁명 덕택에 비옥해졌다 — 그리고 지금도 그렇다. 어느 때고 부의 불평등이 돌연 끔찍이 심화되면 사회가 폭발하기 마련이다. 지난 25년 동안이 그러했고, 특히 우리 삶에 대한 기대치가 증가하면서 그 가능성은 커졌다. 만약 불만족 혹은 "불만"을 사회에서 통용되는 현재의 용어로 표현할 수 있는 이데올로기적 혹은 지적 맥락이 존재한다면 반란이 일어날 공산은 훨씬 커질 것이다.

역사적 관점에서 볼 때 이상한 것은 국내적으로 레이건 혁명에 맞서는 대규모 반란이 없었다는 것이다. 이것이 레이건 혁명이 실제로 공정하고 공평했다는 의미는 아니다. 앞서 살펴보았듯이, 미국에서는 총체적인 사회적 부정의에 의해 고무된 반란이 극히 드물었고, 또한 모든 반란은 폭력적이고 잔혹한 패배로 끝났다.

정말 놀라운 것은 미국사에서 공공연히 반란이라 말할 수 있는 것이 적었다는 사실 — 아니나 다를까 (남부 백인들은 노예 반란이 눈에 띄게 적은 것을 두고 노예들이 행복한 증거라고 했던 것처럼) 순진한 정계나 학계의 대가들은 이를 이 나라의 무한한 미덕의 증거로 제시한다 — 이 아니라, 오히려 어떤 종류의 반란이든 간에 그 위험을 기꺼이 무릅쓴 사람들이 있었다는 사실이다. 그것이 성공할 가능성이 거의 없었음을 고려할 때, 반란을 개시하기 위해서는 무모할 정도의 용기나, 정신 질환 혹은 자살을 각오한 자포자기 상태가 필요하다.

이런 까닭에 미국의 많은 반란이 덜 분명하고, 덜 직접적인 방식으로 표출되는 것이다. 예컨대, 노예 시대에는 반란이 손에 꼽을 정도였지만, [공공 기물을 파손하는] 반달리즘, 의문의 화재, 독살, 농작물 훼손의 사례는 무수했다. 하딩이 『강이 있네』에서 썼듯이 "가장 보편적인 [투쟁 방식 가운데] 하나는 직접적인 대결과 확실한 죽음의 위험을 최소화할 수 있는 방화였다. 화재는 소유에 기초한 시스템이 애지중지하는 소유물을 파괴할 수 있었다."[1] 이와 비슷하게 최근 기업들은, 『뉴욕타임스』의 표현을 빌면, "정리 해고 분노"에 직면해 있다. 예컨대, 정리 해고로 일자리를 잃게 된 어느 IT 회사의 전 관리자는 회사의 컴퓨터 시스템들을 훼손해 회사 주식 공매 전날에 2천만 달러의 손해를 입혔다.[2] 쉰여섯에 처와 자녀 셋을 두고, 연봉 18만6천 달러를 받던 그는 다음과 같은 익명의 쪽지를 남겼다.

"나는 지난 30년 동안 좋을 때건 나쁠 때건 회사에 충성했다. 나는 최고 경영진 가운데 한 사람이 고상한 자기 사무실에서 내려와 우리에게 직접 상황을 설명하며 정리 해고를 통보할 거라 생각했다. 구내식당 책임자가 경비원들을 대동하고 와서는, 우리가 범죄자인 양 건물 밖으로 내보내는 것이 아니라 말이다."

당연히 그는 체포됐다. 경비 회사 핑커튼의 추산에 따르면, 정리 해고된 노동자 가운데 1퍼센트만이 회사에 앙갚음을 한다고 하니, 이런 일조차 여전히 드문 것이다 ─ 노예의 방화와 반달리즘이 비교적 드물었던 것과 마찬가지다.

반란에 맥락과 반향이 없을 경우 그 실현 가능성은 더욱더 적어진다. 레이거노믹스는 바로 좌파가 완전히 무너지고 "역사의 종말"

이 미국의 주류 이데올로기가 되었을 때 승리를 거두었다. 새로운 사회적 부정의를 프레임화할 필요가 절실한 시점에 논의의 주도권이 우파에게로 넘어간 것이다. 미국 노동조합들은 1980년대에 상당수 파괴되었다. 실제로, 노동통계국에 따르면, 2003년, 민간 부문에서 노조에 소속된 직원들의 비율은 1983년의 절반이 되었다.[3]

사람들은 노조를 뭔가 비미국적인, 부도덕한, 부패한 것과 동일시하게 되었다. 반면, 저축대부조합Savings&Loans, S&L 스캔들[◆]에 뒤이어 금융 엘리트들의 터무니없는 부패 스캔들이 거듭 터져 나왔고 납세자들의 돈 수천억 달러가 구제금융으로 투입되었음에도 불구하고 금융을 본질적으로 부도덕하거나 비미국적인 것으로 보는 여론은 전혀 형성되지 않았다. 1990년대, 미국 최고 경영자 계급은 미증유의 부패 사건들을 일으켰다. 역외 회사들에 몰래 회계장부를 추가하고 현금을 빼돌리는 방식으로 수천 억 달러의 부정을 저지른 사건이 대표적이다. 그럼에도 상당수 미국인들은 어두운 방식으로 조종되는 기업들을 비미국적이고 부도덕한 것으로 보지 않았다.

하지만 노조의 부패는 레이건주의 덕분에 노조의 선천적인 악의와 반미성을 보여 주는 증거로 간주되었다. 노동조합들은 미국의

◆ 저축대부조합은 한국으로 치면 상호저축은행에 해당하는 지역 금융기관으로 1932년에 마을 단위로 설립되기 시작해 그 숫자가 전국적으로 수천 개나 됐다. 지역 주민들의 쌈짓돈을 모아 주로 주택 담보 대출로 운영돼 왔으나, 레이건 행정부가 수익률 제고를 위해 각종 규제를 완화한 결과 주택 담보 대출의 비중은 급격히 하락하고, 위험 자산에 대한 투자가 늘어나면서 부실화됐다. 그 결과 1980년대 후반 수백 개에 달하는 저축대부조합들이 파산했으며, 그중에는 부시 대통령의 셋째 아들 닐 부시가 관련된 스캔들도 있었다.

진보에 저해가 된다는 비난을 받았다. 레이건 시기에 성년이 된 보통 사람들은 노조가 본질적으로 미국적 가치에 반한다고 본다. 이런 정서는 참으로 강력해서 오늘날 노조로부터 혜택을 얻는 노동자들조차 노조에 대한 지지를 꺼리는 게 보통이다. 그런 노동자들은, 스스로를 미국의 정신에 따라 애국적이고 개인주의적인 인간이라 자위하면서 공평하다고들 하는 자유 시장을 신봉한다. 고용주라면 얼마나 흐뭇해 할 만한 일인가. 이런 정서는 1990년대에 극단으로 치달았다. 이를테면 월마트 직원들이나 아마존 닷컴 노동자들이 노동자가 아닌 "동료"[동업자]associates로 불리는 대가로 더 적은 임금과 더 빈약한 복지 혜택들을 받아들인 것이다. 심지어는 최첨단 산업의 사무직들조차, 쉽게 속아 넘어간 월마트 직원들과 마찬가지로, 무가치하고 빈약한 주식과 "동료"나 "파트너"라는 명칭을 받는 대가로 저임금, 비인간적 노동시간, 축소된 복지 혜택, 노조를 결성하지 않겠다는 서약을 받아들였다. 이 모든 것은 사무직 노동자가 회사의 이해(즉, 대주주의 이해)를 자신의 이해와 동일시하기 때문이다. 그리고 이는 모든 기업주의 목표이기도 했다.

나아가, 노조를 결성하려는 이들의 시도는 분쇄되었다. 예컨대, 아마존 닷컴은 시애틀 고객 서비스센터의 노조 운동을 진압했다. 방법은 매우 단순했다. 전 직원을 해고하고 센터를 폐쇄하는 것이었다. 그렇게 그들은 노조 같은 "낡은" 규약들이 적용되지 않는 신경제New Economy의 이름으로 노조 조직의 보금자리를 파괴했다.

자신의 이해를 보호하고자 노조를 결성한다는 바로 그 생각은 미국의 전문 사무직 중산층이라면 질색하는 것이다. 그들은 자신들이 노조와 대립적 관계에 있는 계급이라고 늘 생각해 왔다. 그래서 사무직 노동자들은 오늘날 자신들의 불안정한 처지를 개선하기 위해 노조를 결성해야 한다는 건 상상도 못한다. 변호사들이 주당 노동시간을 90시간에서 85시간으로 줄여 달라고 단체교섭을 벌이는 모습이 상상이 가는가? 회계사들이 연차를 이틀 더 달라고 피켓 시위를 벌인다는 게 상상이 가는가? 전국의 데이터 입력 직원들이 유급 휴식 시간 15분을 따내겠다고 파업을 벌이는 건 또 어떤가?

"나는 노동계급 절반을 고용해서, 나머지 절반을 죽일 수 있다"라고 자랑스레 떠벌인 바 있는 웨스턴 유니온의 설립자 제이 굴드◆의 유령이 돌아왔다. 다만 한때 노동계급이 탔던 노예선에 이제는 중산층이 타고 있을 따름이다. "나는 부르주아 한 명을 고용해 나머지를 소외시킬 수 있다" — 이는 마르크스가 예견하지 못한 일이다.

이렇게 고도로 원자화된 기업 문화에서는 직장 내 분노 반란들

◆ 1800년대 미국 재계를 주무르며 월스트리트의 메피스토펠레스라 불렸던 19세기 미국의 대표적인 악덕 자본가. 제이 굴드의 위와 같은 언급은 70만 명에 달하는 조합원을 거느리고 있던 전국 단위로 결성된 최초의 노동조합 '노동기사단'Knights of Labor이 제이 굴드가 소유했던 철도 회사를 상대로 1886년 파업을 벌일 당시 파업을 분쇄하기 위해 대체 인력을 고용하면서 했던 말이다. 그는 또한 핑커튼이라는 업체를 통해 노조 회의를 방해하고 노조 지도자와 노조원들에 대한 구타 등의 노조 파괴 행위도 서슴지 않았다. 굴드는 노조가 폭력을 행사했다는 구실로 연방군을 요청했고, 파업을 하던 노동자들은 이에 다시 폭력으로 대응하면서 여론이 등을 돌리고 결국 파업은 분쇄됐다. 이를 계기로 노동기사단은 몰락의 길을 걸었다. 굴드는 1869년 금 사재기를 해서 암흑의 금요일이라 불리는 공황 사태까지 불러왔으며, 그의 주가 조작과 금융사기를 통한 기업 탈취 수법은 오늘날 투기 자본의 원형을 형성했다고 평가받을 정도로 특출했다. 히로세 다카시는 『미국의 경제 지배자들』에서 "근래 맹위를 떨치고 있는 헤지 펀드는 굴드가 사용했던 몽둥이와 총을 컴퓨터라는 합법적 수단으로 대체한 것"이라고 지적했다.

이 자살 폭탄 테러처럼 한 사람이 감행하는 임무가 되는 게 전혀 이상하지 않다. 만약 사람들이 그 자신의 이익만큼이나 분명하고 긴요한 무언가를 위해 단결해 싸운다 — 치과 치료 혜택 혹은 임금 및 연금 삭감을 막고자 노조를 결성한다 — 는 생각에 눈살을 찌푸린다면, 어느 누가 자신들을 억압하는 회사에 맞서 동료 직원들과 함께 반기를 들겠다는 생각을 품겠는가? 어떤 직원도 다른 직원이 그 계획을 밀고하지 않을 거라 장담하지 못할 것이며, 더욱이 어떤 직원도 다른 누군가가 자신만큼이나 비참하고 절망적이라는 점을 인식하지 못하고 있다. 이 문화에서는 사람들이 웃어야 하고 일을 사랑해야 한다 — 대부분은 그렇게 하고 있고, 아니면 적어도 대부분은 사람들이 그렇게 하고 있다고 믿는다.

아무개 프로파일링

FBI도 정보 당국도 사무실과 학교의 광란의 살인자들에 대한 프로필을 만들어 내지 못했다.

이런 분노 살인자들의 프로필을 만들 수 없다는 것은 중요한데, 광란의 살인자를 만드는 것은 [살인자 개인의] 내적 심리 장애가 아니라 외적 요인, 즉 환경적 요인임을 강력히 시사하기 때문이다. 예컨대, 연쇄 살인범의 경우, 뚜렷이 구별되는 심리적 특성을 공유하기 때문에 프로파일링이 가능하다. 그러나 분노 살인자의 경우 거의 누구라도 될 수 있다. 그들은 수많은 보통 사람들 가운데서 어디서든 튀어나올 수 있다. 독신인 사람도 있고, 기혼인 사람도 있다. 반

사회적 외톨이 유형도 있고, 친절하고 인기가 많은 사람도 있다. 분노 살인자 대부분은 남자지만 여자도 있다. 대부분은 백인이지만 흑인, 라틴계, 아시아계도 있다. 그중 다수가 군 복무를 했지만, 그런 미국인은 셀 수 없이 많다. 다수는 총을 모으지만, 생각해 보면 총을 모으는 것만큼 미국적인 일도 없다.

이런 분노 살인자들의 프로필을 만들려는 시도들은 있었다. 하지만 프로파일러, 곧 범죄 심리 분석관들은 결국 너무 광범위해서 아무 의미가 없는 잣대를 들이대거나, 범죄와 일치하는 패턴을 만들기 위해 프로필의 특성에 대해 자기모순적인 주장을 하게 된다. 예컨대 한 연구에서 파악한 잠재적 사무실 분노 살인자의 프로필은 25~50세 사이의 자존감이 낮고 무기력한 외톨이 백인 남성이다.[4] 그러나 주의해야 할 것은, 그 집단에서 폭력 및 약물 남용 전력이 있는 30세 이하의 사람들은 외려 치명적이지 않은 폭력을 저지를 공산이 더 컸던 반면, 폭력 및 약물 남용 전력이 없고 "좌절감을 방출할 수 없었던" 30세 이상의 사람들이 직장에서 치명적인 폭력을 저지를 공산이 더 컸다는 것이다. 따라서 우린 폭력과 약물 남용 전력이 없는 30세 이상의 사람들을 전체 직원 가운데 가장 위험한 이들로 간주할 수 있다. 이런 프로필에서 벗어난 사람들은 학생 인턴, 퇴직자 정도다. 하지만 『일터 폭력』에 나오는 또 다른 프로필에 따르면 "폭력 전력"은 잠재적 분노 살인자의 징후이다. 위 프로필과 모순되는 것이다.

누구나 어디서든 느닷없이 폭발할 수 있다. 모든 사람이 용의자다. 그러니까 직원들은 아무리 잔인한 대우를 받고 있다 해도, 자신이 그와 같은 잠재적 위험인물로 의심받지 않기 위해 노력한다는 말이다. 직원들은 농담조차 입 밖에 내기를 두려워한다. 부적절하지는 않을까, 오해를 사지는 않을까 두려운 것이다. 조금이라도 불만의 기색을 보이면 경찰이 방문하거나 강제로 심리검사를 받을 수 있고 직장 생활도 끝장날 수 있기 때문이다. 아니, 희망이 딱 하나 있다. 시종일관 미소 짓고, 아무도 당신이 얼마나 비참한지를 알아차리지 못하도록 기도하라 — 당신 자신도 스스로 얼마나 비참한지를 깨닫지 못하게 해달라고 기도하라. 그리고 만약 느닷없이 폭발하게 될지라도 아침에 더플백을 가지고 나타나기 전까지는 그런 내색을 보여서는 안 된다.

기업 사냥의 비밀

사무실 학살에 대한 일반적인 인식, 즉 미친 외톨이가 느닷없이 폭발해 무작위로 총을 쏜다는 인식과는 반대로 거의 모든 광란의 살인자는 구체적인 억압자 — 보통은 감독들 — 와 회사 일반, 둘 다를 표적으로 삼는다. 회사를 표적으로 삼아 살인과 파괴를 저지르는 것은 완전히 비합리적으로 느껴질 수도 있다. 전략적으로도 부적절하다는 것은 말할 것도 없다. 첫째, 주주는 일반적으로 회사에서 멀리 떨어진 곳에 있는 사람들 혹은 기관이다. 둘째, 회사는 유형의 것이 아니다. 그것은 구조, 법적 기구, 개념, 그리고 재화 분배 사슬의 한 고리다. 그래서 불만 있는 직원에게 회사는 부상을 입힐 수 없는 벅찬 대상으로 보인다. 중심이 흩어져 있고 분산되어 있고 너무도 완벽히 숨겨져 있어서 영화 〈프레데터〉*Predator*의 괴물[숲의 보호색을 띄고 온몸에 최신식 전자장치를 한 괴물]을 추격하는 것은 식은 죽 먹기로 느껴질 정도다. 회사는 또한 사람들의 마음에 뿌리박힌 인상과 감정들의 집합이다. 곧 회사는 일상적인 것, 시스템, 칸막이, 산업용 카펫, 근무 위치, 사내 주차장, 메모판과 떠도는 소문들, 머리 위 형광등이 윙윙거리는 소리, 싸구려 커피 그라인더의 고약한 냄새와 사람들이 아침에 내뱉는 숨 냄새, 다른 사람들의 기분, 사소한 모의, 의욕, 평상복으로 출근하는 금요일Friday Casual Day, 휴게실의 크리스피 크림 도넛 상자다. 하지만 추상적인 회사는 또한 유형의 자산으로도 구성되어 있고 그 자산에는 현금, 건물, 장비뿐만 아니라 전 직원도 포함된다. 그리고 광란의 살인자들이 보여 줬듯이, 추상적인 회사는 구체적으로 회사의 이미지 혹은 회사의 신성함 혹은 회사의 특징적 분위기로 재현된다. 그 무형의 것을 무엇이라 부르든 간에 이 "이미지" 또는 "신성함"은 회사의 취약한 급소다. 작업장을 공격하는 광란의 살인자들은 말 그대로 회사의 자산을 파괴하고, 회사 이미지를 피로 더럽힘으로써 추상적인 회사를 죽이려 한다. 그렇게 함으로써 직원들도 회사도 죽이는 것이다. 사실 회사에게 광란의 살인은 회복하기 어려운 일이기도 하다. 스탠더드 그라비어처럼 일부 기업의 경우 영원히 문을 닫기도 한다.

또 하나의 가족

래리 핸셀은 샌디에이고의 전기 회사 엘가 코퍼레이션에서 전자 기기 엔지니어로 일했다.[5] 1990년대 초반 엘가 코퍼레이션의 회사 소개 문구를 보면, 손발이 오그라들 지경이다. "엘가는 가족이 운영하는 구멍가게 같은 기업이라 자부합니다. 가족 같은 분위기를 만들기 위해 힘써 왔지요." 당시 엘가는 연간 매출이 4천만 달러를 넘어서고 있었다.

기기 주문이 급증하자 엘가의 감독들은 핸셀에게 과중한 업무를 할당했고 그는 더욱더 늦게까지 일해야 했다. 그는 늘어나는 업무가 달갑지 않았지만 가족 같은 기업 문화에서는 귀를 기울여 주지 않았다. 핸셀의 불만에 대한 엘가의 냉담한 태도가 진짜 "가족 같은 느낌"— 분노와 좌절감 — 을 키웠는지도 모른다. 스트레스가 늘어나면서 핸셀은 불길하게도 2년 전 인근 에스콘디도에서 일어나 사망자 셋을 낸 우체국 학살을 들먹이기 시작했다.

1991년, 핸셀은 스트레스로 무너지고 있었고 그해 엘가는 핸셀을 해고했다. 해고는 새로운 정책에 따른 것이었다. 엘가는 직원들을 직무 수행으로 등급을 매겨 하위 5등급에 속한 직원들을 잘라버렸다. 핸셀도 그중 한 명이었다. 감독에 따르면 그는 해고를 통보받은 회의에서 "꽤 침착해 보였다." 그의 심정을 가족보다 더 잘 파악할 수 있는 사람이 어디 있겠는가? 하지만 가족 같은 엘가가 해고 수당이나, 해고에 앞서 수개월 동안 가해진 스트레스나 괴롭힘, 압박에 대한 보상을 준비한 것은 아니었다. 그에게 정리 해고 소식을 전한 것도 그 감독들이었다.

해고된 지 석 달 만에 핸셀은 엘가 코퍼레이션 사무실을 다시 찾았다. 그가 살생부에 적은 인물은 임원 여섯 — 말하자면 가족에서 엄마, 아빠 같은 인물 — 이었다. 안내실에 들어간 그는 여성 안내원에게 그 명단에 있는 임원 셋의 이름을 대며 전화 연결을 요청했고 모두 부재중이라는 답변을 들었다. 핸셀은 이대로 물러설 수 없었다. 깜짝 선물을 포기할 수 없었다. 그는 건물 밖으로 나와 무선 사제 폭탄들을 설치하고는 입구에서 멀지 않은 곳에 산악자전거를 숨겨 두고 로비로 돌아왔다. 그는 양어깨에 탄띠를 걸치고, 한쪽 팔로 산탄총을 꽉 움켜쥔 채 정면을 바라봤다.

핸셀은 (웨스베커가 그 행각을 개시했을 때와 꼭 같이) 안내원의 전화교환기에 총을 쏴 전화선들을 날려 버렸다. 그리고 주의를 딴 데로 돌리려고 건물 뒤쪽에 설치해 둔 폭탄 두 발을 무선으로 터뜨리고는 임원들이 사용하는 2층으로 걸어 올라갔다. 거기서 그는 팩스기 근처에 서있는 남자 둘을 발견했다 — 하나는 명단에 있는 총관리자였고, 하나는 우연히 옆에 있던 무고한 판매 관리자였다. 핸셀은 두 사람 모두 쏴 죽였다.

그리고는 복도로 가서 표적으로 삼은 임원의 사무실로 들어갔다. 임원은 폭탄 소리와 총소리를 듣고 쏜살같이 책상 밑으로 몸을 숨겼다. 핸셀이 보니 방은 비어 있었다 — 핸셀이 분노한 맹금처럼 킁킁거리는 동안 임원은 그의 걸음을 주시했다. 결국 핸셀은 나갔다. 그는 팩스 옆에 쓰러져 있는 두 시신을 지나다가 또다시 시신들에 총을 쐈다. 이후 핸셀은 아래층으로 내려와 로비 밖으로 나온 뒤 산탄총을 어깨에 걸치고는 껌을 씹었다.

이제는 도주할 차례, 그가 세운 계획 중 2단계였다. 그는 산악자전거에 올라타 사무실을 벗어났다 — 중년의 엔지니어 양손에는 피가 묻어 있었다. 그는 직원들의 눈에 띄지 않도록 멀찍이 주차해 둔 픽업트럭까지 페달을 밟았다. 그리고 그는 자전거를 버리고 트럭에 올라타고는 액셀을 밟았다. 동쪽으로 2백 킬로미터 떨어진 팜 데저

트까지 간 그는 마땅한 3단계가 생각나지 않자 자수했다.

핸셀은 "업무 스트레스로 인한" 정신이상을 주장했다. 경영 지침서 『일터 폭력』을 위해 엘가 학살을 연구한 S. 앤서니 배런 박사에 따르면 "그는 실직으로 한계점까지 내몰렸다. 격노의 중심에는 그를 해고한 회사, 구체적으로는 핸셀의 상사들이 있었다. 그는 모든 경영진에 반대한다는 명분을 위해 자신을 희생하기로 결정했다."

엘가 코퍼레이션은 학살에서 살아남았다. 하지만 그 대가로 변화와 개혁을 필요로 했다. 직원들을 실제 가족처럼 대우하지 않고 그저 우리 회사는 행복한 대가족이라고만 떠들어 봤자 — 조앤 크로퍼드◆ 같은 부모를 모델로 하지 않는 이상 — 소용없음을 회사는 결국 알게 되었다. 그들은 실제로 직원들을 인간으로 대우해야 했다.

핸셀의 섬뜩한 살인 행각이 다른 직원들에게는 뭔가 좋은 결과를 가져다주었을 수도 있지만 그는 결코 영웅적인 인물이 아니었다. 그는 정신 건강이 좋지 못했다. 우선 핸셀은 1984년에 민주당 대선 후보로 나온 극단주의자 린든 라로슈Lyndon LaRouche◆◆를 지지하

◆ 할리우드의 전설적 여배우로, 성공을 위해 모든 희생을 감수하는 억척 여성 캐릭터를 연기한 〈밀드레드 피어스〉(1945)와 서부 총잡이들에게 밀리지 않는 강단 있는 술집 여주인으로 등장한 〈자니 기타〉(1954)를 통해 가부장과 같은 권위를 가진 슈퍼우먼의 이미지를 갖게 되었다. 실생활에서 그녀는 입양한 네 자녀를 항상 공식 석상에 대동하며 스스로를 '슈퍼맘'으로 각인시켰으나 그녀가 세상을 떠난 후 입양한 맏딸이 〈존경하는 어머니〉Mommie Dearest를 발표해 그녀의 폭력적인 훈육 과정을 폭로하면서 무섭고 괴팍한 어머니, 악마적 모성애의 소유자 이미지가 덧씌워졌다.

◆◆ 1976년부터 2004년까지 끈질기게 민주당 대선 후보에 도전했던 인물로, '영원한 대선 후보'라는 별명이 붙을 정도였다. 1984년 당시 그는 민주당이 아닌 무소속으로 출마했다. 그의 일파는 헨리 키신저, FBI, CIA, 동성애

는 대의원이었고 — 라로슈는 핸셀이 속한 선거구에서 521표를 얻었다. 한 선거구에만 521명의 핸셀들이 있었던 셈이다 — 자기 집 뒷마당에 UFO가 착륙한다고 믿었다. 또한 갈수록 성경에 빠지게 되었다. 물론 성경에 강박적으로 집착하고 UFO 착륙을 믿는 것을 정신 질환의 징후로 인정하면 내일이라도 열에 아홉의 미국인을 정신병원 침대에 묶어 소라진[조현병자에게 투여하는 진정제]과 리튬을 혼합한 약물을 강제로 주입해야 할 것이다. 하지만 이런 90퍼센트의 사람들 가운데서도 핸셀은 달랐다. 살인 행각을 벌임으로써 그는 또 다른 정신 질환이 있음을 보여 줬다. 이는 건강한 정신 상태에 대한 기초적 정의와 관련된 것으로, 살인은 정부의 명령이 있을 경우에만 용인된다. 그 이외의 상황에서 — 특히 감정이 상해서 — 저지르는 살인은 그 자체로 심각한 정신 질환의 징후다.

정신이상이든 아니든 핸셀이 회사를 피로 얼룩지게 한 반란은 놀랍게도 합리적인 결과를 가져왔다.

경영진은 의사소통 방식과 공장의 노동조건을 개선할 필요가 있다는데 동의했다. 그들은 감독과 일반 직원 사이에 간극이 존재한다는 것을 깨달았다. 직원들은 경영진이 자신들은 안중에 없고 오직 이윤에만 관심이 있다고 생각했다. …… 새로운 보안 시스템이 시행됐다. 직원과 방문객은 이제 신분증을 착용한다.[6]

자 연맹 등을 국가의 적으로 규정하고 IMF와 G7 등을 록펠러 집안이 서방을 무너뜨리고 소련과 함께 세계를 지배하기 위해 만든 기구라고 비난하는 등 음모론을 펼치며 극단적인 행태를 보였다.

분노의 게릴라 핸셀이 짐승을 살해했는지도 모르지만 그로 인해 기업은 변화해야 했고, 더욱더 군대화되었다.

내용을 잘 모르는 사람들은 대부분 래리 핸셀을 느닷없이 폭발한 그야말로 미치광이라고 생각하지만, 사건을 좀 더 가까이에서 살펴본 사람들은 그의 행동을 단지 무차별적인 광란이 아니라 환경에 뿌리박고 있는 무엇으로 취급했다. 직장이 이 분노 살인을 일으키는 데 일조했다는 것이다. 핸셀의 공격 이후, 회사가 붕괴할 위험에 직면한 엘가의 경영진은, 적어도 자사의 문화를 인간적으로 만들겠다는 입에 발린 말을 해야 했다. 하지만 경영진은 이를, 미국에서 흔히 사용되는 군대식 대응 방식과 결부시켰다 — 경비를 늘린 것이다. 배런 박사는 핸셀이 분명 정신 건강에 문제가 있긴 하지만 "느닷없이" 폭발한 게 아니라 내몰려서 폭발하게 된 것임을 인정했다. 이처럼 배런 박사는 많은 스트레스를 유발하는 엘가의 냉혹한 기업 문화가 핸셀의 광란에 영향을 미쳤음을 인정하고, 광란의 사무실 범죄가 완전히 새로운 현상이라는 점에도 주목했지만, [기업] 문화의 변화와 이 범죄의 원인들에 대한 더 폭넓은 결론들을 끌어내지는 않는다. 오히려 그는 경영진들에게 잠재적 분노 살인 직원들의 프로필을 만드는 방법 — 즉 파악해야 할 위험신호들과 광란의 예방법 — 에 관한 조언을 한다. 달리 말해, 마이클 켈러허를 비롯해, 직장 내 분노 살인을 면밀히 검토한 여러 사람들과 마찬가지로, 이 독특한 범죄를 유발한 좀 더 넓은 사회경제적 변동에 초점을 맞추는 게 아니라, 외려 기업들이 자사의 문화를 조정해 이런 범죄들을 예방하도록 돕는 데 초점을 맞춘다. 이런 분노 살인들의 더 넓은 기저 원인들 — 터무니없이 불평등한 급여, 견딜 수 없는 스트레스, 불안정한 일자리, 더 많이 일하고 더 적게 받는 상황 — 을 무시함으로써, 배런 박사는 현재의 편제를 강화한다. 곧 직원들에게 더 나은 삶이 필요하다고 주장하는 대신, 관리자들이 자사를 더 안전하게 만들도록 돕는 한편 이런 관행들을 유지하는 것이다.

이런 범죄에 관한 거의 모든 책들이 경영진을 위해 제작된 지침서와 안내서라는 것은 흥미롭다. 대중적인 출판사가 일반 독자를 위해 출간하는 책이 아니라 특화된 전문 출판사가 내는 책이라는 점 말이다. 마치 더 넓은 함의들 — 분노 살인들을 변화된 기업 문화와 연결하는 — 을 더 많은 독자들에게 숨기려는 것 같다.

계약 종료! 계약 종료!

로버트 맥은 고등학교를 졸업하고 열아홉 살 때부터 샌디에이고에 있는 제너럴 다이내믹스[방산업체]에서 일하기 시작했다.[7] 그에게 처음 배정된 업무는 플라스틱 제조 라인이었다. 그는 평생 동안 다른 회사에서 일해 본 적이 없었다. 25년간 제너럴 다이내믹스에 헌신하면서 맥은 조립라인에서 "만능" 직원으로서 꽤 고참 직원이 되었다. 말하자면, 그는 공장 내 어느 부문에서든 그 어떤 미사일 조립라인에서든 일할 수 있는 직원이 되었다. 그는 기밀 취급 보안 등급이 꽤 높아서 공장을 자유롭게 출입하며 동료들을 위해 이런저런 일들을 대신 봐주기도 했다.

이 일을 시작한 지 스물다섯 해, 곧 마흔둘이 되었을 때 맥은 해고됐다. 주목해야 할 것은, 레이건이 취임한 이래 캘리포니아에서 최악의 경기후퇴가 한창 진행 중이던 1991년 크리스마스 시즌에 해고되었다는 것이다. 해고되기 전, 1분 지각했다는 이유로, 유급 휴가가 하루 공제되기도 했다.

경영진이 맥을 해고한 사유는 직무 태만이었다. 상관들은 그의 지각과 무단결근을 하나하나 빠짐없이 기록했다. 사실, 25년간 제너럴 다이내믹스에 헌신해 온 맥은 어느 날부터인가 실적이 떨어지기 시작했다. 그의 업무 성과가 갑자기 나빠진 이유에 대해 경영진은 관심을 갖지 않았다. 그저 그가 때때로 늦게 출근하는 것을 알게 되자, 정직 처분을 내렸고, 크리스마스 연휴에 집으로 보내 버렸다. 맥은 이혼해 세 아이를 돌보고 있었고 약혼녀와 동거 중이었다.

[『째깍거리는 시한폭탄들』의 공동 저자인 스티브 알브레히트는] 샌 루이스 오비스포 남성 교도소에 수감된(래리 핸셀도 수감돼 있다) 맥과 인터뷰를 했는데, 이와 같은 인터뷰는 매우 드문 일이었다. 그 이유는 맥이 살아 있고(분노 살인자 대부분은 자살한다), 또 기꺼이 입을 열었고, 또 매우 정상적이었기 때문이다. 이 인터뷰는 분노 살인자의 마음 상태에 대한, 또 건강했던 노동자를 정신이상으로 몰고 간 세계에 대한 놀라운 통찰들을 보여 준다.

총주임이 맥을 노사관계실로 불렀다. 그 방에는 직속 감독 제임스 잉글리시와 마이클 콘즈라는 젊은 경영진 대표 한 명이 있었다. 자신을 보호해 줄 노조 대표도 없이, 맥은 궁지에 몰린 것이다. 콘즈는 민감한 구역들에 출입한 것을 조사 중이라고 맥에게 말했고, 맥은 자신의 보안 등급을 고려하면 그런 조사가 타당하다는 데 동의했다. 그들은 무급 휴가를 주면서 맥을 집으로 돌려보냈다. 그리고 정직 사흘에 조만간 문제를 논의할 다음 회의 날짜를 통지하겠다고 했다.

맥은 인터뷰어 스티브 알브레히트에게 이렇게 말했다. "제 신분증을 비롯해 모조리 가져간 다음에 저를 집으로 보냈어요. …… 한 푼도 못 받고 2주를 쉬었죠. 크리스마스 때 쓸 돈이 거의 안 남아 있었는데, 그걸로 버틸 수밖에 없었어요. …… 그때 생각하면 지금도 가슴이 아파요. 크리스마스, 새해 인사를 그런 식으로 하다니요."

그것은 불치병 선고를 받고 죽음을 맞닥뜨리는 것만큼이나 무서운 일이었다. 공장 업무에 온몸을 바쳤던 아프리카계 미국인 맥은 여느 사무직 노동자들과 마찬가지로 일을 쉬는 것에 큰 압박감을 느꼈다.

하지만 여기에는 또 다른 반전이 있는데, 알브레히트가 끝내 이를 잡아냈다.

알 제가 제대로 이해했는지 좀 물어볼게요. 그러니까 사흘간의 정직 처분을 내리고는, 3주나 더 집에 있으라고 했다는 거죠? 심의회가 있을 때까지요.

맥 맞아요.

알 그래서 내내 집에 있었나요?

맥 내내요. 급여도 못 받고요. 보조금도 실업수당도 없었어요. 아무것도 없었어요. 도와주는 조직도 없고 아무것도 없었어요.

알 노조의 도움은 없었나요?

맥 노조도 도와준 게 없었어요.

결국 계약 종료 통지서가 온다. 날벼락 같은 소식이었다. 다음은 본질상 사형 통보와 다를 바 없는 소식에 맥이 느낀 바를 스스로 설명한 부분이다. 맹신이 무너지는 것에 대해 내가 읽어 본 것들 중 가장 시적인 설명 중 하나다. 마치 필립 K. 딕[*]의 악몽을 그대로 가져온 것 같다.

맥　　우편함에 들어 있는 우편물을 보곤 생각했어요. '이제 다시 일하러 갈 수 있겠구나.'

알　　[막상 읽어 보고 나서는] 어떤 기분이 들던가요?

맥　　여태껏 해온 직장 생활이 송두리째 날아간 것 같았어요. 우편물을 받고 진짠가 싶었는데, 거기에 "계약 종료"라고 쓰여 있더군요. 계약 종료라니, 망연자실했지요. 우편물을 없애 버리려고 했는데 그렇게 안 됐어요. 손에 그대로 있는 거예요. 그래서 발로 짓밟았는데 손에 그대로 있었어요. 그러더니 우편물에 불이 확 붙었어요. 그래서 거기 앉아서 불이 꺼질 때까지 그걸 흔들었어요.

알　　그렇게 생각했다는 건가요 아니면 실제로 그랬다는 건가요?

맥　　실제로 그랬어요. 우편물이 계속 말했어요. "계약 종료, 계약 종료." 하지만 귀를 막으니까 계약 종료라는 말이 안 들리더라고요. 그러고 나서 결국 진정이 됐어요. 냉수를 좀 마시고

---

[*] 『블레이드 러너』, 『토탈 리콜』, 『마이너리티 리포트』 등을 쓴 SF 작가로 미숙아로 태어나 유년 시절엔 쌍둥이 누이를 잃었고 성인이 된 후에도 안전 강박증에 시달렸으며 결혼과 이혼을 다섯 차례 반복하는 등 불안한 삶을 살았다. 또 각양각색의 공포증, 우울증, 망상증에 시달렸고 약물 남용의 부작용으로 환각도 자주 경험했다.

우편물을 텔레비전 위에 두었어요. 방으로 돌아왔는데 '계약 종료, 계약 종료'가 머리를 떠나지 않았어요. 다 잃었다. 여태껏 일해 온 모든 게 다 사라졌어. 일터로 못 돌아가. 사람들이 어떻게 생각할까? 사람들에게 어떻게 이야기하지?

맥이 말한 "사람들"은 무엇보다 약혼녀, 다음으로 가족과 친구들, 그리고 동료들이다. 그야말로 청천벽력 같은 일이었다.

맥　온갖 생각이 들었어요. 침대 끝에 앉았는데 텔레비전에 불이 확 붙었어요. 계약 종료, 계약 종료. 그래서 텔레비전을 끄고는 잠자리에 들었죠. 침대에 누웠는데 베개에 불이 확 붙었어요—계약 종료. 자려고 할 때마다 이 우편물이 나타났어요. 어떨 땐 집 안 어디를 가도 쫓아다니면서 말했어요. "계약 종료, 계약 종료." 벗어날 수가 없었어요. 쉬지 않고 쫓아다녔으니까요. 쉬지 않고 닷새 동안 계속 그랬어요. 매번 쪽잠만 잤어요. 밤에는 못 자고요. 다리를 침대 끝에 걸치고 흔들고 있어야 했어요. 그래야 우편물이 나타나면 일어날 수 있었거든요.

맥은 닷새가 넘도록 집에 혼자 있었다. 그는 낙담한 상태에서, 완전히 망가진 채로, 겁에 질려 있었다. 집 밖으로 한 걸음도 나가지 않았고, 잔혹한 계약 종료 통보를 어떻게든 받아들이려 애썼지만 실패했다. 25년 — 성인이 되고 나서 보내 온 전 생애 — 이 사라져 버렸다. "제 자신을 종료할 때가 되었다는 생각이 들었어요." 그가 말했다. "더는 견딜 수 없었어요." 맥은 지인을 통해 38구경 리볼버를 한 정 샀다. 학대 받는 다수의 미국 노동자들과는 달리, 맥은 사실상 자신을 살해한 것이나 진배없는 사람들이 그 어떤 양심의 가책도 없이 이 일을 가볍게 넘기도록 가만 놔두고 싶지 않았다. "제가 집에서 자살했다면, 그건 그냥 가정 문제가 됐겠죠. 그래서 모든 문제가 시작된 일터로 갔어요."

맥의 여자 친구는 계약 종료 심의회가 열린 제너럴 다이내믹스까지 그를 데려다주었다. "여자 친구한테 이런저런 얘기들을 했어요. 알잖아요. 안녕, 사랑했어. 당신을 돌보기 위해 할 수 있는 건 다 했어." 하지만 그는 그렇게 이야기하는 이유는 말하지 않았다.

맥은 심의회에 들어갔다. 계약을 종료한 두 남자 제임스 잉글리시와 마이클 콘즈, 그리고 노조 대표도 있었다. 그들은 그 자리에서 작은 폭탄을 또 하나 떨어트렸다. 공장 출입 문제가 아니라, 상습적인 무단결근 문제를 해고 사유로 제기한 것이다. 애초에 그가 정직 당했던 이유는 그게 아니었다. 노조 대표가 맥을 옹호하려 했지만 소용없었다. 맥은 여기서 권력자들이 사람들의 심신을 무기력하게 하는 능력이 얼마나 대단한지 다음과 같이 표현했다.

맥   말하고 싶은 마음이 계속 들어서 제 의견을 말하려 했는데 말을 못하게 했어요. …… 저한테 계속 입 다물라고 해서 그렇게 했어요. 전 무단결근에 대해 말하려 했어요. 분노한 채 거기 앉아서 제 말을 토해 내고 싶었어요. 입이 마르기 시작했고 침이 바싹 말랐어요. 머리가 욱신거리기 시작했고 손도 욱신거려서 일어나 물을 좀 마셔야겠다는 생각이 들었어요. 큰 섬광이 번쩍일 때랑 똑같은 증상이죠.

알 물이나 뭘 좀 마셨나요?

맥 물을 좀 마시고 싶었어요. 물을 좀 마시러 갔더니 크고 흐릿한 게 저를 덮쳤어요. 바로 그때 총격이 시작됐어요. …… 뭐랄까 일시적인 기억상실 같은 거요. 전 뇌졸중이라 생각하는데, 기억 그런 걸 대부분 잃어버렸거든요. …… 총격이 시작되고 나서 [심의회가 열리던 방] 밖으로 나갔어요. 총격이 시작됐을 때 이미 밖에 있었던 것 같기도 해요. 여하튼 전 이미 한 사람의 뒤통수를 쐈어요.

알 잉글리시요, 콘즈요?

맥 잉글리시는 이미 맞았고, 다음으로 콘즈가 맞았어요. 콘즈를 쐈는데 방에 멕시코 사람이 있었어요. 그 방에서 일하던 사람이었어요. 그가 동동거리면서 이렇게 말했어요. "그러지 마요. 그러지 마요!" 그게 눈에 들어오니까 뒤를 돌아보게 되더군요. 두 남자가 바닥에 누워 있는 게 보였어요.

이 대목에서 눈에 띄는 점은, 맥이 레이건 이후 노동자가 실제로 무너지는 광경을 꾸밈없이 그리고 정확히 묘사하고 있다는 것이다.

사실 맥은 제너럴 다이내믹스에서 일어난 좀 더 큰 수준의 변화 가운데 발생한 작은 비극에 지나지 않았다. 회사는 근본적 변화를 겪었다. 말하자면, 회사는 활기찬 지역공동체의 대들보라는 전통적 역할에서 운 좋은 소수 임원 및 주주의 약탈 대상이 되어 갔다.

PBS[미국 공영 방송] 다큐멘터리 〈최종에서 살아남기〉*Surviving the Bottom Line*에 따르면 지역의 영웅이자 아폴로 8호 우주 비행사였던 윌리엄 앤더스가 1991년에 제너럴 다이내믹스의 최고 경영자를 맡은 뒤 노동자 수천 명을 해고하면서 문제가 시작됐다. 해고 사유는 뭘까? "앤더스는 거래를 하려 했습니다. 제너럴 다이내믹스의 주식이 오르면 거대한 보너스를 받을 수 있도록 말입니다. 앤더스는 부문들을 매각하고 노동자들을 정리해 월가를 만족시켰고 주가가 치솟았죠."

수천 가구가 파괴되는 동안 앤더스는 레이거노믹스에 연료를 공급하는 최고 경영자 역할에 자신이 얼마나 적임자인지를 입증했다. 그는 3년 동안 3천만 달러의 현금과 그만큼의 스톡옵션까지 챙겼지만, 회사는 본질적으로 폐물처럼 내버린 셈이었다. 수천 명을 해고하고, 다양한 부문들을 분리했다. 물론, 그 결과는 늘 그렇듯 참담했다. 또 회사의 남은 부분도 탈탈 털어 자신과 주주의 주머니에 남몰래 챙겨 넣었다.

PBS 다큐멘터리 〈최종에서 살아남기〉가 보여 주듯, 대부분의 일자리는 여전히 살아남았다 — 제너럴 다이내믹스 제품과 똑같은 제품들이 여전히 생산 및 판매되고 있었는데, 다만 차이는 이제 제너럴 다이내믹스로부터 분리 독립한 회사들spin-off firms이, 절감된 비용으로 그렇게 한다는 것이었다.[8] 그러나 이런 감상적이고 부질없는 이야기는 새로운 기업 문화에서는 통하지 않는다. 자산 탈취, 부문 분리, 정리 해고의 목표는, 홍보 전문가들이 이야기하는 "경쟁력 제고"가 아니라, 오히려 회사를 재빨리 현금화하기 위한 것이었다.

해고가 맥의 삶에 어떤 영향을 끼칠지에 대한 일말의 고려도 없이, 회사가 일언지하에 그를 해고한 것은 바로 이런 사용자와 직원 사이의 냉담한 분위기에서였다.

맥은 알브레히트에게, 앤더스의 잔혹한 기업 정책들이 노동자의 사기, 그리고 분노에 직접적으로 영향을 끼쳤다고 이야기했다.

알   신문을 보면 [제너럴 다이내믹스 최고 경영자] 윌리엄 앤더스는 급여와 보너스로 수백만 달러를 버는데, 직원들은 이렇게 정리 해고하잖아요. 불난 집에 부채질하는 격이죠?

맥   네, 불난 집에 부채질하는 격이죠.

알   사람들이 전화로 그 얘기를 하나요?

맥   네, 그 얘기를 해요. 임금 인상은 한 푼도 안 해주는데 그 사람들은 2천 5백만 달러를 번다고요. 그 돈이 아래로 흘러내려 오면 모든 사람들이 좀 더 편안해질 텐데요. 그런 게 경영이죠. 그런 게 경영이 제대로 작동하는 방식이죠. …… 예전에는 한두 사람 정도 정리 해고 됐어요. 그 정돈 괜찮았어요. 이제는 수천 명이 정리 해고 돼요. 수천 명이 일자리를 잃고 집, 가정, 그런 걸 잃는 거죠. 바로 여기서 압박감이 밀려와요.

마이클 콘즈, 즉 심의회에서 맥이 죽인 경영진 대표는 레이건 이후 시대에 출현한 새로운, 그 어느 때보다 잔인한 변화의 상징이자 화신이었다.

맥   사실 그들이 그 철부지 어린애[콘즈]를 거기에, 그러니까 계약 종료를 명령하는 위치에 앉혔어요. …… 그들이 그 철부지 어린애를 앉혔어요. 그가 "회사 사람"이 되려고 최선을 다하리라는 걸 알고요. 그렇지만 그날 그는 이런 생각을 했었어야죠. "이봐, 잠깐, 난 이제 고작 스물다섯이라구. 이 사람은 여기서 스물다섯 해 동안 일해 왔어. 어떻게 내가 여기서 스물다섯 해 동안 일해 온 사람에게 계약 해지를 이야기할 수 있겠어? 난 고작 스물다섯이잖아."

이 살인 사건이 특별히 유의미해진 이유는 맥의 변호사 마이클 로크가 초점을 바꿔 버렸기 때문이다. 즉, 그는 미친 사람이 느닷없이 폭발해서 저지른, 무의미해 보이는 사건으로 취급하지 않고 제너럴 다이내믹스와 주식회사 미국을 재판에 회부했다. 누구나 제너럴 다이내믹스가 해온 짓을 아는 샌디에이고에는 공감하며 귀 기울여 줄 사람들이 있었다.

"꼭 필요했어요." 로크가 말했다. "세상 사람들에게 이 일이 발생한 중요한 이유는 따로 있다는 걸 상기시켜야 했으니까요. 적어도 회사가 일을 이 지경까지 만들었다는 사실에 대응할 필요가 있어요."⁹

맥은 알브레히트와의 인터뷰에서 이 책이 제기하고 있는 질문에 대한 대답을 해주었다.

알   제너럴 다이내믹스에 이런 [일터 폭력] 행위를 유발하는 정책이 있나요?

맥   아내, 집, 아이들, 자동차를 잃게 하는 정책이 있지요.

알   회사 정책들로 인해 사람들이 자신의 경제 상황이 나빠지지 않을까 두려워하게 되나요?

맥　　　두려워하게 돼요. 네, 사실이에요.

알　　　당신과 비슷한 대우를 받지만, 당신처럼 회사로 돌아가 그렇
　　　게 행동하지 않는 사람과 자신이 다르다고 생각하나요? 얼
　　　간이 사장을 위해 일하고 아무것도 안 하는 사람하고, 얼간
　　　이 사장을 위해 일하지만 그에 반대해 뭔가 폭력적인 행동
　　　을 하는 사람하고 어떻게 다른가요?

맥　　　어떤 사람들은 두려워해요. [회사가 하는] 뭔가가 사람들에
　　　게 두려움을 심어 줘요.

알　　　그러니까 대응하는 걸, 뭔가 하는 걸 두려워한다는 건가요?

맥　　　대응을 두려워해요. 게다가 [회사가] 공포 분위기를 조성하
　　　려 하거든요.

　　이때가 1993년이다. 즉 두려움을 서서히 주입하는 것이 인력을
착취하는 효과적인 방법으로 공공연히 인정받은 시기였다. 두려움
은 잘 먹혀들었다. 두려움은 모든 짓밟힌 사람들이, 노예건 반체제
적 인물이건, 반란을 일으키지 못하도록 막는다.

　　맥은 스스로 일어나 맞서 싸움으로써 미친 살인자가 아니라 일
종의 R. P. 맥머피♦가 된다. 『샌디에이고 유니언-트리뷴』 1992년
8월 11일자 기사("살인 사건으로 트라우마를 입은 회사, 콘베어♦♦")를
거론하면서 알브레히트는 이렇게 말한다. "이 기사를 보면 어느 정

♦ 영화 〈뻐꾸기 둥지 위로 날아간 새〉(1975)에서 잭 니콜슨이 연기한 주인
　공으로 정신병원에 수용된 사람들을 이끌어 반란을 일으킨다.
♦♦ 제너럴 다이내믹스가 소유한 항공기, 로켓, 우주선 제조사. 맥이 여기서 근
　무했다.

도 당신 편을 들어주는 사람들이 많다는 사실을 알 수 있어요. 제너
럴 다이내믹스에는 이렇게 주장하는 사람들이 있더군요. '그가 옳
은 일을 했다고 말하려는 건 아니지만, 왜 그랬는지는 이해할 수 있
어요. 만약 내가 그런 위치에 있었다면 나 역시 그랬을 거예요.' 왜
그럴까요?"

맥   맞아요. 거긴 그렇게 팽팽한 긴장감이 돌아요.

앨   조립라인 사람들이 현재 당신을 어떻게 생각한다고 보나요?
       그들에게 당신은 일종의 영웅인가요? 그러니까 당신을 자신
       들과는 다른 사람으로 보나요?

맥   일부는 이렇게 생각해요. '바로 그 사람이야, 한계에 도달해
       쓰러진 사람. 이젠 우리가 받는 압력이 예전만큼 심하진 않
       을 거야.' 왜냐하면 이제는 [제너럴 다이내믹스 경영진이]
       방식을 바꾸기 시작했으니까요. …… 노사 정책을요. 전 나
       가서 누구에게라도 저와 같은 일을 벌이라고 하지는 않을
       거예요. 하지만 장담하건대 그런 일은 계속 일어날 거예요.

   스탠더드 그라비어 학살의 일부 생존자들이 조셉 웨스베커에게
공감을 표시했듯, 맥은 많은 사람들에게 일종의 영웅이었다. 이는
중요한 점인데, 연쇄 살인범 같이 진짜 닥치는 대로 사람들을 살해
한 사건에서는 생존자들이 살인범에게 연민을 표하는 일은 결코 없
기 때문이다. 하지만 반란에서는 생존자들이 연민을 보내는 일이
종종 있는데, 특히 반란자들이 자신들과 같은 억압 받는 집단에 속
한다면 더욱 그렇다.

맥의 유일한 의도는 그가 느낀 미국 기업의 냉혹함에 대해 언론의 주의를 환기할 요량으로, 언론이 주목할 만한 장소에서, 주목할 만한 방식으로 자살하려던 것이었음을 로크는 성공적으로 입증했다. 배심원단은 평결을 내리지 못했고 판사는 미결정 심리mistrial ♦를 선언했다. 재심에서 맥은 양형 거래로 죄를 인정해 종신형에 17년 후 가석방이 가능하다는 선고를 받았다.

알   대답하기 좀 곤란할 질문일 겁니다. 만약 또 그래야 한다면, 모든 게 똑같은 상황이라면, 같은 선택을 내릴 건가요?

맥   아니요. 하지만 그럼 제 인생에 남는 건 아무것도 없겠죠.

다른 말로 하면, 네.

온화한 사람

윌리 우즈는 감독들에게 찍혀 괴롭힘을 당하고 있다고 느꼈다.[10] 그들이 그를 "지목해 괴롭혀" 온 지도 이제 반년이 되었다. 그는 이러다가 분명 일자리를 잃게 될 거라는 생각이 들었다. 그는 로스앤젤레스 중심가에 위치한 파이퍼 테크니컬 센터의 라디오 수리공이었다.

1995년 7월 19일, 더는 안 되겠다고 결심한 우즈가 회사에 나

♦ 배심원의 의견이 일치하지 않았을 때 내리는 심리 무효 결정으로, 재심을 청구하지 않는 한 기소 자체가 무효화된다.

타났다. 즉 그들의 괴롭힘을 더는 감내하지 않겠다는, 그 후레자식들이 내 삶을 망치도록, 내 삶을 가져가 버리도록 내버려 두지 않겠다는 결심이었다. 아니나 다를까 감독들은 또다시 그를 어떻게 할지 궁리 중이었다. 아침에 맨 먼저 우즈는 상관들에게 불려 가 견책처분을 받았고, 해고 예정이라는 통보도 받았다. 목격자들에 따르면 방에서 고함 소리가 들렸다고 한다. 감독 사무실을 나간 우즈는 자신의 반자동 글록 권총을 들고 돌아와 선제공격을 가했다. 그는 칸막이 책상에 앉아 있던 두 주임을 쏴 죽였다. 자신을 공포에 떨게 해온 이들이었다. 그러고는 사무실을 나가 자신을 괴롭힌 다른 사람들을 찾아 아래층으로 갔다. 복도에서 또 다른 감독 한 명을 발견했다. 우즈는 그를 쏴 죽이고는 사무실 자기 책상에 붙어 웅크리고 있던 네 번째 감독을 사냥하기 위해 나섰다. 엘가의 핸셀과는 달리 우즈는 철두철미한 분노 살인자였다. 그는 네 번째 희생자의 사무실에 들어가, 사무실을 샅샅이 살폈고, 웅크리고 숨어 있는 감독을 발견했다. 그리고 그를 쏴 죽였다.

네 감독이 학살된 뒤 우즈를 아는 동료들은 놀라고 혼란스러워했다. 그들에게 우즈는 "온화한 사람"이었다.

정의감에 사로잡혀 있던 그는 다시 온화한 상태로 돌아왔다. 총격 당시 경찰관 둘이 우연히 건물에 있다가 발포에 대응했다. 우즈는 저항 없이 바로 자수했다. 그는 가석방 없는 종신형을 선고 받았다.

파이퍼 테크니컬 센터에서 남쪽으로 30여 킬로미터 떨어진, 로스앤젤레스 남중부 교외 산업 도시 샌터페이 스프링스. 뚜언 응우옌이 2주 전 자신을 해고한 회사에 차를 세웠다.[11]

응우옌이 엑스트론 일렉트로닉스 공장 입구에 도착한 날은 서늘한 날씨의 1994년 3월 14일이었다. 그는 보안 코드 다섯 자리를 입력해 문을 열고는 고구경 권총을 꽉 쥐고 조립 작업장으로 돌진했다. 그의 목적지는 다름 아닌 공장 반대편 끝에 있는 감독 사무실이었다. 이런 살인 사건에서 흔히 그렇듯 살인자는 감독이 있는 사무실로 향하는 길을 무고해 보이는 동료 노동자들의 시신으로 덮었다. 이런 광란의 반란들에서 꼭 나타나는 이차적인 피해였다. 공장을 가로지르는 동안 응우옌은 크리스 뉴웰을 비롯해 여러 동료들을 쐈다. 크리스 뉴웰은 공대를 갓 졸업한 전자 기기 수리공이었고, 팀원들에게 약혼 소식을 알린 상태였다. 응우옌은 뉴웰의 등에 두 발을 쐈고 그는 거의 즉사했다.

공정하게 말하자면[이 사건을 수사한 보안관의 증언에 따르면, 그는 표적을 세심히 선별했는데], 응우옌은 겁에 질려 어쩔 줄 몰라 허둥지둥하는 노동자들에게 소리쳤다. "엎드려! 여기서 나가!" [보안관의 증언에 따르면, 몇몇 사람들은 그의 말을 듣고 비켜서거나 밖으로 나갔지만] 손 반 트엉은 그의 말에 주의를 기울이지 않았다. 손 반 트엉은 공장에서 가장 숙련된 수리공이었고, 자신의 전파상을 열고자 차곡차곡 저축을 해오던 사람이었다. 응우옌은 그의 뒤통수에 총을 쐈다.

가까이 있던 한 노동자가 속이 뒤틀려 게우고는 테이블 밑으로 엉거주춤 숨어들었다. 엉덩이가 보였다. 응우옌은 그냥 지나치지 않았다. 응우옌은 밖으로 드러난 엉덩이를 향해 한 발을 발사했다.

응우옌은 잠시 멈춰서 재장전을 했다. 준비 태세를 마친 그는 강렬한 형광등 불빛이 비추는 시멘트 바닥을 말 그대로 전력으로 질주해 진정한 표적 — 감독 — 으로 향했다. 관리 사무실로 가는 도중에 그는 송 사반딧(39세)과 마주쳤다. 라오스 이주민인 그는 당황해 두 손을 번쩍 들고는 모국어로 간청했다. "쏘지 마세요! 가만 있을게요!" 이런 분노 살인에서 흔히 그러듯 살인자들은 특히 친절하거나 동조적이거나 무해하다고 본 사람들은 의도적으로 목숨을 살려 준다. 응우옌은 간청하는 사반딧을 팔꿈치로 밀치고는 가까이 있던 다른 남자 등에 두 발을 쐈다.

무릎을 꿇고 울고 있는 사반딧을 뒤로하고 다시 감독의 사무실로 전력 질주해 간 응우옌은 문을 발로 세게 걷어찼다. 감독의 책상은 비어 있었다 — 그녀는 응우옌이 건물에 들어오기 전 이미 점심을 먹으러 나간 상태였다. 패트릭 셰릴이 우체국에서 살인 행각을 벌이던 아침 빌 블랜드가 우연히 늦잠을 잤듯이 말이다. 스탠더드 그라비어 학살이 있던 날 마이클 시어가 우연히 부재중이었듯 말이다. 이처럼 분노 공격에서 흔히 나타나는 반전 — 즉 표적이 된 감독은 흔히 우연히 부재중이고 그 감독의 졸개들이 총알을 맞는 — 은 레이건 이후 어느 시기에나 꼭 들어맞는 은유[정작 책임져야 할 사람은 책임지지 않고, 그 아랫사람들만 피해를 보는 경우]다. 응우옌은 감독과 비슷한 지위에 있는 사람을 죽여야 한다고 판단한 것으로 보인다. 그러지 않으면 이 모든 게 허사로 돌아갈 테니 말이다. 그래서 그는 테레사 팜의 심장에 총을 쐈다. 팜은 한때 응우옌에게 컴퓨터 인터페이스 장비 설치를 교육한 바 있었다. 그녀는 즉사했다.

적어도 감독 계급의 한 사람은 죽였다는 데 만족한 응우옌은 자신의 관자놀이를 총으로 꽉 누르고는 방아쇠를 당겨 작전을 완수했다.

난 게이가 아냐![12]

3년 뒤, 교외에 위치한 바로 이 산업 도시에서 광란의 사무실 살인 사건이 또다시 발생했다. 인구 1만5천의 샌터페이스프링스에서 두 번째 사건이 발생한 것이다. 옴니 플라스틱스 팩토리에서 품질관리 검사관으로 일하던 대니얼 마스던은 직원들이 몰래 자신을 놀린다고, 무엇보다 동성애자라고 수군댄다고 토로했다. 1997년 6월 5일, 마스던이 고함을 지르며 일부 동료 직원들과 싸우는 소리가 들렸다. 그는 공장 밖으로 뛰어나가 9밀리 반자동 권총을 움켜잡고는 돌진하듯 돌아와 무차별적으로 총을 쏴 댔고, 그러는 동안 계속 이렇게 악을 썼다. "난 게이가 아냐! 난 게이가 아냐!"

이 아수라장에서 두 노동자가 죽었는데, 하나는 라틴계였고 하나는 아랍계였다. 부상자는 네 명이었다.

공장 직원들은 마스던이 폭발한 정황에 대해 침묵으로 일관했다. 어떤 이는 그가 "닥치는 대로 쏜 것 같다"라고 말했다. 하지만 보고서에 따르면 첫 희생자 둘을 공격한 뒤 마스던은 회의실로 달려가 직원 셋을 쐈다. 한 사람은 밖으로 도망쳤다. 하지만 마스던은 뒤쫓아 가 그를 쏴 죽였다. 모두 합쳐 그는 열대여섯 발을 쐈다.

그는 자신의 차로 도망치다가 멕시코 식료품점에 주차했다. 그리고 지나가던 두 여자에게 오늘이 인생 마지막 날이라고 말했다. 그러고는 눈을 홉뜨고 입에 총을 발사해 자신의 말을 실행했다.

그 후 옴니 플라스틱스의 한 부대표는 그 살인 사건은 이해가 안 되는 일이고 또 마스던이 "평소 수다를 떠는 사이의" 사람들을 쐈다고 거듭 주장했다.

[그렇지만] 최소한 우리는 웨스베커와 학내 분노의 반란자들을 포함해 여러 사람들을 벼랑 끝으로 몰고 간 그런 왕따와 괴롭힘에 마스던이 희생되었다고 말할 수 있다. 사실 학내에서 총격을 벌인 이들, 이를테면 콜럼바인 고등학교의 에릭 해리스와 딜런 클리볼드나 퍼두커와 샌티에서 그런 일을 벌인 학생들은, "게이"나 "패그"fags[남성 동성애자를 비하하는 속어]라 불리며 괴롭힘을 당했다. 패트릭 셰릴도 직장 동료들이 동성애자라고 수군댔다. 총격 행각을 이끈 정황에 대한 부사장의 완벽한 오해 — 마스던이 총격을 가한 사람들과 그럭저럭 "수다를 떠는" 사이였다는 주장 — 는 완전히 기만적인 것이며, 그 공장 내부에 잘못된 기업 문화가 깊숙이 잔존해 있음을 가리킨다. 요컨대 우리는 이렇게 말할 수 있다. 마스던은 학대 받는다고 느꼈고, 또한 그가 점점 더 많은 노동자들이 반란을 일으켜 온 방식과 같은 식으로 반란을 일으켰고, 또 앞으로도 그런 반란이 더 많이 일어나리라는 것이다.

토끼굴 같은 사무실

코네티컷 주 복권에서 발생한 분노 살인에 대한 첫 보도들을 보면 총을 쏜 서른다섯 살 회계원 매슈 벡은 광인이었다는 인상을 받게 된다.[13] 즉 그는 정신 질환과 자살 충동 치료를 받아 오다가 결국 정신줄을 놓고 프레디 크루거[호러 영화 〈나이트메어〉 시리즈에 나오는 살인마] 처럼 정신착란 상태에서 동료들을 살육했다는 것이다. 그는 페인트 볼[페인트가 든 탄으로 총싸움을 하는 놀이] 놀이를 했다고 한다. 그가 죽기 전 반년 동안 살았던 아버지 집에는 이런 표지판이 있었다. "무단 출입자는 총에 맞을 것이다. 살아남은 자는 또 총에 맞을 것이다." 그런데 가장 으스스한 이미지는 회사 주차장에서 벡이 마지막 희생자의 머리에 총을 겨누고 있는 모습이다. 희생자는 살려 달라고 애원했고, 겁을 먹고 인근 숲으로 도망쳐 숨어 있던 동료들은 벡에게 그를 살려 주라고 외쳤다. 하지만 벡은 그저 웃고는 냉혈한처럼 총을 쏜 뒤 총구를 자신에게로 돌렸다.

그런데 나중에 나온 더 포괄적인 설명들은 애초의 설명보다 훨씬 애매모호했다.

매슈 벡은 코네티컷 주 복권에서 8년 동안 회계원으로 근무했다. 그는 열심히 일하는 성실한 직원으로 간주되었다. 하지만 끝에 가서는 화가 나고 불만도 품게 되었는데, 자신이 생각하기에는 승진할 자격이 있는데 그러지 못했기 때문이다. 레이건 이후 문화에서는 미국인 대부분이 본능적으로 벡의 감독들 편을 들 것이다. 일반적으로 기업들의 인사고과가 노골적인 인기투표가 아니라 효율적인 능력주의로 돌아간다고 가정하는 것이다. 하지만 우리는 저마다 경험을 통해 알고 있다. 소위 업무 외의 요인들 — 사무실 정치, 대인 관계, 연줄, 저열한 악의, 회식 참석 여부, 청결, 옷차림, 미소와 그 미소가 진심으로 보이도록 하는 능력, 유머 감각(혹은 사무실 세계에서 유머 감각으로 통하는 것), 그리고 순전히 운과 환경 — 이 사내 사다리를 타고 올라가는 데 얼마나 큰 역할을 하는지를 말이다.

동료들은 벡을 "근면하고 조용한" 직원으로 묘사했다. 사내 소프트볼 팀에 참여하지 않는 직원이나, 동료에게 가볍게 스킨십을 하며 익살스런 농담을 건네거나 수다를 떠는 일이 없는 직원을 묘사하는 교묘한 표현이었다. 벡은 마침내 부회계원으로 승진하리라고 기대했다. 그러면 감독이 되고 봉급도 오를 터였다. 하지만 자신이 해온 일과 근속연한에도 불구하고 승진에서 탈락했다. 설상가상으로 광란의 살인 사건이 있기 반년 전쯤, 쌓여 있는 회계 업무 외에 데이터 처리 업무까지 그에게 맡겨졌다. 상처를 준 것도 모자라 모욕까지 준 격이었다 — 그가 제소한(그리고 나중에 승리한) 고충 사항에 따르면, 새로 맡은 일에 대해 그는 시간당 겨우 2달러를 받았다.

그가 승진에서 탈락한 것은 업무 능력이 좋지 못해서였을까? 그가 살려 준 감독 캐런 캘런딕은 이렇게 인정했다. 컴퓨터에 관해서라면 "그는 우리 중 최고여서 사람들이 그의 덕을 보려 했어요." 그렇다면 그에게 문제가 있던 것일까? 그는 소통하지 않았다. "그는 자기가 알고 있는 걸 말해 주지 않았어요." 캘런딕이 말했다. 달리 말해 그는 정수기 옆에서 다른 직원들과 '수프 나치'Soup Nazi[미국 드라마 〈사인필드〉의 한 에피소드]의 대사를 대는 따위의 우울한 놀이에는 참여하지 않았다.

1997년 8월, 벡은 자신에 대한 불공평한 처우 문제를 주에 제소했다. 동료 직원들은 이 무렵 벡이 육체적으로나 정서적으로 달라졌다고 말한다. 조용하고 근면한 직원에서 낙담하고 분통해 하는 사람으로 바뀐 것이다.

"승진하지 못한 데 대한 화가 풀리지 않았어요." 한 감독의 말이다.

"[제소를 했을 무렵] 눈에 띄게 자기 안에 틀어박히게 됐어요." 복권 영업 사원 존 크린잭이 말했다. "얼굴에 분노와 심각한 기운이 역력했어요. 살도 빠지고 헬쑥해진 것 같았어요. 얼마 동안 거기 있었는데 그가 정말 헬쑥하다는 생각을 했죠."

이렇게 눈에 띄게 몸이 안 좋아진 벡에게 감독이나 동료들은 어떤 동정도 지원도 하지 않은 것으로 보인다. 외려 그들이 기자들에게 전한 것은 혐오 같은 것이다. 분명 그는 대학교 남학생 사교 클럽 같은 곳과 맞지 않았고 그들은 그를 몰아내고자 안간힘을 썼다.

"어떤 면에서는 좀 재수 없어 보였어요." 회계원 데이비드 필롯이 말했다. "좀 불길한 말을 했어요, 뭐랄까. 기이한 인상이 있었고, 가까이 하고 싶은 그런 사람은 아니었어요."

그가 늘 그랬을까? 그는 태어났을 때부터 괴상하고 재수 없었을까? 아니면 코네티컷 복권에서 일하다가 그런 성격으로 변해 버린 것일까? 충격을 받은 어린 시절 친구 허버트 바스는 벡을 이렇게 묘사했다. "전형적인 미국 남자였어요. 똑 떨어지는 말쑥남이요."

어린 시절을 같이 보낸 또 다른 친구는 초등학교 시절을 돌아보건대 벡이 누구랑 말다툼하는 것을 본 적이 없다고 했다. "걔한테서 그런 행동은 기대할 수 없었어요." 그는 벡이 나락으로 떨어지기 전까지 자신들과 계속 어울리고 하이킹도 함께 갔다고 했다.

코네티컷 주 복권에서 8년 동안 회계원으로 일한 뒤 그는 "가까이 하고 싶은" 그런 유형이 아니라 "기이한" 사람이 되었다. 그의 승진 탈락은 업무 수행과는 관련이 적었고 감독들이 아랫사람들에게 원하는 길들여진 행태와 더 관련이 깊었다. 그에게는 주인들이 좋아하는 명랑한 태도가 없었다.

제소하고 두 달 뒤 벡은 스트레스에 시달리다가 병가를 냈다. 그는 무너져 가고 있었다. 승진을 승인하지 않은 사람들에게서 지시를 받고 일하는 게 분명 고통스러웠을 것이다. 게다가 추가 수당 없이 추가 근무를 시키는 사람들, 제소한 일로 분명 은근히 교묘하게 복수했을 사람들을 위해 일한다는 것은 더 고통스러웠을 것이다. 여자 친구와도 관계가 나빠졌다. 그는 집에 틀어박혀 부모님과 지냈고, 정신과 치료도 받았으며, 정신병 약도 복용하기 시작했다. 심지어는 자살 시도까지 있었다.

벡처럼 분명 총명하고 부지런하며 조용한 사람이 8년간 열심히, 묵묵히, 성실하게 일한 뒤, 그러니까 총격 행각이 있은 뒤에도 "우리 중 최고여서 사람들이 그의 덕을 보려 했다"라고 말할 정도로 일한 뒤, 승진에서 퇴짜 맞고 학대를 당한다면 이루 말할 수 없이 부당하다는 느낌을 받을 게 틀림없다. 결국 승진이 불발되자 그는 본질적으로 인생이 끝났다고 보았다.

일이 정말 좋았어요. 일하러 가고 집에 오고, 그게 제 삶의 전부였어요.

/로버트 맥, 제너럴 다이내믹스에서 해고된 분노 살인자[14]

일을 쉬는 동안 벡은 내부 고발자가 되었다. 지역신문사들을 찾아가 코네티컷 복권의 부패를 폭로한 것이다. 1997년 11월, 복권 고위 관리들은 수년간 복권 총수를 50만 부 가까이 늘렸음을 인정했다. "그들은 (수익을) 3천만 달러 늘려야 해요. 다른 것들은 안중에도 없을 정도로 압박을 많이 받고 있어요." 벡은 『더 데이』에 이야기했다. 그는 『하트퍼드 신문』에도, 일부 점원들이 즉석 복권을 "낚는" 방식으로 복권 시스템을 속이고 있다고 폭로했다. 점원들이 복권 컴퓨터에 당첨 번호 조합이 나올 때까지 코드 번호를 입력해 현금을 챙겼던 것이다. 충격 행각이 일어났을 당시 복권 고위 관리들은 이런 혐의에 대한 발언 자체를 거부했다.

백은 기자들이 자신의 제소에도 관심을 갖도록 유도했다. 하지만 기자들이 낚일 리 없었다. 연합통신에 따르면 이유는 이렇다. "『하트퍼드 신문』은 그가 입에 거품을 물고 이야기했고 눈은 '사나웠다'라고 묘사했고, 『더 데이』는 그의 행색이 '꾀죄죄했다'고 묘사했다." 꾀죄죄한 행색과 입에 거품을 물고 이야기하는 것 사이에는 상당한 차이가 있다 ― 하지만 요는 백이 그리 잘 웃는 스타일은 아니었다는 의미일 것이다.

백이 얼마나 혼란스러웠을지 생각해 보라. 백은 코네티컷 주 복권에서 일했다. 복권은 정의상 이미 지저분한 사업이다. 정부가 운영하는 사기 사업으로 모든 노름판과 마찬가지로 주로 하층민들의 절망적 꿈을 먹이 삼아 돌아간다. 또 이 공식적으로 승인된 사기 사업에서도 코네티컷 주는 고유의 사기 방식으로 그 사기 사업이 잘 굴러가고 있는 것처럼 보이도록 사기를 치고 있었다! 그런데도 사기 사업을 조작하던 부패한 감독들이 동시에 백의 삶에 대해 판결을 내리고 그가 정체되었다는 판단을 내린 것이다. 일을 못한다는 이유가 아니라 자기네 일원이 아니라는 이유로 말이다. 백은 미친 사람이었을까? 그저 입 다물고 참고 있어야 했을까?

내 조건이 변하리라는 전망이 보이지 않았다. 그렇지만 어떻게 자유를 얻을 수 있을지 그 계획을 밤이건 낮이건 마음속으로 계속 생각하곤 했다./노예 회고록 『런스포드 레인, 말하다』[15]

코네티컷 주 복권 대표 오소 브라운은 복권 총수를 늘리는 관행을 중단했다고 언론에 말했다. 브라운은 벡이 나중에 주차장에서 쏜 남자다.

1998년 1월, 벡은 1심 판결에서 승소했다. 그래서 더는 부당한 처우를 받지 않으리라 생각했다. 하지만 그가 입은 손상은 이미 치명적이었다 — 그는 만신창이가 되어 있었다. 체불임금에 대한 고충처리위원회의 판결을 기다리면서 벡은 일터로 돌아가기로 결심했다. 그의 동료들은 그의 복직에 대한 적대감을 숨기지 않았다. 그들은 그를 패배자로 낙인찍었다.

익명을 요구한 한 직원은 『뉴욕타임스』에 이렇게 말했다. "어느 부서에도 못 갈 거라는 걸 그 자신도 잘 알았어요. 경영진이 그를 불신했으니까요."

1998년 2월, 복직 후 딱 한 주가 지났을 때, 감독 한 명이 벡에게 부가급부로 자동차를 제공받은 직원의 뒤를 밟으라는 임무를 내렸다. 상처에 소금을 뿌리는 격이었다. "특권을 가진 다른 직원들을 감시하는 게 어떤가? 자네는 못 받은 특전을 받은 사람들 말이야."

사무실 학살은 3월 6일에 일어났다. "스트레스" "사무실" 같은 단어는 일터의 억압적 분위기와 전형적이고 모멸적인 실내 구조를 묘사하기에는 너무 단순하다. 직원들의 기를 죽이는 비인간적인 설계를 묘사할 수 없는 것이다. 공포스러운 형광등 불빛, 하얀 벽들, 베이지 색 칸막이, 가지런한 산업용 카펫, 소독약 냄새가 나는 화장실 칸칸, 윙윙거리는 자판기…….

한 지역 기자는 코네티컷 주 복권 사무실을 이렇게 묘사했다. "정체 모를 토끼굴 같았다. …… 콘크리트 블록으로 지은 단층 건물에 칸막이 책상들과 작은 사무실들이 좁은 복도를 따라 더 많은 사무실들과 연결돼 있는 것이 마치 미로 같았다."

현장에 간 『뉴욕타임스』 기자는 이렇게 묘사했다.

베이지 색에, 뒤에는 창고가 딸린 평범한 건물이다. 하지만 많은 사람들에게 코네티컷 주 복권 본부는 고액 당첨자들이 커다란 수표 모형을 들고 포즈를 취하는 환상의 장소다. 밝은 노란색 "상금 수령 센터" 표지를 따라 특별 안내실로 가 6백 달러에서 수십만 달러에 이르는 거액의 상금을 받는 곳.

또 다른 출입구가 있다. 코네티컷 복권에 활기를 불어넣는 사무관, 회계원, 데이터 처리 담당자, 그 밖의 직원들이 사용하는 곳이다. 그들은 보안 코드를 입력해 칸막이 책상과 작은 사무실들로 이루어진 토끼굴에 들어간다.

외부자는 이 미로에서 쉬이 길을 잃을 수 있지만 회계원 매슈 벡은 8년 넘게 이곳에서 일해 왔다. 그는 길을 잘 알았고 또 금요일 아침 자신이 무엇을 하고 싶은지도 잘 알았다.[16]

달리 말해 여느 사무실과 비슷하다는 말이다. 이렇게 묘사한 기자들은 자신들이 그 살인 행각의 일부 원인을 묘사하고 있다는 것을 이해했을까?

정체 모를 토끼굴 같은 사무실에서의 평상복 출근일, 곧 가장 잘 길들여진 미국 노동자들이 명랑하게 인사하는 날이었다. 하지만 평상복 출근이라는 발상은 직원에 대한 회사의 권력이 얼마나 큰지를 미묘한 방식으로 상기시키는 모멸적 규칙 중 하나다. 겉모습과 옷차림이 어때야 하는지, 언제 긴장하고 언제 긴장을 풀어야 하는지까지 회사가 지시하는 것이다. 노예들조차 자기 마음대로 평상복 출근일을 정할 수 있었다. 로버트 앤더슨은 『노예 상태에서 풍요로운 생활에 이르기까지』*From Slavery to Affluence*에서 이렇게 언급했다. "농장 노예는 거의 아무 때나 모여 놀고 싶으면 그렇게 했다. 농장 일에 방해가 되지 않는 선에서 말이다."[17]

매슈 벡은 평상복 출근일에 청바지에 갈색 가죽 재킷을 입고 왔다. 일과가 시작되자 벡이 자신의 전前 데이터 처리 감독 마이클 로건에게 이야기하는 게 보였다. 승진 탈락에 대한 벡의 고충 제기를 처음 거부한 이가 로건이었고 그 사안은 더 높은 이에게 넘겨졌다. 또한 전해, 벡에게 굴욕적으로, 불법적으로 추가 수당 없이 부가된 업무를 감독한 IT 관리자도 로건이었다. 한 동료는 로건과 이야기하는 동안 벡이 "심한 꾸지람을 듣는 것"처럼 보였다고 말했다.

최고 재무 책임자이자 벡의 회계 부문 고위 감독(그의 경험에 따르면 자신을 억압한 또 다른 핵심 인물) 린다 플리나르치크가 지나가다 벡에게 가죽 재킷을 벗으라고 말했다. 일과가 시작된 지도 30분이 지났고 계속 가죽 재킷을 입고 있는 것은 평상복 출근일 취지에도 맞지 않는다는 것이었다. 하지만 벡은 평상복 출근일 분위기를 누릴 기분이 아니었다. 그는 통명스레 대답했다. "싫어요."

로건은 벡과 이야기를 끝내고 자기 사무실로 돌아갔다. 벡은 몇 분간 칸막이 책상에 앉아 멍하니 허공을 응시했다. 8시 45분, 그는 일어나 로건의 사무실로 갔다. 짧은 대치 후 벡은 군용 칼을 꺼내 로건의 배와 가슴에 꽂았다.

그러고는 건물 앞쪽으로 되돌아가다 회의실에 난입했다. 또다시 특권계급의 회의실이 분노 반란자의 초점이 된다. 회의는 믈리나르 치크가 주재하고 회계부 직원 넷이 참석하고 있었다.

벡은 목표물인 최고 재무 책임자를 주목했다. 그는 글록 9밀리 반자동 권총을 재킷에서 꺼내 믈리나르치크를 겨냥하고는 말했다. "안녕, 잘 가." 그는 믈리나르치크에게 세 발을 쏴 죽였다. 바로 며칠 전 벡이 복직했을 때, 그녀는 새로운 업무를 설명하려고 벡과 만난 바 있었다. 그 만남이 굴욕을 당하고 감정이 상한 벡에게 얼마나 불편했을지 상상하기란 어렵지 않다. 또 부하 직원을 혐오하는 상관이 얼마나 교묘한 방식으로 직원에게 모멸감을 주었을지도 상상하기 어렵지 않다.

믈리나르치크는 인구 7만에 대다수가 폴란드인인 인근 뉴브리튼의 시장을 역임한 바 있다. 지난 20년간 뉴브리튼 시장으로 공화당원이 뽑힌 것은 그녀가 처음이었다 — 이후 임기를 한 번 마치고는 바로 내쫓겼다. 그 단 한 번의 임기도 논란으로 점철되었다. 시립 묘지를 민영화하고, 약혼자를 그 기업의 법률 고문으로 임명한 것을 비롯해 시 노조에 경비 삭감에 동의하도록 압력을 가하고, 뉴브리튼을 더 "기업 친화적"으로 만들었다. 그녀가 자유 시장과 공정 경쟁을 지지했는지는 모르지만 그녀 자신의 재산에 관해서라면 끼리끼리 해먹는 정실 인사 같이 익숙한 구유럽 관행을 따랐다. 그녀는 코네티컷 주에서 공화당 존 롤런드[1995년부터 2004년까지 코네티컷 주지사]를 가장 먼저 지지한 시장이었다. 그래서 그녀가 재선에 낙

선하고 그는 당선됐을 때 의기양양한 롤런드는 예상대로 그녀를 주복권 최고 재무 책임자로 임명했다. 최고 재무 책임자로서 그녀는 복권 발행 총수에 책임이 있었는데, 복권의 발행 부수가 조작되었음이 나중에 인정된 바 있다 — 비록 그녀가 이 복권 회계 스캔들로 유죄판결을 받지는 않았지만 말이다. 얼마 안 되는 시간 동안 그녀와 감독들은 백을 파괴했다. 그녀의 후원자 롤런드 주지사 역시 지사직을 사임해야 했다. 2004년 여름, 연방 정부가 부패 조사에 나서면서 무수한 윤리 규정 위반으로 상황이 탄핵으로 치닫고 있었던 까닭이다. 그는 사임 전에 윤리 위반으로 벌금을 부과 받은 최초의 코네티컷 주지사가 되었다.

백은 플리나르치크와 함께 회의실에 있던 다른 사람들, 곧 그가 잘 아는 직원들은 쏘지 않았다. "바로 총을 내리고는 나갔어요." 『뉴욕타임스』에 백의 재능을 칭찬했던 중간 감독 캘런딕이 말했다. "그와 눈이 마주쳤는데 눈이 죽은 사람처럼 생기가 없었어요." 회의실에 있던 또 다른 동료는 이렇게 언급했다. 백은 "활짝, 아니면 씨익 가볍게 웃었던 것 같아요. 그러고는 나갔어요."

복도는 아수라장이었다. 직원들이 비명을 지르며 칸막이 책상 미로를 통과해 창고 쪽으로 달아났다.

플리나르치크의 사무실은 임원을 위한 특별실에 있었고 이는 백에게 유리하게 작용했다. 바로 옆이 사업부 부대표 프레더릭 루벨만 3세의 사무실이었던 것이다. 그가 문을 열고는 물었다. "다들 괜찮아요?" 루벨만은 백이 부회계원으로 승진하는 것을 승인하지 않은 임원 중 하나였다. 루벨만은 백에게 정면으로 맞서다 총에 맞아 죽었다.

이때까지 수백 명의 직원 중 다수는 자갈이 깔린 주차장으로 몸을 피했다. 벡은 그들을 따라 전력 질주했고 마지막이자 가장 큰 표적인 복권 대표 오소 브라운을 뒤쫓았다. 벡의 승진에 대한 최종 결정권자는 다름 아닌 마흔네 살의 브라운이었다. 이제는 불만을 품은 직원에게 쫓기는 신세가 된 브라운은 안전한 곳을 찾아 직원들을 이끌고 인근 숲으로 대피했다. 휘청거리며 밖으로 나온 벡은 다시 동료 직원들을 쫓아 달렸는데 청바지 왼쪽이 희생자의 피로 젖어 있었다. 일부 직원들은 배수로로 뛰어들었고 일부는 진창에 빠져 이리저리 흩어졌다.

브라운은 뒤로 우회해 주차장으로 간 것으로 보인다. 일부 직원들은 그가 영웅이라고 주장했는데 직원들을 구하려고 자신을 미끼로 삼았다는 것이다.

브라운은 달아나는 도중에 주차장에서 홀로 붙잡혔다. 조깅과 하이킹 마니아였던 벡은 금세 그를 따라잡았다. 벡이 가까이 오자 브라운은 멈칫하며 뒷걸음쳤다. 그는 두 손을 들고 "안 돼, 매트" 하고 외치고는 발을 헛디뎌 뒤로 넘어졌다.

벡이 사장 앞에 서서 글록으로 머리를 겨누었다. 습지대 숲으로 안전하게 숨은 직원들이 벡에게 쏘지 말라고 큰소리로 외쳤다. 한 동료 회계원이 "매슈, 쏘지 마! 매슈, 쏘지 마!" 하고 외쳤고 다른 이들은 비명을 질렀다. 브라운은 계속 두 손을 들고 살려 달라 애원했다. 벡은 잠시 그를 주시하며 할근거렸다. 그러고는 권총을 들어 올려 — 브라운은 손으로 자기 몸을 가렸다 — 두 발을 발사했다. 브라운은 더는 움직이지 않았고 숲에 있는 직원들은 비명을 지르며 울부짖었다. 벡은 잠시 그대로 서있다가 죽어서 축 늘어진 브라운에게 가 또 총을 쐈다. 시신이 덜커덕 경련을 일으켰다.

바로 그때 백차가 바닥을 할퀴며 주차장에 도착했다. 백은 관자놀이에 총을 대고는 방아쇠를 당겼다. 어찌된 일인지 두 발이 발사되었다. 그의 시신이 바닥으로 쓰러졌다.

매슈 백은 미쳤던 것일까? 회의실에 있던 한 감독은 그가 희생자를 어떻게 골랐는지 이렇게 묘사했다. "그들은 코네티컷 복권에서 권력을 가진 사람들이었어요. 그의 승진 탈락을 결정한 사람들이요."

그의 부모는 언론에 성명을 발표했다. "아들의 살해 행위는 괴물 같았지만 아들은 괴물이 아니었습니다. 아들의 친구들과 가족이 증명할 수 있습니다."

분노의 여름

9·11 테러 공격으로 사람들이 죽고 나자 분노 살인이, 학내 사건이건 사무실 사건이건, 일시적으로 중단된 듯했다. 많은 것들이 유보되었다 — 헌법과 기본권도 지켜지지 않았고 심지어는 이 책조차 출간이 돌연 취소되었는데, 당시 담당 편집자는 이렇게 이야기했다. 9·11 여파로 "지금으로선 이런 책을 팔 방도가 없어요."

[신자유주의적 기업] 문화가 테러에 대한 두려움과 지속적인 전시 체제에 적응하자마자, 사무실 학살은 맹렬히 되돌아왔다. 1998년에는 직장 내 학살이 9건 보고되었는데, 2003년에는 45건에, 사망자가 69명, 부상자가 46명이었다.[18]

9·11 테러 공격은 일반 대중에게 충격과 당혹감을 안겨 줬다.

그러나 기저의 사회경제적 조건들은 전과 달라지지 않았다. 사실 부시 정권에서 레이건주의는 더 레이건적으로 되었을 따름이다. 위기에 가까운 경기후퇴가 있었을 뿐만 아니라, 입이 떡 벌어질 정도로 놀라운 부시의 경제정책들은 계층 간 사회경제적 격차도 넓혀 버렸다. 즉 상위 2퍼센트에게 전례 없는 감세 혜택을, 대기업들에게 세액공제 혜택을 제공함으로써 슈퍼 부자들에게 국부 2조 달러를 추가로 이전했다. 또한 군산복합체에는 기록적인 수준의 자금을 지원했고, 중하층을 위한 정책들에 대해서는 예산을 추가로 삭감했다. 이와 같은 엄청난 부의 마구잡이식 이전은 부시 정권이 끝나도 수십 년간 지속될 것이다. 사실 집권 초기 부시 행정부는 법인세를 아예 없애고 "개인"(중산층의 완곡어)에게 더 많은 부담을 지게 하는 구상을 내놓았다. 부시의 두 번째 임기 제1부는 사회보장제도를 "민영화"하는 데 주력했다. 이는 결국 사회보장제도 전체를 없애 버리고 소수의 재벌들을 더 부유하게 만들려는 얄팍한 위장 계략이었다. 시카고 대학교 경제학자 오스턴 D. 굴즈비가 수행한 연구에서 보여 주듯 그 계획이 통과되면 월가 기업들이 주식 매매 수수료로 최대 1조 달러를 벌게 될 터였다.

미국을 봉건사회로 몰아붙이는 부시의 돌진은 너무도 터무니없어서 싸구려 코미디와 굳이 겪지 않아도 되는 재난을 섞어 놓은 듯했다. 그의 경제정책은 재벌의 장난, 속임수 같았다. 그들이 얼마나 챙겼는지, 얼마나 빼앗아 갔는지만 봐도 알 수 있다. 다음은 조지 W. 부시의 재임 시절을 분명히 보여 주는 전형적인 기사다.

거대한 특전, 세금 우대 혜택 받는 요트 소유주들

새로운 법으로 부자들이 값비싸게 구입하던 물품에 대해
여러 가지 방식으로 세금 감면 혜택을 받게 되다

일부 초호화 요트 구매자들은 내년에 소득세에서 수백만 달러를 공제 받을 전망이다. 2003년 의회에서 통과된 부시 행정부의 세금 경감 정책 조항들에 따라 유람선의 가치를 낮게 잡게 되었기 때문이다. 전국에 있는 약 50만 척의 배 소유주들은 자신의 선박을 제 2의 집으로 신고함으로써 매년 소득세 고지 금액을 줄일 수 있다. …… 지난달 사우스 레이크 유니언에서 열린 해상 보트 전시회에 모인 몇몇 요트 판매자들은 해상에 있는 대형 유람선들이 세금 우대 조치를 받게 된다고 말했다./에릭 널더 기자, 『시애틀 포스트-인텔리전서』(2004/11/10)

이것이 분노의 여름을 만들어 낸 배경이다. 직장 내 분노 살인의 짧은 역사에서 그 어느 때보다도 피로 얼룩진 2003년 7, 8월은 그것이 1998년 이래 증가해 온 경향에 기반을 두었다. 피바다는 정확히 7월 1일에 시작됐다. 미주리 주 제퍼슨시티, 모던매뉴팩처링 직원이 동료 셋을 총으로 쏴 죽이고, 넷에게 부상을 입혔다. 경찰이 다가오자 그는 자살했다. 어떤 이들은 그가 난사한 것 같다고 말했지만, 현장에 있던 다른 이들은 그가 분명 표적을 골라냈고 다른 이들은 의도적으로 살려 줬다고 말했다. 얄궂게도 그의 40구경 글록 권총은 미주리 주 고속도로 순찰대Missouri State Highway Patrol가 배급하는 총으로 그가 지역 판매점에서 산 것이었다 ― 총에는 MSHP 표시도 있었다. 한 동료는 용의자 조너선 러셀(25세)이 야간 교대 근무에서 일찍 퇴근한 일로 근신 중이었다고 주장했지만, 회사 대변인은 이를 부인했다. 지역 CBS 언론은 직원이 140명인 이 공장이 정리 해고를 계획하고 있다고 보도했다.

러셀은 아내와 갓 헤어져 어머니가 있는 트레일러하우스로 이사한 상태였다. 이웃과 직원들은 그가 "조용한" "친절한" "전혀 그럴 유형이 아닌" 사람이라고 했다. 러셀은 주체할 수 없는 도박 습관도 있었다고 한다. 그는 미주리 주 분빌 근처의 아일 오브 카프리 카지노를 어머니와 함께 자주 찾았다. 이 카지노 누리집은 신나게 이렇게 공언한다. "미주리에서 하나뿐인 열대 오아시스에서 재미를 만끽하세요. 오셔서 천국의 여러분 몫을 붙잡으세요. 약 8백 평에 이르는 우리 카지노는 슬롯머신 9백 대와 테이블 게임 35개, 정평 난 레스토랑 셋, 쇼핑몰 및 오락 시설, 별관의 역사 전시실로 후끈 달아오르고 있습니다." 러셀은 곧잘 어머니와 카지노를 찾아 도박으로 박봉을 날려 버렸다. 다시 말해, 그는 조작된 게임[부자는 더욱 부자가 되고, 가난한 이는 더욱 가난해지는 게임]과도 같았던 레이건 이후의 직장을 떠나, 이보다 훨씬 터무니없게 조작된 게임을 하는 합법적 노름방으로 간 셈이다. 로버트 드니로가 영화 〈카지노〉에서 말하듯 "승자는 우리뿐이다. 게임을 하는 이들에게는 그럴 가능성이 없다." 카프리섬 카지노 총관리자는 러셀이 "문제를 일으키지 않는" 좋은 손님이었다고 기자들에게 말했다.[19] 즉 카지노가 탈탈 털어 가도 화를 내거나 도움을 청하는 일은 결코 하지 않은 것이다. 참 우울한 그림이다. 이 외롭고 분투하는 중산층 모자가 에어컨 빵빵하고 카펫이 깔린 합법적 사기 업체에 사기를 당하는 풍경이라니. 러셀과 어머니가 카프리섬 카지노에서 또 밤을 보내며 돈을 탕진하는 모습을 떠올려 보면, 남들 노래만 하는 촌티 나는 컨트리 밴드의 연주가 들리고 오래되어 쾨쾨한 담배 냄새와 프레온가스 냄새가 나는 것만 같다.

바로 다음날 텍사스 샌앤젤로에서는 버라이즌 와이어리스 직원 로드니 제임스 몽크(50세)가 감독의 몸통에 네 발을 쏘고는 자살했다. 같은 날, 불만 있는 버라이즌 직원들이 모여 회사에 대한 뒷담화를 나누는 사이트 버라이즌이트풉 닷컴Verizoneat poop.com에는 다음과 같은 글이 올라왔다. 이런 살인 행각에 대한 공감은 흔하지만 검열되고 마는데, 이 글은 그런 공감대를 보여 준다.

이름 익명
작성 일시 2003년 10월 7일 오후 2시 9분 14초
주 뉴욕

고충 내용 텍사스에서 직장 내 분노 살인 사건이 일어났다는 소식 들었어요 ─ 관리자를 쏘고는 자살했다고요! 이에 대해 들은 사람 누구 없나요? 어느 부서 사람이죠? 경영진은 이 상황을 살펴봐야 해요. 노동조건에서 기인하는 일종의 전염병이 될 수 있다고요! 이 같은 일이 이렇게 늦게 일어난 게 놀랍습니다. 버라이즌은 직원들을 전부 어떻게든 없애겠지요. 정리 해고를 하든, 자살을 하게 하든 …… 머릿수와 서비스 수준이 내려가면 주식은 오르지요. 그 관리자가 만약 죽지 않고 살았다면 버라이즌은 직원을 또 한 명 없앤 대가로 큰 보너스를 줬을 거예요. 죽은 관리자의 상사는 직원 둘을 없앤 대가로 승진을 하겠네요. 이게 납득이 안 된다면 당신은 버라이즌에서 일해 본 적이 없는 사람인 게 분명합니다![20]

2002년, 버라이즌은 일자리 1만8천 개를 삭감했고, 그해 수입 670억 달러에 이익 40억 달러를 기록했다. 정리 해고가 큰 효과를 내자 2003년에는 노조 친화적인 주들의 노동자들을 정리 해고하고 일자리들을 노조 없는 주들로 옮기기 시작했고, 여기에 더해, 새로운 대규모 정리 해고 계획을 발표해 통신 노조의 대규모 파업들을 촉발했다. 누구나 예상했듯 노조는 2003년 9월, 버라이즌의 뜻에 굴복했다. 전례 없는 내용의 굴복이었다. 조합원들을 대신해 노조가, 회사가 앞으로 마음대로 노동자를 해고할 수 있도록 허락하는 계약을 맺은 것이다. 게다가 흔히 그렇듯 임금동결, 의료보험 및 퇴직금 삭감, 기타 등등의 양보도 했다.[21] 그때껏 회사는 문자 그대로 수십억 달러의 이익을 벌어들이고 있었다. 만약 노동자들이 파업을 벌이지 않았다면 어떻게 됐을까? 아마도 [그냥 조용히] 소일렌트 그린 고기[인육]로 팔리지 않았을까?♦ 반면, 1997년과 2001년 사이 임원들은 급여와 보너스로 5억 달러 이상을 받았다. 버라이즌 최고 경영자 이반 사이덴버그는 2002년에만 5,840만 달러 이상을 벌었다.[22] 노조가 굴복한 뒤 몇 달 만에 그들은 추가로 2만1천 명을 정리 해고했고 16억 달러의 이익을 얻었다. 부의 이전을 이보다 더 또렷하게 보여 주는 예는 없다.[23]

[7월 4일 미국 독립기념일 축제가 끝나 가는] 7월 8일, 미시시피 주 머리

♦ 〈소일렌트 그린〉*Soylent Green*(1973)은 환경오염으로 과일, 채소, 고기 같은 천연 식품이 사라진 2022년의 지구를 그린 공상과학영화다. 영화에서 소일렌트 사는 친환경적인 플랑크톤으로 만들어졌다는 '소일렌트 그린'이라는 정체불명의 식품을 파는데, 결국은 그것이 죽은 노인들의 시체로 만든 사람 고기라는 게 밝혀진다.

디언, 록히드마틴[미국 최대의 방위산업체] 공장. 피콜로 페츠와 로만 캔들[둘 다 폭죽 상표명]을 막 다 치웠을 무렵, 한 노동자가 동료 직원 다섯 명을 총으로 쏴 죽이고 일곱 명에게 부상을 입히고는, 동거 중인 여자 친구 바로 앞에서 산탄총을 가슴에 쏴 자살했다.[24] 초기 보도들은 살인자 더그 윌리엄스를 흑인들을 표적으로 삼은 인종주의적 별종으로 그렸다. 하지만 앞서 언급했듯이 살인자를 그저 악한으로 묘사하는 것은 쉬운 일이지만, 깊이 들여다보면 그렇지 않은 부분들이 보인다. 한 예로 윌리엄스가 쏜 흑인과 백인의 수는 같고(흑인이 백인보다 더 많이 죽긴 했지만 말이다) 또 윌리엄스는 도중에 일부 흑인들에게는 분명 총을 쏘지 않으려 했다. 로더데일 카운티 보안관 빌리 솔리의 말이다. 윌리엄스는 "총격을 벌이는 동안 몇몇 흑인들은 그냥 지나쳤습니다. 처음엔 그들에게 산탄총을 겨누었다가 치웠습니다."

다른 행각들과 구별되는 점이 있다면 시작이 극히 아이러니하다는 것이다. 발포 순간 윌리엄스는 직원들이 의무적으로 들어야 하는 감수성 훈련 세미나, 직장 내 윤리와 존중을 가르치는 세미나에 참석 중이었다. 어떤 기사를 봐도 이런 분명한 아이러니에 대한 언급은 없었고, 또한 직장 내 학살이 노동자들을 감수성훈련에 강제로 참석시킨 무기 공장(수송기 C130-J와 전투기 F-22 랩터를 생산하는)에서 발생했다는, 훨씬 더 이해하기 힘든 삼중의 아이러니에 대한 언급도 없었다.

사실, 이는 가장 조야한 시트콤의 한 장면처럼 너무나도 아이러니한 상황이다. 이런 비효율적이고 우스꽝스러운 감수성 세미나를 통한 사상 검열은, 이 세미나에 의무적으로 참석해야 하는 사람들을 외려 폭발시킬 수도 있다. 회사들은 단 하나의 목표를 염두에 두고 이런 감수성 훈련 세미나 사기꾼들을 고용한다. 그 목표란 문제가 터졌을 경우 임원과 주주들에게 '우리는 예방 교육 의무를 준수했다'는 면피용 증서를 제공해 주는 것이다. 모든 사람들이 그런 감수성 훈련 세미나가 효과가 없다는 것을 안다. 특히 미시시피의 한 무기 공장에서 시행하는 거라면 더 그렇다. 오히려 더 큰 냉소주의와 분노를 불러일으킨다. 지난 25년간의 수많은 기업 정책들과 마찬가지로 직원들에게 감수성 훈련 세미나를 실시할 때, 그 훈련 과정이 참으로 권한과 책임을 평등하게 공유하는 분위기를 조성하는 데 유효한지는 기업의 관심사가 아니다. 만약 직원들이 서로 더 아껴 주길 원한다면 고용 안정을 보장해 주고 회사 이익에서 더 큰 몫을 떼어 주어야 한다. 직원들도 멍청하지 않다 — 주주들을 위해 참석하는 것이지 자신의 도덕 향상을 위한 것이 아님을 알고 있다. 그것은 상처를 주는 것도 모자라 모욕까지 주는 것, 굴욕감도 모자라 분노까지 주는 것일 뿐이다.

그날 오전 감수성 세미나 동안 윌리엄스는 화가 나서 자리를 박차고 나간 뒤 12구경 산탄총, 22.3구경 반자동 소총, 탄띠를 가지고 돌아와 발포했다. 먼저 사망한 사람 중 한 명은 백인 동료 미키 피츠제럴드로 그는 윌리엄스를 돌아보고는 말했다. "더그, 이런 걸 정말 원하는 게 아니잖아요." 윌리엄스는 "아니요, 원해요"라고 대꾸하고는 얼굴에 총을 쐈다. 부상을 입은 한 직원은 나중에, 윌리엄스가 공장 관리자와 생산 관리자를 쏘려 했다고 증언했다. 그가 표적으로 삼은 사람 하나는 부상을 입었지만 다른 사람들은 도망쳤다.

두 아이의 아버지인 윌리엄스는 바로 그날 아침 여자 친구가 보는 앞에서 상사들에게 꾸지람을 들었는데 평소와는 다른 곳을 통해 출근했다는 이유였다. 그러고는 감수성이 부족한 그 상사들에 이끌려 동료에 대한 존중을 가르치는 감수성 세미나에 참석해야 했다. 그가 최근에 승진에서 퇴짜를 맞았다는 보도도 있었다. 윌리엄스의 친척들은 총격의 동기가 인종이 아니라 일터 분위기라고 말했다. 바로 그런 분위기 속에서 동료들은 20년을 근속한 직원을 "지목해 괴롭히고" 경영진은 그의 걱정거리들을 무시했다는 것이다. 그가 부상을 입힌 한 명은 스티브 코브, 그 공장 관리자였다.

10분간의 총격 행각이 끝날 무렵 윌리엄스는 여자 친구 셜리 프라이스와 마주쳤고 그녀는 두 손을 들고 제발 멈추라고 애원했다. 윌리엄스는 산탄총을 심장 쪽에 대고는 총을 쏴 자살했다. 며칠 뒤 제일침례교회에서 희생자들을 위해 열린 추도식에서 프라이스가 시장의 추도사를 끊으며 이렇게 외쳤다. "죄송합니다. 이 사람을 비난하지 말아 주세요. 그도 인간이었어요." 그녀는 사상자들의 이름이 적힌 식순 팸플릿을 흔들며 말했다. "그의 이름은 여기 없어요. …… 그도 희생자였어요. …… 그는 친절하고 다정한 사람이었어요." CBS에 따르면 그때 "일부 참석자들은 자리에서 일어나 박수를 쳤다."

이런 모습들은 분노 살인 사건들에서 흔히 보이는 풍경이다. 공격자들에게는 당대 가장 악한 것을 나타내는 (나치, 인종주의자, 자코뱅) 딱지가 붙고, 조사 과정에서는 그 동기가 제대로 밝혀지지 않지만, 그러다 나중에 공격자들이 일터에서 학대를 받은 것으로 흔히 드러난다. 보통의 총격 사건 희생자라면 살인자도 인간임을 알아 달라는 외침에 일어나 박수를 치지는 않을 것이다. 하지만 이런 분노 살인에서는 희생자와 그 친척들이 이런 동정을 표현하는 것을 우리는 거듭 목격하게 된다. 진짜 적은 범인이 아니라 그가 폭발하게 만든 문화임을 증명해 주는 것이다.

그 길고 뜨거운 분노의 여름은 이제 막 끓어오르고 있었다. 7월 21일, 미시간 주 리보니아 시 교외에 위치한 디트로이트. 25구경 자동 권총으로 무장한 20세 남성이 아이언 마운틴 시큐어 슈레딩 [문서 세절 전문 회사]에서 동료를 죽이고 자살하겠다고 위협했다. 그는 출근하자마자 감독을 만나겠다고 하고 총을 휘둘렀다. "그의 오늘 계획은 회사에 총을 가져와 그 직원을 죽이고는 자살하는 것이었습니다." 경찰서 부서장 벤저민 맥더못의 말이다. "하지만 그러지 못했습니다." 대치 상태는 네 시간 뒤 그가 저항 없이 항복하면서 끝이 나, 분노 사건으로는 희귀한 예외 사례가 되었다.[25] 어쩌면 앞길이 창창한 스무 살 청년이라 미래에 대한 희망으로 마음을 달랠 수 있었는지도 모른다. 토끼굴 같은 회사에서 오랜 세월을 보낸 뒤 너무도 많은 노동자들이 도달하는 일종의 실존적 막다른 골목에는 이르지 않았던 것 같다.

이틀 뒤 인 7월 23일, 센츄리 21 부동산 판매원 론 토머스가 텍사스 주 샌안토니오에 있는 사무실에서 35.7구경 매그넘을 발포해 여성 동료 둘을 죽이고, 또 한 명의 관자놀이에 부상을 입혔다.[26] 한 경찰관의 주장에 따르면, 기혼에 두 아이를 둔 토머스는 여성 감독들에게 대답해야 한다는 사실에 화가 났다고 한다. 그 48세의 부동산 판매원은 감독(61세)과 사내 최고의 경쟁자(40세)를 죽였다. 그들은 복사실에서 함께 이야기를 나누던 중이었다. "정확히 조준해서 쏠 필요는 없었습니다." 살인 현장을 살펴본 경찰관의 말이다.

흥미롭게도 총격 사건 뒤 일부 동료들은 아프리카계 미국인 토머스를 "훌륭한" 사무실 멘토이자 사내 최고 판매원으로 묘사했다. 더욱이 학살을 저지르고 나가는 길에 마주친 여성 안내원과 눈이 마주쳤지만 쏘진 않아서, 그를 정신착란 상태의 여성 혐오자로 그리고 싶은 기자들과 경찰들을 혼란에 빠지게 했다.

총격 사건 며칠 뒤 나온 『샌안토니오 익스프레스 뉴스』의 기사는 토머스와 그가 죽인 마흔 살의 경쟁자가 오랫동안 팽팽한 긴장관계에 있었음을 밝혀 주었다. 이 악취 폭탄 같은 일련의 사무실 정치는 멀리서 보면 우스꽝스럽지만 일인칭으로 경험할 때는 일종의 전쟁터처럼 느껴질 수 있다. 한 퇴직자는 토머스와 그 여성 애너 메드카프의 나쁜 관계를 "사무실에 으레 있는 일"로, 또 그 여파를 "계속되는 작은 소란"으로 묘사했다. 나중에 경찰이 말한 바에 따르면, 토머스의 자녀가 다문화인이라는 사실을 두고 메드카프가 이러쿵저러쿵 말해 그가 분노한 일이 있었다고 한다. 경찰서장이 말했듯이 "사실 결국 우리는 진짜 용의자가 오로지 그 사람만이라고는 할 수 없음을 알게 될 것"이다.

토머스는 자신의 포드 익스플로러를 타고 현장에서 도망쳤고, 한 트럭 운전사가 그를 목격해 경찰에 신고했다. WOAI[샌안토니오의 지역 방송국] 뉴스에 따르면, "경찰이 따라붙기 시작하자 총격으로 인한 것으로 추정되는 번쩍이는 화염이 목격됐다. 익스플로러가 갑자기 방향을 확 틀더니 충돌했다." 토머스는 차량에서 죽은 채로 발견됐다.

이 학살과 관련해 주목할 만한 부분은 그가 표준적인 분노 살인자의 프로필, 곧 혼자 있길 좋아하고 분노로 가득한 백인 남성과는 반대되는 프로필의 인물이었다는 것이다. 토머스는 기혼의 성공한 아프리카계 미국인에 인기도 있었다. 그는 동료와 그 동료와 한패로 보이는 이들에게 화가 나 있었다. 흔히 그렇듯 당국은 살인자를 정신착란 상태의 악한으로 그리려 할 것이다. 사무실 문화, 그리고 사무실 정치를 만들어 낸 더 넓은 수준의 사회경제적 착취가 그의 삶을 지옥으로 만들었을 가능성은 고려하지 않은 채 여성 혐오증(혹은 인종주의나 나치즘)이 동기라고 말하면서 말이다. 이는 이런 범죄들에 대한 진지한 논의를 회피하는 손쉬운 방법이며, 그들에 대한 변호를 불가능하게 한다 — 살인자가 백인이면 미친 나치주의자이고, 흑인이면 여성 혐오자니 말이다.

적잖은 분노 살인자들이 아프리카계 미국인이었다. 토머스, 제너럴 다이내믹스의 로버트 맥, 2004년 캔자스 시티, 콘아그라 공장에서 다섯 명을 죽이고 세 명에게 부상을 입힌 일라이저 브라운이 그들이다. 1987년에 일어난, 알려지지 않은 이상한 사건도 있다. 아프리카계 미국인 데이비드 버크는 캘리포니아에서 PSA 항공사 직원으로 일하다가, 직원 주류 구입비에서 69달러를 훔친 것을 시인한 뒤 해고되었다. 그는 감독인 고객 서비스 관리자 레이 톰슨에게 부디 해고는 말아 달라고 애원했다. 그는 자백했고 "후회스럽고 미안하다"라고 말했으며 해고되면 "아이들을 먹여 살릴 사람이 없다"고 했다. 톰슨은 이런 동정 조의 위협을 용인하지 않았다. 버크가 해고되어 사무실을 떠날 때 한 사무원은 이렇게 빌어 주었다. "즐거운 하루 보내요!" 버크는 재차 뒤돌아보며 말했다. "참 좋은 하루를 보낼 생각입니다." (PSA는 자사를 "방긋 웃는 항공사"로 불렀고, 모든 여객기 앞부분이 웃는 것처럼 보이는 진부한 그림을 크게 그려 놓았다.)

이튿날 버크는 로스앤젤레스와 샌프란시스코를 오가는 PSA 통근 여객기에 탑승했다. 톰슨이 보통 이용하는 여객기였다. 아직 가지고 있던 회사 신분증을 이용해 [보안검색대를 통과한] 버크는 장전한 44구경 매그넘을 몰래 가지고 여객기에 탔다. 탑승하자 톰슨이 보였고 그는 멀미 봉지에 이런 메모를 휘갈겨 썼다. "참 얄궂군, 그렇지 않나? 난 내 가족을 위해 당신에게 관대한 처분을 청했는데, 기억나? 난 아무것도 얻지 못했지. 이젠 당신이 그렇게 될 거야."

통근 여객기 BAe-146이 순항고도 2만9천 피트에 이르자 버크는 태연히 화장실로 걸어가면서 그 봉지를 감독의 무릎에 떨어뜨렸다. 화장실에서 돌아온 그는 44구경 매그넘을 꺼내 톰슨을 쐈다. 총소리가 조종실 음성 기록 장치에도 수집되었다. 몇 초 후 조종실 문이 쾅 하는 소리와 함께 열리고 스튜어디스가 전 승무원에게 알린다. "문제가 생겼습니다." 기장이 묻는다. "무슨 문제요?" 버크가 불쑥 들어가 기가 막힌 타이밍에 대답한다. "내가 그 문제다." 그러고는 기장과 부조종사에게 한 발씩 쏜다. 통근기가 추락하는 동안 총소리가 또 들린다 — 버크가 자살하는 총소리. 비행기는 1만3천 피트에서 부서졌고 산타아나 구릉지에 충돌했다. PSA 1771편에 탄 탑승객 및 승무원 44명 전원이 사망했다.

어떤 의미에서는 버크의 공격이 미국 역사상 최대 규모의 살인 사건, 또 최대 규모의 분노 살인 사건일 것이다. 나는 이 책에서 직장에서 일어난 분노 살인 사건을 살펴보는데, 버크가 PSA 비행기에 탑승해 일한 것은 아니었다. 더욱이 그가 죽인 거의 모든 사람은 승객이어서 일반적인 직장 내 살인 사건의 정의에 어긋난다. 다른 한편 버크의 공격은 분노 살인 사건의 관점에서 볼 때 성공적이었다. 자신을 해고한 감독과 그 회사를 죽인 것이다. PSA는 그 후 얼마 안 되어 없어지고 이듬해 유에스항공에 ― 대량 정리 해고를 통해 경영진에게 보너스를 챙겨 주는 문화를 서서히 흡수해 가던 회사 ― 흡수되었다.

다시 2003년 분노의 여름으로 돌아가자. 3주 만에 치명적인 총격 사건이 오하이오 주 앤도버에 위치한 앤도버 인더스트리스[자동차에 들어가는 플라스틱 부품 제조사]에서 다시 분출했다. 8월 19일, 서른두 살의 공장노동자 릭키 셰들이 총으로 동료 한 명을 죽이고, 두 명에게 부상을 입히고는 메탈룸에 들어가 자신의 머리에 총을 쐈다.[27] 몇 주간 앞으로 돌아가 보자. 그 회사에서 5년간 근무했고 한 번도 결근한 적이 없는 셰들은 휴가 신청서를 잘못 써냈다. 셰들은 학습 장애가 있었다 ― 태어날 때 분만 과정에서 상처를 입어 IQ가 낮았다. 어머니 로절리 셰들은 아들이 서식을 채우려면 늘 도움이 필요했고 회사도 이를 알고 있었다고 했다. 그럼에도 그가 2주간의 휴가를 떠나자 경리과 직원 테오도라 모슬리(61세)는 그에게 전화해 당장 돌아오지 않으면 해고하겠다고 위협했다. 서식을 잘못 써서 휴가를 보낼 수 없다는 것이었다. 셰들은 몹시 속이 상했다 ― 어머니가 모슬리에게 전화해 이유를 설명했지만 모슬리는 꿈쩍도 하지 않았고 서식을 잘못 쓴 것은 아들 잘못이라고 주장했다. 모슬리는 셰들에게 학습 장애가 있는 것을 알았지만 생각을 바꾸진 않았다. 사실 셰들 어머니에 따르면 모슬리는 셰들이 자신에게 "손가락으로 저속한 표현"을 했다고 우기고는 무급 정직 처분을 받게 한 적이 있었다. 셰들은 그런 적 없다고 부인했다(하지만 받아들여지지 않았다). 키 190센티미터, 몸무게 136킬로그램에 엄마와 사는 "순한 거인"

셰들은 학습 장애로 학교에서도 직장에서도 흔히 놀림을 당했다.

최근에 그는 다리에 암이 있다는 진단을 받았고 의사는 목숨을 구하기 위해서는 다리를 절단해야 한다고 말했다. 셰들은 어머니에게 다리를 절단하느니 자살하겠다고 고백했다. 공장으로 돌아온 날 셰들은 서서 일하지 않아도 되는 조립라인에서 일하게 해달라고 감독에게 청했다. 다리가 아팠기 때문이다. 보통 그의 의견을 수용하던 공장은 그날은, 서서 일해야 한다고 말했다. 이로 인해 모슬리를 비롯한 사무실의 몇몇 여성들과 고성이 오가는 다툼이 또 벌어졌다. 감독의 무정한 행태가 죽기를 바라는 그의 마음이 공고해지는데 일조했는지도 모른다. 아마도 그들을 껴앉고 함께 진창으로 빠지고 싶은 충동에 기름을 부었을 것이다. 이 굴욕감이 결정타였다. 셰들은 화가 나 공장을 나가 집으로 갔다. 권총 네 정을 가지고 돌아온 그는 모슬리의 사무실로 직행해 그녀를 총으로 쏴 죽였다. 그러고는 다른 사무실에 있던 두 명을 쏜 뒤 총을 자신의 머리로 가져가 자살했다.

셰들처럼 "조용하고 고분고분한" 유형이 느닷없이 폭발하면 사람들은 흔히 놀란다. 애슈터뷸라 카운티 보안관 빌 존슨이 말했듯 "그는 보통 사람들처럼 직장에서 사람들과 잘 어울리질 못했다. 그러니까 사람들과 이야기를 나눈다거나 그런 일을 못했다." 셰들에게는 살아야 할 이유가 정말 하나도 없었다. 사실 그는 고분고분할 필요가 없었다. 셰들에게 말기 암은 오즈가 준 선물 같았다 — 반란을 일으킬 용기를 준 것이다.

열흘 뒤 시카고. 6개월 전 해고된 창고 노동자가 일터로 돌아와 동료 여섯 명을 살해하고 경찰과 총격전을 벌이다 죽는 일이 발생했다. 멕시코 출신 살바도르 타피아(36세)는 발터 PP 38구경 반자동 권총과 여분의 클립을 가지고 자신이 근무했던 윈디시티 코어 서플라이 창고에 도착했다. 아침 일찍 나타난 그는 사장의 아들을 쏴 죽였다. 첫 번째 커피포트가 채 끓기도 전이었다. 그리고 막 도착해 도시락을 한쪽에 두고 있던 에두아르도 산체스(48세)를 보았다. 그는 그에게 총을 겨누고는 선택지를 제시했다. "묶여 있을래, 아니면 죽을래?" 산체스는 현명하게 1번을 선택했고, 그에 따라 금속 난간에 밧줄로 묶였다. 타피아는 그에게 이렇게 말했다. "당신은 저한테 아무 짓도 안 했어요. 그들은 모조리 죽여 버릴 거예요. 전부 죽이고 싶어요." 그는 바로 그 말을 행동에 옮겼다 ― 창고에 도착한 사장 둘과 직원 셋을 죽였다. 총격 행각이 벌어지는 동안 산체스는 무력하게 지켜보았다. 타피아는 자신에게 총을 총 세 발 쐈지만 살아남았다. 피범벅이었다. "악마처럼 보였어요." 나중에 산체스가 말했다. 그 죽음을 면한 인질은 몸을 꿈틀대 가까스로 밧줄에서 빠져나왔다. 타피아가 스스로에게 총을 쏘는 동안 탈출한 그는 두 직원에게 가까이 가지 말라고 경고한 뒤 경찰에 신고했고, 창고에 도착한 경찰이 타피아를 쏴 죽였다. 나중에 경찰서장 대행 필 클라인은 한 신문에 이렇게 말했다. "[타피아가] 왜 [산체스를] 쏘지 않았는지 모르겠군요." 또 다른 기사는 타피아가 희생자들을 "무차별적으로" 쐈다고 보도했다. 사장들과 그 아들들을 표적으로 삼았지만 산체스는 살려 준 세부 내용은 편리하게 생략한 것이다.

[2003년] 두 달 동안 일어난 직장 내 분노 공격 사건은 총 여덟 건으로 최소 25명이 죽었고 17명이 부상을 입었다. 참으로 길고 뜨거운 여름이었다. 사실 총기없는미국의 연구에 따르면 직장 내 총격

사건은 실제로 2002년에서 2003년 사이 배가 되었다. 더욱이 7월은 사상 최대 피로 얼룩진 광란의 사무실 학살의 달이 되었다.

분노가 아니라 악

총격 사건 지도를 그려 그 사건들이 지리적으로뿐만 아니라 시간적으로 어떻게 퍼져 나가는지 살펴보면 또 다른 패턴이 드러난다. 우체국 학살에서도 직장 내 학살에서도 처음 발생한 곳은 지방이었고 이후 인구가 많은 지역과 연안 지역으로 퍼져 나갔다. 우체국의 경우 첫 학살은 사우스캐롤라이나의 소도시에서 발생해 앨라배마, 애틀랜타, 에드먼드, 뉴올리언스로 퍼져 나가다 캘리포니아 연안에 이르렀고, 그 후로는 전국 곳곳으로 맹렬히 전이되었다. 사무실 학살 사례에서는 웨스베커가 켄터키에서 반란을 개시했고, 이는 남부 캘리포니아와 플로리다 연안 지역으로 급속히 퍼져 나갔으며, 이제는 말 그대로 전국 어디서나 나타난다. 오늘날 이런 학살 사건들은 언제 어디서나 나타날 수 있는데, 이런 종잡을 수 없는 게릴라 전쟁은 모두 이곳저곳에서 불쑥불쑥 나타나지만 그 정황들은 유사하다.

이런 패턴들은 제3의 분노 살인 유형, 즉 학내 학살에도 해당된다. 우체국 및 사무실 총격 사건들과 마찬가지로 학교 총격 사건도 1996년에 소도시에서 시작되었다. 패트릭 셰릴이 에드먼드에서 "분노 살인"을 저지른 뒤 딱 10년이 되던 해다. 콜럼바인 사건으로 많은 사람들에게 알려진, 백인 중산층이 거주하는 교외 지역의 학살 사건들은 워싱턴 주 모세 레이크, 켄터키 주 웨스트 퍼두커, 아칸소 주 존즈버러 같은 지방 도시에서 시작되었다.

사실 학내 총격 사건들이 전혀 새로운 것은 아니었다. 켄터키 주에서만 퍼두커 학살 사건 외에도 두 건이 있었다. 하나는 1993년에 카터 카운티에서, 또 하나는 1994년에 유니언 카운티에서 일어난 것이다. 새로운 현상은 그 반란들이 확산되어 왔고, 또 더 광범위한 사람들에게 공감대를 불러일으켰다는 것이다. 전에는 사람들이 학내 학살이 교외 백인 중산층 거주 지역에 있는 고등학교에서 일어날 수 있다고는 결코 생각하지 못했다. 하지만 모세 레이크, 퍼두커, 존즈버러 분노 사건들이 터지면서 그런 생각들이 청소년의 집합 의식 속으로 들어왔다. 그것들은 사람들이 이미 느끼고 있었고, 이미 태동 중이었지만, 여전히 표출되지는 않은 무언가에 대한 새로운 맥락을 제시해 주었다.

콜럼바인 고등학교 학생이자 콜럼바인 살인자 중 한 명과 어린 시절 친구였던 브룩스 브라운은 『쉬운 답은 없다』에서 그 분노 반란의 맥락이 자신의 학교에 어떻게 이르게 되었는지 설명했다.[28]

내가 2학년을 마칠 무렵[1998년] 학교 총격 사건들이 뉴스에 보도되고 있었다. 내가 처음 들은 것은 1997년 미시시피 주 펄에서 루크 우드햄이 학생 두 명을 죽이고 일곱 명에게 부상을 입힌 사건이었다. 두 달 뒤 켄터키 주 웨스트 퍼두커, 한 고등학교의 기도회에서 마이클 카닐이 학생 세 명을 죽였다. …… 전부터 도심 지역 학교들은 폭력 문제로 골치를 썩어 왔지만 이런 총격 사건들이 주로 백인 중산층, 중상층이 거주하는 교외에서 실제로 출현한 것은 처음이었다. …… 수업 중 총격 사건들에 대해 이야기할 때 아이들은 이런 농담을 하곤 했다. "다음은 콜럼바인에서 일어날 거야." 또 콜럼바인은 그런 일이 일어나기에 좋은 조건들을 다 갖췄다고 말하곤 했는데, 우리 학교에는 왕따와 증오가 만연해 있었기 때문이다.

분노 열풍이 소도시에서 시작해 대도시로 옮겨 간 데는 충분한 이유들이 있다. 무엇보다도 지방 사람들은 연안 지역에 사는 고도로 사회화된 사람들보다 좀 덜 길들여졌고 좀 더 거칠다. 난 캘리포니아 연안에서 자랐고 또 켄터키 주에서도 근 1년을 산 적이 있어 이런 차이를 직접 목격했다. [법률과 관습에 대한] 순응을 요구하는 강렬한 사회적 압력과 관련해 말하자면, [캘리포니아 연안에 위치한] 새너제이 같은 지역들은 켄터키에 견주면 비스마르크의 프로이센 같다. 이렇게 상상해 보면 이해가 쉽다. 지방에서는 자신의 고충을 [상관에게] 말 그대로 모두 다 토로할 수 있거나, 총격에는 총격으로 맞서 싸울 "권리"가 있는 것이다. 대부분의 연안 여피들이 정리 해고에 미친 최고 경영자에게 주눅 든 미소로 대응하는 것과는 다르게 말이다. 연안이나 대도시에 사는 백인의 경우, 자신이 실패한 것은 자신의 잘못 때문이라고, 그게 자신의 열등한 천성에 대한 일종의 우주의 심판이라고 생각하는 경향이 더 심하다. 아마도 더 순순히 따르거나, 꾹 참고 받아들이거나, 아니면 집 차고에서 배기가스를 들이마시는 방법으로 그냥 조용히 끝낼 것이다. 하지만 캘리포니아 교외 지역에 사는 사람이라면, 적어도 폭발하기 전까지는, 자기 에너지의 110퍼센트를 계속해서 쏟아붓고, 스스로와 주변 사람들에게 자신의 낙관론과 투지를 납득시키며, 늘 긍정적인 자세를 유지하려 할 것이다. 모두가 자신이 더할 나위 없이 좋은 상태라고 생각하게끔 말이다. 이처럼 연안 교외 지역에는 별스러운 행동을 할 여지가 전혀 없다 — 사회적으로 멋지다고 용인되는 그런 별스러운 행동이 아니라면 말이다.

백인이 주로 거주하는 지방에서는 사람들의 기대가 다르다. 그곳 사람들은 대부분, 사무실 노예들 — 오이를 기본 성분으로 한 키엘 로션을 얼굴에 듬뿍 바르고, 그럴싸한 자신의 직장 생활에 뿌듯해 하는 신경증적 메트로섹슈얼[도시에 살면서 패션이나 헤어스타일, 쇼핑 등에 관심이 많은 남자] — 과 만사 "좋은 게 좋은 거"라는 식의 태도를 역겹다고 생각할 것이다. 그곳 사람들은 자신을 괴롭히는 상관과 신의 없는 기업을 기쁘게 하려고 가족이나 친구, 아이는 말할 것도 없고, 깨어 있는 시간을 모조리 희생하는 것을 아직 '정상적'인 것으로 받아들이지 않는다. 반면, 자신에게 "잘못을 저지른 후레자식들"에게 총질을 하는 것은 오랜 전통이자 하등 이상할 것 없는 — 부당한 처사에 연안 지역 사람들이 애써 웃음 지으며 굽실거리는 것에 비해 — 해법이다.

이런 분노 살인에서 중요한 것은 그것이 지방에서 시작되었다는 게 아니라 전국으로 퍼져 주류가 되었다는 것이다. 이런 일이 한 번도 일어난 적이 없었다는 것은 아니다. 다른 문화적 경향들, 이를테면 예술과 언어에서 보이는 경향들도, 흔히 지방의 중하층에서 더 광범위한 지역의 중산층으로, 즉 "상향식으로" 스며든다.

10년 넘는 기간 동안 일터에 피범벅의 시신들을 남겨 놓았던 사무실 학살의 맥락이 없었다면 펄, 퍼두커, 존즈버러 총격 사건들은 별개의 동떨어진 사건으로 보였을지도 모른다. 이 세 건의 학내 총격 사건은 잇따라 일어났고, 학내 학살이 눈덩이처럼 불어나는 효과를 만들어 냈다. 연안으로, 도시로, 펜실베이니아 주, 오리건 주, 나중에는 콜로라도 주 리틀턴의 콜럼바인 고교로. 이런 패턴을 곡해하는 한 방법은 "모방" 행동이 원인이 되어 이런 범죄가 확산되었다고 보는 것이다. "조니가 다리에서 뛰어내리면 너도 그럴 거니?" 같은 옛날 유치원에서나 나올 법한 구닥다리 질문을 재탕하는 것이다. 이런 어리석은 설명은 심각하고 뿌리 깊은 범죄를 한마디 말로 정리해 버린다. [이를테면] 교외 중상층 지역에 사는 버릇없는 고스족[•] 애들이 미시시피 주에서 일어난 학내 총격 사건을 다룬 신문 기사를 읽고 이렇게 결심한다는 것이다. "이야, 나도 저 촌뜨기처럼 할래! 다 죽여 버리고 내 인생도 끝낼 거야. 그럼 언젠가 나도 모르는 촌뜨기가 날 멋지다고 생각할지도 모르잖아!" 모방 행동 설명만큼이나 지적으로 게으르고 간편한 설명을 받아들이려면 자신이 어린 시절 무엇을 보고 배우며 자랐는지, 어떤 것들에 대해서는 [따라 배워서는 안 된다고] 선을 그었는지 깡그리 잊어야만 할 것이다.

  게다가 많은 학내 총격자들은 자신들의 학살 행위를 좀 더 넓고 철학적인 의미에서 명백한 반란 행위로 보았다(많은 사무실 및 우체국 살인자들이 그랬듯이 말이다). 웨스트 퍼두커의 한 고등학교 기도 시간에 학생 세 명을 죽인 마이클 카닐은 유나바머_{Unabomber} ^{••} 선언

[•] 1970년대 말 영국에서 나타나기 시작했다. 히피·펑크문화처럼, 반전과 자유를 외치며 기성세대에 저항하는 젊은이들의 문화로 볼 수 있지만 정치적 메시지를 외치며 사회에 적극 참여하기보다는 도피적 성향을 띤다. 죽음과 어둠, 공포로 대표되는 고딕 문화로의 도피라는 점에서 고스족이라는 이름이 붙게 되었다. 검은 화장에 검은 옷을 입고 해골 등의 액세서리로 장식하는 문화가 그 특징이다.

^{••} 대학교University, 항공사Airline, 폭파범Bomber을 조합한 말로, 문명을 혐오

문을 내려받은 것으로 밝혀졌다. 또한 학생들을 틀에 박힌 듯 찍어내고 순응을 강요하는 학교의 기도에 저항하라고 촉구하는 『학교 교육 거부자를 위한 교본: 파괴적인 혁명 전술 가이드』 중고등학교 반체제자용 개정판도 내려받았다.[29] 서문은 이렇게 시작한다. "네 삶을 해방하라 — 네 학교를 박살내라! 공립학교는 학내 모든 아이들을 서서히 죽이고 있다. 창의성과 개성을 질식시켜 비인간으로 만들고 있다. 너도 이런 희생자라면 네가 할 수 있는 것 하나는 맞서 싸우는 것이다." 카닐이 학교에서 쓴 글들 다수는 유나바머 선언문과 유사했다. 그는 왕따와 잔혹한 취급을 당했고 "게이", "패거트"faggot[남성 동성애자를 조롱조로 부르는 말]로 불렸다.[30] 그는 소위 정상사회와 대중의 잔인과 도덕적 위선을 증오했다. 카닐은 고스족 애들의 친구였지만 그들처럼 늘 불평만 하는 게 아니라 행동하기로 마음먹었다.

카닐보다 두 달 먼저 미시시피 펄의 고등학교에서 살인 행각을 벌인 루크 우드햄은 자신의 반란을 훨씬 더 분명한 태도로 밝혔다. 광란의 행각을 시작하기 몇 분 전 우드햄은 의도적으로 친구에게 자신의 선언문을 건넸다. "난 정신이상이 아니야." 그는 썼다. "나는 화가 났어. 내가 살인하는 이유는 나 같은 사람들이 매일 학대 받기 때문이야. 사회가 우릴 이렇게 몰아붙이고 있고, 우린 되받아치는 것일 뿐이라는 걸 보여 주고자 이 일을 하는 거야. …… 태어나서 줄곧 난 조롱과 증오의 대상이었고, 얻어맞으

해 대학과 항공사에 우편물 폭탄 테러를 감행한 시어도어 존 카진스키를 가리킨다.

며 살았어. 당신들, 그러니까 사회가 과연 내 행동의 죗값을 정말 나에게 물을 수 있을까? 그래, 당신들은 그럴 테지. …… 이건 주의를 끌려는 외침도 아니고 도움을 구하는 외침도 아니야. 순전히 너무 괴로워 몸부림치며 이렇게 말하는 거야. 당신들이 눈을 뜨지 못한다면, 내가 평화적으로 그렇게 할 수 없다면, 말로 설명해도 안 된다면, 총알로 그렇게 하겠다고."[31]

콜럼바인 살인자들은 자신들이 계획한 학살의 의도가 전국적인 봉기에 불을 붙이는 것이라고 공공연히 밝혔다. "우리는 혁명, 빼앗긴 이들의 혁명에 시동을 걸 거야."[32] 에릭 해리스는 살인을 저지르기 전 만든 비디오 일기에서 이렇게 말했다. "세상에 영원히 사라지지 않을 족적을 남길 거야."[33] 그는 또 다른 일기에서 이렇게 말했다.

그리고 그들은 그렇게 했다. 무장봉기의 직접적 목적이 공감대를 넓히고 그런 계기들을 확산시키는 것이라면, 이런 분노 봉기 가운데 상당수가 그 목적을 달성했다. 학내 학살들과 관련해, 가장 골칫거리였던, 그래서 가장 많이 은폐된 측면 가운데 하나는, 수많은 학생들 사이에서 그 사건들이 회자되었다는 점이다. 나 역시 콜럼바인 총격 소식을 듣자마자 클리볼드와 해리스에 대한 그 금지된 연민을 느꼈다. 내가 아는 많은 사람들도 그랬다. 우리 중에서도 교외의 고등학교에 만연해 있는 그 극심한 고통을 경험한 이들이 많았다. 그 고통은 공식적으로 인정할 수 없는, 따라서 일축되고 조롱당하는 그런 고통이었다. [이런 식이다.] 우린 백인이고 중산층이다. 고로 행복하다 — 행복하지 않다면, 자신이 투정꾼이기 때문이다. 우리에겐 언론의 자유가 있다. 고로 검열이란 없다. 그 총격 사건들이 정말로 봉기인 것은 아니다. 그 공감대가 정말로 광범위한 것도 아니다.

오늘날 백인 중산층은 자신들의 비참을 인정하지 않을 뿐만 아니라 자신의 비참한 처지를 터놓고 이야기하려는 사람에 대해, 일축하고 비꼬며(불만을 제기하는 사람들은 흔히 "투정꾼"으로 불린다) 심지어는 윽박지르는 식으로 대응하는, 인류 역사상 유일한 사회경제적 집단임이 틀림없다. 하지만 오늘날 우리가 매기고 있는 실존적 "고통"의 순위는 완전히 비합리적이고 무차별적이다. 사실 고통을 신경화학적으로 측정할 수 있다면, 주당 70시간의 노동으로 스트레스 받는 사무직 노동자의 고통과 [인텔의 최고경영자였던] 앤디 그로브가 [직원들에게] 불어넣었던 두려움은 분명 노예 시대에 연한계약이민노동자들이 겪었을 극심한 고통과 맞먹을 것이다. 요는 중산층은 자신들이 느끼고 있는 특유의 파토스를 고집스레 부정하고, 그것을 비합리적인 방식으로 측정한다는 것이다. 이는 아마도 자신들이 겪고 있는 고통과 부당함을 인정하면, 그 즉시 커다란 혼란에 빠지게 될 것이기 때문이다 — 세계 질서 전체를 의심하게 되기 때문이다. 자신들은 극심한 고통을 겪고 있지 않다고 믿는 것이, 다른 사회경제적 집단들의 비참에만 모든 공식적 파토스를 부여하는 것이, 여기에 동의하지 않는 사람들은 심리적으로 허약한 투정꾼들이라고 비난하는 것이, 외려 이들에게는 위안이 된다. 수억 명이라는 확실한 인구통계에도 불구하고, 백인 부르주아의 고통은 공식적으로 집계되지 않는다 — 자신의 고통을 동정하는 것은 너무도 수치스럽기 때문이다. 그럼에도 그 모든 증상과 원인들은 남아 있고 부정하면 할수록 점점 더 악화된다.

딜런 클리볼드와 에릭 해리스가 누렸던 대중적 인기는 몇몇 추가 학내 총격 사건들과 엄청나게 많은 학내 학살 음모들이 생겨나는 데 일조했다. 그 음모들 가운데 다수는 발각되었는데, 그 가운데에는 편집증적 성인들이 만들어 낸 경우도 많았다. 우체국 광란자들이 에드먼드를 입에 올렸듯이 몇몇 학내 학살 모의자 및 총잡이들도 콜럼바인을 참조했고, 흔히 그 수준을 뛰어넘겠다고 단언했으며, 로열 오크 우체국 직원 토머스 매클베인의 말을 본떠 "[콜럼바인은 여성과 아이들에게 무해하고 행복한 장소의 이름으로] 만들어 주겠다"고 말하기도 했다.

"그들은 그게 콜럼바인보다 더 클 거라고 명확히 말했습니다." 뉴베드퍼드 경찰국장 아서 켈리의 말이다./연합통신, "뉴베드퍼드 경찰, 콜럼바인 같은 모의를 좌절시켰다고 말하다"

미 전역에서 딜런 클리볼드와 에릭 해리스는 반영웅anti-hero◆이 되었다. 『록키 마운틴 뉴스』 2000년 2월 6일자 기사 "누리꾼, 증오의 영웅들을 숭배하다"[34]에서 기자는 콜럼바인 살인자들의 대중적 인기를 다음과 같이 상술한다. "그들은 증오로 가득 찬 비디오를 찍었다. 그날 계획을 실행에 옮기면 자신들이 광신 집단의 영웅이

◆ 이상주의적이고, 용감무쌍하며, 도덕적으로도 훌륭한 전통적인 영웅들의 모습과는 달리 평범하거나 때로는 약한 모습을 보이는 인물들을 가리킨다. 이들은 정의감을 아예 가지고 있지 않거나, 가지고 있다 해도 언제든 내던질 수 있는 그런 인물들이다. 악당을 물리치는 악당, 악행을 저지르지만 따지고 보면 정의로울 수 있는 결과를 가져오는 그런 인물들이 대표적이다.

된다는 내용이었다. 이제 그들은 바랐던 것을 얻은 듯하다 ― 적어도 온라인에서는."[35]

이어 기자는 클리볼드와 해리스와 관련된 게시판 글을 일부 인용한다.

야후 클럽, 그 살인자들 전용 게시판에 뉴저지 소녀 엘리자베스(15세)는 이렇게 썼다. "그들은 정말로 제 영웅이에요. 어떤 의미에서 그들은 신gods이에요. …… 전 이제 '하느님'GOD이나 하느님을 따른다는 그런 개뿔 같은 소리들은 하나도 믿지 않으니까요. 그들은 우리가 가닿을 수 있는 가장 가까운 존재라 생각해요. 정말 그들이 딱인 것 같아요. 그들은 자신들이 믿는 바를 위해 일어섰고, 그것을 실제로 실행에 옮겼잖아요."

[기사에는] 클리볼드와 해리스의 온라인 팬클럽 스무(!) 곳에 가입한 토론토 소녀(14세)에 대한 언급도 있다. 기사의 요점은 인터넷을 보면 우리 아이들이 얼마나 병들었는지 알 수 있다는 것이다. 아이들이 단순히 병들어 악해진 게 아니라, 클리볼드와 해리스를 영웅으로 생각하는 타당한 이유들이 있을 수 있다는 것을 기사는 고려하지 않는다. 그들은 어떤 타당한 이유로 영웅으로 간주되었을 수도 있는데, 우리는 인터넷을 통해 비공식적인 진실에 더 쉽게 접근할 수 있는지도 모른다.

몇 달 전 『덴버 포스트』는 공포에 질려 이렇게 언급했다.

그들은 광신 집단의 영웅이 되길 원했다. 그리고 성공했다. 적어도 인터넷을 기준으로 한다면. …… "딜런 클리볼드와 에릭 해리스 최고"라는 제목의 글에는 이렇게 쓰여 있다. "에릭과 딜런의 행동은 찬양받아 마땅하다. 그들은 괴물이 아니다. …… 그들은 우리 청소년 대다수가 바라는 것을 해냈다."

클리볼드와 해리스를 영웅시하는 분위기가 주로 온라인상에 만연한 데는 분명한 이유가 있다. 익명으로 의견을 주고받을 수 있기 때문이다. 오늘날 편집증적·무관용적 학교 분위기에서는 콜럼바인 살인자들을 터놓고 지지할 경우 학교에서 내쫓기거나 상담을 받아야 하거나 중앙아메리카에서 극기 훈련을 받을 수 있다. 비유가 아니다. 『뉴욕타임스』 2001년 7월 4일자 기사 "사막 극기 훈련 캠프, 소년이 의문의 죽음을 당한 후 폐쇄되다"를 보라.

현지 당국이 이번 주에 발생한 14세 소년의 죽음을 조사하고 있다. 소년은 피닉스 서부 사막에서 문제 청소년들을 위해 열린 혹독한 극기 훈련에 참가 중이었다. …… 아이들이 심각한 부상을 입거나 사망한 경우는 이 캠프가 처음은 결코 아니다. …… [캠프 소장 팀 돈은] 캠프 대원들이 아이들에게 먹일 충분한 양의 음식과 물을 가지고 있었는지를 수사관들이 판단할 수는 없다고 말했다. 수사관들이 월요일에 캠프에 도착했을 때 그는 기온이 48.8도라고 말했다. 『애리조나 리퍼블릭』의 오늘 보도에 따르면 소년은 죽기 전에 구토를 했다고 한다. …… 피닉스에 거주하는 토니 어머니 멜라니 허드슨은 화를 다스리는 법을 배우게 하려고 아들을 캠프에 등록시켰다고 말했다.[36]

분노 반란이 성인들의 세계에서 시작되고 수년 뒤에 학교에 도달하긴 했지만, 청소년 가해자들은 보통 자신들이 싸우는 대상과 그 활동의 중요성에 대해 성인들보다 훨씬 숨김없이 말한다. 그들이 흔히 더 단호하게 자신들의 학살 행위를 반란으로 보는 이유 가운데 하나는, 청소년들이 더 이상주의적이고, 학내 총격자로서도 그렇기 때문이다. 사무실 세계에서 25년간 일해 온 사람은 더 큰 사회나, 토끼굴 같은 칸막이 책상 바깥에 자신이 어떤 영향을 미칠 수 있을 거라고는 생각하지 않는다. 몇 년간 일에 치이고 빚에 쪼들리고 나면, 대부분의 성인들은 더는 사회와 정의에 관해 이야기하지 않는다. 직장 내 분노 살인자 대부분이 희망하는 최상의 것은 억압의 직접적 근원 — 불쾌하게 하는 감독과 회사 — 을 제거하는 것이다. 만약 가능하다면 말이다.

성인 광란자들과 마찬가지로 학내 총격자들도 프로파일링이 불가능하다. 처음에 사람들은 콜럼바인의 딜런 클리볼드와 에릭 해리스가 약에 절어 정신이 이상해진 중퇴자, 나치에 열광하는 동성애자, 붕괴된 가정의 자녀, 고스족, 트렌치코트 마피아, 마릴린 맨슨을 좋아하는 깡패라고 생각했다. 그러나 진실은 그들은 훨씬 더 평범하다는 것이었고, 그것은 그들이 저지른 학살과 관련해 참 혼란스러운 점이었다. 둘 다 양친이 모두 살아 있었고 부모에게서 사랑 받았으며 대단히 똑똑했지만 엉뚱한 학생이었다. 그들은 나치나 약물 중독자가 아니었다. 고스족도 트렌치코트 마피아도 마릴린 맨슨을 따르는 패거리도 아니었다. 또 일부 생각과는 달리 게이도 아니었다.

2002년 5월에 발표한 정부 보고서에 상술되었듯이, 학교 분노 살인자들에 대한 상세한 프로필을 만들려는 정보 당국의 시도는 실패했다. 일부 학내 총격자들은 우등생이었고, 일부는 문제 학생이었다. 일부는 뭐 하나에만 열중하는 괴짜였고, 일부는 꽤 인기가 있었다. 일부는 반사회적이었고, 일부는 천하태평에 "그럴 것 같은 유형이 결코 아니"었다. 일부는 소녀들이었는데, 이는 이상하게도 대부분이 간과한 사실이다. 성인 세계의 분노 총격자들과 마찬가지로 학교 총격자들도 말 그대로 어떤 아이라도 될 수 있었다. 아마도 인기 있는 무리, 즉 임원·주주 계층의 학교 버전에 속한 아이들을 제외한다면 말이다. 그러니까 각 교외 학교 전체 학생 가운데 약 90퍼센트가 잠재적 용의자인 셈이다. 또다시 나는 이것이 적어도, 이런 광란 사건들의 원천은 그것을 만들어 내는 환경이지 살인자 그 자신이 아님을 시사해 준다고 믿는다. 그리고 여기서 내가 말한 환경이란 사회처럼 모호한 무엇이 아니라 그들이 총으로 쏘고 폭탄으로 공격하는 학교와 사람들을 의미한다.

프로파일링 해야 하는 것은 사무실이나 학교의 총격자들이 아니다 ─ 그런 프로필은 만들 수도 없다. 정작 프로파일링을 해야 할 대상은 직장과 학교다. 학살 사건이 일어날 조건이 무르익은 학교의 특징과 위험신호를 목록으로 만들어야 한다.

- 왕따로 인한 고통을 호소해도 그런 잔인한 사회적 구조를 지탱하는 학교 당국은 가해자들을 처벌하지 않는다.
- 살균한 듯 차가워 보이는 복도와 머리 위 형광등이 중소 도시의 공항을 연상시킨다.
- 심술궂고 얄팍하며 두 얼굴을 한 학생들이 서열 중 최상위에 오르게 하는 위선적 문화가 만연해 있다.

- 스트레스가 만땅이 된 부모들이 더더욱 높은 성적을 얻도록 압박
  한다.

이런 프로파일링은 성인의 일터로도 확장되어야 한다. 그러면 노동자들은 어떤 회사가 사회에 위험이 되는지, 어떤 회사를 폐쇄해야 하는지 알 수 있을 것이다. 다음은 프로필의 한 예다.

- 직원들이 전통적인 주당 노동시간인 40시간을 초과하는 근무를 추가 급여 없이 할 것으로 기대한다.
- 위에서 의도적으로 부과한 두려움과 스트레스가 가득하다.
- 전일 근무자 옆에 임시직을 고용해 둔다.
- 정리 해고가 있었거나 있을 것이다.
- 급여 및 복지 혜택이 지속적으로 삭감된다.
- 노조가 약하거나 없다.
- 성과가 아닌 정실에 기초해 승진을 결정한다.
- 개인적으로 비극적인 일이 있어 생산성이 떨어진 경우에도 경영진이 무자비하게 직원을 벌한다.
- 고위직의 보수와 나머지의 급여 사이에 거대한 격차가 있다.
- 평상복으로 출근하는 금요일을 시행한다.
- 휴가를 떠나지 않을 정도로 일을 사랑하는 동료들이 있다.

불행하게도 거의 모든 일터가 이렇다. 그러므로 거의 모든 일터가 살인 행각을 낳을 수 있다.

일터가 살인을 유발할 수 있다는 가능성에 관해 고려하는 것을

집단적으로 거부하는 것은 일종의 방어적 기억상실증 탓이다. 그런데 학내 총격 사건들은 잊기에는 너무도 충격적이고 전복적이다. 그것들은 우리가 성인 노동자로서 비참한 것만큼이나 아이였을 때도 그랬다는 것을 상기시킨다. 분노 살인이라는 맥락에서 두 환경을 연구해 보면, 우울하게도 둘 사이의 유사성들 — 즉 학교에서 사무실까지 이어지는 고통, 비참함과 덫에 갇혀 있는 것과 같은 분위기 — 이 더욱 분명해진다. 심지어는 물리적 공간도 흡사하고 심적 상태도 유사하다. 즉 머리 위 형광등, 관리비를 절감하려고 구입한 산업용 카펫과 리놀륨 바닥, 화장실 화학 세정제의 독취, 똑같은 화장실 칸칸, 똑같은 걸쇠, 똑같은 금속 재질 휴지걸이 …… 퇴근 혹은 방과 후 교외의 집으로 돌아가지만, 거기서도 누구도 서로 이야기하지 않고 누구도 서로 살피지 않는다. 누구든, 가장 전형적인 백인 중산층 거주지 컬더색cul-de-sac◆의 이웃조차도, 소아 성애자일지 모르니 아기줄◆◆은 필수고 첨단 보안 시스템도 당연지사다.

이렇게 보면 우리의 삶 전체는 대학 시절과 어느 여름에 떠난 유럽 배낭여행을 제외하면 견딜 수 없을 정도로 끔찍하다. 마치 우리의 비참한 인생 대본 전체가 누군가(말하자면, 잭 웰치)의 혜택을 위해 설계된 것 같다. 이것은 감당하기[인정하기] 너무 힘든 것이다. 그래서 교외 학교가 광란의 살인을 야기한다는 의심이 들어도 히스테리적으로 거부할 수밖에 없는 것이다. 비난의 초점은 환경이 아니

◆ 구조상 외부 차량이 단지를 가로지르지 않아 안전과 프라이버시가 보장되는 주택지.

◆◆ 개 줄과 마찬가지로 외출시 아기를 통제하고자 입히는 줄이 달린 옷.

라 살인자들에게로 황급히 맞춰진다. 조앤 제이콥스가 『새너제이 머큐리 뉴스』에 기고한 기명 논평이 전형적인 예다. 이 글은 콜럼바인 학살이 있고 딱 8개월 뒤 실렸는데, 여기서 그녀는 자신과 독자들에게 "살인자들을 추동한 것은 분노가 아니라 악이었음"을 재확인시키고자 애썼다.[37]

내가 이 구절을 인용하는 이유는, 이것이 상당히 의미심장하고 또 동시대 많은 미국인들이 고수하는 설명 가운데 하나이기 때문이다. 콜럼바인 사건 같이 복잡하고 울림 있는 중요한 무언가를 묘사하는 데 "악"만큼이나 본질적으로 무의미한 단어를 사용한다면, 이는 스스로 기억상실증에 빠지려는 노력이며, 자신의 학창 시절이 행복했다고 스스로를 기만하는 일이다. 사실 학내 총격자들의 의도는 명확했다. 즉 그들은 "당신들을 눈뜨게 하고" 싶었다. 그러나 때때로 우리는 눈앞에 보이는 현실을 좋아하지 않는다. 사실 우리는 보이는 것을 믿으려 하지 않는 것이다. 조앤 제이콥스 같은 사람들이 이런 불쾌한 사실에 직면하게 하려면 영화 〈시계태엽 오렌지〉*Clockwork Orange*에 나오는 [눈을 계속 강제로 뜨고 있게 만드는] 눈 집게를 사용해야 할 것이다.

빈곤과 인종주의가 범죄를 유발한다는 생각 혹은 노예제가 때때로 반란을 유발했다는 생각을 받아들이듯이, 우리 문화의 축소판인 학교와 사무실이 학살을 유발한다는 생각을 받아들인다면, 학교 및 사무실 총격이 어떤 수준에서는 논리적인 결과이고 또한 견딜 수 없는 조건(비록 우리가 딱 꼬집어 말할 수는 없다 해도)에 대한 그럴 만한 반응이라는 생각도 받아들여야 한다.

말하자면, 이런 범죄들은 역사가의 관점에서 보면 그럴 만한 것이다. 역사가가 백 년 뒤에 우리 문화에 감정이입하지 않고 우리가 어떻게 살았는지 뒤돌아보면서 이렇게 마음속으로 생각하는 것을 상상해 보라. "맙소사, 이 가련하고 비참한 사람들은 어찌 그런 지옥을 견딜 수 있었을까?" 사실 오늘날에도 비공식적으로는 많은 사람들이 이런 살인들을 그럴 만한 것으로, 어느 정도 정당성이 입증된 것으로 본다. 이런 사실은 인터넷 곳곳에서 찾아볼 수 있다. 블랙 유머, "임금노예"라고 프린트된 티셔츠, 〈사무실〉 〈파이트 클럽〉 같은 영화에서도 드러난다. 이와 같은 공감대는, 그것이 안전하게 표현될 수 있는 곳이라면, 어디서든 드러난다.

일인 반란

성인의 직장 내 분노 살인과 학내 학살의 주된 차이 가운데 하나는 많은 학내 총격 사건 및 모의는 학생 둘 이상이 꾸몄다는 것이다. 이에 대한 가장 분명한 전략적 설명은 학생들은 사무실 노동자들보다 반란 계획을 공유할 가능성이 크다는 것이다. 학생과 학교를 운영하는 성인들 사이의 간극과 학생 패거리들 사이에 존재하는 의사소통의 차이는 더 크다. 성인들은 흔히 우습게도 아이들이 무엇을 하는지, 무슨 이야기를 하는지, 무엇 때문에 괴로워하는지 알지 못한다. 아이들은 어른들에게 [자신의 생각과 감정을] 숨기고 짐짓 순종적인 태도를 보이는 것을, 또래 친구들에게 그런 태도를 보여야 하는 것에 비하면, 덜 굴욕적으로 생각한다. 그러나 사무실 동료에게 감정을 숨겨야 하는 성인은 격정적 굴욕감과 수치심을 느낄 공산이 훨씬 크고, 이런 감정들은 시간이 흐르면서 더 커질 것이며, 그 비겁함은 스스로를 파괴하는 사건의 씨앗이다.

다음은 고자질의 문제다. 아이들은 서로 일러바칠 공산이 사무실 노동자보다 훨씬 적기도 하다. 아이들의 문화에서는 경찰 앞잡이처럼 고자질하는 것을 가장 추잡한 일로 본다. [그렇지만] 사무실 세계에 사악한 밀고자에 해당하는 악당은 없다. 일터에 있는 사람 모두가 감시자인 것이다. 레이건 이후의 기업 문화에서는 사무실 직원이라면 누구라도 정의상 동지라기보다는 경쟁자인 동료 직원을 기꺼이 일러바칠 터다. 노조가 실제적으로, 또 그 정신에 있어서도, 파괴되어 있는 상황에서 적어도 무언가를 위해 단결해야 한다는 생각은, 그게 치과 치료 혜택을 위해 회사를 압박하는 것이건 임원들을 학살하는 것이건, 불가능하다. 하지만 인터넷에 올라온 글과 인터뷰에 거듭 드러났듯이 사무실 세계에는 직장 내 학살에 대한 공감대가 널리 퍼져 있다. 그런데 이런 공감대는 학내 총격 사건에 대한 학생들의 공감대에 비해 드러내 놓기가 훨씬 두려운 것이다.

그러니까 환경적 조건으로 인해 이 새로운 반란자들, 곧 학생 분노 살인자들은 집단으로 일을 벌일 수 있는 것이다. 반란이 외로운 총잡이가 단독으로 개시한다는 생각을 받아들이기란 쉽지 않다. 본질적으로 반란은 집단적이고 선언문과 분명한 맥락이 있어야 한다. 학교 아이들은 더 쉽게 집단으로 모의할 수 있지만 사무실 노예들은 결코 그러지 못한다. 하지만 성인이 벌인 광란의 살인 사건에서도 총잡이들은 정신적으로는 단독으로 행동하지 않는다. 혁명가들이 다른 봉기를 참조하듯 그들도 먼저 일어난 사무실 학살에서 영감을 얻고 의식적으로 그것을 기초로 일을 꾸민다. 가해자들의 근본적 차이에도 불구하고 각 사건들의 세부 내용이 사실상 하나로 어우러질 정도다. 더욱이 익명 게시판에 광범위한 공감대가 형성돼 있다는 사실을 감안하면 그 봉기도 집단적 봉기라 — 적어도 집단적으로 응원한다는 의미에서는 — 의미 부여를 할 수 있다.

어떤 면에서 오늘날 미국의 학살 사건들은 러시아 군대에서 거의 매달 발생하는 무수한 광란의 총격 사건들을 닮았다. 러시아 뉴스에는 기지에서 동료 병사나 장교 한둘을 총으로 쏘고는 숲으로 도망친 뒤 거기서 사살되거나 자살하는 신병의 반듯한 얼굴이 실린다. 그 수치는 경악스럽다. 유력한 자유주의적 정치인 보리스 넴초프는 2002년에만 러시아 군인 약 2천 명이 광란의 총격 사건 혹은 자살로 사망했다고 주장했다.[38] 러시아 정부는 공식적으로 그 수치를 훨씬 낮게 잡았지만 한 유력한 저널리스트는 2002년 국방부 기밀 보고서가 그 수치를 2,070명으로 추산함으로써 넴초프의 주장이 확인되었다고 보도했다.

미국에서는 전 국민이 곤혹스러워 머리를 긁적이며 이유를 물으면서도 그 대답은 듣고 싶어 하지 않는다. 러시아에서는 어느 누구도 속아 넘어가지 않는다. 디에도프쉬나dyedovschina라고 불리는 신참 신고식은 [군대의] 생활 조건만큼이나 잔혹한 것으로 악명 높다. 병사들은 말 그대로 굶어 죽고 또한 모스크바 지하철에서 잔돈을 구걸하는 경우도 흔히 발견되는데 단지 살아남기 위해서 그러기도 하고 아니면 신고식을 시키는 고참들에게 돈을 바치지 않으면 맞거나 강간당하기 때문이기도 하다. 군대 문화를 바꾸기 위한 기구들이 설립되었지만 살인 행각은 계속 늘어나고 있다. 러시아에 있는 모든 사람들은 신참들이 그냥 느닷없이 폭발하는 게 아니라 잔혹하고 중세적인 러시아 군대가 그렇게 만든다는 것을 알고 있다. 그들의 피로 얼룩진 광란 사건들은 끔찍하긴 하지만 대부분의 사람들에게서 공감대를 얻는다.

미국에서는 어느 누구도 기업 문화나 학교 문화를 근본적으로 변화시켜야 한다는 요구를 하지 않고 있다(왕따를 단속하려는 미지근한 시도들은 예외로 한다면). 우리 기업 문화의 변화를 고려하는 것은 너무도 위협적이다 — 이는 우리가 현재 믿고 있는 모든 것, 정상이라고 당연시하는 모든 것을 전복하라는 요구에 버금가는 것이기 때문이다.

사무실과 학내의 광란 사건들은 세부 내용들이 우리 역사 곳곳에 있었던 반란들과 너무도 흡사한데도 여태껏 어느 누구도 이런 유사성들을 고려하지 않았다는 건 충격적이다. 오늘날의 봉기와 마찬가지로 미국 노예 반란들도 이유 없는 잔혹 행위, 오늘날에는 너무도 자명해 보이는 원인들을 히스테리적으로 왜곡한 사회, 조현병의 경계에 선 가해자들, 고통스러운 블랙코미디, 그리고 폭력적으로 진압된 비극적인 실패가 그 특징이었다.

5장

분노는 포도처럼

"우리, 웨스터버그 고등학생들은 죽을 거야. 오늘. 우리의 불타
는 시체들은 우릴 모멸하는 사회에 대한 궁극의 저항이 될 거야.
다 엿 먹으라 그래!"

/영화 〈헤더스〉 중에서

월요일이 싫어요

2004년 1월, 나는 캘리포니아 주 샌티, 그러니까 샌디에이고 카운티 교외 지역으로 이사했다. 내가 아는 사람들은, 저널리스트들조차, 내가 왜 많은 곳 중에서 하필 샌디에이고 분노 살인자들을 조사하려 하는지 그 이유를 이해하지 못했다 — 거기는 분노를 일으킬 요인이 전혀 없다는 게 일반적인 생각이었다. 내가 샌디에이고로 이사한 게 뉴욕이나 모스크바의 작가 친구들에게 어떤 반응을 일으켰다면, 그것은 부러움과 우월감이 섞인 얄궂은 감정이었을 것이다. 샌디에이고에 도착한 날은 건조하고 화창했으며 기온은 21도였다. 1년 내내 날씨가 무척이나 좋은 곳이었다. 더할 나위 없는 해변들, 햇살, 파도타기 하는 사람들, 비키니를 입은 금발의 여성들. 편안한 삶.

사실 샌디에이고 카운티에서 오렌지 카운티, 로스앤젤레스 카운티들로 뻗어 있는 따뜻한 연안 지역은 전국에서 사무실, 우체국, 학교의 분노 살인 사건이 가장 집중된 곳이고, 이는 이 책의 논지를 분명히 보여 준다. 이 미국 남서쪽 끝, 곧 아메리칸드림의 정점에서 행복을 발견할 수 없다면, 분노가 미국의 영혼에까지 침투했고 어디도 더는 안전하지 않다는 뜻이다. 샌디에이고가 안전하지 않다면 국경이나 대양 너머 먼 곳이 아닌 한 숨을 데도 달아날 곳도 없다.

샌디에이고 카운티 동쪽 끝 교외 지역 샌티는 2005년 [미네소타 주] 레드 레이크 고등학교 학살 사건이 일어나기 전까지 미국인들의 관심을 사로잡은 학교 총격 사건이 벌어진 장소다. 2001년 3월 샌티 총격 사건이 발생했을 때 나는 마침 러시아에서 나와 미국에 와 있었다. 나는 사건의 전개 상황을 CNN 생중계로 지켜보았다. 피할 곳을 찾아 몸을 숙이고 도망치는 학생들, 학교 주위에 배치된 경찰 특공대, 상공을 배회하는 헬리콥터들, 울부짖는 부모들, 응급 전화 벨 소리, 그리고 "왜?"라는 외침들. 콜럼바인 사건이 반복되는 것 같았다. 최종 집계된 사망자 수가 훨씬 적고 용의자인 찰스 "앤디" 윌리엄스(15세)가 아무리 봐도 위협적인 면은 찾아보기 힘든 꼬마로 보였다는 것을 제외하고는 말이다. 죄상인부절차_{arraignment}◆를 보도하는 텔레비전 화면에는 점프 수트를 입고 사슬에 묶여 있는 삐쩍 마르고 창백한, 뭐 하나에만 열중할 것 같은 괴짜가 히죽거리는 게 보였는데, 무서워하는 기색은 거의 없었다. 슬프면서도 으스스했다. 그의 모습은 너무도 친근했고 해를 끼칠 것 같지도 않았다. 언론이 콜럼바인 살인자들에게 애써 그랬듯이, 그를 과장해 "악한" 존재로 만들기는 불가능했다.

대중의 기대와 달리 샌디에이고에는 사람들에게 분노를 끌어올리는 무언가가 있다. 콜럼바인 사건이 발생하기 전까지 가장 유명했던 광란의 학교 살인 사건은 1979년 1월 말 샌디에이고 카운티 샌 카를로스에서 일어났다. 작은 체구에 안경을 쓴 열여섯 살 고등학생 브렌다 스펜서는 어느 월요일 아침, 학교에 가고 싶지 않다는 느낌이 들었다.[1] 그래서 그녀는 오전 8시 30분에 아버지가 크리스

◆ 공판정에서 피고인에게 공소장을 읽어 주고 그에 대한 인정, 불인정을 확인하는 영미법상의 절차.

마스 선물로 준 22구경 소총과 스타킹에 넣어 둔 5백 발의 탄환을
꺼내 자기 방 창문을 연 뒤 아버지와 살고 있던 연립주택 길 건너편
에 있는 클리블랜드 초등학교의 학생과 교사들에게 쏘기 시작했다.
53세 교장 버튼 래그가 죽었고, 56세 수위 마이크 수하르도 래그를
도우려 뛰어가다가 가슴에 총을 맞아 죽었다. 어린 아이들이 숨을
곳을 찾아 뛰어가다가 여덟 명이 부상을 입었고, 경찰 한 명이 목에
총을 맞았다. 이 총격 행각은 20분간 지속됐다. 경찰이 도착해 진을
쳤다. 그리고 스펜서의 사선射線을 끊고 부상자들과 숨어 있는 이들
을 대피시키려고 덤프트럭 한 대를 징발해 연립주택과 학교 사이로
옮겼다. 여섯 시간 반 동안의 대치 끝에 스펜서는 항복했다. 왜 그랬
냐고 묻자 이 모범생 같은 십대 소녀는 당국자들에게 "월요일이 싫
어요"라고 이야기했고 이 말은 더 붐타운 래츠의 히트곡의 영감이
되었다.

그런데 스펜서는 다른 흥미로운 이유들도 댔다. "그게 재밌어서"
또 "하루를 활기차게 하려고" 학교에 총을 쐈다는 것이었다. 또한
"딱히 누구를" 표적으로 삼은 것은 아니라고 설명했다. "빨간색 또
파란색 재킷이 좀 좋아요. …… 그냥 쏘기 시작했어요. 다른 이유는
없어요. 그냥 재미로 그랬어요. 난 그냥 월요일이 싫어요. …… 그게
하루를 활기차게 보내려고 그런 거예요. 월요일을 좋아하는 사람들
은 없잖아요."

스펜서는 최소 25년에서 최대 종신형까지 복역하는 형기를 선
고 받았다. 그녀는 가석방을 요청했지만 거듭 거부되었고 또 총격
사건을 일으킬 때도 재판을 받을 때도 약물을 복용한 상태였다고
주장해 맹렬한 비난을 받기도 했다. 스펜서는 이따금 총격 사건의

책임이 자신에게 없다고 주장하기도 했다. 자신은 집에서 LSD와 에인절 더스트angel dust[합성 헤로인]에 절어 있었는데 경찰이 학교에 총격을 가하고는 나중에 자신에게 뒤집어씌웠다는 것이다.

하지만 그녀에 대한 판사와 가석방 위원회의 판단은 바뀌지 않았다. 총격에서도 재판 중에도 약에 절어 있었다는 편집증적 망상이 고려되어 브렌다 스펜서의 가석방 시도는 계속 실패했다. 최근에 거부된 것이 2001년, 그러니까 샌티 학교 총격이 발생한 해와 같은 해다.

여긴 정말 최악이야!

샌디에이고 카운티는 몇몇 초기 직장 내 분노 살인 사건들이 발생한 곳이기도 하다. 첫 번째 사건은 1989년 3월 25일에 일어났다. 우체국에서 10년을 근무한 돈 메이스는 냉혹한 경영진에게 자신의 정당함을 보여 주려고 회사 옷을 입고 자신이 근무하는 파웨이 우체국으로 갔다. 그는 38구경 리볼버를 꺼내 동료들 앞에서 관자놀이에 방아쇠를 당겨 자살했다. 메이스가 자살을 감행하기 전에도 샌디에이고 지역에서 우체국 직원이 자살한 일이 세 건 — 바로 5개월 전에 엔시니타스, 퍼시픽 비치, 그리고 샌티와 인접한 내륙 쪽 교외 지역 엘 커혼에서 각각 한 건씩 — 있었다.[2]

반년도 채 못 된 시점인 1989년 8월 10일, 우체국 직원 존 테일러가 샌디에이고 북쪽 교외 지역 에스콘디도의 오렌지 글렌 우체국에서 발포해 동료 둘을 죽이고는 총구를 자신에게 돌렸다.

316

데이나 포인트는 에스콘디도에서 북쪽으로 64킬로미터 떨어진 연안 마을로 인구 3만5천에 주로 백인, 공화당이 압도적인 곳이다.[3] 이곳에서 또 다른 우체국 살인 행각이 1993년에 터졌다. 이 이야기는 이 책에서 다루는 분노 살인자의 정의에 딱 들어맞는 것은 아닌데, 가해자가 진짜 아프다고 할 만큼 분노로 가득 차 있지는 않았기 때문이다. 하지만 세부 내용은 샌디에이고가 목가적이리라는 독자들의 기대를 바로잡는 데 도움이 되고, 진짜 분노 살인은 어떻게 발생하는지를 이해하는 데 추가적인 맥락을 제공한다.

우체국 직원 마크 힐번은 1988년에 데이나 포인트 우체국으로 왔다.[4] 사람들은 그를 별스럽고 심지어는 불쾌하다고도 여겼지만 그의 업무 수행력은 그 일을 하는 데 문제가 없을 만큼 훌륭했다. 하지만 1992년, 그가 사랑에 빠지면서 모든 게 달라졌다. 햇볕에 바랜 곱슬머리를 멀릿 스타일[앞과 옆은 짧고 뒤는 긴 머리 스타일]로 자르고 콧수염을 길러 전형적인 남부 캘리포니아 사내의 모습을 한 힐번은 새로운 직원 수 마틴에게 반했다. 그녀는 여러 번 퇴짜를 놓았지만, 그는 마치 황갈색 피부에 사이코 같은 페페 르퓨♦가 된 듯 계속 쫓아다닐 궁리만 했다.

힐번은 그녀가 천생연분이라고 확신했다 — 그러니까 힐번의 입장에서는 그녀가 이 사실을 깨닫기만 하면 되는 것이었다. 그는 나중에 수사관들에게 이렇게 이야기했다. "수와 전 선택되었어요, 그러니까, 이, 인, 인류의, 음, 남편과 아내로요." 힐번은 그녀에게 데이트 신청을 했지만 번번이 거절당했다. 거절하면 할수록 그는 음

___
♦ 상대의 거절에도 끊임없이 구애하는 수컷 스컹크 만화 캐릭터.

란 전화를 걸고 점점 더 심란한 쪽지를 보냈다. 그녀가 우체국장과 직원들에게 불만을 토로하는 동안 그의 업무 실적은 나빠지고 있었다. 결국 1992년 말 우체국장은 그를 휴가를 보내 버렸다. 12월, 힐번은 수에게 전화를 걸어 그녀 없이는 살 수 없다고 말했고 힐번은 해고되었다.

이제 자유로워진 힐번은 깨어 있는 모든 시간을 수 마틴을 희롱하는 데 쓸 수 있게 됐다. 힐번은 나중에 형사들에게, 수 마틴의 주택에 몰래 들어간 적이 있다고 말했다. "그녀가 집에 있을 거라 확신했지요. 없었어요. 그녀의 사진과 물건들을 모두 살펴봤어요. 그녀는 정말 나랑 비슷했어요. 딱 맞는 건 아니었지만요. …… 그녀 안에 악령이 있는지 궁금했는데, 그게 이젠 내 안에 있어요." 1993년 4월, 힐번은 이런 쪽지를 보냈다. "당신을 사랑해요. 함께 지옥으로 가요." 그녀는 겁에 질려 남자 친구와 2주간 마을을 떠나 있었다.

그녀가 돌아온 날, 서른여덟 살의 힐번은 행동에 나서기로 결심했다. 앞에 "사이코"라고 프린트된 티셔츠를 입고 핑크 플로이드 야구 모자로 위장을 한 힐번은 이른 아침, 인근 코로나 델 마에 있는 어머니의 집으로 가 작전을 개시했다. 그는 벽 사# 의 육류 및 생선 전용 칼로 어머니가 기르던 코커스패니얼의 목을 그은 뒤 발끝으로 살금살금 걸어 올라가 어머니를 깨우고는 찔러 죽였다. 나중에 그는 조사를 담당한 보안관 마이크 윌리스에게 이렇게 말했다. "이렇게 말했어요. 이제 캠핑을 떠나는데 어머니의 날[미국에서는 5월 두 번째 일요일] 선물을 드리려고요. 그러고는 어머니 위로 올라타서 칼을 꺼냈지요. 어머니가 두 손을 들고는 말했어요. '안 돼, 안 돼' 그리고 제가 말했습니다. '당신을 많이 사랑해요. 이제 할머니를 만나게 될 거에요.' 그러고는 칼을 가슴에 두어 번 푹 찔렀더니 어머니가 죽었어요 ― 일도 아니었죠."

힐번은 자신의 픽업트럭에 캠핑 장비와 통조림을 싣고 파란색 카약을 지붕에 묶고는 데이나 포인트 우체국으로 차를 몰았다. 그는 뒤편 하역장을 통해 건물 안으로 당당히 걸어 들어갔다. 수 마틴을 "구조해" 남미로 감쪽같이 채가려는 요량이었다. 힐번은 회사 친구 찰스 바버갤로에게 그녀가 어디에 있는지 물었다. 바버갤로는 신중한 사람이었다. "사이코" 셔츠에 피가 튄 것을 보고는 수를 보호해야 한다는 생각이 들어 대답을 피한 것이다. 힐번은 꾸물댈 시간이 없어 바버갤로의 얼굴에 총을 쐈고, 그는 즉사했다. 또 다른 직원에게 두피에 가벼운 총상을 입힌 뒤 힐번은 몇 달 전 자신을 해고한 우체국장 돈 로우 추적에 나섰다. 직원들에게 점점 더 이상한 행동을 보이는 힐번을 조심하라고 경고한 바 있는 로우는 총소리를 듣고 잽싸게 사무실로 들어가 문을 잠그고 기도했다. 아슬아슬했다. 현명한 행동이었다. 힐번도 나중에 이렇게 자백했다.

"[로우에게] 화가 났어요. …… 나를 고립시키고 또 도우려는 어떤 조치도 하지 않았으니까요. …… 그가 모든 문제의 원인이었다고 생각해요."

힐번은 잠긴 문에 총을 쐈다. 로우를 명중시켰다고 확신한 그는 그 행운의 우체국장을 버려두고 떠났다. 이 사랑에 죽고 못 사는 복수자는 수가 밖에서 우편물을 배달하고 있으리라는 계산에서 급히 우체국을 나왔다(사실 그녀는 우체국에 숨어 있었다). 그는 사전에 잠복해서 파악해 둔 수 마틴의 배달 경로를 샅샅이 훑었다. 사랑을 찾아 이리저리 차를 몰았다. 트럭 지붕에서는 카약이 덜거덕거렸다.

그러던 중 힐번은 차고에서 일하고 있는, 보호관찰관에서 퇴직한 노인을 발견했다. 힐번은 차에서 깡충 뛰어내린 뒤 노인에게 꼼짝 말라고 하고는 리볼버 손잡이로 뒤통수를 찍었다. 그리고 팔에 총을 쏜 뒤 아무것도 훔치지 않고 서둘러 달아났다. 집착의 대상을 찾지 못한 힐번은 플랜 B를 실행할 때라고 판단했다.

그는 북쪽, 곧 상류층이 거주하는 서핑 마을로 유명한 뉴포트 비치로 향했다. 거기서 그는 길 한쪽에 차를 대고 주차된 차 옆면에 붙어 있는 자석 현수막들을 떼어 자신의 픽업트럭 창문에 붙이기 시작했다. 그 차의 소유주인 중년의 여성 사업가가 그가 한창 도둑질을 하고 있을 때 불쑥 나타났다. 힐번은 트럭에 잽싸게 올라타 쏜살같이 도망쳤지만 그 여자는 집요하게 뒤쫓았다. 무슨 일이 있어도 자신의 물건을 되돌려 받아야겠다는 듯 집요했다. 정지신호에서 힐번은 잠깐 제정신으로 돌아왔는지 이렇게 경고했다. "따라오면 죽일 거야!" 그녀는 허풍이라 생각했다 — 그러든 말든 그녀는 현수막을 위해 기꺼이 목숨을 바칠 태세였다. 그녀는 추격을 멈추지 않았고 그녀의 미니 슈나이저 조지와 라사 압소[둘 다 애완용 테리어 강아지] 해리도 요란하게 짖어 대며 주인이 복수의 전투에 몰입하도록 부추겼다.

힐번은 그녀를 따돌리지 못하자 제거하기로 결심했다. 그는 길 한쪽으로 차를 댔다. 그녀도 뒤에 차를 댔다. 마치 '싫다'라는 대답을 무시하는 것이, 그러니까 비즈니스계에서 성공을 보장해 준다는 그런 행동이, 또다시 대성공하리고 생각한 것 같았다. 힐번은 차에서 내려 그녀의 창문으로 터벅터벅 걸어갔다. 요란하게 짖어 대는 그녀의 조수들이 보였고, 권총을 꺼내 여섯 발을 쐈다. 그녀는 얼굴,

목, 팔, 손에 총을 맞았다. 힐번은 트럭을 타고 서둘러 달아났다.

이튿날 밤 힐번은 현금 지급기 앞에 있던 한 남자에게 총을 들이 댔다. 하지만 방아쇠를 당겨도 발사되지 않았다. 한두 번 더 당겨도 딸깍 소리만 나자 웃고는 밖으로 나가 버렸다. "그냥 좀 얼간이인 것 같았어요." 그 남자는 나중에 이렇게 설명했다. "진짜 총은 아니 겠거니 했어요. …… 그냥 장난이겠지." 그 직후 힐번은 다른 현금 지급기에서 한 커플을 공격했다. 여자는 머리에 총을 맞았고 남자 는 중상을 입었다.

저녁이 되어 힐번은 마음의 짐을 좀 덜어야겠다고 마음먹었다. 하루하고도 반나절쯤 지난 고된 시간이었다. 두 사람을 살해했고, 다섯에게 부상(셋은 중상)을 입혔으며, 코커스패니얼을 처단했다. 이제는 맥주나 한 잔 할 시간이었다. 그는 헌팅턴 비치의 한 스포츠 바[텔레비전으로 운동경기를 볼 수 있는 술집]로 향했다. 거기서 여자를 만났 으면 했다고 그는 나중에 말했다. 하지만 사교 기술이 부족해 실패 했다. "완전히 술에 절었어요. 말도 주고받지 못할 정도였어요." 뉴 스를 틀어 놓은 바의 모든 텔레비전 화면에서는 그의 얼굴이 나왔 다. 뉴스는 오렌지 카운티 주민들에게 엄청난 규모의 범인 수색이 진행 중이라고 경고했고 조심하라고 당부했다. 밝은 하와이안 셔츠 를 입고 홀로 앉아 있는 힐번은 별안간, 그 스포츠바가 여태껏 받아 온 손님들 가운데 가장 유명한 고객이 되었다. 사람들이 전화를 걸 어 댔고 경찰이 와서 그의 어깨를 두드린 뒤 데리고 나갔다. 그는 종신형 8회를 선고받았다. 거기에 동물 학대로 형기 8개월이 추가 되었다.

힐번은 분명히 정신이상이었다. 재판에서 배심원단은 그가 항변

했던 정신이상을 둘러싸고 교착상태에 빠졌다. 교착상태는 그의 변호사가 사형을 면해 주면 죄를 인정하겠다고 동의함에 따라 해소됐다. 그런데 그의 범죄 행각을 다시 상상으로 체험해 보자. 남부 캘리포니아의 유명한 비치 보이스 해안선을 따라 그가 닦아 놓은 피와 모래의 길을 뒤쫓아 가보는 것이다. 그러면 이 순수하고 부드러운 매력을 지닌 지역은 맥이 빠질 정도로 익숙한 곳으로 전락해 버린다. 스포츠바와 현금 지급기가 곳곳에 위치한 익숙하고 단조로운 세계에서 시작된 미국 중산층의 공통의 질병들 — 외로움과 폭력 — 은 지상 낙원(데이나 포인트라는 지역명은 19세기 소설가 리처드 헨리 데이나에서 유래한다. 그는 이곳을 "캘리포니아에서 가장 낭만적인 곳"이라 불렀다)마저 감염시킨다.[5]

샌디에이고 지역에서 주목할 만한 또 다른 분노 살인자들로는 1992년 제너럴 다이내믹스에서 총격을 가한 로버트 맥도 있고, 또 엘가 코퍼레이션에서 두 감독을 살해한 래리 핸셀도 있다. 핸셀은 자신에게 영감을 준 사건 가운데 하나로 에스콘디도 우체국 총격 사건을 언급한 바 있다.

그런데 샌디에이고에서 발생한 분노 공격들 가운데 가장 독보적인 것은 아마도 1995년에 발생한 사건일 것이다.[6] 배관공으로 일하다 실직한 숀 티머시 넬슨은 주 방위군 무기고에서 M-60 탱크를 훔쳤다. 그러고는 옷을 홀딱 벗고 탱크를 몰아 샌디에이고 중심부를 통과한 뒤 5번, 8번, 15번, 805번 주간州間 고속도로가 교차하는 트랙트 하우스 단지tract home[비슷한 규격의 주택들이 줄줄이 들어서 있는 단지]로 진입했다. 탱크는 차, 교통표지판, 보도 가로수들을 쟁기질하듯 밀어 버리고 아스팔트를 갈아엎었고, 그 뒤를 순찰차들이 쫓았다.

종합하면 차량 스무 대가 파괴됐고, 공중전화 박스가 찌그러졌으며, 버스 정류장 벤치가 파괴됐고, 전신주들이 쓰러져 5천 명이 전기가 끊겼다. 탱크에는 105밀리 대포, 7.62밀리 기관총, 12.7밀리 대공포가 장착돼 있었다 — 장전된 건 없었다. 걸프전에 참전한 바 있는 서른다섯 살 퇴역 군인은 탱크로 약 10킬로미터를 고질라처럼 파괴한 뒤 고속도로 중앙분리대에 끼게 됐다. 그가 그 덫에서 빠져나오려고 탱크를 조종하는 동안 경찰은 떼로 탱크 위로 올라가 해치의 잠금장치를 잘라 내고는 안으로 몸을 숙여 넬슨을 쏴 죽였다. 피날레가 텔레비전 생방송에 포착됐고 지역 주민 다수가 불필요하게 잔혹한 장면을 방송했다고 비난했다.

샌디에이고에서 분노로 인해 발생한 폭력은, 이곳을 방문해 보면 이해가 된다. 이 제멋대로 뻗어 나가는, 인구 270만의 대도시, 미국에서 일곱 번째로 큰 이 도시는 남서쪽 끝의 아메리칸드림일 뿐만 아니라 이 나라에서 가장 군사화된 지역으로, 샌디에이고 상공회의소가 자랑하는 "세계 최대의 군복합시설"이 있는 곳이다.[7] 이 카운티에는 주요 군사시설이 열두 곳이다. 이를테면 오션사이드에 있는 해병대 캠프 펜들턴, 샌디에이고 해군기지, 해병대 항공기지 미라마, 해군 항공기지 노스아일랜드, 샌디에이고 해군 잠수함 기지, 여러 훈련·지휘·병참 시설들. 미 해병대 및 해군의 5분의 1이 그곳에 주둔해 있다.[8] 또 현역군인도 가장 많다. 샌디에이고 상공회의소의 2003년 보고서에 따르면 국방비 지출에 따른 수입이 샌디에이고 카운티 총생산의 약 20퍼센트를 차지한다.[9]

또 샌디에이고 카운티는 제복을 입은 남자들로 붐빌 뿐만 아니라 전국 각지의 수많은 퇴역 군인들이 정착하는 곳이어서 백인 우파의 양심이 똘똘 뭉쳐 견고한 보루를 이루고 있는 곳이기도 하다. 퇴역 군인도 26만 명 이상, 다시 말해 미합중국에서 퇴역 군인들이 가장 많이 거주하는 곳이다.[10] 내가 거기 살 때 어디를 가나 이런 퇴역 군인과 그 가족들이 있었다. 지금 가봐도 주유소 주위를 어슬렁거리거나 아이젠하워 시대에 지은 퇴락한 트랙트 하우스 진입로에서 음영이 들어간 철제 안경을 쓰고 눈을 흘기고 있는 그들을 볼 수 있다. 그들 중 다수는 땅딸막한 몸에 벨트 위에 배를 걸치고 중고 SUV 후면 범퍼에는 큰 정부를 한탄하는 스티커를 붙여 놓는다. 이게 샌디에이고의 실제 대표 얼굴이다 ― 비키니를 입은 섹시 미녀와 머리가 텅 비고 눈은 멍해 보이지만 사랑스러운 식스팩 서퍼들이 아니고 말이다.

캘리포니아 쿠클럭스클랜Ku Klux Klan[KKK단으로 불리는 백인 우월주의 비밀 결사 단체]의 위대한 마법사Grand Wizard[KKK단의 대표]였던 톰 메츠거Tom Metzger는 샌디에이고 외곽 자신의 근거지에서 웹진 『화이트 아리안 레지스탕스』를 운영하고 있다. 사실 샌디에이고는 오래전부터 백인 지상주자들의 천국, 남서부의 아이다호로 알려져 왔다.

1990년대에 캘리포니아 주지사를 지내며 라틴계 이주자들에 대한 혹독하고 인종 분리적인 공격을 이끈 피트 윌슨은 레이건 시기에 샌디에이고 시장으로 정치 경력을 시작했다. 당시 그는 라틴계 이주자들을 맹공격해 인기를 얻었고 지역 백인 유권자들에게 인정을 받았다. 샌디에이고에 퍼진 백인 트랙트 하우스의 악의적 태도는 전국 여느 곳 못지않게 강력하다.

나밖에 없어요

샌티는 샌디에이고 동쪽 황무지 끝에 위치한 일종의 반✳교외, 폐품 처리장처럼 제멋대로 뻗어 나간 인구 6만의 반✳시골이다. "클랜티"Klantee로도 알려져 있는 이 도시에는, 백인 우월주의자들과 총기 애호가들이 살고 있다고들 하는데, 거의 모두가 백인, 최근에[2000년 미국 인구센서스 기준] 집계했을 때 85퍼센트 이상이 백인이었기 때문이다.[11] 1998년에는 한 파티에서 흑인 해병대원이 백인 다섯 명에게 공격당해 불구가 된 일이 있었고, 당국은 이에 대해 증오 범죄라 규정했다.[12] 샌티의 구획은 미국 중산층이라면 익숙할 것이다. 한쪽 끝에 월마트나 타겟 같은 대형 마트가, 다른 한쪽 끝에는 반스 앤 노블스[서점]와 올드 네이비[캐쥬얼 의류 브랜드]가 입점한 쇼핑몰들이, 남쪽 끝에는 자동차 변속기 수리 전문 정비소와 가구 대여 업체들이 있고, 아메리칸 펜스 컴퍼니와 매그놀리아 미니 스토리지 같이 한물간 사업을 하는 업체들도 분투하고 있다.

언덕에 아늑하게 둥지를 튼 부유한 마을도 있는데, 깔끔하게 구획된 집터에는 관개를 잘 해놓은 조경과 새로 지은 이층집들이 있다. 황무지 안쪽으로는 트레일러 단지와 퇴락한 이층 연립주택 단지가 있다. 이스트 카운티는 지방의 중산층이 연안 교외의 생활 방식을 누리는 곳으로, 차로 20분 거리에 태평양과, 라 호야, 코스타메이사 같이 재벌들이 자신들만의 성을 이루어 살아가는 주거지가 있는 분기점이다. 연안을 따라 이어진 보도는 초록 식물들이 무성하다. 잔디는 깔끔하게 다듬어져 있고 왕성한 야자수와 극락조화가 늘어서 있다.

내륙으로 20분 들어가면 이런 아름다운 연안은 이내 단조로운 중산층 지역으로 변해 버린다. 샌티의 남쪽 끝, 공항 인근 오래된 이차선 도로에는 키가 큰 풀들과 관목이 죽 늘어서 있고 애국심을 상징하는 적백청의 삼각기를 걸어 놓은 트레일러 단지와 진입로에 캠핑카와 레저용 차량을 세워 둔 낡은 트랙트 하우스들이 있다. 여기 오면 당신은 캘리포니아가 아니라 켄터키 주나 아칸소 주 시골에 와있다는 느낌이 들 것이다. 샌티 시장 랜디 뵈펠은 2001년에 이렇게 선언했다. "우린 미국입니다."[13] 그게 도시의 모습 때문만은 아니다. 샌티는 공화당을 지지하는 시골, 바이블 벨트Bible Belt[기독교가 강한 미국 남부와 중서부]에서도 홀대받는 곳이다.

샌티는 창조과학연구소, 즉 학교에 창조론을 홍보하는 일에 헌신하는 "기독교에 초점을 맞춘 창조론을 알리는 성직자 단체"의 설립지다.[14] 연안 쪽에 사는 샌디에이고 주민들은 이스트 카운티 주민들을 염소 목동goat rope♦, 백인 쓰레기trailer trash[트레일러에 사는 가난한 백인을 경멸하는 말], 헤이즈 서커haze sucker ― 샌디에이고 카운티에서 생기는 모든 안개haze와 스모그가 동쪽 끝 황무지 산으로 둘러싸인 우묵한 땅으로 흘러들어 고여 있는 ― 로 부른다.[15] 전前 시장 피트 윌슨이 강행 통과시킨 10억 달러의 샌디에이고 경전철은 샌디에이고의 해변에서 올드 네이비가 입점한 샌티의 거대 쇼핑몰로 운행된다. 하지만 하루 중 어느 때 가보더라도 차량은 거의 텅텅 비어 있

♦ 농장 경영주나 카우보이가 되고 싶어 하는 사람을 가리키는 말이다. 사륜구동 픽업트럭과 카우보이모자는 있지만 소도 말도 똑똑한 머리도 땅도 없는 이를 비하하는 의미를 담고 있다.

다. 샌티의 한 육군 징병관이 내게 일러 준 말에 따르면 샌티를 방문하는 사람이 거의 없을 뿐더러 또 샌티에서 연안 쪽으로 가는 이도 드물다고 한다.

앤디 윌리엄스는 총격 행각을 벌이기 1년 전쯤에 아버지와 샌티로 이사했다. 캘리포니아 연안으로 오기 전 그는 중하층 시골의 행복한 중하층 백인 아이였다. 그는 서서히 나락으로 떨어지고 있었는데, 고대 로마 검투사들의 싸움터 같은 샌디에이고 교외로 내던져진 뒤로는 그 속도가 빨라졌다.

그의 부모는 1981년에 오클라호마 주 로턴에서 결혼했고, 나중에 메릴랜드 주 녹스빌로 이사했다. 인구 8천 정도의 퇴락해 가는 마을인 이곳이 바로 앤디가 자란 곳이다. 녹스빌은 프레더릭스버그 카운티 안에 있는, 백인들이 사는 시골로, 볼티모어나 아나폴리스 같이 보다 친숙한 메릴랜드 지역보다는 린디 잉글랜드[아부그라이브 교도소에서 고문을 자행한 미군 이등병]의 고향 웨스트버지니아 주에 더 가까운 곳이다. 프레더릭스버그 카운티는 여전히 주유소에 들러 에페드린[감기, 천식 약] 한 통을 살 수 있는 이 나라의 마지막 장소 중 하나였다. 앤디의 부모는 1991년에 이혼했다. 앤디는 겨우 다섯 살이었다. 카운티 법원의 명령에 따라 앤디의 이복형은 어머니와, 앤디는 아버지와 살게 되었다.

1999년 앤디와 아버지는 팜스프링스에서 북쪽으로 약 50킬로미터 떨어진, 캘리포니아 사막의 트웬티나인팜스로 이사했다. 초목이 무성하고 언덕이 많은 프레더릭스버그 카운티와는 달리 트웬티나인팜스는 덥고 바싹 마른 땅에 먼지도 많은 따분한 곳이다. 앤디는 그곳 중학교에서 "속옷맨"으로 불리는 개구쟁이로 유명했는데,

바지 위에 속옷을 입고 학교에 온 적이 있었기 때문이다. 트웬티나인팜스에서 앤디는 친구들과 친척들, 즉 고모, 삼촌, 조부모 덕분에 환경이 달라져 생긴 불편함을 덜 수 있었다. 그는 친구들을 그리워했지만 적응할 수 있었다. 성적도 좋았고 야구팀에서 중견수로 뛰었으며 학교 연극에서 담요를 들고 다니는 라이너스♦ 역을 연기하기도 했다.[16]

2000년, 앤디 아버지는 샌디에이고 해군 의료 센터에서 실험실 기사 일을 구해서 둘은 샌티의 연립주택으로 이사했다. 앤디가 산타나 고등학교 신입생이 되면서 삶이 지옥으로 변해 버린 바로 그곳이다. 산타나 고등학교는 평지붕에 짙은 갈색을 띤 기다랗고 창문조차 없는 건물로 젊은이들의 창의성과 배움을 위한 곳이라기보다는 창고에 가까워 보인다. 산타나 고등학교 바로 건너편에는 모르몬교 교회와 육군 징병 센터가 있다. 육군 징병 센터에는 이런 하얀 현수막이 덮여 있다. "학생들! 대학 등록금이 필요한가?" 학교 입구 건너편 모퉁이에는 서브웨이, 스타벅스, 델 타코, 세븐일레븐이 있는 유명 상점가가 있었다.

내가 찾아간 첫날, 두 남자가 학교 앞 보도에 서서 학생들에게 주황색 표지의 성경책을 나눠 주고 있었다. 학생 대부분은 그들을 그냥 지나쳤다. 그중 나이가 많아 보이는 사람은 둥근 밀짚모자를 쓰고 코르덴 재킷을 입었고, 어린 사람은 염소수염에 카키색 옷, 회색 바람막이를 하고 있었다. 한 설명에 따르면 앤디 윌리엄스가 입학한

♦ 스누피로 유명한 만화 〈피너츠〉*Penuts*에서 루시의 동생이자 찰리 브라운의 친구로 담요가 없으면 불안해하며 늘 담요를 들고 다닌다.

그해, 샌티 교육위원회 이사 게리 캐스가 학교 바깥에서, 낙태된 태아의 사진들과 낙태 반대 플래카드를 들고 서있곤 했다고 한다.[17]

캘리포니아 연안에서 자란 내 경험에 비추어 보면 간신히 중산층이 되어 부자들의 그늘 아래 사는 것이 중하층들끼리 사는 것보다 훨씬 힘들다. 산타나 고등학교는 샌티의 부촌인 언덕 지역과 인접해 있다. 앤디 윌리엄스는 메마른 관목들로 둘러싸인 우울한 연립주택 단지에 살았다. 매일 등교할 때마다 자기 집과는 정반대인 고급 담틀집들을 봐야 했던 것이다. 녹스빌이나 트웬티나인팜스에 있을 때는 끔찍하고 충격적인 사회경제적 위계와 신입을 골리는 문화를 겪지 않아도 됐을 테지만 샌티의 중산층 지역에서는 그렇지 않았다. 이곳 지역 부르주아 엘리트들은 중하층 백인 쓰레기들을 하대했는데, 거기서 8번 주간 고속도로 20분 거리에 사는 부유한 연안 주민들은 샌티의 부촌을 포함해 샌디에이고 카운티 동쪽 지역 전체를 경시했고, 샌티의 작은 카스트 내부의 반목과 고립은 심각했다.

샌티 연립주택 단지로 이사한 뒤로 앤디는 철저히 파괴되었다. 앤디는 도무지 어울릴 수 없었다. 두메산골에서 레드넥redneck♦ 먹이사슬의 최상위 도시로 온 촌뜨기 앤디는 눈에 띄는 아이였다. 작고 깡마른 체구에 창백하고 연약했다. 2001년 3월 5일 월요일, 앤디는 반란을 감행했다. 22구경 8연발 독일제 아르미니우스 권총을 가방에 숨겼고 또 자신이 "스펑키"Spunky['용자']라 부르는, 이복형이 준 비니 베이비 인형도 챙겼다(나중에 앤디는 그 인형을 보면 행복했던 시절이 생각난다고 설명했다).[18]

♦ 교육 수준이 낮고 보수적인 미국 시골 농장 노동자를 모욕적으로 이르는 말.

앤디가 학교에서 총을 쏠 계획을 한 건 적어도 며칠 전부터였다. 사실 그는 죽이고 싶은 건지, 죽고 싶은 건지, 아니면 둘 다인지 갈 팡질팡했다. 딱 이틀 전, 그러니까 토요일 밤, 앤디는 친구들과 함께 밤샘 파티를 하며 학교에서 총을 쏠 거라고 이야기했다. 앤디는 나중에 친구들이 적어도 자기만큼 열광했고 또 자기만큼 산타나 고등학교를 증오하고 있었기 때문에 자신을 부추겼다고 주장했다.[19] 그는 자신이 진짜 할 수 있다는 것을 친구들에게 보여 주고 싶었다. 친구들의 설명은 이와는 다른데, 앤디가 자신의 계획을 떠벌렸지만 농담으로 생각했다고 한다. 그날 밤샘 파티를 연 조슈아 스티븐스는 기자들에게 이렇게 이야기했다. "주말 내내 함께 있었는데 자기가 사람들을 총으로 쏴 죽일 거라는 농담을 했어요. …… 우리한테 함께하자고 했어요."[20] [반면] 앤디는 자신들이 모두 한통속이었다고 설명했다.

같은 주말, 앤디의 아버지는 곧 사게 될 아파트를 보여 주기 위해 앤디를 인근 레이크사이드 — 샌티 주민들은 이스트 라 호야라고 부르고, 라 호야 주민들은 여전히 "헤이즈 서커 카운티"로 부르는 약간 고급스러운 교외 지역 — 로 데려갔다. 앤디는 아버지에게 자기 방을 이렇게 저렇게 꾸미고 싶다고 상세히 이야기했다. 아버지는 아들이 살인을 계획하고 있을 줄은 상상도 못했다고 나중에 설명했다. 아파트와 자기 방에 대해 그런 관심을 보였으니 그럴 만도 했다.[21]

월요일에 앤디는 가방에 총을 넣고 학교에 갔다. 수업 시작 전 앤디는 학교 인근에서 친구들과 대마초를 했다고 한다. 이 친구들 중 일부는 그가 주말에 한 이야기가 몹시도 걱정돼 몸을 뒤졌다고 기자들에게 주장했다(하지만 그가 늘 농담을 달고 살아서 그의 위협을 진지하게 여기지 않았다고 주장하기도 했다). 또 앤디의 가방을 확인하는 것을 깜박했다고 한 친구도 있었다.[22] 언론은 이 주장을 전적으로 믿었다.

사실 언론, 그리고 어른들 대부분은 이런 사건에서 흔히 십대들의 말을 곧이곧대로 믿어 버리고 아이들이 자신들에게 얼마나 많은 것을 숨기고 꾸며 대는지 잊곤 한다.

1학년 애널리샤 웰바움은 『샌디에이고 유니언-트리뷴』에 자신이 오전 9시에 앤디를 봤다고 말했다. "별 걱정 없어 보였어요. 학교 가냐고 물었더니 [장난으로] 머리를 가로저으며 '응'이랬어요."[23]

나중에 앤디는 수사관들에게, 자신의 계획을 정말 많은 학생들에게 떠벌렸는데 — 적어도 스무 명이 사전에 알고 있었고 아마도 그 이상일 것이다 — 개중에 한 명이라도 말려 주기를 바라는 마음이었다고 말했다. 하지만 어느 누구도 그를 구해 주지 않았다. 사실 앤디는 그들이 "계속 부추기고 또 부추겼다"고 느꼈다.[24] 주변에서 말리지 않자 앤디의 굴욕감과 절망감은 커져만 갔다. 즉 그들은 그의 위협을 심각하게 여기지 않았던 것이다. 앤디가 그 일을 실행하지 않았다면 견딜 수 없는 놀림과 굴욕이 3년간 — 그 나이의 아이에게는 평생의 시간이다 — 그를 따라다녔을 것이다. 살인을 저지르지 않았다면 앤디는 죽은 존재와 다를 바 없었을 것이다.

"그만 두면 안 돼. 그러면 모두들 널 별 볼일 없는 놈으로 생각할 거야. 너를 갈구고 싶은 이유가 또 하나 생기는 거라고."/1996년 알래스카 주 베델에서 에번 램지가 학내 분노 살인을 저지르기 직전, 한 친구가 램지에게 한 충고[25]

첫 수업이 끝나고 쉬는 시간, 앤디는 남자 화장실로 가 대변을 보는 칸에서 총을 장전했다. 화장실은 만원이었다. 9시 20분, 그는 화장실 칸의 문을 열고는 처음 보인, 열네 살 브라이언 저커의 뒤통수를 쐈다. 앤디는 화장실에 있는 모든 이들에게 총을 쏴 약실을 비웠다. 열일곱 살 트레버 에드워즈도 목에 총을 맞고 쓰러졌다. 바닥에 쓰러진 에드워즈가 앤디에게 왜 쐈냐고 묻자 앤디가 대꾸했다. 닥쳐.[26]

총격이 시작될 때 다른 칸에 있던 열다섯 살 리처드 게스케는 시신들 주변이 피바다가 되는 것을 보고는 겁에 질려 어쩔 줄 몰랐다. 처음에는 장난감 총으로 종이 화약을 터뜨린 거라고 생각했다. 하지만 피가 보이자 그는 칸에서 뛰쳐나와 도망쳤다.[27]

앤디는 재장전하고 복도로 나왔다. 화장실을 기지로 사용하면서 그는 복도로 나와, 황급히 흩어지는 학생들을 쏘고는 퇴각해 재장전했다. 열일곱 살 랜디 고든이 등에 총을 맞고 사망했다. 옆에 서 있던 고든의 절친 레이먼드 세라토도 맞았다. 세라토는 총을 쏘기 바로 전 앤디의 표정을 상기했다. "웃고 있었어요. 소리 없이 싱긋 웃었어요. 저를 똑바로 쳐다보면서요."

애널리샤 웰바움은 앤디가 자신을 봤지만 살려 줬다고 기자에게 이야기했다. "걔가 화장실 옆에 있었는데 제정신이 아닌 것 같았어요. 거기서 총을 쐈어요. 절 보더니 몸을 돌려 다시 총을 쐈어요."

학생 매슈 하먼은 자신이 액션 영화의 주인공처럼 피했다고 주장했다. "걔가 몸을 돌려 절 보고는 총을 쐈어요. 저는 땅으로 몸을 던졌죠. '멈추고, 쓰러지고, 구르기 방법'◆대로요. 그렇게 피했어요."[28] 총알들은 자기 뒤 사물함에 맞았다고 그는 말했다.

약 6~10분 동안 36발을 쏜 뒤 앤디 윌리엄스는 총격을 멈추고는 화장실 바닥, 피투성이가 된 저커와 고든의 시신 옆에 앉았다. 그리고 총을 재장전하는데 경찰 셋이 화장실 문으로 다가왔다. 앤디가 그들에게 말했다. "나밖에 없어요." 그러고는 총을 내리고 항복했다.

총 열세 명이 부상을 입었다. 학생이 열한 명, 성인이 둘이었는데, 아이들의 주장에 따르면 그중 한 명은 학내 마약 수사관이었다. 사망자 둘은 모두 학생이었다. 그중 한 명은 저커로 구급대원들이 도착했을 때 아직 맥박이 희미하게 뛰고 있었다. 병원으로 옮겨진 아이의 주머니에서는 전화벨이 울렸다. 아이의 안전을 확인하려는 어머니의 전화였다. 의사들은 어머니에게 응급수술 중이라고 말했다. 어머니가 병원에 도착할 무렵 의사는 그녀의 아들이 사망했다고 말했다.[29]

앤디는 총격이 끝나고 세 시간 반 만에 두 수사관에게 심문을 받았다. 그는 반항적이었다. 짧고 통명스럽고 차갑게 대답했다. "어느 누구도 죽는 건 바라지 않았어요. 하지만 죽었다면 뭐 할 수 없죠." 그는 말했다. "그냥 또라이 짓이었다고요."

"그래, 니가 우리한테 해주고 싶은 얘기가 이게 다니?" 수사관 제임스 워커가 말했다.

"음" 윌리엄스가 답했다. "그냥 잠깐 정신이 나가 있었던 것 같아요."『샌디에이고 유니언-트리뷴』에 실린 인터뷰 녹취록 내용이다.[30]

이어서 51분 동안 워커와 그의 파트너, 샤론 런스포드 수사관은

◆ 미국에서 어린이, 구급대원, 노동자에게 가르치는 간단한 총 피하기 방법.

맞은편에 앉은 그 청소년에게 캐묻고 다그쳤다. 녹취록에는 많은 질문에 대해 "구두 반응 없음"이라는 구절이 등장한다.

어안이 벙벙한 경우도 있었다.

"왜, 왜 쐈니?" 워커가 물었다.

"거기 있어서요." 윌리엄스가 말했다.

"그냥 그때 거기 있어서 그런 거라고?"

"네." 윌리엄스가 대꾸했다.

하지만 정말로 사람들이 거기 있어서 총을 쏜 최초의 샌디에이고 학교 총격자 브렌다 스펜서와는 달리 앤디 윌리엄스는 전연 다른 이유가 있었다. 그리고 그에게 공감한 전국의 많은 아이들은 그 이유를 정확히 이해했다.

분노에 공감하는 사람들

3월 5일 앤디 윌리엄스의 공격 이후 몇 날 몇 주 동안, 학교 총격 사건과 모의들이 전국을 휩쓸었고 우리가 인정하고 싶지 않은, 잠복해 있던 동조자들이 모습을 드러냈다. 어른들의 집단적 편집증 또한 널리 퍼졌는데, 이는 왜 그런 동조가 존재하는지 또 얼마나 깊은지를 이해하지 못하는 미국인들의 무능에서 기인한다.

산타나 고등학교 총격 사건 이후 72시간 동안, 캘리포니아 주에서만 학생 열여섯 명이 학생 또는 교사를 협박했다는 이유로 혹은 무기를 학교에 가지고 갔다는 이유로 구금되었다.[31] 3월 6일에는 캘리포니아 주 트웬티나인팜스 소재의 고등학교(앤디가 그 지역에 계속 머물렀다면 등록했을 고등학교)에 다니는 열일곱 살 학생 둘이 살인 모의 혐의로 체포되었다. 당국은 그들의 집에서 "살생부"를, 또 다른 곳에서는 소총을 발견했다. 한 소녀가 그 둘이 살생부에 대해 의논하는 것을 우연히 듣고 아버지에게 이르면서 벌어진 일이었다. 샌티에서 북쪽으로 약 130킬로미터 떨어진, 캘리포니아 주 페리스에서는 열다섯 살 학생이 콜럼바인 고교 학살을 능가할 수 있다고 자랑스레 말한 다음날 구금되었다. 당국은 그의 가방에서 10센티미터짜리 칼을 발견했고 나중에는 집에서 소총 두 정을 찾아냈다. 샌티 북쪽 온타리오에서는 우드크레스트 중학생 셋이 교사의 책상에 폭탄을 두겠다고 위협해 체포되었다. 폭탄 재료는 발견되지 않았다. 또 샌디에이고의 후버 고등학교에서는 한 학생이 윌리엄스의 총격 사건 다음날 교내에서 자살하는 일도 있었다.

영향을 받은 곳은 캘리포니아 주만이 아니었다. 3월 8일 CNN과 ABC 뉴스가 보도했듯이 아이들의 반란이 미국 전역으로 번졌다.[32]

워싱턴 주에서는 수요일[3월 7일], 시애틀 교외 코빙턴에 위치한 켄트우드 고등학교에서 열여섯 살 학생이 수업 중에 총을 꺼내 들고는 학생들에게 나가라고 명령했다. 당국의 말이다. 소년은 약 15분 뒤 순순히 항복했다. 다친 사람은 없었다.

조지아 주 서배너에서는 6학년 학생이 학교에 비비탄 총을 가져가려 했다는 혐의로 수요일에 체포됐다고 당국이 밝혔다. 발포도 없었고 부상을 입은 이도 없었다. 한 학부모와 학교 건널목 교통안전 당번이 그 열네 살 학생이 총을 가지고 가는 것을 보고는 신고했다고 한다.

코스틸 중학교 교장 알프레드 하워드와 마주치자 소년은 그 무기를 떨어뜨리고는 달아났다.

필라델피아 남서쪽에서는 경찰이 토머스 모튼 초등학교 학생(12세)을 22구경 권총을 소지한 혐의로 체포했다.

또 다른 필라델피아 헨리 C. 리 학교에 다니는 여덟 살 학생이 월요일에 장전된 산탄총을 가져와 "피바다"를 만들겠다고 위협해 수감됐다.

3월 6일, 뉴저지 주 캠던의 열다섯 살 모범생이 어떤 패거리를 총으로 쏘겠다고 위협한 혐의로 체포됐다.

플로리다 주 브레이든턴에서는 베이쇼어 고등학교 2학년 필립 M. 브라이언트(17세)가 3월 7일, 장전한 반자동 권총을 학교에 가져온 혐의로 정학 처분을 받았다.

브레이든턴에서 약 30킬로미터 떨어진 세인트피터즈버그에서는 열일곱 살 존 웨인 모리슨이 전에 다니던 학교인 메도우론 중학교에 총신을 짧게 자른 리볼버를 가져온 혐의로 기소되었다.

아이오와 주 대븐포트에서는 3월 7일에 어섬선 고등학교 학생(15세)이 총을 구해서 학교에 있는 사람은 전부 쏴 버리겠다고 협박해서 체포됐고 정신감정 처분도 받았다.

텍사스 주 할링언에서는 고등학교 1학년생이 살생부를 가지고 있는 게 발각돼 퇴학당했다.

애리조나 주에서는 3월 7일, 학생 셋이 체포됐다. 그중 중학교 2학년생은 학교에 총을 가져와 초등학교 6학년 학생들을 쏘겠다고 위협한 혐의로 기소됐다. 열세 살 학생은 자신을 못살게 군 반 아이를 쏘겠다고 위협한 혐의로 체포됐다. 열세 살 소녀는 3월 6일 밤 자동응답기에 폭탄 위협을 남겨 체포됐다.

인디애나 주 포트웨인에서는 산타나 고등학교 총격 사건 당일, 경찰이 한 엘름허스트 고등학교 학생의 사물함에서 반자동 권총을 발견해 체포했다.

네바다 주 라스베이거스에서는 웨스턴 고등학교 2학년 학생(17세)이 권총을 가지고 있는 게 목격된 뒤 학내에서 미등록 무기를 소지한 혐의로 체포되었다. 하지만 결국 총은 발견되지 않았다.

샌티 총격 사건 다음날, 메릴랜드 주의 열여덟 살 고등학생이 산타나 고등학교 학생들을 죽이겠다는 메시지를 보낸 혐의로 체포되었다. 인터넷 메신저를 통해 한 학생에게 보낸 그 메시지는 이랬다. "앤디가 시작한 걸 내가 완수할 거야."[33] 추적 조사로 붙잡힌 그는 중죄인 테러 협박과 경범죄인 괴롭힘 메시지를 보낸 혐의를 인정했다.

산타나 총격 사건 이틀 뒤 펜실베이니아 주 윌리엄스포트에 소재한 사립 로마 가톨릭 학교에서는 중학교 2학년 엘리자베스 부시

(14세)가 동급생 김 마르케세(13세)의 어깨에 총을 쐈다.[34] 마르케세와 그 잘나가는 일당에게서 끊임없이 레즈비언이라고 놀림 받던 안경재비 샌님 엘리자베스는 아버지의 강청색 총열 4인치 9연발 22구경 권총을 가져왔다. 점심시간에 그녀는 총을 여자 화장실로 가져가 장전하고는 구내식당에서 표적을 찾아냈다. 엘리자베스는 마르케세에게 부상을 입힌 뒤 — 총알은 척추를 아슬아슬하게 비켜 갔다 — 총열을 자기 머리로 가져갔다.

"살고 싶지 않아. 그냥 여기서 자살할 거야." 그녀가 말했다.

총이 발사되자마자 탁자 밑으로 몸을 숨겼던 1학년 브래드 포크는, 스쿨버스에서 엘리자베스를 봤던 걸 기억하고는 벌떡 일어섰다. 그는 그녀에게 1.5미터 거리까지 다가가 자살하지 말라고 간청했다. 엘리자베스는 몸을 돌려 포크에게 총을 겨눴다. 식당 맨 끝 안전한 위치에 있던 교장이 포크에게 물러서라고 외쳤지만 포크는 물러서지 않았다.

놀랍게도 소년의 전략은 효과가 있었다. "미친 듯이 화가 나서 터지기 일보 직전인 것 같았어요." 포크가 기자들에게 이야기했다. 엘리자베스 부시는 총을 바닥에 내려놓았고 포크가 안전하게 멀리 차 버렸다. 참으로 영화 같았다. 사람들은 두 배우가 충실히 따른 평화적이고 행복하며 영웅적인 결말의 대본을 제공해 준 할리우드에 감사하고 싶을 텐데, 특히 할리우드는 총격 사건의 대본을 제공한다는 이유로 많은 비난을 사기 때문이다.

앤디 윌리엄스의 분노 살인으로 인해 이런 학내 총격 사건들을 학교 문화와 관련 없는 그저 악한의 소행으로 치부해 버리기에는 돌연 어려워졌다.

엘리자베스는 한 달 뒤 선고 공판에서 판사에게 마르케세를 쏜 이유를 "걔들이 자신을 벌레만도 못한 취급을 해서"라고 밝혔다.

카운티의 지방 검사 톰 마리노조차 동의했다. "그녀가 생각하기에는 그게, 자신이 겪고 있는 상황과 괴롭힘을 해결할 수 있는 유일한 방법이었습니다."

경찰은 그 총격 사건을 "두 학생 사이의 불만이 최고조에 이르러 터진 것"으로 묘사했다. 그 불만은 치어리더 단장 마르케세의 집요한 괴롭힘과 놀림에서 기인했다. 그러다 그 불만은 곪아 터질 상태까지 갔고 몇 주 뒤 엘리자베스는 그녀에게 제발 그만하고 화해하자는 이메일을 보냈다. 그다음에 엘리자베스가 자신의 문제와 비밀을 털어놓는 이메일들을 보낸 것을 보면, 아무튼 마르케세는 엘리자베스에게 서로 화해했다는 생각을 심어 줬던 것 같다. 물론 마르케세는 친구들에게 단체 메일을 보내 엘리자베스 부시를 조롱할 거리들을 던져 주었다.

엘리자베스의 어머니 캐서린 부시에 따르면 총격 사건이 일어나기 전 해에, 그러니까 가톨릭 고등학교로 전학 오기 전에 다녔던 공립학교에서도 학생들이 딸을 레즈비언으로, 또 "잔인해도 너무 잔인한 별명들"로 불렀다. "딸은 마을과 학교에서 꺼져 버리라는 말을 줄곧 들었어요. 또 딸이나 우리 가족에게 무슨 일이 생길지도 모른다는 얘기도요." "방과 후에 딸에게 돌팔매질을 하는 경우도 이따금 있었고요." 공립학교에서는 학생들이 그녀를 지목해 괴롭히는 일이 많아서 그녀는 수업을 거르기 시작했고, 이에 학교 당국은 출석을 제대로 하지 않으면 법적 조치를 취하겠다고 위협했다. 어머니는 "딸은 늘 약자의 편에 서는 아이"였다면서 엘리자베스가 인권 운동가가 되고 싶어 했다고 말했다. "예전에 다니던 학교에서는 휠체어를 타고 있는 소녀의 친구가 돼 줬어요. 그 애를 돕곤 했지요. 누군가 괴롭힘을 당하거나 어떤 문제가 있을 때 딸은 보통 그 사람을 지켜 주는 편에 섰어요."

"제게 학교는 지옥 같아요. 매일 아침 일어나면 지옥에 가는 거예요."
/알렉스 프로스트, 〈엘리펀트〉에서 학교 분노 살인자 알렉스를 연기한 배우[35]

　　충격 사건 직후, 곧 3월 9일에 방송된 ABC 뉴스와의 인터뷰에서 김 마르케세는 엘리자베스를 왕따 시킨 적이 없다고 부인했다. 사실 그녀와 다른 학생들, 심지어는 학교 당국자들도 엘리자베스가 결코 왕따를 당한 적이 없다고 부인했다. "1, 2주 동안 엘리자베스 부시와 말조차 섞은 적이 없어요." 마르케세는 주장했다.

　　마르케세는 충격 사건을 이용해 자신을 정상적이고 신앙심 깊은 학생으로 홍보했을 뿐만 아니라 엘리자베스를 괴짜로 묘사하기도 했다 — 성인 세계에서 벌어지는 사회적 싸움에서 흔히 사용되는 전략이다.

　　"엘리자베스 부시에 대해서는 남들보다는 제가 좀 더 알고 있었다고 생각해요." 마르케세의 말이다. "걔가 작년에 학교로 왔을 때는 잘 몰랐어요. 하지만 1년이 지나면서 알게 됐죠. 조용한 편이었지만, 근데 제가 알기론 문제가 많았고 또 그 애 가족도 그랬어요."

　　"걔가 정신적으로 아주 건강한 건 아니었어요. 작년에 손목을 몇 번 그었고, 근데 그 일로 도움을 받은 걸로 알고 있어요." 마르케세는 이런 점도 있지만 저런 점도 있다는 식의, 청소년들이 남을 바보로 만들 때 사용하는 전형적인 어법을 쓰다가 이렇게 덧붙인다. "걔는 자신이 하느님과 대화할 수 있다고 얘기했는데, 근데 더는 그 말이 들리지 않는다고 했어요."

자신이 한 번도 엘리자베스를 왕따 시킨 적 없다는 마르케세의 해명은 그럴듯하게 들린다. 하지만 경찰과 기자들은 나중에 마르케세의 부인이 거짓이었음을 알게 된다. 여기서 기억해 둘 것이 있다. 학교 관계자와 동료 학생들조차 마르케세를 지지했다는 점이다. 소송에 대한 두려움, 변명으로 발뺌하고 싶은 압박감, 그리고 그 "괴상한 애"는 멀리하고 인기 있는 소녀를 위해 뭉치려는 본능에 굴복한 것이다. 이런 기만과 부정은 산타나 고등학교를 비롯해 도처의 학교 총격 사건에서 반복되었고, 또 학교 문화(곧 약자를 응원하는 척하지만 실은 인기 있는 사람들을 숭배하고 특권층을 보호하는 문화)가 아니라 정신이상이 총격 사건을 촉발했다고 믿고 싶은 사회에 의해 강화되었다.

약 한 달 뒤, 로이터 기자에 따르면 엘리자베스는 공개 법정에서 마르케세에게 사과했고 부상당한 팔에 팔걸이 붕대를 한 그녀는 "기꺼이 용서해 주었다." "'걔가 참 딱하다는 걸 한눈에 알겠더라고요.' 법정 건물 밖에서 마르케세는 웃으면서 말했다. '기분 상하게 하려는 말은 아닌데, 근데 걔가 제정신이 아니라면 더 딱했을 거예요.'"

엘리자베스 부시가 비교적 가벼운 형 ― 스물한 살까지 소년원 생활 ― 만을 받긴 했지만, 막장 드라마 같은 법정 사과와 이에 대한 수용이라는 결말은 애초에 그런 총격 사건을 고무한 사회의 봉건성을 강화했다. 엘리자베스는 괴상한 애라는 자신의 역할로 돌아갔고, 자신을 괴롭힌 사람에게 사과해야만 했으며, 복수의 대가로 자유를 잃게 된 것이다. 반면 쉽게 파괴할 수 없는, 인기 있는 김 마르케세는 희생자, 여주인공, 자비로운 성인을 연기했고 자신에게 가해한 괴상한 애를 용서함으로써 이런 사죄가 자신에게 얼마나 어려웠는지를 온 세상에 알렸다. 물론 "기분 상하게 하려는 말은 아니"었으리라.

샌티 이후에 벌어진 모든 총격 사건들 가운데 가장 충격적인 일이 — 산타나 고등학교에서 딱 8킬로미터 떨어진 — 엘 커혼의 그래닛힐스 고등학교에서 일어났다. 앤디 윌리엄스의 공격 후 몇 주 동안 그 학교에는 총격 사건이 일어날지 모른다는 소문이 돌았다. 여섯 명의 학생이 모의에 관한 모호한 발언을 해 2주 정학 처분을 받는 일도 있었다. 3월 22일, 즉 앤디 윌리엄스의 광란의 사건 3주 뒤, 반란 용의자도 아니었고 정학 처분도 받지 않은 학생 제이슨 호프먼이 오후 12시 55분, 그러니까 5교시가 시작될 때 학교 주차장으로 들어섰다.[36] 호프먼은 이웃이라 할 수 있을 만큼 윌리엄스와 가까운 곳에 살았는데, 몸무게가 90킬로그램에 반사회적이라 할 수 있는 아이였다. 그러니까 왜소하고 필사적으로 적응하려 애쓴 윌리엄스와는 영 딴판이었던 셈이다. 호프먼은 자신의 금색 닷지 픽업트럭에서 내려서는 12구경 펌프식 산탄총을 어깨에 메고 22구경 권총을 챙긴 다음 학교 본관 건물로 태연히 걸어 들어갔다. 도중에 그는 학생처장과 마주쳤다. 건장한 체격에 삭발 머리를 한 열여덟 살 호프먼은 용케도 그를 피해 간 뒤 본관 사무실 창문들과 열려 있는 출입구를 향해 총을 쏘기 시작했다. 이때 학교에서 보안 및 범죄 예방을 담당하는 엘 커혼 소속 경찰이 쫓아와 한 차례 총격전이 이어졌다. 결과는 호프먼의 패배. 호프먼은 얼굴과 둔부에 총상을 입었고 경찰은 영웅이 됐다.

호프먼이 들것에 실려 구급차로 옮겨지는 동안, 아들 빌리에게 지갑을 전해 주려고 학교에 와있던 학부모 러네 디츨러가 들것에 실려 피를 흘리는 그 십대에게 다가갔다. 경찰이 그녀가 접근하지 못하도록 막았지만 그녀는 밀치고 호프먼에게로 갔다. 나중에 디츨러는 기자들에게 자신이 호프먼에게 한 말을 전했다. "그 애에게 말했어요. 언젠가 네가 하느님 앞에 서는 순간, 하느님이 자비를 베푸시지 않기를 바란다." 오랫동안 총기 소유를 지지해 온, 새 법무장관 존 애슈크로프트는 그래닛힐스 고등학교 총격 사건에 대한 반응으로 "말 그대로 총격을 가르치는" 할리우드를 비난했다.

호프먼의 총격이 야기한 그 모든 두려움과 편집증 속에서 한 가지 중요한 세부 내용이 간과되었다. 즉 그가 총격을 실행하기 전 학교는 이미 잠재적 용의자들을 검거해 왔다는 것이다. 호프먼은 그 명단에 없었다. 이는 광란의 학내 살인자들은 프로파일링할 수 없다는 것을 또 한 번 상기시켜 준다. 그러니 거의 누구나 해당될 수 있는 그런 프로필을 만드는 대신에 아이들에게 살인을 조장하는 학교 프로필을 만들어야 한다.

그날 하루 종일 샌디에이고 전역의 모든 학교에 극심한 공포가 퍼졌다. 소문, 모의 추정, 협박들로 인해 그 지역 모든 학교에는 휴교령을 비롯한 제제 조치들이 내려졌다. 그날 오후 몇 블록 거리의 한 중학교에서는 누군가 총격 모의를 경고하는 그래피티를 그리기도 했다.

호프먼은 살인미수를 인정했다. 그리고 얼마 안 되어 독방에서 목을 맸다.

학생 반란이 수그러드는 데는 몇 주가 걸렸다. 3월 27일, 웨스트체스터 카운티 해리슨 타운의 모든 학교, 즉 공립학교 여섯 곳과 가톨릭 학교 한 곳이 폭력 협박으로 폐쇄돼야만 했다. "그 남자는 우체국과 학교라고만 말하고 끊었습니다. 그게 다였습니다." 해리슨 경찰서 부서장 래리 마셜이 CNN에 말했다.[37] 이 협박에서 우체국 학살과 학교 학살을 어떻게 연관 짓는지 주목하라 ─ 그것들은 같은 범죄로 간주되고 동일한 정서를 표출한다.

이런 무수한 동조 총격 사건에서 참으로 충격적인 것은 앤디 윌리엄스의 분노 공격을 설명할 수 있는 하나의 이론 ─ 즉 사이코가 단독으로 벌이는 일이라는 것 ─ 이 논파되었다는 것이다. 이 이론에 따르면 소수의 사이코들은 늘 있기 마련이고 때때로 느닷없이 폭발하기에 우리가 할 수 있는 일은 없다. 하지만 늘어 가는 증거들을 보면 앤디 윌리엄스가 태평양 연안에서 대서양 연안에 이르는 미국 전역의 수많은 아이들을 대변했다는 것을 알 수 있다. 또 미국이 이런 심란한 사실에 직면해야 했던 것은 이번이 처음이 아니었다.

2년 전으로 되돌아가 보면 콜럼바인 학살의 여파로 이와 비슷한 동조 총격 사건 및 총격 모의들이 전국에 걸쳐 발생했다. 1999년 4월 20일에 발생한 콜럼바인 학살 뒤 몇 날, 몇 주 동안 발생한 학내 사건들은 다음과 같다.[38]

텍사스 주 월벌리에서 열네 살 청소년 넷이 살인, 방화, 폭발물 제조를 모의한 혐의로 체포됐다.

뉴욕 주 잭슨에서는 열일곱 살 청소년의 가방에서 "신관이 달린 금속 기기"가 발견되어 체포됐다.

메릴랜드 주 프린세스 앤에서는 고등학교 3학년 학생이 학교를 "폭파하겠다"고 위협해 체포됐다.

캘리포니아 주 배커스필드에서는 열세 살 학생이 학교에서 40구경 권총을 장전하다가 붙잡혔다.

브루클린에서는 윌리엄 매킨리 중학교에 다니는 십대 다섯 명이 졸업식 날 학교를 폭파하겠다는 계획을 자랑스레 떠벌리다가 체포됐다.

1999년 5월 20일 — 콜럼바인 총격 사건 1개월 추모일 — 조지아 주 코니어스에서는 한 학생이 학생들에게 22구경 소총으로 발포해 여럿이 부상당했다.

동조 분노 공격 모의의 실제 건수는 내가 여기에 나열한 것보다 훨씬 많다. 모의의 대부분은 보도되지 않거나, 된다 하더라도 지역 신문에 실릴 뿐이다.

집단히스테리

2004년에만 그런 모의 몇 건이, 덴마크 베시와 가브리엘 봉기 모의들이 그랬듯, "발각"되고 "탄로"났다. 히스테리와 편집증은 이제

너무도 흔해서, 자기 동네에서 일어나지 않는 한 그런 모의들은 좀처럼 주목조차 받지 못한다.

예를 들면, 2004년 2월 10일, 새크라멘토 경찰은 두 소년(열네살 1학년생과 열다섯 살 2학년생)을 라구나 고등학교 구내식당에서 총과 폭탄으로 학살을 감행할 계획을 세운 혐의로 기소했다.[39] 헤드라인은 이랬다. "콜럼바인 스타일 모의를 막다"— 방송사 헬리콥터들은 경찰들이 학교로 몰려들고 부모들이 자기 아이들을 대피시키는 장면을 보여 줬다. 경찰은 소년들의 집에서 나치 만卍자와 "나치 그림들", 그리고 22구경 소총을 발견했다고 주장했다.

경찰이 발표한 가장 무서운 혐의는 그 백인 소년들이 아프리카계 미국인 학생들을 학살할 계획을 세웠다는 것이다. 이를 듣게 된 열여섯 살 2학년 농구부 학생 신시아 아이제이스가 그 모의를 "무섭다"고 전하게 된 것이었다. 나중에 새크라멘토 카운티 경찰 대변인 루 패터 경사는 사악한 KKK 단원이 용의자라는 견해에 대해 좀 더 조심스럽게 용어를 선택했다. 그는 그 소년들이 특정 흑인 여학생을 표적으로 삼았다고 말하고는 이렇게 덧붙였다. "아프리카계 미국인 소녀가 표적이 된 일이 있었습니다. 한 명이 표적이 되면 다수가 표적이 될 수 있습니다. 이런 아이들을 보면 참으로 심란합니다." 최악의 연역법으로 꼽을 만한 발언이다. 그 모의에는 최대 여섯 명의 아이들이 관련되었고 숨겨 놓은 폭탄과 총들도 있었다는 발언이 있었다. "이는 지금껏 이 지역에서 발생한 사건들 중 콜럼바인 총격 사건과 스타일이 가장 비슷한 사건입니다." 한 경찰의 말이다.

초반에는 경찰과 부모들이 학교로 몰려가는 장면이 텔레비전 방송에서 무겁게 보도됐지만 이후, 마치 당국이 모두들 잊기를 바랐다는 듯이, 그 이야기는 슬그머니 사라졌다. 다음날 『샌프란시스코 크로니클』 B면에는 새크라멘토 카운티 보안관들이 좀 야단법석을 떤 것으로 드러났다는 기사가 작게 실렸다. 헤드라인들은 이랬다. "콜럼바인 스타일 모의를 막다"(2월 11일자), "학교 공격 모의는 '공상'"(2월 22일자). 〈미시시피 버닝 포 콜럼바인〉*Mississippi Burning for Columbine* •은 없었다.

사실 아마도 모의 자체가 없었던 것 같다. 초기에 경찰들은 인종 전쟁이란 관점을 제공했지만 이틀 뒤에도 여전히 아무런 증거도 내놓지 못했다. 한 경찰은 조용히 이렇게 말했다. "적어도 표적 중 일부는 흑인이었습니다." 그 학교 학생의 4분의 1이 흑인이었기에 당연히 일부 표적은 아프리카계 미국인이 된다.

집단히스테리가 수그러들자 학생들은 아프리카계 미국인 갱이 애리조나에서 엘크 그로브로 막 이사 온 그 백인 용의자들을 왕따 시켰었다고 말했다. 앤디 윌리엄스를 비롯해, 시골 마을에서 또 다른 시골 마을로, 말하자면 사회·경제·지리적 사다리에서 더 열악한 지옥으로 온 아이들은 큰 상처를 입기 쉽다. 여러 학생들이 그 소년들의 동기는 인종이 아니라고 말했다. 가까운 친구들은 그 전략은 진짜 협박이 아니라 "왕따에 대한 복수", "병적인 공상"이라고 말했다.

무기에 대한 경찰의 주장 또한 과장으로 드러났다. 경찰들이 언

• 인종차별로 인한 갈등을 다룬 영화 〈미시시피 버닝〉과 콜럼바인 고교 총격 사건을 다룬 다큐멘터리 〈볼링 포 콜럼바인〉을 합성한 조어.

론 앞에 전시한 22구경 소총(실제로는 코르크 등을 넣어 쏘는 장난감 공기총)은 기소된 소년의 부모 것이었다. 경찰이 발견해 압수할 당시, 그 소총은 부모가 쓰는 큰방에 안전하게 잠겨 있는 상태였다. 달리 말해 아이들은 그것을 꺼낸 적도 없고, 또 심지어는 그것에 접근했다는 증거도 없는 셈이다 — 그럼에도 경찰들은 그들이 그 무기를 가지고 있다고 공표했다. 생각해 보라. 캐비닛을 부수고 가져간 게 아니라면, 경찰은 캐비닛을 열어 그 총을 건네 달라고 부모에게 요청해야 했을 것이다. 경찰들은 그 총이 어디에 보관됐는지, 또 자신들이 어떻게 얻었는지 이미 알고 있었다. 그럼에도 그 총이 모의의 확실한 증거라고 공표했다. 다시 말해 그야말로 거짓말을 한 것이다. 다른 총들은 발견되지 않았고 그 어떤 폭발물도 발견되지 않았다.

그런데 이야기는 더 우스꽝스럽고 터무니없게 전개된다. 그 모의에서 핵심은 두 가난한 촌뜨기의 빅 5 스포팅 굿즈 매장 침투 계획이었다. 이 용렬한 짝패의 의도는 거기 몰래 잠입해 총을 훔치고는 무사히 도망쳐 점심시간까지 학교에 도착한 뒤 파이프 폭탄 점화를 시작으로 학살을 개시하는 것이었다. 그런데 훌륭한 매장 강탈 계획의 유일한 방해물은 문이라는 사소한 데 있었다. 무기력하게도 용의자들은 목표로 삼은 빅 5 건물 뒷문조차도 열지 못했던 것이다. 집 안에서 키우는 보통의 애완견들처럼 용의자들은 빅 5의 뒷문을 어떻게 열어야 할지 도무지 알지 못했다 — 그래서 포기하고 떠났다. 그게 끝이었다. 그들이 꾸민 모의의 하이라이트였다. 내 생각에 그들의 결단력 부족은 정말로 건물에 침입할 생각이 없었다는 의미로 보인다. 요즘 같은 시기에는 성급한 판단을 내려서는 안 되는데,

하물며 무기도 없고 문을 따는 법도 모르는 아이들에 대해서는 더더욱 그렇다. 파이프 폭탄에 대해 말하자면, 경찰들이 그렇게 믿었다면, 그 소년들이 눈부시게 섹시한 모델 수준의 여자 친구들을 애리조나에 두고 떠나왔다는 것을 믿는 것과 다를 바 없다.

이제 그들은 최대 10년간 창살 안에 갇힐 수 있는 기소에 직면해 있다. 이 두 소년, 스스로 떠벌린 허풍의 진짜 희생자들은 쾌히 그들을 본보기로 삼을 지역사회에 의해 영원히 파멸될 것이다. 어느 시대에나 그랬듯이 국내 불안 요인들을 다루는 데 중요한 것은, 반란 용의자들을 신속히 진압하고, 이를 잔혹한 본보기로 만드는 것이다.

사흘 뒤 (내가 자란) 캘리포니아 서니베일에서는 쿠퍼티노 중학교 학생 아홉 명(12~14세)이 학교 방화 모의 혐의로 보안관보들에게 체포됐다.[40] 만약 베이 에어리어[캘리포니아 주 샌프란시스코 연안 지역]에서 살지 않는 사람이라면 이 모의는 들어 본 적도 없을 것이다. 하지만 사우스 베이[베이 에어리어의 남쪽 지역]에서는 새러토가 고등학교(내 모교), 벨라르민 사립 고등학교, 더 멀리 위치한 라구나 고등학교에서 비슷한 모의가 "발각"된 이후 이라크 같은 분위기가 감돌기 시작했다. 모든 아이가 잠재적 테러리스트가 되었다. 치명적이고 복합적인 스트레스, 잔혹한 경쟁, 캘리포니아 교외의 공허함이 이 모든 폭력의 원천일지 모른다는 의문은 어느 누구도 제기하지 않았다. 더군다나 자신들이 히스테리 상태는 아닌지, 더 정확히 말해 왜 그렇게 심한 히스테리 상태인지는 자문조차 하지 않았다. 다음 날 토요일, 쿠퍼티노 중학교 방화 모의에 대한 혐의는 풀리기 시작했다. 어떤 학생에게서도 위험 물질은 발견되지 않았다. 그저 연습장에 써본 계획이었던 것이다. 내부 관계자 및 당국자 다수는 그냥 허풍인 것 같다고 말했다. [하지만] 또다시 기사 헤드라인에서는 편집증적 이야기를 했다. "경찰, 학교 방화 모의 저지"(2월 14일), "방화 혐의자들 혐의 인정"(2월 15일).

2004년, 이외에도 모의는 많았다. 예컨대 루이지애나 주 더치타운의 지역 경찰은 두 학생 — 프레리빌의 크리스토퍼 레빈스(17세)와 가이스마의 애덤 싱클레어(19세) — 이 콜럼바인 학살 5주기 추모일 — 2004년 4월 20일 — 에 모방 범죄를 계획했다고 말한다.[41] 제보 전화가 걸려 오자 경찰은 증거 수색에 들어갔고 왕따 당한 일에 관한 시, 에릭 해리스와 딜런 클리볼드를 찬양하는 글들, 그리고 용의자들이 학생과 교사들을 학살하고 축하하는 그림들을 발견했다. 무기는 하나도 발견되지 않았음에도 불구하고 수사관들은 그 소년들이 "산탄총과 소총 구입에 관한 정보를 구했다"고 말했다 — 그런 정보를 구하는 것이 애국자의 의무인 나라, 주州인 것을 감안하면 꽤 이상한 혐의다. 아무튼 그들은 "테러" 혐의로 15년형을 받았다. 이 나라가 지지하는 극단적 징벌 조치의 예이자, 자신들이 고약하고 증오스러운 사회에서 자라고 있다고 생각하는 아이들의 의식을 강화해 주는 바로 그 억압의 예다.

한 달 뒤, 2004년 5월 14일, 조지아 주 윈더에서는 열네 살, 열다섯 살 중학생 두 명이 체포됐다.[42] 다음 주에 학교 학살을 개시하겠다는 계획에 관한 제보가 경찰에 접수된 것이었다. "그들은 콜럼바인 스타일의 살인을 계획하고 있었습니다." 윈더 경찰서 부서장 크리스티 슈미트의 말이다. 경찰은 아이들의 벽장에서 산탄총과 소총, 폭발물과 폭탄 제조 설명서들을 발견했다고 주장했다. 그러나

"폭탄"은 배수관 세척제와 표백제를 섞은 것, 즉 작게 터지고 말, 나무 위에 지어 놓은 작은 요새 수준의 무기였다. 폭탄 제조 설명서도 인터넷에서 합법적으로 내려받은 것이었다. 또한 조지아 주에서는 미성년자의 화기 소유가 허락된다. 달리 말해, 그들은 되지도 않는 소리를 늘어놓은 것, 그러니까 소심한 십대 소년이라면 늘어놓는 그런 말을 한 것을 제외하면 잘못이 전혀 없었다. 교장을 비롯한 일부는 그 모의 제기가 히스테리라고 일축했지만 당국은 그 열다섯 살 학생에게 성인 자격으로 공판에 회부하지 않을 테니 죄를 인정하라고 강요했다. 그는 최대 6년형을 받을 수도 있었다. 이 학생은 열네 살 학생에게 불리한 증언을 하는 데도 동의했다. 이렇게 지나치게 잔인한 당국의 조치는 히스테리적 노예 소유주들이 반란 노예들의 머리를 창에 꽂아 두거나 있지도 않은 모의를 확증하려고 노예들이 서로에게 반하는 증언을 하도록 강요했던 일을 상기시킨다. 마치 당국은 정의에 복무하기 위해서가 아니라 사회의 두려움에 복무하기 위해, 학생들이 행동하기 전에 그들을 발견해 파괴할 수 있다는 것을 보여 줄 필요가 있는 것 같다.

이 사건이 있기 바로 반년 전 조지아 주 러브조이에서는 열네 살 학생이 체포됐다.[43] 클레이턴 카운티 경찰서 지서장 제프 터너에 따르면 "러브조이를 또 하나의 콜럼바인으로 만들어 역사에 남을" 계획을 세운 혐의였다. 이제 콜럼바인은 새천년의 〈아메리칸 아이돌〉[연예인 오디션 프로그램]이 된 것 같다. 이 모의자는 자신이 끌어들이려 한 학생의 고발로 붙잡혔다. 경찰은 그를 체포한 뒤 "도해"— 경찰에게는 그 음모의 존재를 공표해 소년을 체포한 뒤 그를 짓밟기에 충분한 그림 — 를 발견했다.

이런 학교 모의 중 가장 널리 보도된 것 중 하나는 2001년 11월, 매사추세츠 주 뉴베드포드에서 일어났다.[44] 학생 일곱 명으로 구성된 무리는 재학 중인 고등학교에서 자신들이 모으고 있는 폭탄과 화기들을 사용해 "콜롬바인보다 큰" 학살을 벌일 계획을 세웠다. 그들은 학살을 비디오테이프에 녹화한 뒤 학교 옥상에 모여 집단 자살을 할 계획이었다. 그러다 무리 중 혼자 지내는 소녀가 양심의 가책을 느껴 좋아하는 선생님께 알리면서 모의가 드러났다.

1649년에 일어난 초창기 봉기는 "무산됐다. 늘 그렇듯, 마음 여린 한 니그로가 백인 주인(판사)이 살해된다는 생각을 견디지 못했기 때문이다. 그래서 그 모의는 제때 드러나 진압될 수 있었다.[45]

뉴베드포드 모의에 대한 우리 문화의 반응을 보면 이 나라의 집단적 히스테리뿐만 아니라 집단적 망상을 알 수 있다. 『USA 투데이』의 한 사설 "콜럼바인의 교훈에서 배우다"에서는 아이들이 마침내 밀고하는 법을 배우게 됐다고 설명했다.[46] 이 사설에는 사람들이 충격을 통해 정신을 차리고 왜 콜롬바인이 그토록 공감을 얻고, 왜 여전히 비슷한 모의가 발생하고 있는지 그 원인을 찾아야 한다는 이야기는 없었다. 오히려 "뉴베드포드는 미리 세심하게 대비책을 마련하면 학생들의 살인 계획을 좌절시킬 수 있음을 보여 줬다"라고 주장했다.

히스테리는 극단으로 치달았다. 미시간 주 폰티액에서는 초등학교 3학년생이 가로세로 각각 4센티미터가 못 되는 총 모양 메달을 — 그날 아침 눈 속에서 주웠다 — 학교에 가져갔다가 정학을 맞았다.[47] 그 치명적인 메달 소식을 들었을 때 부모들은 학교로 와 자녀들을 데려갔다. 샌티 총격 사건 이틀 뒤 캘리포니아 주 벨몬트에서는 열다섯 살 고등학생이 "협박성 시"를 쓴 뒤 체포돼 소년 구치소에 이틀간 감금됐다.[48] 고소는 나중에 취하됐다. 2004년 5월, 샌프란시스코 동쪽 교외 중상층 거주지 월넛 크리크에서는 경찰이 한 중학교 교실을 급습해 학생들과 교사가 보는 앞에서 열네 살 소년의 양팔을 뒤로 꺾어 수갑을 채우고는 안뜰을 통과해 연행했다. 자신의 홈페이지에 올린 플래시 애니메이션 때문이었다.[49] 교사가 그에게 "잘생긴 공작"[영어로 피콕, 즉 '공작'에는 허영을 부리는 겉치레꾼이라는 뜻도 있다]이라 했는데, 그날 밤 그 소년은 이런 말이 담긴, 장난이 심한 플래시 애니메이션을 만들었다. "그가 날 잘생긴 공작으로 불렀다. 그를 죽이고 그 시체에 오줌을 눠야 할 것 같다." 소년 어머니는 아들의 체포가 터무니없다고 말했고, 또 아들이 곧잘 자신이 가장 좋아하는 프로그램 〈사우스 파크〉의 블랙 유머 스타일로 풍자만화를 만들어 인터넷에 올리는 그래픽 아티스트라고 말했다. 몇 년 전이었다면 아이는 생각 의자에 앉아 있는 벌 정도를 받을 테지만, 오늘날 미국은 숨김없이 자유롭게 허튼소리를 떠들어 대는 것을 견디지 못한다. 누구라도 그릇된 행동을 하면 팀 아메리카◆가 호출되어 파괴할 것이다. 소년의 어머니는 아들이 체포되기 전에 통보를 받지 못했다고 항의했고, 또 최소한 집에서 체포하지 않고 어째서 교실에서 수갑을 채워 데리고 갔는지 모르겠다고 토로했다. 월넛 크

◆ 〈사우스 파크〉 감독이 만든 풍자 애니메이션 〈팀 아메리카 : 세계 경찰〉 *Team America*에서 대테러 활동을 하는 집단.

리크 경찰서 부서장 대미언 샌도벌은 그 학교는 무관용 정책을 취하고 있고, 경찰은 "이런 위협들을 꽤 심각하게 취급한다"라고 말했다. 그 아이가 이 일 이후로 더 나은 사람이 되었으리라고 상상하기란 어렵다. 더 무서워하고, 더 조심하고, 또래로부터 더 소외됐을 게 분명하다. 어쩌면 이게 우리가 바라는 전부일지도 모른다.

극심한 공포, 그리고 지나치게 무자비한 엄중 단속은 노예 반란 모의에 대한 히스테리를 상기시킨다. 이는 또한 뿌리 깊은 두려움, 그 원인에 대한 이해의 억압을 반영하고, 또 그 분노는 백인 중산층 및 중상층 학교라면 어디에나 있음을 반영한다. 학생이라면 누구나 잠재적 반란자다. 두려워하는 데는 분명 진짜 이유가 있다. 모든 학생이 잠재적 반란자라면 이 같은 문제를 어떻게 처리하겠는가? 우리의 해결책은 지금까지 군사적·권위주의적 단속 및 탄압이었고, 이는 모든 지나친 반란 진압 활동과 마찬가지로 기저의 원인들을 무시할 뿐만 아니라 오히려 그것들을 악화시킨다. 무관용 정책들, 한때는 소년의 허풍으로 여긴 것에 대한 경찰의 거친 대응, 그리고 경찰이 불어넣는 두려움과 의심은 외려 분노에 기름을 붓고 있을 따름이다. 치명적 학교 문화는 억압적 조치에 의해 강화되고 있을 뿐이다.

꼬리에 꼬리를 무는 모방

아니나 다를까 앤디 윌리엄스의 산타나 고등학교 총격 사건과 그 거친 여파로 사람들은 앞서 발생한 우체국 및 직장 내 총격 사건들

때와 마찬가지로 이번에도 똑같은, 의미 없는 모방범 이론을 반복했다. 이런 손쉬운 짜 맞추기는 여전히 학교 탓을 못하게 하는 또 하나의 방법이다.

아이들은 이를 보고 모방범이 세상의 주목을 받는 빠른 방법이라고 믿습니다./앤드루 백스[미국의 범죄소설 작가][50]

모방범 사건인 것 같습니다. 학교 폭력이 새로운 건 아니지만 모든 사건이 전국적으로 보도된 건 아니었습니다. 사실 학교 총격 사건이 모든 언론에 보도된 뒤에 두 번째, 세 번째 사건들이 일어나는 건 놀랄 일이 아니지요.[51]/엘 톰킨스, 포인터 인스티튜트[저널리즘 스쿨]에서 방송과 온라인 윤리를 가르친다.

모방범 현상이라는 게 존재하는데, 그것은 특히 애초에 이런 행동 성향이 있는 사람들에게는 해롭습니다./프랭크 오크버그, 미시간 주의 정신의학자이자 총격 협박들을 사정해 온 FBI 팀의 일원[52]

모방범 전염 효과가 작동하고 있는 게 분명합니다./제임스 앨런 폭스, 노스이스턴 대학교 범죄학과 립먼 패밀리 교수이자 대량 살상 전문가[53]

여기서 누가 진짜 모방범인가? 전문가들이 모방범인가 아니면 아이들인가? 폭스는 무슨 의도로 콜럼바인 이전 극소수의 학교 총격 사건들은 다른 지역 학생들이 "접하지 못했다"고 말하는 것인가? 모방범들이 당시에는 아직 없었다는 말인가? 그러니까 이런 범죄가 갑자기 폭발했다는 설명인가? 모방 범죄가 1990년대 중반에 난데없이 시작됐다는 말인가? 변화된 학교 문화가 견디기 힘들어 학생들이 서로 "모방"하게 된 것이 아니고?

모방범 이론은 직장 및 우체국 공격과 마찬가지로 학교 분노 공격도 전혀 설명하지 못한다. 사실 유치한 언어 공격으로 보인다. 노예 소유주들이 노예 반란에 대한 책임을 히스파니올라 혁명에 대한 모방으로 떠넘기는 것과 다를 바 없다. 악을 탓하는 것과 마찬가지로 모방범이라는 설명의 근거는 너무도 공허해서 편리한 설명이라고도 말할 수 없다. 적어도 애슈크로프트는 아이들이 할리우드에 세뇌됐다고 주장했다. 적어도 그는 진짜 인과를 찾고 있다. 하지만 전국에 걸쳐 각양각색의 학생들에게 나타나는 이런 살인 및 동조의 빈발을 단순한 모방 총격 사건으로 일축하는 것은 아이들이 거의 정어리와 같은 지능 수준으로 움직인다고 추정하는 것이다. 사실 더 어리석은 것은, 인간의 생존 본능이, 설명할 수는 없지만, 학내 총격 사건(혹은 직장 내 총격 사건)이 텔레비전에 반영될 때마다 효과를 발휘하는, 지독한 모방범 본능으로 대체된다고 모방범 이론은 추정한다는 것이다.

이런 전문가들은 갑자기 공격하고 싶은 뿌리 깊은 욕망이 생기기 위해서는 계기적 사건만 있으면 된다고 말할 것이다. 여기서 관건은 계기적 사건이 아니라 아이들로 하여금 계기적 사건만 있으면 폭발하게 만드는 문화와 환경인데도 말이다.

1797년 히스파니올라에서 노예 혁명이 성공하는 동안 미국 신문들은 그 혁명과 흑인 지도자의 강령에 관해 보도하는 다른 신문들을 공격했고, 미국에서 잠재적 모방 반란들을 선동한다고 고발했다.[54] 1802년, 『리치먼드 리코더』는 "미국의 편집자들이 산토도밍고 헌법을 다시 인쇄해 버지니아의 노예들 가운데 동요가 일어나도록 조장해 왔다"고 발표했다. 같은 방법으로 많은 미국 평론가들은 콜럼바인 모방 공격들이 퍼진 게 단지 언론이 보도해서라며 언론을 탓했다. 두 가지 측면에서 그들의 말은 전적으로 옳다. 하나는 언론이 억압받고 절망적인 사람들에게 헛된 망상을 품게 한다는 것이다. 또 하나는 상당히 끔찍한 조건에 대한 해법, 해결책을 제공한다는 것이다. 오늘날 우리는 노예가 히스파니올라 혁명을 마음에 새겨 들고일어났어야 했다고 생각하지만 당시에는 그렇게 생각하지 않았다. 사실 당시에는 히스파니올라 혁명을 도덕적으로(그리고 군사적으로도) 호메이니 혁명과 거의 유사한 것으로 간주했다.

천만뜻밖에도 콜럼바인과 특히 샌티의 여파로 사회는 총격 사건들이 왜 그렇게 퍼졌는지 설명하기 위해 둠 II[악마에 맞서 총과 무기로 싸우는 비디오게임]나 공포심을 조장하는 자유주의적 언론보다 더 깊은 차원의 무언가를 찾기 시작했다.

앤디 윌리엄스의 모습이 친숙해 보이지 않았다면, 바로 그 광란의 학교 살인자의 모습에 사람들이 동요하지 않았다면, 샌티 총격 사건 이후 벌어진 논쟁에서도, 콜럼바인 이후에 그랬듯이, 또다시 폭력 문화, 느슨한 총기 단속법, 언론, 도덕적 타락에 대한 케케묵은 규탄들만이 터져 나왔을 것이다. 작은 체구에 겁먹은 듯 보이는 윌리엄스의 모습은 사람들의 마음을 건드렸다. 그는 [어떤 특별한 유형으로 딱히] 표상되지 않는, 흔하디흔한 샌님이었다. 그러니까 안경을 쓰고 뚱뚱하고 여드름투성이인 컴퓨터광이 아니라, 부스스한 금발에 겁먹은 얼굴, 호박색 눈에 히죽거리는 표정을 짓고 있는 윌리엄스는 품행이 방정한 중간급 패거리에 딱 맞는 유형으로 보였다. 고등학교가 실제로 어떻게 굴러가는지 잊어버린 사람들을 위해 하는 말이다. 윌리엄스가 교외 고등학교 복도에서 그런 불운을 맞이한 것은 연약했기 때문이다. 그리고 바로 이런 파토스는 그가 죄수복을 입고 사슬에 묶인 채로 나타나자 그를 일종의 영웅으로 만들었다. 이 작은 시골뜨기는 사람들을 극심한 공포로 몰아넣었다. 전국 방송들이 그의 총격 사건을 보도했고 샌디에이고 경찰 전 병력, 경찰특공대, 헬리콥터 팀들이 출동했다. 나중에 죄상인부절차에서 시청자들은 어리석기 짝이 없는 이 작고 가냘픈 소년, 이 라이너스가 너무 큰 위협적인 죄수복을 입고 있는 모습을 보게 됐다(국선변호인은 그에게 맞는 옷을 입힐 생각을 하지 못했다). 괴롭힘을 당하던 이 이웃집 소년은 맞서 싸웠다. 이는 어떤 이들에게는 영감이 되었고, 또 어떤 이들에게는 각성하라는 진정한 외침이 되었다.

전연 새로운 현상

지난 수년 동안 미국의 학교에서는 총격 및 폭력 사건들이 발생했다. 그런데 이 책은 우리 모두가 독특하고 심히 심란한 유형으로 알고 있는 학교 폭력 — 어떤 이들은 조롱조로 "교실 복수"classroom avenger라고도 부르는 분노 공격 — 에 초점을 맞춘다. 1980년대 내내 또 1990년대 초 들어서도 도심의 학교에서는 갱 공격이 발생해 적지 않은 사망자와 부상자가 생겼다. 중산층은 그런 총격 사건들, 그리고 금속 탐지기가 (소수자들이 지배하는) 도심 학교에서 흔해지고 있다는 뉴스 보도에 공포를 느꼈지만, 그렇다고 딱히 충격을 받은 것은 아니었다. 1960, 70년대의 인종 폭동들은 이미 이런 학교 범죄의 맥락을 제공한 바 있었다. 그리고 레이건주의의 대두와 더불어 나라가 점점 계급과 인종을 따라 양극화되면서 중산층은 도심에서 벌어지는 학교 폭력에 무감하게 반응하게 됐다. 꼭 육체노동자 노조가 분쇄되고 정부가 빈민 지원금을 삭감할 때 등을 돌리고 있었던 것처럼 말이다. 대체로 도심 학교 폭력은 "저들의" 문제로 간주됐다. 레이건 정부에서 가난에 대한 책임이 빈민 자신에게 돌아갔듯이, 학교 갱 폭력의 책임은 폭력이 가장 심각한 지역에 사는 아프리카계 미국인들과 라틴계에게로 돌아갔다.

이 모든 것의 기저에는 도심 학교 폭력은 뭔가 이질적이고 부자연스러운 것, 뭔가 중산층 학교 문화와는 대비되는 것이라는 의식이 깔려 있었다. 1960, 70년대에 발생한 도심 폭동 및 폭력은 결코 중산층으로 번지지 않았다 — 백인 중산층은 자기 동네 트랙트 하우스와 편의점에 불을 지르지 않았고, 그 사람the Man[정부, 권력자를 이르는 은어]이 플레즌트 스트리트부터 체스닛 웨이까지 교외 시내 구역을 통제하지 못하도록 부모의 스테이션왜건으로 바리케이드를 치지도 않았다. 히피들은 교외 생활 방식을 버리고 분노를 도시의 군사 및 정부 시설들에 쏟아 내거나 모든 것을 거부하고 시골로 가 코뮌을 이루었다. 하지만 그렇다고 교외 지역이 전쟁터로 바뀐 것은 아니었다. 어느 누구도 백인 중산층 학교에서 분노 살인 사건이 일어나리라고는 생각지 못했다. 그런 일은 1990년대 말 전에는 상상도 할 수 없는 일이었다. 그러니까 그런 현상이 발생하고 오랜 뒤에야 일어난 일이었다. 우리는 모두 흑인과 빈민이 낙오되어 있음을 잘 알았는데, 그것은 [백인 중산층들이] 레이건과 맺은 거래였다. 도심 학교 폭력은 유감스럽지만 인생이란 게 원래 힘든 겁니다. 이게 우리의 태도였다.

중산층은 결국 레이건 혁명이 자신들에게도 등을 돌리리라고는 예측하지 못했다. 하지만 이제 레이건 혁명은 중산층에게도 등을 돌리고 있다. 즉 정리 해고는 육체노동자를 시작으로 결국 사무직 노동자까지 집어삼켰다. 외주화는 처음에는 생산 부문을 황폐화했고 이제는 사무직 서비스 부문을 약탈하고 있다. 또한 폭력은, 예상과는 달리, 도심 학교들을 철저히 파괴하는 데 그치지 않고 이제는 중산층 학교로 침투하고 있다. 물론 중산층 부모는 이를 보지 못하는 바보였다. 1980년, 로널드 레이건은 대선 공약으로 미연방교육부의 폐지를 내걸었다. 레이건은 이제 공식적으로 거의 성인의 반열에 오른 인물로 취급되고 있기에 요즘 사람들은 잘 모르겠지만, 아마도 내 인생에서 교육을 공격하고 그 질을 떨어뜨린 첫 번째 대통령이다. 이는 아마 미국사에서도 그럴 것이다. 그가 노조, 환경, 빈민, 인권을 파괴하면서 사용한 근거는 '노동은 자유다'라는 식의 전도된 근거였다. 노조가 노동자에게 피해를 준다, "나무가 환경오염을 야기한다", 빈민은 "복지 여왕"이다, 콘트라 반군[니카라과의 친미·반정부 민병대]은 건국의 아버지와 도덕적으로 동일하다는 게 그것이다. 레이건은 연방교육부를 폐지하면 교육이 개선될 거라고 말했다. 그가 실제로 연방교육부를 폐지하진 않았지만, 공립학교를 멸시하고 학교 문제는 학교 탓이라는 의견을 꽤 그럴듯한 것으로 만듦에 따라, 교육 예산을 삭감하고 미국이 지금까지 헌신적으로 시민들에게 제공해 온 평등한 무상교육을 우선순위에서 빼는 것이 한

결 손쉬워졌다. 공립학교에 대한 레이건의 멸시가 매우 분명하게 드러난 사건은 학교 점심 급식을 지원하는 연방 예산을 대폭 삭감한 일 ― 그리고 부자들의 세금을 감면해 주려고 연방 정부가 보조하는 학교 점심에서 케첩을 "채소"로 인정되게끔 힘쓴 일 ― 이었다.◆

앞서 나는 레이건 이후 일터에서 발생한 분노 살인 사건의 구성 요소들을 정의했다. 다음은 오늘날 학교 분노 공격의 미완성 정의다.

공격자(들)는 학내에서 발생하는 무언가(예컨대 왕따, 규정하기 쉽지 않은 악, 압력)에 맞서 싸우고자 총이나 폭발물로 학교를 공격한다.

공격 목표는 상징으로서의 학교를 파괴하는 것이다. 희생자들은 학교와 관련해 공격자를 분노시키는 것을 나타내기에 ― 그게 무엇이든 ― 선택되거나 '무작위로' 선택된다. 테러리스트의 희생자들이 구체적인 표적은 아니지만 테러리스트가 공격하는 상징물 안에 우연히 있어서 그렇듯이 학교 분노 공격의 많은 희생자들도 구체적으로 선택되는 게 아니라 공격 받는 그 기관의 일부여서 그런 것이고, 그에 따라 그들은 '무작위로' 총을 맞았다고 오인된다.

◆ 1981년 취임한 레이건은 감세 정책을 추진했고 이에 따라 학교 급식 예산도 줄어들게 되었다. 식약청은 케첩을 채소로 분류해 예산 문제를 해결하고자 했으나 여론의 뭇매를 맞고 결국 무산됐다. 2003년 부시 행정부에서 식약청은 감자튀김을 신선한 채소로 분류해 논란이 일었고, 2001년에는 의회가 토마토 페이스트 두 스푼을 넣은 피자를 채소로 분류하는 법안을 통과시켜 유사한 논란을 일으켰다.

공격은 중산층 학교에서 일어난다 — 즉 학교 사회는 중산층 혹은 백인이 지배적이거나 아니면 둘 다이다.

과거에도 학내 살인 사건들이 있었지만 그중 어떤 것도 이런 현대적 정의에는 부합하지 않는다. 우리에게 알려진 가장 초기의 학교 학살 중 하나는 1927년에 미시간 주 배스에서 일어났다.[55] "치매로 정신이 이상한 농부"가 아내를 죽이고 배스 통합 학교 지하실에 다이너마이트를 폭발시켜 학생 38명이 죽은 사건이다. 그는 모든 다이너마이트를 폭발시키진 못했다 — 그랬다면 훨씬 더 많은 학생들이 죽었을 것이다. 흥미롭게도 다이너마이트는 영화 〈헤더스〉의 남자 주인공이 학교를 날려 버리기 위해 사용한 방법이다.

1980년대에는 오늘날의 분노 살인을 연상시키는 학교 공격이 다섯 건 있었다. 그중 세 사건은 학생이 동료 학생이 아닌 교사나 당국자를 쏜 사건으로 현대의 학교 분노 공격 사건에서는 좀처럼 찾아볼 수 없는 사례다. 주로 교사나 당국자를 표적으로 한 사건이 1990년대 초에는 네 건이었다. 이 가운데 가장 흥미로운 — 현대적인 — 사건은, 매사추세츠 주 그레이트 배링턴에 위치한 사이먼스락 칼리지에 재학 중이던 열여덟 살 학생 웨인 로가 벌인 사건이다. 로는 경비실에 있던 여성 경비원을 총으로 쏘고는, 차를 몰고 주차장 밖으로 나가던 교수를 사살했다. 차가 충돌하는 소리를 들은 한 학생이 무슨 일인가 밖으로 뛰어나갔고 로는 그도 쏴 죽였다. 그러고는 도서관으로 가서 공부하고 있던 학생들에게 발포했다. 그는 학교 기숙사 복도에서 총격 행각을 계속했다. 교사 한 명, 경비원 한 명, 학생 한 명이 사망했고, 네 사람이 부상을 입었다.[56]

학교 분노 살인 사건들이 본격적으로 시작된 것은 1996년 워싱턴 주 모세 레이크에서 중학교 3학년 배리 루케이티스(14세)가 벌인 공격이다. ("사막의 오아시스 모세 레이크에 오신 걸 환영합니다"라고 쓰인 오싹한 표지판을 뽑내는) 이 황량하고 작은 동네에서 루케이티스는 불과 몇 년 만에 외향적인 우등생에서 내향적인 낙오자가 됐다. 이 가냘픈 골격에 키만 멀대 같이 큰 소년의 가정은 점점 무너져 가는 중이었고 — 어머니가 자살하고 싶어 했다 — 학생들, 특히 학생들 사이에서 인기가 있었던 마누엘 벨라는 그를 "게이왕"gaylord, "패거트", "시골뜨기"로 불렀다. 루케이티스는 반바지를 입지 않았는데 다리에, 아이들에게 왕따를 당할 때 맞아 생긴 멍들이 창피했기 때문이다.

2월 2일 수학 시간, 그는 트렌치코트에 아버지의 사냥용 소총 한 정과 권총집에 넣은 권총 두 정을 숨기고 교실로 들어섰다. 그는 벨라, 수학 교사, 그리고 또 다른 남학생을 총으로 쏴 죽이고는 최후의 일격 같은 말을 날렸다고 한다. "이에 비하면 수학은 식은 죽 먹기지." 이 급소를 찌르는 말은 루케이티스가 가장 좋아하는 책, 스티븐 킹의 『분노』Rage에서 따온 것이었다. 하지만 돌이켜보면 그가 그런 말을 했다는 것은 유해물[스티븐 킹의 소설 『분노』]에 책임을 떠넘기려는 눈물겹고 뻔한 시도로 보인다. 그가 "태연히" 포로로 삼은 학생들을 벽에 일렬로 세우는 동안 체육 교사가 그를 제압했다. 마치 아둔패기에 대한 조크jock◆의 승리를 상징하는 장면 같았다. 루케이티

◆ 고등학교나 대학에서 운동부로 뛰는 학생을 이르는 말. 주로 근육질 몸매에 여자들에게 인기가 많지만 잘난 체하며 약자를 괴롭히는 유형을 가리킨다.

스에게는 두 번의 종신형에 추가로 205년형이 선고되었다.[57]

1년 뒤 알래스카 주 베델의 한 고등학교에서도 총격 사건이 발생했다. 인구 5천의 벽지 베델은 알래스카 툰드라 지역의 모세 레이크 같은 곳이다. 열여섯 살에 샌님 같은 에번 램지는 인기 있는 조크와 학생을 쏴 죽이고 총을 자기 턱에 갖다 댔지만 겁이 나 그만두었다. 두 친구 — 둘 다 열다섯 살 동갑내기로 사전에 에번에게서 통보를 받고, 2층 난간에서 총격 과정을 지켜봤다 — 가 그를 부추겼다. 그의 가족사에는 전례가 있었다. 11년 전, 에번의 아버지가 완전무장을 한 채 죽을 각오로 『앵커리지 타임스』 사무실을 급습해 옥살이를 한 것인데, 편집장에게 보내는 정치 관련 글을 실어 주지 않자 벌인 일이었다. "AR 180-223 반자동에 총알 180발을 가지고 있었어요. 스넙 총열 44구경 매그넘하고 총알 30발도요." 에번 아버지의 말이다. 아버지가 출소한 지 2주 만에 아들은 총격 사건을 벌여 체포됐고 아버지는 자랑스러워했다. 에번 램지는 200년형을 선고 받았다. "전 이제 끝이에요." 그는 후회와 슬픔에 잠겨 말했다. "몇 달 있으면 저를 기억하는 사람은 한 사람도 없을 거예요. 범죄를 저지른 사람들은 또 생길 테고 전 어제의 뉴스가 되겠죠."[58]

램지는 놀랍게도 선견지명이 있었다. 1997년 10월 1일, 루크 우드햄은 미시시피 펄에 위치한 자신이 다니던 고등학교로 가서는 사람들로 붐비는 안뜰로 걸어가 트렌치코트 안에 감춘 30/30[30알의 발사약을 쓰는 30구경] 사냥용 소총을 꺼냈다. 이 미술 우등생은 전 여자 친구를 포함해 동료 학생 둘을 죽이고 일곱 명에게 부상을 입혔다. 원래 그 모의에는 공모자인 다른 학생들도 여럿 포함됐지만 많은 반란들이 최종 순간에 외면당하듯 그들은 모두 막판에 빠졌다. 우드햄은 세 번의 종신형을 선고 받았고, 모의자 중 한 명은 소년원 6개월에 보호관찰 5년을 선고 받았다.[59]

이 사건이 있고 두 달 뒤, 켄터키 주 웨스트 퍼두커에서는 고등학교 1학년 마이클 카닐(14세)이 헬스 고등학교의 한 기도 모임에서 발포해 학생 세 명이 죽고 다섯 명이 다쳤다. 카닐은 부모님이 두 분 다 있는 유복한 집안 출신으로, 그가 사는 동네는 부유하긴 했지만, 쇠락해 가는 적적한 하천 어귀에 자리 잡은 항구 마을이었다.[60] 인기 있는 치어리더 누이를 둔 카닐은 우울하고 냉소적인 샌님이었는데, 중학교 2학년 때 학교신문의 소문란에는 그가 게이임을 주장하는 고발 글이 실린 적이 있었다.[61] 그런 놀림과 굴욕감은 그를 졸졸 따라다녔고 그는 결코 벗어나지 못했다. 총격 행각을 벌인 직후 카닐은 총을 떨어뜨리고는 기도 모임의 리더를 향해 말했다. "제발 저 좀 쏴 주세요."[62]

이튿날 아침, 일단의 학생들이 학교 정문 앞에 모여 손수 만든 현수막을 펼쳤다. "마이크, 널 용서할게."[63] 마이크 카닐의 전 여자친구 비키 휘트먼은 그의 위협들을 진지하게 받아들이지 않은 이유를 변호사에게 이렇게 말했다. "제가 다닌 모든 학교에는 학교를 불태워 버리겠다고 하는 애들이 있었어요. 학교를 좋아하지 않는 애들이 있는 건 이상한 게 전혀 아니잖아요."[64] 이상하지 않다는 말이 신경에 거슬리는 학생은 거의 없었다. 학교의 "실상"이 그랬기 때문이다. 카닐은 종신형을 선고받았다.

카닐 학살 닷새 뒤 아칸소 주 스탬스에서는 열네 살 조셉 "콜트" 토드가 재학 중인 고등학교 밖 숲에서 매복해 있다가 학생들에게 발포해 두 명이 부상을 입었다. 라피엣 카운티 보안관 존 킬고어는 기자들에게 이렇게 말했다. "그는 자신이 고통스럽게 살아왔고, 이젠 자신이 다른 사람에게 고통을 줄 차례라고 말했습니다."[65]

1998년 3월 24일 아칸소 주 존즈버러에서는 미첼 존슨(13세)과 앤드루 골든(11세)이 재학 중인 중학교에서 화재경보기를 누르고는 종사縱射를[앞뒤로 늘어서 있는 목표를 직각 방향에서 사격하기] 위해 나무가 우거진 비탈로 자리를 옮긴 뒤, 줄을 지어 밖으로 나오는 학생들에게 십자포화를 퍼부었다. 두 소년이 쏜 총알에 학생 네 명과 교사 한 명이 죽었고 열 명이 부상을 당했다. 결국 그들은 궁지에 몰려 항복했고 경찰은 그들의 나이와 무기에 아연실색했다. 20구경 레밍턴 소총들, 스미스 웨슨 권총들, 2연발 데린저식 권총들, 반자동 총들, 탄약 수백 발이 그것이다.

총격 전날 미첼 존슨은 친구들에게 이렇게 말했다. "내일이면 알게 될 거야. 너희들이 죽게 될지 살게 될지." 하지만 미첼은 자신이 갱 단원이라고 하도 떠벌리고 다녔기 때문에 친구들은 진지하게 받아들이지 않았다. 미첼은 왕따를 용인하고 심지어는 조장하기까지 하는 학교 문화에서 괴롭히는 가해자가 되었다가 피해자가 되기도 하는 "눈에 안 띄는 중간"에 속하는 아이였다. 웨스트사이드 당국자 존 마크스는 연방 정부 기금으로 총격 사건들을 조사하는 하버드 연구자들에게 자랑스레 왜 왕따를 당한지 알 것 같다고 말했다. "저는 미첼[존슨]에 대해 알지만 무엇 때문에 지목돼 괴롭힘을 당했는지는 잘 모릅니다. [웃음] …… [미첼은] 칭얼이었다고 합니다. 그러니까 풋볼 시간에 아이들이 왕따를 시켜서 늘 칭얼댔다는 거죠. …… 전 왕따를 당하는 많은 아이들과 얘기를 해봤는데 걔들은 왕따를 당할 만한 이유가 있었죠."[66]

딱 한 달 뒤, 펜실베이니아 주 에딘버러에서는 중학교 2학년 앤드루 웨스트(14세)가 재학 중인 학교의 댄스파티에 총을 가져갔다. 혼자 있기를 좋아했다고 하는 앤드루는 "증오하는" 사람들을 모조리 죽이고는 자살할 계획이었다. 그는 교사 한 명을 총으로 쏴 죽이고는 학생 세 명에게 부상을 입히고 항복했다. "전 4년 전에 죽었어요." 웨스트는 경찰에게 말했다. "이미 죽은 상태였는데 되살아났어요. 이젠 상관없어요. 이건 다 현실이 아니니까요."[67]

몇 주 뒤 1998년 5월 21일, 오리건 주 스프링필드에서는 킵 킨켈이 재학 중인 고등학교 구내식당으로 가 수업 시작 전 모여 있던 학생 4백여 명을 향해 발포했다. 남학생 두 명이 죽었고 22명이 부상을 입었는데, 그중 넷은 치명상이었고 여섯은 중상이었다. 앤디와 흡사하게 그도 반 아이들을 웃기는 익살꾸러기 노릇을 하려 했지만 그런 행동은 전혀 먹히지 않았다. 또래에게서는 "제3차 세계대전을 일으킬 가장 유력한 사람"이라는 말을 듣기도 했다. 많은 총격자들과는 달리 킨켈은 사건을 일으키기 전 더욱더 학교 관리들과 다투고 학칙을 지키지 않는 등 문제를 일으켰다 — 직장 내 분노 살인자들 대부분이 폭력 전과가 없듯 학내 분노 살인자 대부분도 당국이나 학교와 마찰을 빚은 이력이 없는데, 이는 학교 총격자들을 프로파일링할 수 없는 요인 중 하나다. 총격 사건을 일으키기 전날 킨켈은 도난 총기를 가지고 왔다가 붙잡혀 체포됐다가 정학 처분을 받았고 집으로 보내졌다. 그의 아버지는 그날 아들을 문제 있는 청소년을 위한 "극기 훈련 캠프", 즉 1990년대에 부모들이 자녀를 바로잡는 교정 프로그램으로 인기 있던 곳에 필사적으로 보내려 했다. 그러나 이튿날 아침, 킨켈은 스스로 운명을 결정했다. 부모를 둘 다

죽이고 22구경 소총을 트렌치코트 안에 숨겨 가 발포한 것이다.[68]

이렇게 피로 얼룩진 1997~98학년도가 끝이 났다. 전국의 중산층 학생들은 완전히 새로운 과목 — 학내 분노 살인 — 을 배우게 됐고 그 과목을 잊지 못할 것이다.

일부 분석가들은 희생자 수와 관련해 학내 분노 살인 현상은 여전히 유의미하지 않다고 주장한다. 대규모 학살의 수는 비교적 적다. 대부분의 집계에서 지난 10년간 20, 30건이 못 되는 것으로 드러났다. 사법정책연구소가 2000년에 발행한 보고서에 따르면 피로 얼룩진 1998~99학년도에도 학교에서 타살 혹은 자살로 사망할 위험은 2백만 명당 한 명꼴 이하였고, 학교 밖에서 그렇게 될 비율은 그보다 40배 높았다. 하지만 두려움은 진짜다. 보고서에 따르면 학생 중 열에 일곱은 재학 중인 학교에서 총격 사건이 일어날 수 있다고 믿었다.[69] 사실 타살율은 사태를 완전히 오도한다 — 모의, 위협, 일촉즉발 상황은 실제 총격 사건보다 훨씬 더 많기 때문이다.

학내 총격 사건은 충격적인 일이다. 중산층 학교에서는 일어나서는 안 되는 일이고, 얼마 전까지만 해도 중산층 학교에서는 일어나리라 생각지 못했던 일이다. 이 총격 사건들은 아메리칸드림에 대한 직접적인 도전이자 공격이다 — 그러기에 그토록 사람들을 심란하게 하는 것이다. 이 두려움은 이 범죄가 얼마나 사람들을 심란하게 하고 가슴을 후비는지를 반영한다. 그리고 학생들 가운데 총격 사건에 대한 공감대가 폭넓게 형성돼 있고 또 어느 학교, 어느 학생이라도 다음이 될 수 있다는 (여전히 검열되고 있는) 인식도 반영한다. 이런 두려움에는 충분한 이유가 있다. 노예 반란이 10여 건밖에 일어나지 않았음에도 백인들은 안심할 수 없었고, 그 얼마 안 되는 반란 때문에라도 안심해서는 안 되었다. 그들은 노예제는 뭔가 몹시 잘못됐다는 것을 알았지만 의식적으로는 인정할 수 없었다.

[학내에서의] 낮은 타살율이, 예비 분노 살인자들이 모의와 실제 살인 사이의 선을 넘지 못하게 막는 효과적인 감시, 밀고, 무관용 억압 정책을 반영한다 하더라도, 그만큼 학교가 정말로 안전한 것은 아님을 미국인 대부분은 알고 있다.

컬럼바인 고교에서 생긴 일

1997~98학년도는 중산층에 큰 충격을 주었지만 이듬해에 견주면 무색한 수준이었다. 1999년 4월 20일, 모든 학내 분노 살인 가운데 가장 피로 얼룩진 사건이 콜럼바인에서 일어난 것이다. 에릭 해리스와 딜런 클리볼드는 학생 12명과 교사 1명을 살해하고 20명에게 부상을 입히고는 자살했다. 미국인들은 그 학살에 대해 콜럼바인 고등학교를 제외한 모든 것 — 즉 폭력적인 미디어, 마릴린 맨슨, 고스 문화, 인터넷, 트렌치코트 마피아, 비디오 게임, 느슨한 총기 규제법, 자유주의적 가치들 — 을 탓하고 싶어 했다. 그리고 여전히 학교는 묵과한 채 정반대만 뚫어지게 바라보면서 이 두 소년이 도덕적·정신적으로 병들어서 그렇다고도 했고, 동성애 성향 때문이라고도 했다. 마치 그들이 예외적인 별종이고 그들만 없었다면 학교는 행복한 아이들만의 학교였을 거라는 듯 말이다.

그들은 동기를 찾고자 온 세계를 샅샅이 뒤졌다. 단 한 곳, 다름 아닌 범죄 현장만 빼고.

사실 해리스와 클리볼드에게 학교에서 보내는 보통의 하루는 지옥이었다. 콜럼바인에 다녔던 데번 애덤스가 주지사령 콜럼바인 검토 위원회에 이야기한 바에 따르면 그 소년들은 보통 "패거트, 또라이, 별종"이라고 불렸다.[70]

학살 뒤 콜럼바인 고등학교 풋볼팀의 한 선수는 이렇게 떠벌렸다. "콜럼바인은 깨끗하고 괜찮은 곳이에요. 그런 불량품 같은 애들만 없다면요. 애들 대부분은 걔들이 콜럼바인에 없었으면 했어요. …… 물론 우리가 걔들을 놀리긴 했어요. 하지만 학교에 괴상한 헤어스타일을 하고 뿔 달린 모자를 쓰고 오는 애들한테 그러는 게 당연한 거 아닌가요? …… 누군가를 없애고 싶을 때는 보통 놀리잖아요. 그러니 전교생이 걔들을 호모라고 부른 거죠."[71]

아이들은 해리스를 훨씬 심하게 다뤘는데 그가 옷을 괴상하게 입거나 컴퓨터광이었기 때문만이 아니라 키가 작고 (앤디 윌리엄스처럼) 다른 주에서 온 전학생이었기 때문이다. 또한 가슴에 있는 움푹 팬 자국도 한 원인이었는데, 이는 조크들의 또 다른 공격 거리가 될 수 있어 그는 체육 시간에 결코 셔츠를 벗지 않았다.[72]

콜럼바인에 다녔던 브룩스 브라운은 한 사건에 대해 자세히 이야기했다. "걔들이랑[클리볼드와 해리스] 담배를 피우고 있는데, 풋볼 선수 애들이 우리 쪽으로 차를 몰고 와 뭐라고 고함을 치더니 유리병을 던져서 딜런 발 옆에서 산산조각 났어요. 전 뚜껑이 열렸는데 에릭이랑 딜런은 움찔도 안 하는 거예요. 딜런이 이렇게 말했어요. '야, 신경 쓰지 마. 이런 일이 한두 번도 아니고.'"[73]

한 번은 한 학생이 그냥 재미로 창피를 주려고, 그들이 학교에 마약을 가져온 것 같다고 학교 당국에 신고한 일도 있었다. 해리스와 클리보드는 갑자기 반에서 내쫓겨 수색을 당했다 ─ 그들의 사물함과 자동차도 마찬가지였다. 어떤 마약도 발견되지 않았지만 그들이 받은 피해는 되돌릴 수 없었다.[74] 한 보고서에 따르면 학생들이 구내식당에서 그들을 둘러싸고 케첩을 던진 일도 있었다.[75]

찍혀 버린 그들과는 말을 섞는 것조차 위험했다. 한 여학생이 1학년 때 겪은 일이다. 그녀가 딜런 클리볼드와 쉬는 시간에 복도에서 이야기를 나누고 있는데 조크들이 이를 발견했다. 그녀가 그와 헤어지자 그 왕따 가해자 중 한 명이 그녀를 사물함으로 쾅 밀어붙이고는 "패거트 애인"이라고 말했다. 어떤 학생도 그들을 돕지 못했다 ─ 나중에 그녀는 왜 학교 당국에 신고하지 않았느냐는 질문을 받았는데, 이렇게 답했다. "그래 봤자예요. 아무 조치도 안 하거든요."

클리볼드와 해리스가 유일한 왕따 피해자는 아니었다. 의붓아들들이 1994~95년에 콜럼바인에 다닌 데브라 스피어스는 이렇게 말했다. "집요했어요. 왕따를 주도하는 애들이 복도를 다니며 끊임없이 위협했어요. 등교조차 힘들다고 한 애들이 정말 많았어요." 그녀의 의붓아들 둘은 모두 중퇴해 졸업장을 따지 못했다 ─ 콜럼바인은 본질적으로 그들의 삶을 파괴했다.[76]

3학년생들이 좋아하는 왕따 게임 하나는 "볼링"이었다.[77] 베이비오일을 바른 바닥에 1학년생을 던져서 다른 아이들한테로 미끄러져 가게 하는 것이었다. 이것이 원조 "볼링 포 콜럼바인"이다. 한 조크는 모든 학생들이 보는 앞에서 바닥에 동전을 놓고 코로 밀게끔 강요하는 것으로 악명 높았다. 교사들은 "보더라도 못 본 체할 뿐이었다."

덴버 검찰청 청소년 선도 조건부 훈방부Juvenile Diversion♦ 부서장 리자이나 휘터는 클리볼드 부모의 표현대로 콜럼바인의 "독성 문화"에 관한 보고서를 만들었다. 그녀가 인터뷰한 한 유대인 학생에 따르면 조크들은 "시체 소각실을 만들어 불태워 버리겠다"고 위협했고, 체육 시간에 농구를 하면 누군가 공을 넣을 때마다 왕따 가해자들이 이렇게 환호했다. "소각실에 유대인이 또 들어갔다!" 그 학생은 누차 불만을 토로했지만 학교 당국은 그 조크들을 처벌하지 않았고, 외려 그 학생을 "거짓말쟁이로 부르기만 했다"고 한다. 또한 조크 무리에게 지독한 물리적·언어적 학대를 받아 학교에 가지 않겠다고 한 학생도 있었다. 그 아버지는 학교 당국과 연락하려고 애썼지만 6주 동안 회신을 받지 못했고, 연락이 닿았을 때조차 학교의 대응은 퉁명스럽고 무례했다. 아들을 학교에서 데려온 아버지는 나중에 휘터에게 이렇게 말했다. "아들은 지금도 학교에 가지 않으려 해요."

"내가 이야기를 나눠 본 학생들은 전부, 그들이 학교에서 어떤 위치에 있는지와는 상관없이, 왕따가 있음을 인정했다." 휘터는 이렇게 썼다.

학생들과 부모들 모두 콜럼바인 고교의 유난히 잔혹한 문화에 대해 불만을 호소했지만 학교 당국은 아무것도 하지 않았다. 학교 당국자들은 일자리를 잃을까 두려워 왕따에 대해 잠자코 있었다고 휘터에게 말했다.[78] 브룩스 브라운에 따르면 "왕따 가해자들은 학

♦ 청소년이 전과자가 되는 것을 막고자 전문가들에게 선도 교육을 받게 하는 제도 및 그 부서. 영국, 미국 등에서 시행하고 있다.

교 당국자들 사이에서 평판이 좋았다."

왕따 문화는 너무나 뿌리 깊었다. 미국심리학회가 발행하는 간행물 『모니터』에는 이렇게 쓰여 있다. "콜럼바인 학생들은 교사 및 직원들이 왕따 행위와 공격적 행동에 그다지 신경을 쓰지 않는 것처럼 보였다고 말했다. 그런 행동들은 문화적 규범으로 비쳤다."[79] 이는, 제아무리 잔혹한 관행이라 해도, 그것이 정상적인 것으로 간주되면, 그런 관행이 용인될 뿐만 아니라, 심지어 잔혹한 일로 간주되지도 않는다는 것을 보여 주는 현대적 사례라 할 수 있다. 이 예를 보면 백인들이 노예제의 잔혹성에도 불구하고 그것을 어떻게 받아들일 수 있었는지를 — 어떻게 주목조차 하지 않았는지 — 좀 더 쉽게 이해할 수 있다.

많은 부모 및 학생은, 아이들을 버릇없는 응석받이로 키우듯 왕따 가해자들을 감싸는 콜럼바인 문화의 원인이, 본인이 조크였던 교장 프랭크 디앤절리스까지 올라간다고 말했다.

디앤절리스는 그런 주장에 동의하지 않았다. "다른 모든 고등학교에 문제가 있듯이 우리 학교에도 문제가 있었습니다." 그는 콜럼바인 검토 위원회에서, 정작 문제는 자신에 대한 중상을 일삼는 험담꾼들에게 긍정적인 사고가 부족하기 때문임을 은연중에 내비쳤다. "전 참 긍정적인 사람입니다. 이게 때때로 사람들을 화나게 하나 봅니다. 그들은 제게 이렇게 말해요. '사람이 어찌 그리 긍정적일 수 있나요? 상황이 어찌 그리 장밋빛일 수 있나요?'"[80]

미국인 대부분은 오늘날에도 본질적으로, 긍정적 사고를 가진 조크 교장 디앤절리스의 편을 든다. 그들은 여전히 그 학살의 원인으로 학교를 탓하지 않는다. 우리는 다른 모든 추정 원인들(자유주의적 도덕상대론, 폭력적 미디어, 총기 사용 가능)에 만족하지 못했음에도 콜럼바인 학살 5년 뒤에 실시한 여론조사는 미국인 83퍼센트가 현재 그 소년들의 부모를 탓한다는 것을 보여 줬다.[81] 3년 전에는 미국인 81퍼센트가 인터넷을 탓했다.[82]

하지만 에릭 해리스와 딜런 클리볼드 둘 다 양친이 있었고, 또 부모님들에 대한 사랑을 터놓고 고백하기도 했다. 그 사랑 고백을 제외하면 온통 분노로 가득한 비디오 다이어리에서 말이다. 그들의 유일한 유감은 자신들이 계획한 학살이 부모의 마음에 상처를 준다는 것이었다. 사실 부모에 대한 사랑은 그들이 고백했다고 하는 유일한 사랑이었다. 많은 사람들이 둘 중 더 "악"하다고 여기는 에릭 해리스는 이렇게 말했다. "우리 부모님은 내가 알고 있는 부모님들 중 가장 좋은 부모님이야. 우리 아빠는 훌륭해. 난 망할 사이코패스니까 어떤 자책도 느끼지 않지만 자책감이 들어. 이 일로 부모님은 가슴이 찢어질 거야. 부모님은 이걸 절대 잊지 못할 거야."[83]

에릭 해리스가 사이코패스였으면 좋겠다고 여긴 사람은 그 자신만이 아니었다 — 여전히 콜럼바인 학살을, 학교 환경과 무관한 무언가의 산물이라는 틀로 바라보려는 오늘날의 많은 사람들도 그러하다.

『슬레이트』지의 데이비드 컬런은 해리스가 인터넷에 쓴 다이어리의 고함들(자신이 싫어하는 목록을 코믹하게 적은 것으로, 이를테면 이런 것이다. "커어어어언츄리 뮤직", "스타워즈 팬들", "헬스장 얼뜨기들", 그리고 "엑스프레소"eXpresso로 잘못 발음하는 "천치들")에 대해 평하면서 이렇게 결론지었다. "이것들은 조크들에게 지목되어 견딜 수 없을 때까지 괴롭힘을 당해 화가 난 청년이 외치는 고함 소리가 아니다. 이는 [흔히 열패감을 감추기 위해 자신의 우월성을 과도하게 주장하는] 메시아적인 우월 콤플렉스superiority complex가 있어, 인류가 참혹할 정도로 열등하다는 이유로 인류 전체를 벌하려고 기를 쓰는 사람의 고함이다."[84] 설마 그럴 리가.

더 진지한 심리학 전문가들은 견해가 달랐다. 『미국심리학회저널』에서 두 발달심리학 연구자들은 이렇게 발언했다. "연구 조사에 따르면 또래들에게서 상습적인 괴롭힘을 당하는 학생들이 보이는 반응은 점점 더 내향적이고 우울한 학생이 되는 것이다. 왕따에 대한 적대감과 공격성을 보이는 것은 특이하고 드문 일이다. 에릭 스미스와 딜런 클리볼드는 왜 이런 더 극단적인 반응을 보였을까? 왕따와 희생양 만들기는 단순히 개별 현상이 아니라 콜럼바인 고교의 학교 문화의 일부였던 것으로 보인다."[85]

콜럼바인 같은 학교를 만들어 낸 것은 다름 아닌 학교 문화, 그리고 더 크게는 중산층 문화였다.

콜럼바인 살인 사건 5년 뒤 딜런의 어머니 수전 클리볼드는 『뉴욕타임스』 칼럼니스트 데이비드 브룩스에게 이렇게 말했다. "아들은 죽기 전에 끔찍한 고통을 겪은 것 같아요. 이를 알아채지 못한 저 자신을 결코 용서하지 못할 거예요."[86]

거식증 환자 앤디

여기는 증오가 넘쳐 나요./젠트리 로블러, 산타나 고등학교 2학년[87]

샌티 분노 살인은 콜럼바인 사건이 발생한 지 2년이 못 되어 일어났고, 또 부분적으로는 연민을 자아내는 앤디 윌리엄스의 외모 덕분에 이번에는 사람들이 왕따가 어떤 역할을 했을지도 모른다고 진지하게 고려하기 시작했다. 그러나 저항도 있었다. 사건 직후, 산타나 고등학교 관리 및 지역 사법 당국 관리들은 그가 왕따 피해자라는 보고가 점점 늘어나는 상황에서도 이를 부인했고, 설사 그 점을 인정한다 하더라도 총격 사건과는 하등의 관련이 없다고 주장했다.

앤디의 부副국선변호인(앤디의 아버지는 민간 변호사를 쓸 형편이 못됐다) 랜디 마이즈는 결국 몇 주 만에 총격 사건으로 이어지게 되는 열여덟 건의 왕따 사건들을 열거했다. "2주에 한 번 꼴로 라이터 불로 목에 화상을 입힘" "헤어스프레이를 뿌린 뒤 라이터로 점화" "수영장에서 자국이 남을 만큼 수건으로 때림" "소문을 듣고 나무에 대고 세게 두 번 밀침". 여기서 "소문"이란 성적 지향과 관련한 것으로, 스스로를 방어할 수 없는 새로 온 아이에게 투하할 수 있는 모든 폭탄 중 가장 파괴적인 폭탄 같은 일이었다. 앤디의 아버지 제프 윌리엄스는 나중에 이렇게 말했다. "어떤 건 기본적으로 거의 고문에 가까웠어요."[88]

앤디가 이내 깨달은 것처럼, 산타나 고등학교 문화에는 캘리포니아 연안 교외의 생활 방식이 가진 치명적인 잔인함과 시골 트레일러 단지에서 흔히 벌어지는 신참 신고식이 섞여 있었다. 그는 벗어나고 싶었다. 공격을 감행하기 몇 달 전 사우스캐롤라이나 주에 있는 엄마한테 갔었고 거기 남아 엄마와 살기를 바랐다. 그때 메릴랜드 주 시골에도 들러 옛 학교 친구들을 만났고, 이들에게 학교 애들이 상습적으로 집에 계란을 던지고 자신의 숙제를 훔쳐 쓰레기통에 던져 버린다고 이야기했다.[89] 그들은 그를 "패거트" "개 같은 년" "게이"라고 불렀고, 왕따를 시켜도 저항하지 않는다고 놀렸다.[90] 무엇보다 나쁜 것은 학대 대부분이 그가 어울리는, 함께 대마초도 피우는(그는 무리에 끼고 싶어 대마초를 피웠다) 동네 "친구들"에 의해 이루어졌다는 것이다. 앤디는 그들에게 스케이트보드 랫skate rat[스케이트보드를 잘 타는 사람을 이르는 속어]이 되는 법을 배우려 애썼지만 그러지 못했다. 일부는 같은 학교 학생이었고 일부는 아니었다. 앤디는 교외 아이들과는 달리 다른 학교 학생들과도 어울렸다. 이 "친구들" 역시 산타나 고등학교 "친구들" 못지않게 자신을 학대했음에도 말이다.

이런 앤디의 결정은 그가 직면한 선택지들에 대해 많은 것을 말해 준다. 앤디가 스케이트보드를 배웠더라면 캘리포니아 연안 공립 학교 서열에서 2군 패거리에 들어갔을지도 모른다. 하지만 앤디는 램프[스케이트보드를 탈 수 있도록 만들어 놓은 경사면 구조물]에서 스케이트보드 랫 수준에 이르지 못했을 뿐만 아니라 친구들은 촌뜨기를 벌준다며 두 번씩이나 그의 보드를 훔치고는 패거트여서 보드 하나 제대로 지키지 못한다고 놀려 댔다. 친구들이 끈질기게 놀렸지만 앤디는 스케이트보드 공원에서 친구들과 어울렸다. 거기서 그들은 술과 마리화나에 얼근히 취했고 램프에서 보드를 탔으며(앤디는 지켜보기만 했다) 앤디 윌리엄스를 괴롭혔다.

"걔는 귀가 툭 튀어나왔어요. 몸이 작고 비쩍 말랐고 목소리 톤이 높았어요. 그래서 애들이 땅꼬마라며 늘 걔만 골라 괴롭혔어요." 윌리엄스의 친구 스콧 브라이언의 말이다.[91]

그는 "거식증 환자 앤디"라는 별명을 얻었다.

"그 애는 늘 찍혀서 괴롭힘을 당했어요." 학생인 제시카 무어가 말했다. "뼈만 앙상하게 남은 아이였으니까요. 애들은 걔를 별종, 시골뜨기, 샌님, 뭐 그런 식으로 불렀어요."[92]

친구 로라 케너머는 이렇게 말했다. "걔들은 그 애한테 걸어와 아무 이유 없이 얼굴을 세게 때리곤 했어요. 그래도 그 애는 아무것도 못하고 가만히 있었어요."[93]

앤디의 이웃 아저씨 짐 크라이더(59세)도 이렇게 말했다. "윌리엄스는 또래들과 어울리려고 무척 애쓰는 아이로 보였어요. 그다지 성공한 것 같지는 않았지만요. 옷 입는 것도 다른 애들과는 달랐어요. 그 애가 말을 하면 다른 애들은 늘 듣는 둥 마는 둥 했고요."[94]

샌티 총격 사건이 일어났을 당시 열다섯 살이었던 앤서니 슈나이더는 크라이더의 말을 확인해 주면서 말문이 막힐 정도로 차갑고 유독한 그곳의 학교 문화를 일별하게 해주었다. "걔는 친구가 그리 많지 않았어요. 많은 애들이 걔만 골라 괴롭혔어요. 좀 괴상한 녀석이었어요. …… 말도 많지 않았어요. 그냥 마음속에만 담아 두었죠. …… 제 친구가 [한 달 전쯤에] 걔 스케이트보드를 훔쳤어요."[95] 앤디의 스케이트보드를 훔쳤다는 친구에 관한 슈나이더의 순 허풍은 캘리포니아 교외에서 학창 시절을 보낸 이들이라면 쿨하다고 느낄 만한 상투적인 말이다. 나는 이제는 그런 유형의 아이들이 서서히 달라질 거라고 생각했지만 아니었다. 그들은 달라진 게 하나도 없다.

몇 달 전 메릴랜드 주에 가서 친구들을 만나는 동안 찍힌 동영상에서 앤디는 부드러운 어조로 이렇게 말했다. "우리 학교는 끔찍해. 정말 싫어."96 그는 어머니에게 사우스캐롤라이나 주에 같이 살게 해달라고, 어떻게든 샌티를 떠나게 해달라고 했다.

2월 8일, 총격 행각 몇 주 전, 트웬티나인팜스에 사는 앤디의 절친, 즉 근이영양증을 앓던 수줍음 많은 아웃사이더 친구가 버스에 치어 죽었다. 그 애는 아둔패기 무리의 서열에서조차 밑바닥에 있었는데, 앤디가 친구가 되어 준 아이였다. 앤디는 그 소식을 듣고 비탄에 빠졌지만, 정작 그 슬픔을 표현하게 된 건 나중에 수감되고 나서였다. 연안 교외 지역에서 앤디는 아픔을 드러내 보일 수 없었고 특히 [근이영양증으로] 절름거리는 샌님에 대한 아픔은 말할 것도 없었다.

그렇게 앤디 윌리엄스 인생에서 최고의 — 아버지의 표현에 따르면 "고문에 가까운" — 시절이 시작되었다. 아이들은 앤디를 두들겨 패고, 놀리고, 불을 붙이고, 상습적으로 라이터로 화상을 입혔으며, 스케이트보드를 자꾸 훔치고, 신발도 벗겼다. 패거트라고 놀리고, 놀림 받는다고 놀렸으며, 대들지도 않는다고 놀렸다. 앤디의 의지와 자신감은 약해져만 갔다. 여전히 앤디는 보통의 학생들 눈에는 괴상한 녀석이었다. 그리고 이제 겨우 1학년의 반이 지난 터였다.

동급생을 쏜 이유에 대한 앤디 자신의 설명은 단순하지만 정직했다. "제 생각을 밝히려 했어요."97 브라이언 우예수기가 제록스 사무실에서 총격 행각을 벌여 일곱 명을 죽인 뒤 하와이 경찰서에서 말한 이유와 토씨 하나 다르지 않게 똑같다.

검사 크리스틴 안톤은 『샌디에이고 유니언-트리뷴』에 당국이 앤디 윌리엄스가 왕따 행위의 피해자라는 어떤 증거도 찾지 못했다고 말했다. "우린 수백 명의 사람들과 이야기해 보았습니다. …… 솔직히 그가 왕따라는 증거는 없습니다." 앤디의 동네 "친구들"이 잔혹한 행위를 했다는 증거는 없다고 안톤은 일축했다. "그들은 웃으면서 한 일이었고 여전히 서로 잘 어울려 지내고 있습니다."[98]

지역 교육감 그레인저 워드도 윌리엄스의 총격 사건이 왕따에서 촉발되었음을 부인했다. 『샌디에이고 유니언-트리뷴』에 실린 그의 발언을 보자. "검찰청에서 작년에 직접 작성한 검토서와 정보에 근거하면 윌리엄스가 학교에서 왕따를 당했다는 증거는 없습니다." 워드는 앤디 윌리엄스의 총격 사건을, 누군가가 학교에 총을 가져와 학생 및 직원들을 쏜 범죄행위로 특징지었다. 마땅히 잔인한 학교 문화에 물었어야 할 책임을 모두 앤디 윌리엄스의 악한 심성에 돌리면서 워드는 본질적으로 책임을 회피했다. "안타깝게도 초점이 이 범죄의 가해자에게 맞춰지지 않고 있습니다. 초점은 가해자에게 맞춰져야 합니다." 그는 기자들에게 이렇게 말했다.[99]

워드에게 정말로 안타까운 일은 이후 언론에 다음과 같은 사실이 폭로되었다는 점이다. 즉, 그가 책임자로 있는 산타나 고등학교 당국이 왕따 문제를 [언론에] 털어놓은 것보다 훨씬 많이 알고 있었고, 학교 문화를 바꿀 완벽한 기회도 망쳐 버렸다는 사실 말이다. 1999년, 총격 사건이 일어나기 약 2년 전, 법무부는 산타나 고등학교가 소속된 학군에 지역 보안관과 협력해 학교 왕따의 원인과 결과를 연구·조사하도록 보조금 13만7천 달러를 지급했다. 이 학군에 소속된 학교들 가운데 어느 학교에든 연구비를 제공할 수 있었을 텐데 산타나 고등학교가 선택됐다. 왜 그랬을까? 나중에 산타나 고등학교는 자교가 왕따 문제가 특히 심각한 잔인한 학교여서 그 연구비를 받게 된 것은 아니라고 했다 — 그들은 산타나 고등학교가 무작위로 선택됐다고 말했다.

왕따 문제를 조사하기 위해 산타나 고등학교에 배정된 연구비 가운데 거의 대부분이, 애초의 목적과는 무관해 보이는, 수상쩍은 프로젝트들에 배정되었다. 이를테면, 프로젝터 구입비 3천4백 달러, 매핑 소프트웨어 4천6백 달러를 비롯해, 경찰이 사용하는 컴퓨터 장비와 소프트웨어 구입비로 사용됐다. 돈은 무능하고 많은 이들이 인정도 하지 않는 "컨설턴트들"을 고용하는 데도 쓰였다. 『샌디에이고 유니언-트리뷴』에 따르면, "청소년들을 추적하는 컴퓨터 시스템은 계획대로 사용되지 않았고, 사람들은 결코 써먹지 못할 훈련을 받았으며, 빈번한 왕따와 피해자에 관한 연구 조사는 거의 수행되지 않았다고 관계자들은 말했다." "컨설턴트" 낸시 맥기는 1년에 한 번 피스 위크 같은 왕따 줄이기 활동을 만드는 데 시간당 25달러를 받았다. 여기에는 학교 평화 행진, 감수성훈련 세미나, 그리고 학생 75명과 로스앤젤레스에 있는 관용 박물관을 견학하는 것이 포함됐다.

돈이 낭비된다는 혐의들도 제기됐다. 6백 달러를 내고 [서로 다투는 학생들 사이를 중재하는] 중재인mediator 훈련을 받은 한 학부형은 말했다. "이렇게 생각하면서 그 자리를 떴어요. '좋아, 이제부터 뭔가 하겠지?'" 하지만 그 학부형은 이후 어떤 연락도 받지 못했다.

앤디 윌리엄스의 총격 행각 이후 산타나 고등학교는 일부 보조금을 클렘슨 대학교의 왕따 전문가 수 림버를 데려오는 데 사용했다. 그녀는 학생, 학부모, 교사를 면담하고는 학교 문화를 변화시킬 권고 사항들을 기안했다. 교육위원회는 그것들이 산타나 고등학교의 상황과는 맞지 않는다며 거부했다.

놀랍게도 3년 동안 보조금 13만7천 달러가 투입되었음에도 왕따 가해자 및 피해자를 이해하기 위한 면담이 실제로 이루어진 적은 거의 없었고, 연구 분석 결과물도 나오지 않았으며, 그 어떤 권고 사항도 실행되지 않았다. 반면 산타나 고등학교 학생 및 학부모를 대상으로 한 두루뭉술한 설문 조사가 실시됐고, 왕따가 학교 문화의 어엿한 한 부분이라는 흥미로운 결과들이 나왔다.

설문에 참여한 학생 1천2백 명 가운데 약 3분이 1이 왕따를 당한 경험이 있다고 답했고, 거반은 어떻게든 앙갚음을 했다고 답했다. 다섯 명 가운데 한 명꼴로 반복적인 왕따를 경험했고, 남학생보다는 여학생이 더 자주 왕따를 당했다. 약 11퍼센트는 학교에 무기를 가져온 적이 있다고 답했는데, 그중 3분의 1은 호신용이라 했고, 10분의 1은 겁을 주거나 위협하기 위해서였다고 답했다. 학생 대부분은 — 심지어 학부모 대부분조차 — 학교 당국에 왕따를 이야기해 봐야 도움이 안 된다고 생각해서 이야기하지 않는다고 답했다. 놀랍게도 이처럼 상당수의 학생과 학부모들이 폭력 및 이와 관련된 위협을 인식하고 있었고, 또 이에 대한 보호조치가 없음을 잘 알고 있었음에도, 학교가 안전하지 않다고 답한 학생과 학부모는 7퍼센트에 불과했다. 달리 말해 이런 백인 중산층 학교의 교도소 앞마당 같은 문화가 사람들 대부분에게 정상으로 보인 것이다. 교장과 교육감 역시 앤디 윌리엄스의 총격 사건 2년 전에 이미 이 같은 정보를 알고 있었다.

이런 상황에 대한 그들의 이해는 틀리지 않았다. 곧 그것은 정상적[일상적]이었다. 2001년 중반에 카이저가㊟ 재단과 니켈로디언[미국 어린이 케이블 방송]이 수행한 전국 왕따 조사에 따르면 초등학교 6학년에서 고등학교 1학년 사이의 전체 학생 중 거의 3분의 1이 왕따 가해와 피해 경험이 있었다. 8~11세 사이의 학생 가운데 74퍼센트는 학교에서 놀림과 왕따가 있다고 말했고, 12~15세 사이의 학생의 경우는 그 수치가 86퍼센트로 증가한다. 이 두 연령집단은 모두 놀림과 왕따를 인종주의, 에이즈, 그리고 섹스 충동이나 술이나 약물 충동보다 더 "큰 문제"라고 했다.[100]

학생 및 학부모들은, 거주 지역과는 상관없이, 왕따의 파괴적인 영향과 그것을 막지 못하는 자신들의 무능을 거듭 토로하고 있다. 아이오와 주 중상층 교외에 거주 중이고 아들이 동네 아이들에게 "패거트"라고 불리며 야만적인 취급을 당한 한 남자는 이렇게 말했다. "우리 아들이 자신이 게이인지 아닌지 말은 않지만 밖에 나가 자전거를 타거나 동네에 혼자 나가는 것도 무서워해요. 우리 동네 집들은 가격이 20만 달러에서 30만 달러인데 아들은 안전하다고 느끼지 못해요."[101]

우리 사회가 왕따를 억제하지 못한 한 가지 이유는 우리가 왕따 가해자들을 좋아하기 때문이다. 사실, 우리가 왕따 가해자다. 연구조사는 왕따 가해자들이 반사회적 부적응자가 아님을 보여 줬다. 성인들은 애써 자신의 기억을 왜곡해 그들이 그런 존재라고 믿고 싶어 하지만 말이다. 오히려 왕따 가해자들은 보통 가장 인기 있는 소년들, 패거리 서열에서 친절하고 외향적이며 자신감 있다고들 하는 이들이다.[102] 산타나 고등학교 아이들도 학부모들도 학교 당국이 어차피 아무것도 안 하기 때문에 불만을 토로해 봐야 소용없다고 생각했다. 인기 있는 승자들이 패배자들보다 더 나은 대우를 받는다는 사실이 반영된 생각이었다. 콜럼바인에서도 학부모 및 학생들은 교사 및 학교 당국자들이 왕따 가해자들에게는 호의를 보이고 불만을 토로하는 이들은 흔히 무시하거나 책임을 그들에게 뒤집어 씌운다고 생각했다. 사실 미국의 학교에서 패배자들은 이중의 고통을 당한다. 괴롭힘을 당하면서도, 정작 그에 대한 책임 역시 자신이 짊어져야 하기 때문이다. 많은 아이들은 (어른들 역시) 피해자들이 왕따를 자초한다고 믿는다. 또 연구들에 따르면 아이들 사이에서는 한편으로는 왕따 가해자들의 환심을 사려고 또 한편으로는 희생자 무리와 자신을 구별하려고 왕따를 부추기는 일이 흔하다.

이런 현상의 표면을 벗겨 보면 대다수 아이들 — 미국 백인 중산층 아이들 — 에게 학교생활이란 게 얼마나 비참한지가 보이기 시작한다. 이는 현대 학교 문화에 붙박이장처럼 박혀 있는 비참이다. 사실 일종의 성인 기억상실증이 강력한 문화 프로파간다와 결합되어 대부분이 공유하는 나쁜 기억이 삭제될 수 있다는 것은 매우 분명하고, 또 매우 일반적이다.

나도 그랬을 것이다

왕따에 대한 중산층의 아랑곳하지 않는 태도를 흔들어 놓은 것은 앤디 윌리엄스의 광란의 살인이 가져온 충격과 파토스였다.

콜럼바인 사건 이후 어쩌면 이런 학교 학살들이 우리에게 뭔가를 말해 주려 하는지도 모른다는 정서가 늘어나고 있었는데, 콜럼바인 사건 몇 달 뒤 『타임』지는 본질적으로 이런 정서가 틀렸음을 보여 주려는 의도에서 기사 하나를 실었다.[103] "고등학교의 한 주" — 솔제니친의 수용소 소설[『이반 데니소비치, 수용소의 하루』]을 패러디한 풍자적 제목은 중산층 고등학교 생활이 지옥이라는 견해를 펌하했다 — 라는 제목의 이 기사는 본질적으로, 정신적 외상을 입은 무수한 청소년들의 고통을 그저 방자한 투덜이들의 입바른 소리에 불과한 것으로 환원해 버렸다.

모든 사람들이 누군가 느닷없이 폭발할까 염려한다는 이유로, 모자를 쓰거나 허풍을 떨거나 패거리를 만들거나 1학년생을 지목해 괴롭히는 것을 못하게 한다면 마땅히 이렇게 물을 수 있다. 고등학교들은 교문 밖의 더 크고 더 추한 세상에서 살아갈 수 있도록 아이들을 준비시키고 있는가? — 아니면 어떤 결함을 안고[그런 준비 없이], 세상에 나가게 하는가? 한때 고등학교는 거절, 경쟁, 잔인함, 카리스마를 다루는 법을 배우는 안전하고 통제된 환경으로서 유용했다. 하지만 이젠 학교가 얼마나 위험할 수 있는지 알게 됐기에 학교를 훨씬 더 통제된 장소로 변화시킬 터고 그러면 일부 교훈들은 학교 밖에서 배워야만 할 것이다.

글쓴이가 왕따를, 어떤 튀는 옷을 입어야 남의 이목을 끌 수 있을까 같은 청소년들의 엉뚱하고 사소한 걱정들과 태연히 동일시하고 있다는 점에 주목하라. 위 글을 쓴 낸시 깁스의 태도는 피해자들의 호소를 가볍게 일축하는 것 이상이다 — 그녀는 학교 왕따가 아이들에게 좋은 것이라고 생각한다. 현실 세계, 즉 사무실 세계에 아이들이 나갈 수 있도록 준비시킨다는 점에서 말이다. 그녀는 왕따가 중단되어야만 하는 심각한 문제라고 주장하지 않는다. 외려 그녀는 왕따를 받아들이라고 말한다. 그녀는 왕따를 비판하는 이들은 유별난 사람들이고 "비현실적"이라는 생각을 넌지시 내비치면서 그들을 조롱한다. 사실 그녀는 왕따가 학교에서 줄어들어 왕따의 값진 교훈들이 학교 밖에서 학습될 수 있다는 것을 유감스럽게 여기는 듯하다. 이는 우리 문화에 잔인함이 얼마나 깊이 박혀 있는지를 상징적으로 보여 준다 — 자기 자녀가 왕따를 당하기를 원하는 것이 존경할 만한 주류 견해로 간주된다. 왕따는 그야말로 "현실"인 것이다.

성희롱에 대해서도 그런 주장을 펼칠 수 있음은 물론이다 — 사실 실제로 흔히 그랬다. 그러니까 성희롱은 별일 아니고, 성희롱을 당한 여성은 그냥 꾹 참거나, 대수롭지 않게 넘겨 버리고, 그런 일들에 어떻게 대처하는 게 좋은지 배워야 한다. 그렇지 않으면 현실 세계에서 핸디캡을 갖게 될 위험을 각오해야 한다는 것이다. 주지하듯이 당시 노예제 폐지론자들도 비현실적인 사람으로 여겨졌다.

낸시 깁스는 학생들의 고통을 겪어 보지 못한 게 분명하다. 만약 겪어 봐서 안다면 미국 주류 언론의 먹이사슬의 최상위까지 오르는 동안 기억에서 지워 버린 것이다. 누군가가 왕따를 당해 어떤 유용한 교훈을 단 하나라도 배웠다는 얘기를 난 듣도 보도 못했다 — 왕따는 수치심과 고통스러운 기억만을 남길 따름이다. 왕따를 당하면 늘 잘못된 결정과 잘못된 결론을 내리게 된다. 잘못된 방법들로만 빚을 갚는다. 왕따를 가할 누군가, 그러니까 자신보다 약한 애를 찾게 되고 자신감을 잃고 자신의 나약함을 증오하며 엉뚱한 사람들을 두려워하고 불신하게 된다. 최근 연구들에 따르면 이 모든 것이 왕따를 당한 아이들 중 너무도 많은 아이들이 현실 세계에서 패배자가 되는 원인이다. 왕따를 당해 본 경험이 없는 사람만이 왕따를 통해 뭔가 값지고 필요한 것을 배우고 더 강한 사람이 될 수 있다고 생각한다. 1998년 세계보건기구의 학령기 아동 건강 행동 조사에 참여한 토냐 낸슬 박사에 따르면 왕따 가해자, 피해자 모두 나중에 훨씬 더 큰 문제들을 겪는다 — 왕따를 당한 아이들은 특히 친구를 사귀는 데 어려움을 겪고 평생 고독하게 지낸다.[104]

나는 왕따를 당할 때보다 가할 때 훨씬 더 값진 교훈들을 배웠다. 교훈은 단순했다. 왕따를 가하는 편이 더 낫다는 것이다. 뼈만 앙상한 시골뜨기를 흠씬 두들겨 팬 뒤에 드는 후회는 꽤 빨리 사라졌다. 하지만 당하는 쪽에서 느끼는 굴욕감은 수년이 지나도 쉽사리 사라지지 않았다. 왕따 피해 경험을 통해 무슨 값진 것을 배울 수 있다는 것인지 나로선 도무지 이해할 수 없다. 어쩌면 그런 생각은 우리 문화의 프로파간다에서 기인하는 것인지도 모른다. 〈백 투 더 퓨처〉의 맥플라이처럼 왕따 당하는 샌님이 늘 결정적인 순간에는 맞서 싸우고 더 강한 사람이 되며 결국 핵가족의 든든한 후원자가 되고, 왕따 가해자는 세차장에서 일하는 신세가 된다는 식의 그런 프로파간다 말이다. 우리 문화의 프로파간다에서 왕따는 단순히 주인공이 극복해야 할 장애물, 극적 장치일 뿐이다. 그렇지만 왕따가 실제로 어떻게 작동하는지 제대로 보여 주는 경우는 극히 드물다 — 곧 현실에서 왕따는 은밀히 계속 아이들을 괴롭히는 일이고, 그다지 흥미진진한 것도 아니며, 극복 가능한 것도 아니다. 앤디 월리엄스의 공격으로 극에 달한 학교 총격 사건들은 일종의 인지 부조화를 가져왔다 — 즉 어느 누구도 앤디 같은 아이들이 왜 학교에서 총질을 하는지 설명할 수 없었다.

낸슬 박사는 이렇게 말했다. "과거에는 왕따를, 아이들에게 어른 같은 행동을 기대할 수 없다며, 그저 일축했다." 하지만 왕따의 영향을 깨닫고 있는 현재 상황에서는 "성장 과정의 정상적 부분으로 받아들여서는 안 된다."105

샌티 총격 사건에 뒤이어 학내 왕따에 대한 반발이 급증하면서 왕따에 대한 부정과 검열은 마침내 깨졌다. 왕따가 삶을 파괴했다는 고백들이 전국 각지에서 쏟아져 나왔다. 마치 앤디 윌리엄스가 이제 천 송이의 꽃을 피울 때라고● 선언한 것 같았다. 마치 앤디 윌리엄스가 반란자들처럼 이 문제를 강력히 제시하고 어쩌면 미래의 수백만 명을 구하려고 자신의 생명과 무고한 생명들을 (반란에서 흔히 무고한 이들이 죽듯이) 희생한 것 같았다.

이것이 멜로드라마처럼 들릴 수도 있지만 사실 윌리엄스의 총격은 바로 이런 효과를 낳았고, 고백들의 영감이 되었으며, 이중 일부는 내가 읽어 본 고백 중 가장 파토스가 짙었다.

샌티 이후 최고의 고백 가운데 하나는 미시간 주립대학 신입생 에밀리 스트라이버스(19세)가 2001년 3월 20일자 『디트로이트 프리 프레스』에 쓴 용감한 기고문 "젊은이의 목소리: 놀림을 멈춰라. 그러지 않으면 아이들이 또 죽게 될지 모른다"이다.106

● 1957년, 마오쩌둥이 북경 연설에서 제시한 슬로건 '백화제방', '백가쟁명'에서 나온 말로, 자유롭게 다양한 사상을 표현하자는 관용구로 사용된다.

가장 오랜 기억을 떠올려 보면 난 또래에게 끊임없이 놀림을 당했다. 나는 "정말 작고 뚱뚱한데다 안경까지 쓴 소녀", 놀릴 때나 침을 뱉을 때를 제외하곤 어느 누구도 관심을 기울이지 않는 소녀였다. 하지만 키가 크고 예뻤더라도 별반 다르지 않았을 것이다 — 아이들은 어떻게 해서든지 누군가를 비참하게 만들기 때문이다. …… 흔히 사람들은 그들을 탓하지 않는다. 자기 자신을 탓한다. "걔들 말이 맞아. 내가 작고 뚱뚱하고 못생긴 거야." 졸업을 하고 시간이 흘러도 그렇게 생각한다.

나는 고등학교 때 괴롭힘을 너무 심하게 당해 자살을 시도한 적이 세 번 있었고, 그냥 콱 죽어 버렸으면 하는 비열하고 악의적인 사람들에 대한 폭력적인 그림으로 노트를 가득 채웠다. 공포스러운 14년간의 공교육을 마친 지금 나는 "거식증 환자 앤디"라는 낙인이 찍힌 15세 소년이 학교에 총을 가져가게끔 몰고 간 것이 무엇인지 확실히 이해할 수 있다. 내가 좀 더 모욕을 받고, 친구들이 내게 좀 더 침을 뱉었더라면 나도 그랬을 것이다. …… 그 아이는 결과와는 무관하며 자신의 고통을 사라지게 했을 따름이다. 그가 나중에 아무리 후회할지 몰라도 확신컨대, 당시 찰스 "앤디" 윌리엄스는 감옥에서 생을 보내는 게 학교라는 감옥에서 3년을 보내는 것보다 더 낫다는 것을 알고 있었던 게 분명하다.

우리는 이런 놀랍도록 진솔하고 용감한 공적 고백을 통해 문제의 핵심에 더 가까이 다가갈 수 있다 — 아이들 대부분에게 학창시절은 근심 걱정이 없는, 순수하며 목가적인 시절이 전혀 아니다. 사회가 우리에게 개인적 경험과는 반대로 그렇게 믿으라고 하지만 말이다. '사회적 책임을 다하는 교육자들' 모임의 캐롤 밀러 리버는 이렇게 말했다. "승자들은 우리가 생각하는 것보다 작은 무리고, 패자들이 경험하는 고등학교 생활은 판이합니다. 그들은 눈에 띄지 않는 중간이 되어 벙어리 냉가슴을 앓고 소외되며 한 번도 진실한 우정을 경험하지 못하죠."[107]

"보이지 않는 중간" ― 많은 면에서 최악의 계층. 매우 많은 학교 총격자들이 이 보이지 않는 중간에서 나온다. 그들은 사회에서 추방된 자들도 아니고 결손가정 출신에 폭력적이고 혼자 있기를 좋아하는 이들도 아니다. 앤디 윌리엄스는 메릴랜드 주에서 인기 있는 우등생이었고, 트웬티나인팜스에서는 적어도 정상적[평범한] 아이였다. 하지만 샌티로 이사한 지 6개월 만에 무장한 반란자가 됐다.

스트라이버스의 기고 몇 주 뒤 『디트로이트 프리 프레스』에는 왕따와의 싸움이 증가하고 있음을 상술하는 기사 "어머니 모임, 놀림을 끝내고자 힘쓰다"[108]가 실렸다. 이 극적인 수사가 어떻게 민권 운동이나 노예제 폐지 운동처럼 점점 더 자신감 넘치는 도덕성 회복 운동의 논조를 띠어 가는지에 주목하라.

찬드라 샌섬은 눈물을 흘리며 13개월 난 딸을 바라보았다. 그리고 목이 멘 채로, '놀림과 조롱에 반대하는 부모들'을 시작하게 된 이유를 설명했다.
"내가 겪은 일을 딸은 겪지 않기를 바라요." 왕따 피해자 샌섬(29세)의 말이다. 그녀의 일곱 살짜리 맏아들 새디어스 에번스 워커는 펀데일에 있는 태프트 초등학교에서 왕따 가해자와 이미 자주 말다툼을 벌여 왔다.

아들의 경험을—동급생한테 주먹으로 배를 맞은 일도 있었다—계기로 그녀는 몇 달 전 놀림과 거짓말에 관한 아동 총서 같은 왕따 예방 교재들을 교육자들에게 더 많이 제공하는 것을 목표로 한 모임을 시작하게 됐다.

…… 중2 때 왕따를 당하던 샌섬에게는 대응책이 별로 없었다. 그녀는 곧잘 발목을 다친 척해 5분 늦게 등교하고 5분 일찍 하교했다. 그럼에도 놀림, 조롱—머리에 물감을 쏟은 일도 있었다—그리고 싸움이 끊이질 않았다고 그녀는 말했다. 고3이 된 1989년에는 너무 심해져 그녀는 졸업을 두 달 앞두고 자퇴했다.

"왕따 가해자들이 제 졸업장을 빼앗아 갔어요." 샌섬은 말했다. 그녀는 1년 뒤 검정고시를 통과했다.

이제 이런 경험들을 되돌아보면서 그녀는 자녀들이 그런 고통을 겪지 않게 하겠다고 맹세한다.

"단지 내 아이만이 아니라 모든 아이들을 감싸 안을 거예요."

이런 정서는 태평양 연안에서 대서양 연안까지 퍼져 나갔다. 위 기사가 나올 무렵 『시애틀 포스트-인텔리젠서』에는 아시아계 미국인 부모 이치두가 쓴 또 하나의 가슴 아픈 이야기가 실렸다.[109]

우리 가족이 평화롭고 동질적인 머서 아일랜드에서 시끄럽고 혼종적인 대학 지구로 이사하고 1년 뒤 열네 살 된 아들이 아내와 나에게 이렇게 말했다. "여기로 이사해서 정말 고마워요. 덕분에 살았어요." 그때 우리는 그 말이 얼마나 문자 그대로의 의미인지 몰랐다.

현재는 스물한 살이고 뉴욕시에서 전문 음악인으로 자기 인생을 꾸려 가고 있는 우리 아들은 그때 이후로, 자신이 겪은 극심한 고통을 우리와 공유했다. 아들이 들려준 바에 따르면 초등학교 3학년 때부터 괴롭힘과 학대가 시작되었고 머리에 비닐봉지를 씌워 묶거나 체육관 사물함에 밀어 넣는 일도 있었으며, 중학교 2학년 중반에 이사할 때까지 그런 괴롭힘은 집요하게 계속되었다고 한다.

샌티 총격 사건이 일어나고 뒤이어 왕따에 스포트라이트가 쏟아지면서 우리는 아들을 비롯해 여러 사람들과 어린 시절의 경험들에 대해 길게 이야기를 나누거나 이메일로 대화를 나누게 됐다.

왕따는 현실의 일부라는 관념이 이제는 이렇게 돌연 격세유전의 무정한 행위로 여겨지게 됐다. 샌티 이후로 사회는 귀 기울여 듣고, 고백하고, 행동할 준비가 되었다.

학교와 직장의 공통점

문화적 태도의 변화에 따라 법적·정치적 변화도 이내 뒤따랐다. 최근 몇 년간 전국 각지에서 왕따 피해자 부모들이 해당 교육청을 상대로 소송을 제기하기 시작했다. 2004년 1월에는 오리건 주 유진에 있는 학교가 한 학생에 대한 왕따를 방치해 — 이 왕따 사건은 카메라에 찍혔다 — 1만 달러를 지불한 일이 있었다.[110] 같은 해 앵커리지 학군은 왕따 당하다 자살을 시도해 뇌 손상을 입은 열네 살 소년의 부모가 제기한 소송을 합의로 해결하기로 했다. 부모는 학교 당국자들이 왕따를 알고도 아무것도 하지 않았다고 주장했다.

캔자스 주 한 시골 지역에서는 "게이"라 불리며 조롱을 당하다 결국 열여섯의 나이에 자퇴하고 검정고시를 치르기로 한 소년의 부모가 학교에 소송을 제기했고 밝혀지지 않은 금액을 받고 합의했다. "도움을 구할 수 있는 모든 이에게 연락했지만 왕따를 멈추게 하지 못했어요." 왕따를 당해 중퇴한 아들의 아버지는 연합통신에 이렇게 이야기하며 소송을 시작한 이유를 설명했다. "사람들이 우리 아들 문제를 중요하지 않게 취급한 것 같았어요."

이제 그의 아들 문제는 중요해지고 있다. 현재 학자 및 전문가들이 왕따의 영향과 그것을 억제하는 방법을 토론하고 있고, 주 및 연방 입법자들이 반왕따 법안들을 제출하고 있다. 2004년까지 17개 주가 반왕따 법안을 상정했고, 콜럼바인과 샌티의 여파로 거의 모든 주에서 법안이 통과됐으며, 다른 16개 주에서도 계류 중에 있다. 또한 의회에서도 캘리포니아 주 하원 의원 리사 산체스와 뉴욕 주 하원 의원 잭 퀸이 발의한 반왕따 연방법이 [2015년 현재도] 논의 중에 있다.[111]

"왕따는 너무도 오랫동안 간과해 온 문제입니다." 산체스 의원의 말이다. "이 문제를 무시한 결과는 참으로 심각합니다."

왕따에 대한 문화적 각성이 확산되고 있다. 분노 살인이 사무실에서 학교로 이어진 것과는 반대로 왕따에 대한 인정은 학교에서 사무실로 이어지고 있다.

『뉴욕타임스』 기사 "직장 내 도사리고 있는 두려움"은 이렇게 지적한다. "연구자들은 오랫동안 학내 왕따 가해자들에게 관심을 가지고 무엇이 그들을 추동하고 그들이 피해자들에게 어떤 영향을 미치는지 탐구해 왔다. 최근에 이르러서야 연구자들이 직장 내 왕따 가해자들에게 관심을 기울이기 시작했다."[112]

이 기사는 고전적인 학내 왕따 사례를 참조해, 부하들에게 자신의 권력을 남용하는 멍청한 상사나 감독 사례들을 언급한다. "직장인이라면 누구나 한 사람은 잘 안다 — 부하들을 안절부절못하게 만드는 것을 몹시 즐기고, 자기 기분을 사무실에 쏟아 내 직원들이 자리를 피하게 하며, 목소리만으로도 직원들의 위가 오그라들고 맥박이 빨라지게 하는 상사."

새크라멘토에서 교사 및 학교 행정 직원으로 근무했던 캐리 클라크(52세)는 상사에게 왕따를 당하고 거듭 모욕을 당하다 열 달 만에 건강을 지키기 위해 퇴사했다. "출근길에 말 그대로 경련이 오는 지경에 이르렀"기 때문이다.

이보다 한참 전, 1994년 미 우체국위원회 보고서는 우체국의 "독재적인 경영 방식이 …… 일터에 긴장되고 대립적인 관계를 야기한다"고 비판했다.[113]

근본적인 수준, 그러니까 인간관계의 수준에서 우리는 마침내, 사무실 세계와 학교 세계가 끔찍한 특성을 공유하고 있다는 것을 인정하고 있다. 왕따 가해자가 승자가 되는 광란의 왕따가 바로 그것이다. 공유되는 끔찍한 특성은 또 있다. 각각의 무대에서의 삶이 극소수의 엘리트들 — 성인 세계에서는 임원 및 주주들, 학교 세계에서는 행복한 가정과 밝은 미래를 가진 인기 있는 아이들 — 에게는 멋지기만 하다는 것이다. 반면 대부분은 아닐지라도 많은 이들에게, 삶이란 비참한 것이다.

그야말로 잔인한 성인 세계가 그저 학교 세계의 연속일 뿐임을 인정한다는 건 가슴 아픈 일이다. 우리는 [두 세계를] 서로 견줘 봐야 한다. 자기 자녀가 우리가 사무실에서 당하는 끔찍한 대우를 똑같이 견디고 있다는 것을, 18년간 고통 받다가 졸업해 잔혹하고 악의적이며 인간성을 말살하는 그 모든 것이 반복되는 세계로 들어간다는 사실을 우리는 믿지 못한다. 아마도 그래서 두 무대가, 그리고 거기서 일어나는 범죄가 유사하다는 증거가 그렇게 많음에도 불구하고 어느 누구도 학내 분노 살인과 직장 내 분노 살인이 동일한 사회경제적 쥐어짬의 산물이라고 진지하게 여기지 않는 것인지도 모른다.

분노 살인이 일어난 무대들에서 사람들은 마침내, 왕따(참으로 파괴적인 영향을 미침에도 그 영향이 과소평가되는 학내 용어)가 잘못된 것이라고 인정하고 있지만 그럼에도 여전히 더 넓은, 문화적 수준에서의 왕따는 외면하고 있다. 우리는 앨 던랩의 왕따[약자 괴롭히기]를 못 본 체한다. 아내를 학대하고 수만 명의 노동자를 해고하고 자신은 수천만 달러를 챙겨 유유히 떠난 앨 던랩이 처벌을 받기는커녕, 꼭 학교에서 왕따 가해자들이 인기를 얻듯이, "냉철한 경영"으로 흠모를 받게 된 것처럼 말이다. 마찬가지로 우리는 부자들을 더 살찌우려고 취약한 계층을 희생시키는 레이거노믹스의 왕따, 즉 중단은커녕 심해지고만 있는 그 정책도 못 본 체한다. 또한 "무제한으로 짜낼 수 있는 주스"를 짜내려고 두려움과 스트레스를 주입하는, 그럼에도 "결코 그만두지 못하는" 노동자들을 만들어 내는 인기 있는 신경영 방식의 왕따에도 그렇다. 물론 부시 대통령의 야만적인 대외 정책에서 보여 주는 왕따는 말할 것도 없다. 세계 대부분의 나라가 우리 생애에서 전례 없는 수준으로 미국을 증오하게 만들었지만 정작 부시는, 왕따를 당한 이들이 반격을 개시하기 전까지는, 자국에서 훨씬 더 인기를 누리게 만든 바로 그 정책 말이다.

그렇긴 하지만 앤디 윌리엄스는 우리 문화에서 유의미한 변동을, 작은 문화적 혁명을 촉발해 냈다. 만약 2005년에[이 책이 출간된 바로 지금] 누군가 텔레비전에 나와 왕따가 "별일 아니라고" 주장한다면 사람들이 눈을 홉뜨고 째려보는 괴상한 사람이 될 것이다.

이 책의 핵심은 바로 "정상"으로 간주되는 것과 관련한 이런 종류의 변형이다. 몇 년 사이 왕따 개념은 "문화적 규범에 맞는" 현실의 일부에서, 관용할 수 없는 치명적인 것으로 바뀌었다.

앤디 윌리엄스의 봉기는 성공일까 실패일까? 그의 총격은 담론, 그리고 법률을 변화시키는 데 일조했다. 많은 사람들이 그에게 공감했고 전국에서 봉기가 촉발됐다. 그런 의미에서는 성공이었다. 그런데 왕따가 정말로 근본 문제일까? 노예제 당시에도 노예들에 대한 잔인한 취급을 완화하려는 법들이 제정되었다 — 하지만 노예제는 여전히 세련된 형태로 계속됐다.

앤디 윌리엄스 개인에게 그 반란은 잔인한 실패였다. 체포되고 몇 달 후 앤디는 사춘기가 왔다. 1년 만에 앤디는 "거식증 환자 앤디"에서 [미식축구의] 수비 라인맨만큼이나 다부진 체격이 됐다. 만약 그가 산타나 고등학교에서 1년을 더 버텼다면 그런 체격 덕분에 학교생활도 달라졌을 것이다. 하지만 육 척 장신도 열여섯이란 나이도 도움이 되지 않는 유일한 장소는 그가 갇혀 있는 곳이었다. 앤디가 〈ABC 프라임타임 서즈데이〉*ABC Primetime Thursday*에서 인터뷰어에게 이야기했듯이 감옥은 "한 곳에 왕따 가해자 5천 명이 모여 있는" 곳이다.[114]

"전 정말 전과도 없어요. 잔인하고 냉혹한 그런 사람이 아니에요.

감옥에서 견뎌 내지 못할 것 같아요. 여긴 견디기 힘든 장소예요."

50년형을 받은 그는 65세가 되면 가석방 자격을 얻게 될 것이다.

프로파일링은 불가능하다

오늘날 아이들이 과거보다 비참하다는 것은 명백하다. 『아이들을 죽이는 아이들』에 따르면 아이들 넷 중 하나가 일종의 심리적 장애가 있고 다섯 중 하나는 보통의 혹은 심각한 장애가 있다.[115] 20년 전만 해도 이런 장애들은 그저 정상적인 성장통으로 간주됐다. 하지만 오늘날에는 지극히 사소한 일탈 행동을 보여도 온갖 약과 치료가 처방된다 — 이런 압력을 가하는 이들은 부모, 당국자, 그리고 정치인들을 매수한 강탈적 제약회사들이다. 미국 아이들에게는 합법적 마약들 — 특히 처방 각성제인 리탈린과 애더럴, 그리고 프로작, 졸로프트 혹은 여타의 항우울제 — 이 잔뜩 투여된다. 동시에 학교 당국은 끊임없이 아이들에게 "마약은 금물"이라고 가르친다. 오늘날 학교생활의 광기가 엿보이는 대목이다.

『뉴욕타임스』가 보도한 연구에 따르면, 1987년과 1996년 사이에 각종 정신 질환 약물을 복용하는 아동 및 청소년이 두 배 이상 늘어났다.[116] 오늘날 고등학생의 20퍼센트가 항우울제 및 기타 정신 질환 약물을 복용한다.[117] 텍사스 대학교 의사들이 수행한 연구에 따르면 학령기 아동 중 리탈린 복용자 수는 1980년에 약 40만 명에서 1990년 90만 명으로 뛰었다 — 그리고 2000년까지 6세~18세 사이 리탈린 복용자 수는 5백만 명으로 폭등했다.[118] 또 다른 연구는 3백만 명의 아이들이 다른 강력한 정신 질환 약물을 복용하는 것으로 추산했다 — 종합하면 약 8백만 명, 학령기 학생 중 15퍼센트에 이른다.

어떤 이들은 이런 숫자가 단순히 아이들을 전보다 더 면밀히 진단해 더 열심히 약을 먹이고 있음을 보여 주는 것뿐이라고 주장할지도 모른다 — 즉 아이들이 칭얼대고 있고 어른들은 아이들을 히스테리적일 정도로 맹목적으로 애지중지하고 있다는 것을 제외하면 정말로 변한 것은 하나도 없다는 것이다. 그러나 1999년에 정부가 수행한 연구에 따르면 청소년 다섯에 하나 꼴로 자살을 심각하게 고심했고, 열에 하나는 실제로 자살을 기도했다. 1950년 이래로 청소년 자살율이 4백 퍼센트 증가했다![119]

어떤 이들은 오늘날 아이들이 너무 응석받이로 자라 칭얼댄다고 말하고 싶어 하지만 그렇게 주장하긴 어렵다. 그들은 스스로 목숨을 끊고 학교에 맞서 무장 반란을 일으킬 정도로 명백히 비참한 상태에 빠져 있다. 그리고 특정 유형의 아이만 이런 행동을 하는 것이 아니다. 전문가들은 학내 분노 살인을 실행할 것 같은 아이의 프로필을 만들지 못했다. 잠재적으로 어떤 아이라도 그럴 수 있는 것이다.

정보 당국은 학내 분노 살인을 이해하고 그 프로필을 만들기 위한 가장 철저하고 권위 있는 조사를 수행했다. 2002년, 정보 당국 국가위협평가본부는 "안전한 학교 계획" 보고서에서 공격자가 남성일 가능성이 높다는 것을 제외하면 학교 총격자의 프로파일링은 불가능하다고 결론지었다.[120] 학교에서 총질하는 아이가 예외적인 유형이 아니라 외려 평범한 — "눈에 띄지 않는 중간"에 속하는 — 유형임을 시사하는 결론이다. 자살 충동을 느낄 정도로 비참한 상태가 얼마나 흔한지를 보여 주는 자료를 고려하면, 이는 별로 놀랍지도 않은 일이다.

다른 곳에서도 프로파일링 시도가 있었다. 2000년 FBI는 한 연구를 발표하면서 타당하게도, 프로필을 제공하려는 것이 아니라 잠재적인 학교 분노 살인자들이 나타낼 수 있는 위험신호를 제공하기 위한 것이라고 밝혔다.[121] 그렇지만 이런 위험신호들에 따르면 학령기 남학생의 거반이 용의자다.

- 우울증 징후
- 병적으로 관심을 받고 싶어 하는 욕구
- 인종적 무관용
- 선정적인 폭력에 대한 비상한 흥미와 폭력이 난무하는 오락물에 매료됨

세 번째 위험신호인 인종적 무관용은 나를 비롯해 다른 여러 사람들이 연구해 온 광란의 학교 총격 사건들에서 거의 나타나지 않았다. 분노 살인이 발생하고 며칠 동안에는 흔히 인종주의나 나치즘이 그 동기라고 주장되곤 한다 — 특히 흑인 풋볼 팀 스타를 조롱하고는 총으로 쏴 죽였다고 하는 콜럼바인 살인자들 사례에서처럼 말이다. 하지만 다른 이들의 지적에 따르면 콜럼바인 살인자들은 희생자들에게 총격을 가하기 전에 그들 대부분을 조롱했는데, 이를테면 '부잣집 독실한 조크'라고 조롱하기도 했고, 아프리카계 흑인을 "깜둥이"라고도 했다. 에릭 해리스는 일기에 이렇게 쓴다. "내가 뭘 증오하는지 알아? 인종주의야. 다르다는 이유로 아시아인, 멕시

코인, 그 밖의 다른 인종들을 증오하는 사람들 말이야."[122] 사람들은 성인 세계에서 늘 그렇듯, 학교 총격자 및 모의자들을 예외적으로 "악한" 유형으로 묶으려고 인종주의적 동기를 찾으려는 것 같다.

볼티모어 경찰서 수석 심리학자 제임스 P. 맥기는 학교 총격자 심리 분석에 관한 연구서를 썼다. 맥기가 제시하는 학생 분노 살인자의 프로필은 이렇다.[123]

① 11~18세 사이, 평균 지능에 집안 배경은 중산층인 백인 남자
② 결손가정 출신
③ 조현병이나 조울증 같은 심각한 정신장애의 징후들을 보이지 않음
④ 신장이 작고 급우에게 지목되어 괴롭힘을 당함
⑤ 심각한 품행 장애conduct problem, conduct disorder ◆ 이력 없음
⑥ 주변에 접근 가능한 화기가 있고, 군복 착용을 애호함
⑦ 총격 사건을 일으키기 전 폭력을 행사하겠다고 위협함

이에 근거해 맥기는 샌티 학살 뒤 언론에, 앤디 윌리엄스가 "학생 분노 살인자 프로필과 더 유사한 결과를 보였다"고 자랑스레 말했다. 그는 이 변수들을 모자이크MOSAIC, 즉 CIA, FBI, 그리고 기타 경찰 기관들이 위험을 평가할 때 사용하는 컴퓨터 프로그램에 입력하고는 이렇게 말했다. "자, 이 소년도 패턴에 딱 들어맞습니다."

◆ 반사회적·공격적·도전적 행위를 반복적으로 행해 사회, 학업, 작업 기능에 중대한 지장을 초래하는 장애.

이런 모델의 유일한 문제는, 11~18세까지의 소년 중 유의미한 소수를 추려 내기에는 그 그물이 너무 넓다는 것이다. 그러니까 수백만 명의 용의자를 이야기하고 있는 셈이다. 모든 사춘기 남학생을 용의자로 취급해 11~18세까지의 모든 백인 남학생을 철책을 친 교육 캠프에 가두어 둘 의도가 아니라면 그런 모델이 무슨 소용이 있을까?

첫 번째 기준은 11~18세 사이, 평균 지능에 집안 배경이 중산층인 백인 소년의 관련성을 시사한다. 하지만 앤디 윌리엄스는 시골 중하층 출신이었다. 사실 초기 총격 사건 다수는 백인 중하층이 사는 시골에서 일어났다. 즉 워싱턴 주 모세 레이크, 알래스카 주 베델, 아칸소 주 존즈버러, 미시시피 주 펄. 그러니까 패리스 힐튼이 방문하면 크게 즐거워하는 그런 곳 말이다. 일부 사건들은 콜럼바인 같은 중상층 학교에서 일어난다. 소녀들이 연루된 사건들도 있다. 이를테면 윌리엄스포트의 엘리자베스 부시, 2003년 10월 매사추세츠 주 홉킨턴 한 화장실에서 벽에 낙서로 살생부를 쓰다 붙잡힌 한 신입생 소녀, 2001년 12월 매사추세츠 주 뉴베드포드에서 대규모 콜럼바인 스타일 모의에 연루된 소녀. "평균 지능"에 대해 말하자면 앤디 윌리엄스는 캘리포니아로 이사하기 전까지 우등생이었다.[124] 딜런 클리볼드와 에릭 해리스는 눈에 띄게 똑똑했고 또래에 비해 폭넓은 독서를 했다. 비디오 다이어리에서 에릭 해리스는 부모에게 미리 사과하면서 셰익스피어의 『폭풍우』*Tempest*를 인용하기도 했다. "선한 자궁이 나쁜 자식을 낳는다."[125] 1999년 12월 오클라호마 주 포트깁슨의 한 중학교에서 동급생 다섯을 총으로 쏴 부상을 입힌 열세 살 소년은 전 과목 A를 받는 비교적 인기 있는

학생이었다 — 또 육체노동자 동네 출신이기도 했다.[126]

다음으로 결손가정 이론을 보자. 많은 사람들이 콜럼바인 살인자들이 결손가정이라고 추정한다 — 어쨌든 미국 대부분의 가정이 결손가정이고 결혼하면 60퍼센트가 결국에는 이혼한다. 하지만 에릭 해리스와 딜런 클리볼드는 아버지, 어머니 모두 있었고, 앞서 보았듯 둘 다 부모를 사랑했고, 부모가 받게 될 고통에 대해 미리 사과하기도 했다. 켄터키 주 퍼두커에서 총격 사건을 벌여 1997년 총격 사건들이 개시되는 데 일조한 마이클 카닐도 부모가 둘 다 있었고, 인기 있는 누나도 있었다. 카닐의 총격 이후 학교 화재경보기를 누르고 들판 가장자리에 매복해 학생 및 교사들을 겨냥해 총을 쏜 아칸소 주 존즈버러의 두 소년 중 한 명은 부모가 둘 다 있었고, 한 명은 어머니와 의붓아버지와 살고 있었다. 정보 당국들의 연구 조사에 따르면 학교에서 분노 살인을 일으킨 아이 중 3분의 2에게는 부모가 둘 다 있었다.[127] 결손가정 출신 앤디 윌리엄스도 총격 사건을 일으키기 전 아버지에게 사과하는 쪽지를 남겼다. "미안해요 아빠, 사랑해요."[128] (아들이 감옥에 갇히자 아버지와 어머니 둘 다 저마다 아들을 돕기 위한 누리집을 만들었다.)

3번, 곧 살인자들에게 심각한 정신장애가 없다는 것을 두고 진지하게 논쟁을 벌이는 것은 쉽지 않다. 어떻게 정신 질환이 없는 사람들을 프로파일링하고 그들을 주의 깊게 모니터할 수 있는가? 이런 살인자들이 정신 질환이 없다는 사실 그 자체가 사람들을 심란하게 하는 통계다. 이는 학교에서 총질하는 아이들이 정신이상이 아니라는 것을 시사한다 — 그들의 행동이 온전한 정신 및 사고 과정에서 나오는 것임을 뜻한다. 하지만 여기에도 결함이 있다. 퍼두커의 마이클 카닐과 포트깁슨의 세스 트릭니 같은 일부 총격자들은 조현병의 징후를 보였다.

신장이 작다는 것은 때로는 참이고 때로는 거짓이다. 딜런 클리볼드는 반에서 키가 큰 편에 속했다. 존즈버러의 두 총격자 중 하나는 농구 팀에서 뛰었다. 그래닛힐스 고등학교의 제이슨 호프먼은 키가 183센티미터를 넘었고 몸무게도 90킬로그램이 넘었다. 미시시피 주 펄의 루크 우드햄은 과체중이었다. 이 기준에는 예외가 너무 많다. 이런 연령대의 아이들이 상이하게 사춘기가 진행된다는 것을 고려하면, "작은 신장"을 위험신호 혹은 프로필이라고 제시하는 것은 "어린 나이"를 위험신호로 분류하는 것만큼이나 무용하다.

다음은 심각한 품행 장애 이력 없음. 마찬가지로 때로는 참이고 때로는 거짓이다. 클리볼드와 해리스는 학살을 일으키기 1년 전 밴을 털다가 경찰에 잡힌 적이 있다. 에릭 해리스 또한 전해지는 바에 따르면 자신의 누리집에 살인 위협뿐만 아니라 파이프 폭탄 제조와 관련한 글을 올린 혐의로 조사를 받기도 했다. 존즈버러 두 총격자 중 하나인 미첼 존슨은 분노 공격을 일으키기에 앞서 전년도에 가정법원소년부에서 두 돌 된 아기를 성추행한 혐의로 기소된 일이 있었다. 킵 킨켈은 학살 전날에 재학 중인 오리건 고등학교에서 체포되었고 정학 처분을 받았다.

여섯 번째 화기 접근 가능성. 프로필은 정말로 좁혀진다. 하지만 여기는 일본이 아니라 미국이 아닌가! 차라리 "스타벅스 접근 가능성"을 넣는 게 어떤가. 미국 가정에는 총이 약 2억 정 있고, 이는 30년 전보다 두 배다. 한 설문 조사에 따르면 시골 또는 교외에 거주하는 십대 중 63퍼센트가 총을 소유하고 있거나 총에 쉽게 접근

할 수 있는 가정에 산다.[129] 이 나라에서 총기 소유는 의무다. 청소년 시절 우리 집에도 총이 17정 있었다. 사람들이 흔히 말하듯 그것은 우리 문화 규범에 맞는 행위다.

마지막으로 총격 사건을 일으키기 전 폭력 행사 위협. 이는 꽤 흔한 것으로 보인다 — 하지만 실제 위협과 가짜 위협을 분별하기란 쉽지 않다. 대량 살인 모의들은 폭로되면 언론의 시끄러운 잡음을 일으키다가 추가 조사에서 실체가 없는 것으로 드러난다. 하지만 그 결과로 어린 학생들의 삶은 파괴되고, 무안해진 어른들은 자신들의 실수를 숨기려 한다. 달리 말해, 한때 전형적인 십대의 허풍이라 여겼던 것이 히스테리로 인해 진짜 위협이 되고 마는 것이다 — 또한 그로 인해 아이들의 삶이 파멸되고 있는 것이다. 오늘날 이 편집증과 거의 모든 학생들이 포함되는 프로필을 고려해 보면 모든 폭력 위협들은, 그 맥락이 무엇이든 간에, 의도를 가지고 한 발언이고 그래서 처벌해야 하는 것으로 간주된다. 그렇지만 총격 사건 및 모의들은 여전히 계속되고 있다. 무관용 정책도 그것을 막지 못하고 있다 — 그 정책은 두려움과 의심의 문화를 조장하고 결국 또 다른 총격 사건의 가능성을 늘릴 뿐이다.

정보 당국이 발견한 한 가지 공통분모는 학교 총격자들 다수가 왕따로 트라우마를 입었다는 것이다. 즉 어떤 아이가 왕따를 당할 정도로 불운하다면 총격 사건 용의자가 된다는 뜻이다. 하지만 자명한 이유에서, 왕따를 당하는 아이들을 감시나 예방적 구금의 표적으로 삼는 것은 해결책도 아니고 또한 잔인하기도 하다.

사실 법 집행관을 포함해 어른들은 아이들에게 속수무책이다. 조금이라도 똑똑한 아이라면, 어른들이 듣고 싶어 하는 이야기를 꾸며대 들려주는 게 얼마나 쉬운지 잘 알기 때문이다. 이는 콜럼바인 총격 바로 몇 달 전 에릭 해리스가 밴을 털다가 체포된 뒤에 법원 감독관에게 칭찬을 받게 된 이유를 설명해 준다. "에릭은 인생에서 성공할 것 같은 참 영리한 청년이다." 법원 감독관은 이렇게 썼다. "그는 참 총명해서 동기를 잃지 않고 과업에 집중하기만 한다면 고귀한 목표를 성취할 수 있을 것이다." 딜런 클리볼드에 대한 법원 감독관의 평가가 보여 주는 상투적 문구의 반복과 장밋빛 낙관주의는 거의 코믹할 정도다. "그는 어떤 꿈도 실현할 수 있을 정도로 참 총명한데, 그러기 위해서는 고된 노력도 기울여야 한다는 것을 이해할 필요가 있다."[130]

밀고를 권하다

2001년 1월 28일, 디 앤자 커뮤니티 칼리지 재학생 앨 드구즈만(19세)은 필름 몇 통을 현상해 달라고 롱스 드럭스[미국 슈퍼마켓 체인]에 맡겼다.[131] 캘리포니아 주 쿠퍼티노에 있는 디 앤자 커뮤니티 칼리지는 내 고등학교 친구들이 많이 간 곳이다. 드구즈만이 맡긴 필름들에는 열아홉 살이 찍을 법한 소란한 비어 봉·beer bong ◆ 파티에서 야단법석을 떨고 있는 여자들 사진은 없었다. 그 대신 "자연선택"이라고 쓰인 티셔츠를 입고 각종 사제 폭탄들을 여봐란듯이 과시하는 본인의 스냅사진들이 있었다. 그날 밤 새너제이 주립대학 신입

◆ 맥주를 한 번에 많이 마실 수 있도록 빨대보다 큰 관에 깔때기를 연결한 것.

생 켈리 베넷(18세)이 필름 현상 부서에서 일하다가 그 사진들을 보고는 경찰인 아버지에게 전화했다.

"학교에서 적자생존에 대해 배워서 알아요. 가장 강한 것만이 살아남는다는 거요." 베넷은 말했다. "이 남자가 그걸 광고하고 다니는 걸 보고 좀 모자라다는 걸 알았죠. …… 괴상한 녀석이란 걸 백 퍼센트 확신했어요."

경찰은 매장에서 잠복하며 드구즈만이 나타나기를 기다렸다 — 그는 필름을 맡기고 거의 딱 24시간 만에 나타났다.

그가 사진을 받으려고 영수증을 건넬 때 켈리는 겁에 질리긴 했지만 깜짝 놀라기도 했다. 예상보다 훨씬 작고 무서워 보이지도 않았기 때문이다. 그가 맞는지조차 믿기 힘들 정도였다. 하지만 영수증을 가지고 있었다. 의심의 여지가 없었다. 그녀가 신호를 보내자 잠복 중인 경찰들이 매장으로 들어와 서로 다른 통로로 걸어왔다. 이를 눈치챈 드구즈만은 뒤돌아 가능한 눈에 띄지 않게 밖으로 나가려 했다 — 하지만 멀리 가지 못했다. 경찰은 그를 붙잡아 심문했다. 또 그의 침실을 수색한 경찰은 — 그는 새너제이의 중산층 구역에서 필리핀 부모와 살고 있었다 — 분노 살인자의 충실한 동반자 더플백을 발견했다. 안에는 테이프로 함께 묶어 놓은 프로판가스 열여덟 개가 있었다. 또 배낭에는 화염병 약 25개가, 비닐봉지에는 바깥쪽에 못과 나사들을 테이프로 붙여 놓은 사제 파이프 폭탄 몇 개가 있었다. 또한 총들도 발견됐는데 그 양이 엄청 났다. 반자동 SKC, 총신을 짧게 자른 12구경 펌프 연사식 산탄총, 총신을 짧게 자른 22구경 반자동 소총 루거 10/22, MDL98 8밀리 소총 각각 한 정. 드구즈만의 책상 위 검정색 바인더에는 디 앤자 대학을 공격할 상세한 계획들이 담겨 있었다. 그림, 지도, 분 단위 계획, 타임라인을 비롯해 모든 것이 학살을 위한 것이었다. 이것은 컴퓨터광 같은 괴짜 하나가 허풍을 떠는 게 아니었다 ― 이것은 진짜였다.

감옥에 간힌 드구즈만은 2004년 여름, 폴섬 주립 교도소에서 결국 목을 맸고, 케시 베넷은 전국에서 가장 인기 있는 밀고자가 됐다. 비행기를 타고 동부 연안으로 가 〈투데이〉와 〈굿모닝 아메리카〉에 출연한 그녀는 수백 명의 목숨을 구한 영웅 밀고자로 묘사됐다. 함의는 분명했다 ― 당신이 외로운 미국인이라면 당신보다 더 절망적인 누군가를 밀고해야 하고 그러면 미국인들의 눈에 넣어도 안 아플 존재가 될지도 모른다는 것이다. 밀고가 롱스 드럭스가 주는 최저 임금의 덫에서 빠져나올 복권이라는 것이다.

한편 드구즈만은 웃음거리가 되었다. 〈ABC 뉴스〉는 "예비 살인자, 허영심에 붙잡히다"라고 선언했고 CNN은 드구즈만이 우리와는 다른 존재임을 밝혀 시청자들에게 충격을 주었다. "사진 담당 점원은 캘리포니아 폭탄 테러 용의자가 '괴상한 녀석'이었다고 말합니다." "괴상한 녀석"weird이라는 말은 현대 미국 영어에서 특히 거친 의미가 있다 ― 상대방을 파괴하고 내쫓는 욕설 등급으로 따지자면 학교에서는 "게이" 바로 한 단계 아래 있고, 사무실에서는 사형선고와 같다.

우리의 두려움, 그리고 산타나 고등학교에서 많은 아이들이 총격 계획을 알고 있었음에도 그것을 막지 못했다는 점을 고려하면 현재 아이들에게 밀고를 고무하는 언론 공세는 이해할 수 있다. 그럼에도 아이들에게 정보원이 되라고 설득한다는 건 심란한 일이다. 드구즈만 이후 밀고를 지지하는 프로파간다가 최근까지 폭발적으로 급증했고 학생들은 밀고 문화를 고무하는 데 동원되었다. 오리건 주에서는 "아이들을 지키는 아이들"By Kids 4 Kids이라 불리는 학생 집단이, 밀고를 하면 목숨을 구할 수 있다고 주장하는 비디오를 제작하기도 했다.

그 비디오에 담긴 말은 소비에트의 밀고 권장 프로파간다나 슬로건과 섬뜩할 정도로 비슷했다. 모든 사람들에게 다른 모든 사람들을 신고하라고 권장하는 것이다 — 즉 부모를 밀고하는 아이들은 국민적 영웅이 되었다. 스탈린의 내무인민위원회NKVD[KGB의 전신]에 아버지를 밀고함으로써 결국 체포돼 "실종" 상태가 되게 한 전설적인 소비에트 소년 파블릭 모로조프가 마침내 새로운 집, 곧 미합중국에서 환영받게 된 셈이다.

ABC 뉴스/ 밀고는 좋은 것이다
침묵의 규약을 깨다
폭력 예방을 위해 기꺼이 밀고를 고려 중인 학생들

2001년 4월 19일 버지니아 주 애년데일 — 전국 각지의 학교들에서 폭력 위협이 증가한 결과, 특히 1999년 콜럼바인 고등학교의 비극 이래로, 학생들이 전보다 기꺼이 침묵의 규약을 깨고 또래들을 일러바치려 하고 있다.
친구를 밀고한다는 건 있을 수 없는 일이라는 십대의 사고방식을 깬다는 건 쉽지 않았다./미쉘 노리스 기자

그렇다, 밀고에 반대하는 사고방식을 버리기란 쉽지 않지만 그

들은 그러기 위해 무척 애쓰고 있다.

어떤 이들은 미국인들은 소련인들과는 판이해서 소비에트의 길을 따라가지 않을 거라고 주장할 것이다. 우리는 자유를 사랑하고 사생활을 존중하는 사람들이다. 사생활 침해의 한계선들도 잘 안다. 어디서 그만두어야 할지 알 만큼 지각 있는 사람들이 아닌가?

『디모인 레지스터』 2001년 4월 9일자 기사는 미국이 얼마나 깊이 소비에트의 길로 들어서려는지뿐만 아니라 소비에트처럼 될 때 우리가 얼마나 미칠 수 있는지를 보여 준다.

시더 래피즈 경찰서는 아이오와 주에서 불법행위에 대한 정보를 제보받는 학생 핫라인을 처음으로 설치했다고 전해 왔다. 학교에서 급우가 주류, 마약 혹은 무기를 가지고 있다고 생각되는 경우 경찰에 전화해 무언가가 발견되면 50달러를 받게 된다.

도대체 누가 이런 어처구니없는 방안을 내놓았는지 궁금하다. 아이들이 정말로 어떤 존재인지를 아는 사람이라면 이런 포상금 지급 방안에 얼마나 위험한 문제가 있는지를 잘 알 것이다. 이런 솔깃한 제안에 넘어가지 않을 십대가 과연 있을까? 기본적으로 이런 말과 다를 바 없다. "괴상한 녀석을 밀고해, 그러면 50달러를 버는 거야!" 이런 것을 '공돈'이라 한다.

시더 래피즈가 아이오와 주에서 학생 핫라인을 설치한 첫 번째 지역일지도 모른다 — 하지만 이 나라에서는 첫 번째가 아니었다. 별 생각 없이 반사적으로 정보원에 의존하는 모든 사례 가운데 가장 으스스한 것은 주지사 짐 헌트의 지지로 2000년에 노스캐롤라이나 주에서 시작된 웨이브 아메리카 정책WAVE America program[132]이다. 웨이브는 "도처의 폭력에 반대한다"Working Against Violence Everywhere라는 뜻이다. 이것은 핑커튼 서비스 그룹 — 19세기 말과 20세기 초 사이에 노조를 폭력적으로 파괴하고 파업을 중단시킨 것으로 악명 높았던 바로 그 회사 — 이 고안했다. 핑커튼은 노조를 파괴할 때 직접적인 폭력뿐만 아니라 스파이를 잠입시키고 밀고를 고무하는 방법까지 사용해 블랙리스트를 만들거나 노동운동 내부에 서로를 의심하는 문화를 조장하기도 했다. 악명 높은 사례로는 1892년 홈스테드 파업●에서 파업을 벌이던 철강 노동자들을 살육했던 사건이다. 일각에서는 핑커튼이 CIA의 전신이라는 주장도 한다.

웨이브 아메리카는 익명의 제보 전화에 의존한다. 학생들은 브로셔와 책자를 통해 웨이브에 대해 배우는데, 그에 따르면 "위험한 행위"를 목격하거나 폭력을 저지를 수 있다고 의심되는 학생들을 보면 익명으로 전화를 걸어 그 모든 것을 보고해야 한다. 다음으로 핑커튼 운영자들은 제보자와 통화하면서 조치를 취할 사안인지 판단한 뒤 그 고발 신고를 해당 학교로 이관한다. 학생과 교사가 보고하도록 권장되는 "위험신호"에는 "은둔형 외톨이", "과도한 거부

● 펜실베이니아 주 카네기 철강 공장에서 벌어진 파업으로 미국 노동사에서 가장 격렬했던 쟁의 중 하나로 꼽힌다. 1892년, 앤드루 카네기는 펜실베이니아에 위치한 자신의 홈스테드 제철소의 노조를 파괴하고자 사업 파트너 헨리 클레이 프릭에게 전권을 맡겼다. 프릭은 공장 주변에 철조망과 감시탑을 설치하고 핑커튼 경비대원 3백여 명을 투입했다. 여기에 투입된 핑커튼 경비대원들은 과거에도 여러 파업 현장에 투입되어 참가자들을 살해한 경력이 있는 노조 파괴 전문 용역이었다. 결국 핑커튼과 노조원들의 싸움에서 세 명이 사망했고, 주지사가 질서 회복을 위해 6천 명의 군대를 파견했다.

감", "지목되어 괴롭힘과 박해를 당한다는 느낌" "글이나 그림에서 폭력을 표현할 경우" 등이 있고 심지어는 "폭력의 피해자"도 포함된다. 달리 말해 당신이 한 아이를 왕따시킨 뒤 그 애가 더는 보고 싶지 않다면 밀고해 살인 용의자로 만들 수 있는 셈이다.

학교폭력예방본부 본부장 대리 조앤 맥대니얼에 따르면 첫 해에 접수된 제보 전화는 4백 건이 넘었다. "총이나 계획이 드러난 것은 없었지만 왕따, 언어폭력, 싸움에 대해 걱정하고 있습니다."

무서운 것은 핑커튼이 학생 용의자들에 관해 수집한 파일들이 어떻게 처리되는지 아무도 모른다는 것이다. 맥대니얼은 90일 뒤에 그 파일들을 파기한다고 주장했지만 핑커튼 대변인은 이를 확인해 주지 않았다.

이런 경향은 걱정스러운 일이다 — 하지만 깜짝 놀랄 만한 일은 아니다. 사무실 세계는 이미 밀고 프로그램들을 시행해 오고 있고 핑커튼은 그 분야의 선두 주자 중 하나다. 불만을 품고 있을지도 모르는 직원들을 감시하려고 핑커튼은 직원들이 서로를 밀고하도록 권장하는 수신자 부담 얼러트라인을 고안했다. 수신자 부담 얼러트라인 누리집에 따르면 얼러트라인은 회사 1천 곳 — "『포춘』 선정 500대 기업을 포함해" — 및 직원 7백만 명 이상에게 서비스를 제공한다. 잠재적 문제 직원에 관한 정보는 핑커튼 운영자들이 심사해 관리 부서로 넘기면 데이터베이스에 저장되고, 절도 및 기타 규정 위반 혐의를 받은 직원들의 파일도 보관된다. 그 범죄에 대한 기소 유무, 유죄 선고 유무와 상관없이 말이다.

웨이브 아메리카 누리집은 자랑스레 이렇게 말한다. "핑커튼 감시 서비스는 자사의 얼러트라인® 커뮤니케이션 서비스를 통해서 기업을 위한 유사 사전 예방 프로그램들을 공급해 온 지 20년이 넘었습니다."

직장과 학교는 동종의 범죄를 낳고 있을 뿐만 아니라 서로 의심하도록 권하고 한 노동자가 다른 노동자에게, 한 학생이 다른 학생에게 등을 돌리게 하는 동일한 권위주의적 대응을 하고 있다. 비디오카메라 감시, 금속 탐지기, 학내 경찰, 밀고는 미국 중산층 학교들에서 표준이다. 사실 산타나 고등학교 일부 학생들에 따르면, 앤디 윌리엄스가 쏜 총에 맞은 사람 중 하나는 학내 마약 수사관이었다.

아이들은 보통 학대를 당하는 아이들 — 아이들이 경시하는 것만큼이나 어른들도 본능적으로 불신하는 아이들 — 을 일러바친다. 밀고 권장과 관련해, 인기 있는 왕따 가해자들이 딜런 클리볼드와 에릭 해리스가 마약을 소지하고 있다고 거짓으로 일러바친 사건은 — 이 둘은 수업 시간에 모두가 보는 앞에서 잡혀 나갔고 철저한 수색을 당했으며 잘못된 고발임이 밝혀진 뒤에야 풀려났다 — 아이들이 기회가 주어지면 어떻게 밀고를 이용(오용)하는지를, 또 어른들이 얼마나 쉽게 조종될 수 있는지를 보여 주는 좋은 예다. 클리볼드와 해리스가 아이들의 장난으로 밀고를 당하고 굴욕적인 수색을 당한 것은 그때만이 아니었다. 콜럼바인 고교에서 그 둘을 밀고해 곤란에 처한 사람은 없었다 — 물론 총격 희생자들이 "처벌"당했다고 간주하지 않는다면 말이다. 요는 밀고를 해도 사회적 파장이 없어 별 문제 없이 밀고를 할 수 있는 학생 유형과 그렇게 할 수도 없고 그렇게 하려 하지도 않는 유형이 늘 있다는 것이다.

밀고 권장은 이미 유독한 문화를 더 유독하게 만들 뿐이다. 그것은 왕따, 냉소, 분노를 조장한다. 내 생각에 밀고 문화는, 사회가 파

412

괴되면 될수록 더 강화되고 대담해질 것이다. 옹졸한 악의가 현재 미국인의 삶의 대전제다. 이런 비열함은 너무도 흔해져서 우리 여가 시간마저 지배하고 있다. 즉 미국인들은 빌 오라일리와 도널드 트럼프 같은 억만장자 놈들을 숭배하고 있다. 그야말로 마조히즘적 중독이다 — 그도 그럴 것이 중산층은 지난 30년 동안 엿 같은 대우를 받아 왔기에 그런 비열함에 익숙해졌을 뿐만 아니라 외려 미친 듯 열광하고 있다. 미국은 현재 좀비 국가 Zed Nation — 우리의 주인들이 우리를 사랑하기에 주는 그 고통에 중독되었고 그에 대한 보답으로 더 많은 수입뿐만 아니라 존경, 여가 시간, 그리고 우리의 영혼까지 바치는 — 이다.

성 에릭과 성 딜런

"디 앤자 폭파범"으로 불린 앨 드구즈만은, 잠재적인 학내 살인자는 누구나 될 수 있고 그런 정서가 얼마나 널리 퍼져 있으며 그 프로파일링이 실패하는 이유를 보여 주는 완벽한 예다.[133]

드구즈만은 인디펜던스 고등학교 시절 훌륭한 학생이었는데 자신이 선택한 대학들에는 떨어졌다. 그를 아는 사람이라면 누구나 그를 친절하고 예술적 감각이 있으며 총명한, 그런 범죄는 결코 저지를 수 없는 사람으로 묘사했다. 초등학생일 때는 영재 학교에 갈 기회가 있었는데 거절한 일도 있었다.

"그는 합창단원이었어요. 정직하고 성실한 그런 학생이었죠."

그 모의가 발각된 직후 인디펜던스 고등학교 학생 바비 플라야

(18세)가『아시아 위크』에 한 말이다.

앨은 우울증이 있었다. [자신이 원하는] 대학들에 불합격되어 우울증이 심해졌다고 그는 말했다. 디 앤자에 가면서 우울증은 악화되기만 했다. 디 앤자는 학생 상당수가 실리콘밸리 교외 지역 출신으로 평범한 얼간이들이었다 — 전문대학에 다닌다고 겸손해질 그런 유형들이 아니었다. 새너제이 트랙트 하우스 지역 출신의 작은 필리핀 아이가 웨스트밸리*의 돈 많은 쓰레기들 가운데서 얼마나 무시당했는지를 설명하기란 쉽지 않다. 개인 누리집에 드구즈만은 디 앤자 학생들에 대해 이렇게 썼다. "고등학교 때도 패거리 중심이었는데 여기도 똑같다. …… 어쩌면 더 심한지도 모르겠다."『샌프란시스코 크로니클』에 따르면 그는 이 캠퍼스의 학생들을 위선적이고 돈 많은 자유주의자와 "백인들을 증오하고 생활 보조비를 받으며 화가 나 있는" 가난한 동네 사람들로 나누어 불경스러운 표현을 잔뜩 써가며 묘사하기 시작했다.

드구즈만은 전국 단위의 상을 몇 차례 받은 인디펜던스 고등학교 앨범yearbook** 편집자 중 한 명이었다. 그와 함께 일했던 사람들은 누구나 그에 대해 좋은 말을 했다. 더욱이 그에게는 일단의 힘센 친구들이 있었고 여자 친구들도 있었다. 그는, 썰렁하고 예스러운 방식이긴 했지만, 부모와도 잘 지냈다. 아이나 어른이나 대부분이 서로 어떻게 관계를 맺는지를 드구즈만은 한 줄로 이렇게 요약했

---

* 캘리포니아 주 산타클라라 카운티를 이르는 말로 이곳 쿠퍼티노에 디 앤자 커뮤니티 칼리지가 있다.

** 미국에서는 매년 학교 앨범을 만든다.

다. "내가 정상적이라는 분위기만 풍기면 건들지 않았다."

그는 혼자 있기 좋아하는 유형도 아니었고 왕따를 당하지도 않았으며 말썽꾼도 아니었고 학대를 당하지도 않았다. 그는 그저 이런 숨은 면이 있었다. 에릭 해리스와 딜런 클리블드에 강박적으로 사로잡혀 있었던 것이다. 자신의 누리집에 그는 이렇게 썼다. "유일한 진실은 에릭 해리스와 딜런 클리볼드의 말이다 — 그들은 세상을 변화시키기 위해 무엇을 해야 하는지 알았고 그것을 실행했다."

"오늘날에는 스트레스가 너무 많아요 — 사람들이 감당할 수 있는 수준 이상이에요." 디 앤자 2학년생 매트 어터백은 드구즈만과 관련해 『아시아 위크』에 이렇게 말했다. "사람들은 한계점에 이르렀어요."

오늘날 아이들은 그 어느 때보다 더 비참하고 자살 충동을 느끼며 금방이라도 대량 살인을 저지를 것 같다. 왕따는 분명 이 문제의 일부다. 하지만 왕따를 막으려는 노력들은 여전히 총격 사건들을 막지 못하고 있다. 반란을 일으키고 학살을 실행하려는 충동은 그대로인데, 심지어는 학살이 일어난 곳, 즉 반反왕따 조치들과 보안이 가장 강화된 곳에서조차 그러하다. 2001년 11월 7일, 즉 앤디 윌리엄스의 총격 행각 7개월 뒤 산타나 고등학교 화장실 칸에는 학내 총격이 다가온다고 경고한 그래피티가 발견되어 대피 소동이 일어났다. 그보다 며칠 앞선 날에도 학살이 다가온다고 경고하는, 필체는 다르지만, 유사한 그래피티가 발견되었다. 산타나 고등학교 일부 학생들은 그런 문화가 거의 변하지 않았다고 말한다.[134]

아칸소 주 존즈버러 웨스트사이드 중학교에서는 열한 살 소년과 열세 살 소년이 다섯 명을 살해하고 열 명에게 부상을 입힌 사건이 일어난 지 사흘 만에 폭파 협박을 받아 학교 체육관을 폐쇄해야 했다. 이후로 학교는 더 많은 협박을 받고 있다. 또한 이상한 사람들도 더 많이 찾아온다 — 한 광대는 총격 사건 직후 학생들을 위해 공연을 하겠다고 신청했다가 거절되었는데, 나중에 구내식당에서 학생들에게 마술을 보여 주다가 발각되어 [경비들의] 호위 아래 밖으로 내쫓겼다.[135]

새로운 반왕따 규정들이 도입된 콜럼바인에서, 총격 당시 1학년이었던 애런 브라운은 이렇게 말했다. "서로를 대하는 방식은 좀 나아졌어요. 적어도 처음 한 달간은요. 하지만 돌아온 지 두세 달이 지나니까 예전으로 돌아왔어요. 또다시 험담이 시작됐어요. 어떤 애들은 많이 변했지만 어떤 애들은 하나도 변하지 않았어요."[136]

콜럼바인 학살 6개월 뒤 그 사건에서 부상을 당한 딸의 어머니 카를라 호치할터는 리틀턴의 한 전당포에 가서 총을 한 정 사겠다고 한 뒤 점원이 뒤돌아 있는 사이 장전을 하고는 방아쇠를 당겨 자살했다. 현재 휠체어에 의존해야 하는 그녀의 딸은 학살 5년 뒤에 한 인터뷰에서 인생이란 "참 놀랍다"고 밝게 말했다.[137] 2000년 2월에는 콜럼바인 학생 둘이 학교에서 몇 구역 떨어진 샌드위치 가게 서브웨이에서 총에 맞아 죽는 일이 발생했다. 고등학생들이 즐겨 찾는 가게에서 발생한 이 살인 사건은 미궁으로 남았다. 콜럼바인 학살 1주기 몇 주 뒤에는 콜럼바인 농구팀의 스타 선수가 목을 맸다. 2002년 초에는 콜럼바인 고교생 둘이 학생 11명과 교직원 2명을 살생부에 적은 것이 학교 건너편 공원에서 발견돼 정학 처분을 받고 당국으로 넘겨진 일이 발생했다. 정학 처분을 받은 소년들은 결국 퇴학 처분과 살인 선동이라는 중죄 혐의를 받게 됐다.[138]

사실 학교가 계속 끔찍한 상태로 있다면 학내 총격 사건이나 총격자들에 대한 동조는 계속될 것이다. 그들에 대한 동조는 일반적인 정서다. 자신의 학교를 파괴하려는 욕망은 파토스에 흠뻑 젖은 인터넷 게시판에서뿐만 아니라 인기 있는 블랙 유머에도 잘 나타난다.

콜럼바인에 있는 서브웨이 샌드위치 가게에서 총격 사건이 발생했을 무렵 내가 인터넷에서 내려받은 것이 생각난다.

축하해! 조크들이 널 무자비하게 때리고 또 때리고, 패거리들은 널 깔보고, 자신만 신경 쓰는 교사들은 고개를 돌렸어. 그렇게 1, 2년 보내고 이제 너는 **미치도록 화가 났고 더는 참고만 있지 않겠다고**◆ 결심했어. 성聖 에릭과 성 딜런의 전쟁 깃발을 들어올리기로 결심했고 양 같은 겁쟁이가 천천히 맞이하는 비열한 죽음이 아니라 짧지만 영광스러운 전사의 길을 선택한 거야.

하지만 **"최후에 웃을 수 있는 날"**을 준비하는 방법에는 화기와 폭발물을 비축하는 것 외에 다른 것도 있어.

준비할 때 기억해야 하는 몇 가지 것들이야.

제1원칙 어느 누구에게도 이야기하지 마! 친구한테도 부모나 친척한테도. 네가 이런 멍청이들에게 막 개시하려는 최후의 날에 대해 아주 사소한 힌트라도 개인적인 글에도 남겨선 안 돼. 이런 멍청한 놈들은 네가 반격에 대한 **어떤** 생각을 품고 있을지도 모른다는 아주 작은 징후

◆ 시드니 루멧 감독의 1976년 영화 〈네트워크〉*Network*에서 한때 인기를 누렸던 앵커가 시청률도 떨어지고 해고 위협도 당하는 상황에서 하는 대사.

만 보여도 바로 단속해서 너를 잡혀가게 할 거야. 진짜 얼굴, 그러니까 악마를 감추기 위해서 "정상"이라는 평범한 가면을 써. 누가 널 때리더라도 네 생각을 감춰. 이렇게 외쳐선 안 돼. "총 갖고 와서 너희 모두 쏴 죽일 거야! 알겠어? 죽여 버리겠다고!!" 너를 괴롭히는 놈들이 네가 비축하고 있는 것을 모를수록 네가 복수를 준비할 기회는 더 많아지는 거야.

제2원칙 제대로 된 사격술을 배워! 사냥은 [법적으로] 허용될 뿐만 아니라 사회에서 권장하기까지 하는 거야. 아빠와 숲에 갈 때 소총과 권총 사격술을 연마해. 고양이, 개, 다람쥐 같은 작은 동물에게 탄약을 낭비하지 마(그래 봐야 "당국"의 주목을 받게 되고 잠재적 연쇄 살인범임을 광고하는 힌트로 사용될 뿐이야. 또 네가 다니는 학교의 "맥키 선생"[〈사우스파크〉에 나오는 상담 교사]과 꼼짝없이 매일 오후를 같이 보내야 하고 그러면 조크와 패거리들이 네 대갈통을 마구 때릴 구실이 또 생기는 거라고). 네가 앞으로 공격할 희생자들과 크기가 비슷한 사냥감을 표적으로 삼아. 목표물을 하나하나 정확히 조준해 쏘다 보면 잠시 뒤 사슴이 쉬는 시간이면 네 불알을 때리고 지나가는 조크들과 점점 더 비슷해 보이기 시작할 거야.

제3원칙 무엇이 폭파되고 무엇이 그렇지 않은지 알아 둬! 에릭과 딜런의 가장 큰 실수 하나는 프로판가스통에 총을 쏘면 [크게] 폭발할 거라고 생각한 거야. 하지만 소리만 컸고 바로 옆에 있는 사람들만 다쳤어. 폭발물도 좋지만 소이제가 더 좋아. 인화물에 불을 붙이면 그 구역에 있는 모든 걸 불태울 수 있을 뿐만 아니라 다른 인화성 물질들을 찾아 사방팔방으로 퍼져 나가거든. 이 사실은 드레스덴, 도쿄, 웨이코 같은 곳에서 이미 입증된 거야. 가솔린을 넣은 통에 (네이팜탄의 달라붙는 효과를 위해서)* 액상 세제 4분의 1통을 부으면 효과가 제대로 나.

제4원칙 목표로 삼은 녀석들의 습관을 알아 둬! 걔들이 멍청한 놈들이고 사회에 나가 **진짜** 끔찍한 고통을 야기하기 전에 파괴해야 한다는 건 잘 알 테지만 (널 괴롭히는 것 말고) 뭘 좋아하는지도 알아? 걔들은 점심시간에 주로 어디에 있어? (패거리들이 보통 그러듯) 매번 앉는 자리가 정해져 있어? 아마도 네가 목표로 삼은 녀석들을 모두 한시 한곳에 모아 둘 수 없을 테니 이런 데이터들을 사용해서 적들 다수가 언제 어디에 있을지 알아내고 가장 죽어 **마땅한** 놈들을 결정해야 해. 그런 다음에 네 전략을 짜는 거야. (**주의:** 데이터를 어디에 써 놓으면 **안 돼**[제1 원칙 참조]! 이런 메모들이 발견되면 선생들이 신고해 경찰들이 널 덮칠 거고, 너 자신과 정의를 실현하고 싶었던 네 바람도 영영 쫑나는 거야!).

제5원칙 네 삶의 자취들을 모조리 없애! 그러니까 말이지 네가 광란의 행각을 완수한 뒤에는 분명 [〈사우스파크〉에 나오는] 바브래디 경감과, 창녀 같은 언론들이 네가 벌인 일의 징후가 무엇이었는지 밝혀내려

---

* 네이팜탄은 알루미늄, 비누, 팜유, 휘발유 등을 섞어 젤리 모양으로 만든 네이팜을 연료로 하는 유지소이탄으로, 인체나 목재 등에 붙으면 잘 떨어지지 않고 물을 부어도 잘 꺼지지 않는다.

고 집안을 들쑤셔 놓을 거야(늘 그렇듯 명백한 징후들, 즉 조크와 패거리들이 널 잔인하게 다룬 것은 늘 무시하고 비디오게임과 컴퓨터에 들어 있는 에미넴 음원 파일들만 희생양으로 삼지). 임무에 착수하기 전에 현재 네 모습을 보여 주는 흔적들을 몰래 모두 지워. 편지와 노트는 갈가리 찢어 태워. 책과 시디는 한밤중에 가장 가까운 구세군에 가서 버리고 와(부모나 친구가 모르도록 해. 본다면 네가 자살을 하거나 광신 집단에 들어간다고 생각해 간섭할 거고 그러면 너의 원대한 계획에 문제가 생길 거야). 임무를 수행하는 날 새벽에는 하드디스크를 비롯해 다른 모든 저장 매체들을 떼어 내 **꼭 없애 버려야** 해 (짭새들에게는 복구하는 방법이 있어서 데이터를 지우는 것만으로는 충분치 않아). [그러면] 경찰과 폭스뉴스 저능아들이 [살인범에 대한] 고정관념을 강화하고, 앞으로 광란의 행각을 벌일 사람들을 못 살게 굴 요량으로 네 소지품을 뒤질 때 개뿔도 찾지 못할 거야. 조크와 패거리들이 고등학교를 졸업하면 경찰서와 언론에 들어간다고 생각해 봐. 걔들 일이 조금이라도 편해졌으면 **정말** 좋겠어?

제6원칙 이건 따르기 가장 힘든 규칙이지만 믿어 봐. 정말 중요한 거야. **마지막 총알 한 발은 너 자신을 위해 남겨 둬.** 이제 임무를 완수했다고, 15분 이내에(혹은 그보다 더 빨리) 가능한 많은 조크와 건방진 놈들을 살육했다고 치자(이미 걔들의 영혼은 지옥에서 네 노예 노릇을 할 준비가 돼 있어). 분명 경찰들이 널 주시하고 있고 경찰특공대는 건물을 둘러싸고 있을 거야. 그들이 널 살육하거나(나이가 어리거나 많거나 모든 조크의 궁극의 백일몽은 합법적으로 "컴퓨터광 같은 괴짜"를 총으로 날려 버리는 거야) 아니면 카메라 앞에서 굴욕적으로 수갑을 채우고 헐렁한 흰색 점프수트를 입힌 널 전시하고 여생을 감옥에서 모멸과 학대를 당하며 보내게끔 하는 건 시간문제야. (고등학교에서 찍혀서 괴롭힘을 당하는 게 지옥이라고 생각하지 않았어? [여생을 또 지옥 같이 살 거야?]) 그 멍청한 놈들이 네가 다치는 모습을 보며 즐거워하게 내버려 두기보다는 네가 여전히 세상의 왕인 동안에 그것을 거부해 버리는 게 나아. 성聖 에릭과 성 딜런을 봐. 그들은 스스로를 희생해서 현재 영원한 숭배를 받고 있어. 하지만 목숨을 부지하기로 한 바보들은 사람들에게 금방 잊혔어. 게다가 사회가 가장 깊은 지하 감옥에 처넣어 전보다 더한 학대를 받고 있고 "아이들이 살인을 저지르는 근본 원인을 찾으려는" 정신과 의사들의 실험용 쥐로 사용되고 있지만 자신을 방어할 길이 **하나도** 없어. 죽는 그날까지 늘 구속복을 입고 입마개를 쓰고 수레로 옮겨지는 걸 **원해**? 죽은 사람은 재판에 넘길 수 없다는 걸 기억해.

이상이야. 잊지 마, 네 임무를 완수하기로 결정했다면 넌 이 글을 결코 본 적이 없는 거야, 알겠지?

표적은 미국

더 많은 분노. 더 많은 분노. 분노를 계속 쌓아./에릭 해리스

오늘날 광란의 학내 살인 사건이 여타의 학교 폭력과 상이한 점은 그것을 저지르는 이들이 백인 중산층 아이들이라는 것이다 — 이

총격자들에 공감하는 이들 또한 인구통계적으로 같은 아이들이다. [하지만] 미국인들은 그렇게 생각하지 않는다. 미국인들은 중산층이란 자족하는 사람들, 안정적인 사회의 기반이라고 생각하며, 특히 중산층 아이들에 대해서는 더 그렇게 생각한다.

오늘날 학내 총격 사건들은 우리 문화의 바로 핵심에 대한 공격이라는 점에서 심란하다. 많은 분노 살인들이 겨냥하는 것은 특정한 왕따 가해자뿐만 아니라 학교 전체이고 그 목표는 에릭 해리스의 말을 빌리면 "자신의 주장을 밝히는 것" 혹은 "혁명에 시동을 거는 것"이다. 그래서 직장 내 분노 살인과 마찬가지로 "난사"란 없다. 캐서린 뉴먼[존스홉킨스 대학교 사회학 교수]이 지적하듯 "학교 — 흔히 총격자의 사회계 전체 — 의 거의 모든 이들이 좋은 사냥감이다."[139] 이런 면에서도 학내 학살 사건은 많은 직장 내 학살 사건을 닮았다.

지금껏 몇몇 콜럼바인 스타일의 모의들이 발각되었는데 그중 분명 실제 위협이었던 것조차 클리볼드와 해리스가 준비한 믿기 힘들 정도로 엄청난 무기들과 견줄 만한 것은 없었다. 그들이 준비한 총기 — TEC-9 한 정, 하이포인트 9밀리 카빈 소총 한 정, 산탄총 두 정 — 와 급조한 95개의 폭발물은 만약 터뜨렸더라면 학교를 쓸어버리고 학생 수백 명을 살육하기에 충분한 화력이었다.[140] 폭탄에는 일명 "크리켓"으로 불리는 이산화탄소 폭탄* 48개, 파이프 폭탄 27개, 5.7리터 프로판가스 11통, 150리터 이상의 가연성 액체가

---

* 비비탄 총에 가스를 충전할 때 사용하는 이산화탄소 가스통에서 가스를 비운 뒤 화약과 섬광분을 채우고 신관을 단 폭탄.

들은 소이탄 7개, 9킬로그램의 액화 석유가스통이 담긴 더플백 폭탄 2개가 있었다. 프로판가스 한 통은 구내식당에 설치되었는데 만약 폭발했다면 사망자 수가 몇 배 늘어날 수 있었다. 시한 신관이 계획대로 작동하지 않았고 소년들이 총으로 쏴 폭발시키려 했지만 실패했던 것이다.

에릭 해리스는 1998년 4월 26일 일기에서 이렇게 설명했다. "우리는 폭탄, 소이탄, 그리고 좆나 많이 죽일 수 있는 거라면 뭐든 쓸 거야."[141]

> 노예들은 지칠 줄도 모르고 끊임없이 파괴했다. 자크리의 난[1358년에 프랑스 북부에서 일어난 농민 폭동]의 농민들이나 러다이트운동에서 기계를 파괴한 이들처럼 노예들은 가장 분명한 방식으로 구원을 추구했다. 즉 자신들이 고통 받는 원인이라고 생각한 것을 파괴한 것이다.
>
> /C. L. R. 제임스, 『블랙 자코뱅』[142]

분명 그들은 일부 학생들만 표적으로 삼은 게 아니었다 — 지구 상에서 콜럼바인 고등학교를 쓸어버리려는 것이었다. 또 콜로라도주 리틀턴도 그 대상이었다. 그들이 보기엔 학교와 교외는 공생하는 하나의 악이었다. "나는 덴버에 살아, 제기랄, 정말 여기 사는 사람들 거의 다 죽여 버리고 싶어." 에릭 해리스는 일기에 이렇게 썼다.[143] 에릭 해리스와 딜런 클리볼드의 비디오 일기에 관한 『록키 마운틴 뉴스』 기사는 그들의 분노가 점점 더 확대되어 왔다는 사실을 폭로했다. "그들은 자신들이 가능한 많은 사람들을 죽이고 싶은 이유를 거듭거듭 설명한다. 초등학교에서도, 중학교에서도, 고등학교에서도 아이들은 그들을 놀렸다. 어른들은 그들이 자신들을 괴롭히는 이들에 맞서 싸우는 것을 허락하지 않았고 다툼들은 그런 식으로 처리되었다. 그래서 그들은 이를 갈았다. 그리고 분노는 커졌다."[144] 에릭과 딜런에게 콜럼바인은 리틀턴이었고 리틀턴은 미국이었다 ─ CNN에 따르면 그들은 학살에서 살아남을 경우에는 비행기를 납치해서 뉴욕시에 추락시킬 계획이 있었다. 그들의 분노는 그 정도였다. 일기에 에릭 스미스는 이렇게 썼다. "이상하게 운이 좋아 나랑 브이[클리볼드]가 죽지 않고 도망치게 된다면 섬으로 갈 거야. 멕시코나 뉴질랜드도 될 수 있고 아무튼 미국인들이 우릴 잡을 수 없는 외국. 만약 그런 장소가 없다면 엄청나게 많은 폭탄을 훔쳐 비행기를 납치한 후 뉴욕에 충돌시키고 추락하는 동안 폭탄을 쏟아부을 거야."[145]

우리 미국인들이 자유로워서 그들이 미국을 증오했다고 할 수는 없을 것이다 ─ 그들이 미국을 증오한 것은 미국이 콜럼바인 고교를 사랑해서였고 또한 지역에서 작동하는 악한 문화가 똑같이 전국에서도 작동한다고 보았기 때문이다. 그들이 미국을 증오한 것은 증오할 게 너무도 많기 때문이다. 정말로!

2000년 초 샌드위치 가게 서브웨이에서 콜럼바인 고교생 둘이 살해당한 사건의 여파로 언론은 또다시 리틀턴에 몰려들었고, 비탄에 빠진 지역사회가 함께 모여 마음을 나누고 서로 버팀목이 되어주고 있다는 관성화된 이야기들로 공포에 질린 대중의 가슴을 따뜻하게 해주었다. 이것이 바로 이 나라 국민이 듣고 싶어 하는 얘기였다. "또다시 비탄에 빠진 지역사회, 아이들을 애도하다"『덴버 포스트』는 2000년 2월 15일, 이렇게 흐느꼈다. 로이터의 설명은 복음

주의적 색채를 띠었다. "한 무리가 샌드위치 가게 주차장에 와서는 아스팔트 바닥에 파란색 분필로 이렇게 썼다. '하나님이 세상을 이처럼 사랑하사 독생자를 주셨으니 이는 저를 믿는 자마다 멸망치 않고 영생을 얻게 하려 하심이니라'(요한복음 3:16). 분홍색 분필로 그들은 이렇게 썼다. '하느님은 사랑이다.' 그 학생들은 또한 '증오'라는 단어를 중심으로 원을 그리고는 사선을 그었다."[146]

마지막 행이 우리에게 말해 주는 것은 **증오는 리틀턴의 심각한 문제**라는 것이다 ― 그렇지 않다면 그 기독교인들은 그 단어 위에 사선을 그을 필요가 없었을 것이다. 하지만 늘 그렇듯 어느 누구도 증오가 왜 그런 문제인지를 탐구하지 않았다. 대신 증오를 대신했다고들 하는 사랑에, 모든 미디어가 공식적으로 전시한 사랑에만 초점이 맞춰졌다.

그렇다면 왜 증오일까? 교외 중상층 백인들과 관련한 증오는 왜 그토록 심했을까? 지역사회는 정말로 함께 모이고 하나가 되었을까?

1998년 열한 살, 열세 살 두 소년이 중학교에서 총질을 한 사건이 있었던 존즈버러의 목사 톰 갤런드는 콜럼바인 사건 이후 자신에게 조언을 구한 리틀턴의 한 목사에게, 공식적으로는 비탄이 가득할 테지만 그 속에는 고약하고 냉담한 현실이 있을 거라고 경고한 바 있다. 콜럼바인 학살 6개월 뒤 그 리틀턴 목사는 갤런드에게 전화해 이렇게 말했다. "말씀하신 대로에요. 함께하고 화합한다는 느낌은 거짓이었어요. 이제 모두들 서로 고소하고 있어요."[147] 이런 세부 내용은 지역사회의 비탄에 관한 공식적인 서사에는 포함돼 있지 않았다.

6장

인형의 집으로 오세요

좋은 유치원에 들어가지 못하면
절대 좋은 의대에 들어가지 못한다.

/현대 미국 농담

나쁜 의도들

앤디 윌리엄스의 총격 사건을 조사하려고 샌티로 이사한 후 채 일주일도 되지 않아 어머니에게서 전화가 걸려 왔다. FBI와 지역 보안관보들이 내 모교의 한 학생을 학교 폭파 모의 혐의로 막 체포했다는 것이다. 경찰은 그 열여섯 살 소년이 폭발성 화학물질을 훔치고 있던 학교 과학실을 급습해 총부리를 겨눠 체포했다. 이는 내 모교에서 엄청난 부정행위 스캔들이 발생해, 베이 에어리어 지역 언론의 헤드라인을 장식하고 있던 와중에 들려온 소식이었다.[1] 새러토가 고등학교는 전국에서 최상위 공립학교 중 하나이다 — 몇몇 학업 평가들에 따르면 캘리포니아 주에서 첫째다. 부정행위 스캔들과 콜럼바인 스타일의 모의들이 새러토가 고등학교, 즉 학교 서열 최상위 학교에까지 이르자 사람들은 어디도 안전하지 못하다고 생각하게 됐다. 새너제이 지역의 다른 학교들은 남의 불행을 고소하게 여기며 스캔들을 뒷담화 안줏거리로 삼았다.

[부정행위 스캔들의 내막은 다음과 같다] 2003년 12월, 두 학생이 AP_{advanced placement}◆ 역사 객관식 문제지를 슬쩍해 복사하고는 다른 학생들에게 돌렸다. 그 전해 봄에는 학생들이 영어 레벨 10 담당 교사의 컴퓨터를 해킹해 시험지들을 훔쳐 학생들에게 나눠 주었다가 나중에

◆ 미국에서 고등학생이 대학 진학 전에 대학 인정 학점을 취득할 수 있는 고급 학습 과정.

당국이 알게 된 일도 있었다. 세 번째 사례는 학생이 수학 교사의 컴퓨터에 키보드 입력 인식 장치, 키캐처KEYKacher를 설치한 사건이었다. 키캐처는 키보드 케이블과 본체 사이에 부착하는 작은 하드웨어로 특정 기간 동안의 키 입력을 기록한다. 이 장비를 떼 다른 컴퓨터에 연결하면 그동안 키보드에 입력한 모든 것을 받을 수 있다. 그 학생은 시험지를 "읽을" 수 있었고 다른 학생들에게도 돌렸다. 1월 학교 당국은 그가 수학 교사의 파일을 해킹해 자신의 성적 중 하나를 D에서 B로 바꿔 놓았음을 발견해 고발했다.

통틀어 여덟 명의 학생이 퇴학 처분을 받아야 했다. 그중 키캐처로 사기를 친 학생을 제외한 거의 모두가 전 과목에서 A를 받거나 그에 준하는 학생들이었다. 고발당한 학생들의 부모들은 변호사를 고용해 항소했다. 분위기는 중역실에서 벌어지는 싸움처럼 험악했다. 그달 중순에는 부정행위를 저지른 학생들에 관한 소식이 『새너제이 머큐리 뉴스』로 새어 나갔다. 그 스캔들은 헤드라인들을 장식했고 지역 및 전국 텔레비전에 보도되었으며 대형 방송 차량들이 실어 나른 공격적인 기자들과 카메라들이 학내 안뜰을 가로질러 가는 학생들을 뒤쫓았다. 캘리포니아 주 최고의 공립학교이자 실리콘밸리의 가장 부유한 교외 지역에 위치한 그 학교의 평판은 심각한 타격을 입었고, 산타클라라 밸리의 나머지 지역은 그 우쭐대는 새러토가 주민들이 추락하는 광경을 즐겁게 지켜보고 있었다.

상황은 어둡고 익숙한 방향으로 전환됐다. 1월 14일, 15일 심야에 새러토가 고등학교의 무음 경보기가 울렸다. 경찰은 용의자를 발견하지 못했는데, 과학실 문 걸쇠들이 사라진 것을 제외하고는 무단 침입의 흔적도 없었다. 16일에는 경찰이 학교에서 잠복근무를 섰다. 보안관보들 그리고, 일부 보도에 따르면, FBI요원들이 과학실에서 도망치던 열여섯 살 소년에게 총부리를 겨눠 체포했다. 소년은 앞서 키보드 입력 인식 장치를 설치해 정학 처분을 받은 바로 그 학생으로 밝혀졌다. 발견 당시 그는 과학실에서 훔친, 폭발 물질로 쓸 수 있는 글리신과 질산칼륨 병들을 가지고 있었다. 그는 경찰서로 붙들려 갔다. 다섯 시간 동안 이어진 심문에서 그 소년은 학교에 "나쁜 짓을 하고" 싶었다고 자백했다. 나중에 경찰은 그 이야기를 비틀어 소년의 "나쁜" 의도들이 얼마나 분명했는지를 강조했다.

> 내일 우리 학교를 날려 버리면 모든 세대에 영향을 미치는 사건이 될 거야! 1980년대 우드스탁이 되는 거라고!/영화 〈헤더스〉(1989) 중에서

이 2학년생은 절도, 절도품 소지, 폭발물을 만들 목적으로 한 폭발 물질 소지, 그리고 공무 집행 방해 혐의로 기소됐다. 그런 뒤 풀려나 부모에게로 보내졌다 ― 이런 조치는 산타클라라 밸리에서 덜 부유한 지역 주민들의 분노를 샀는데, 그들은 만약 이스트 새너제이에 사는 멕시코계가 그런 혐의로 체포됐다면 팔을 뒤틀어 바로 소년원으로 보낸 뒤 성인 신분으로 기소하고 영원히 가둬 버렸을 거라고 올바르게 지적했다.

열 시간 뒤 경찰은 수색영장을 얻어 냈다. 소년의 침실에서 운동용 가방 ― 분노 살인자들이 선호하는 부대 용품 ― 이 발견됐고 그 안에는 염화제이구리, 과망간산칼륨, 질산암모늄이 있었다. 이런 화학물질 대부분은 들어 보지 못했을 수도 있지만 질산암모늄은 들

어 봤을 것이다. 그것은 바로 티모시 맥베이가 오클라호마시티 연방 건물을 폭삭 주저앉게 만들 때 사용한 것이다.

며칠 안 되어 새러토가 고등학교 당국은 그 소년이 학교 주변 약 275미터 내로 접근하는 것을 막는 금지명령을 받아 냈고, 법원에 제출하는 청원서에서 소년에게는 "학교를 폭파할 분명한 동기"가 있었다고 말했다. 그에게는 2월 말에 열릴 첫 번째 법정 심리를 기다리는 동안 가택 연금 조치가 내려졌고, 보호관찰관이 감시할 수 있는 전자 감시 장치 — 일종의 인간에게 부착하는 키캐처 — 가 부착됐다. 공교롭게도 용의자인 그 학생도 교장도 학교 건너편 새러토가 서니베일 가衙의 신시가지에 산다. 그 학생의 집은 학교 접근 금지명령 경계인 275미터에서 아슬아슬하게 벗어나 있었다.

2월 2일 월요일, 폭탄 모의로 기소된 소년의 여자 친구이자 마찬가지로 새러토가 고등학교에 재학 중인 학생(15세)이 오전 수업을 받던 중 보안관보들에게 끌려 나갔다. 교장의 가족을 죽여서 토막 내 버리겠다고 위협하는 글을 인스턴트 메시징 프로필에 올려놓은 혐의였다 — 그녀는 남자 친구가 "부당하게 사이코로 묘사되고 있다"고 인스턴트 메시지에 분노를 표출했다. 그 소녀는 학교에서 체포됐다가 풀려나 부모에게로 돌려보내졌다.

메이즈

그 폭탄 모의에 관한 뉴스를 듣고 나는 실리콘 밸리의 대안적인 주간지 『메트로』의 발행인 댄 풀크라노에게 연락했고, 그는 내가 샌티에서 비행기를 타고 가 모교 관련 기사를 취재할 수 있도록 해주었다.

1983년 졸업한 이래로 새러토가엔 가본 적이 없었다 — 간혹 새너제이의 다른 교외 지역을 오갈 때 통과한 게 전부였다. 돌아가고 싶은 마음은 눈곱만큼도 없었다. 거기 살 때도 그 학교와 동네가 몹시 싫었고, 대학에 들어간 뒤로는 두 번 다시 그쪽으로는 오줌도 누고 싶지 않았다. [영원히] 안녕이었고 속이 다 후련했으며 내 친한 친구들도 다 그렇게 느꼈다.

1970년대를 거쳐 1980년대 초가 되면서 새러토가는 본질적으로 부유한 시골 마을이 되었다. 그 지역의 유명 인사들은 자신들의 상대적인 부유함을 대단하게 여겼고 나와 학교를 함께 다닌 그들의 아이들도 그랬다. 새러토가 주민들은 새너제이의 다른 교외 지역들 — 쿠퍼티노, 서니베일, 윌로우 글렌, 알마덴, 마운틴 뷰, 캠벨, 산타클라라 — 위에 군림했다. 사방팔방으로 계속 뻗어 나간 새너제이는 빛바랜 1960년대 아파트와 트랙트 하우스로 가득한 우울한 외곽 지역으로 거기에 밀집해 사는 멕시코, 필리핀, 몽족[라오스의 소수민족] 출신 주민들은 빈틈없고 조심스러운 백인 대영주들을 섬기며 살았다. 교차하는 간선도로, 고속도로, 8차선 도로에는 자동차 정지등이 가득했고 대로에는 배달 트럭과 낡은 스테이션왜건들이 빽빽이 늘어서 주차장을 방불케 했다 — 새러토가 주민들은 사우스베이 촌놈들의 남작이었다. 우리 밸리 밖에 사는 사람들은 누구도 새러토가가 어떤 곳인지 알지 못했고, 또 관심도 없었으며, 그래서 새러토가 주민들 대부분은 자신들의 작은 세력권 밖으로 나서는 모험은 하지 않았다. 우리를 아는 이들은 — 산타크루즈나 이스트 새너제이 주민들 같은 — 우리를 혐오했고, 싸움은 흔했다.

학창 시절 우리는 전국에서 가장 빨리 컴퓨터실을 갖춘 학교 가운데 한 곳이 되었고 우리 학교 신문사는 최초로 애플 리사 컴퓨터*를 갖춘 곳이라고 했다. 이런 새로운 첨단 기술 문화는 이 밸리의 전후戰後 포스트 오키Okie** 문화를 막 대체해 가고 있었다. 또 이런 첨단 기술 문화와 더불어 첨단 기술과 관련된, 믿을 수 없을 정도의 엄청난 부가 생겨났다. 버클리로 달아나지 않고 새러토가에 머물러 있었다면, 혹은 반 친구들처럼 돌아와 웨스트밸리에서 부동산 중개인이 되었더라면 나는 오늘날 옹졸한 후작이 되었을 것이다. 1990년대 실리콘밸리에서 기이할 정도로 폭발적으로 부가 증가한 뒤 새러토가는 신규 주식 상장으로 부자가 된 새로운 엘리트 임원들에게 최상의 선택지가 됐다. 2004년 1분기, 새러토가의 평균 주택 매매가는 약 130만 달러로 전국 최고였다. 진정한 미국 왕족이 되겠다는 촌뜨기들의 꿈이 마침내 도래하던 참이었다.

마을은 늘 두 부분으로 양분돼 있었다. 슈퍼 부자들의 대저택이 위치한 작은 언덕이 그 하나였다. 다른 하나는, 우리끼리는 메이즈 the Maze[미로]로 부르던(자부심이 강한 주민들은 골든트라이앵글이라 불렀던) 평지다. 새러토가 고등학교는 메이즈 서쪽 끝, 즉 그 마을의 중심 부근이자 그 언덕 귀족들의 근거지에 위치해 있다. 내가 방문

◆ 애플 사가 개발한 최초의 상업용 개인 컴퓨터로 마우스와 그래픽 사용자 인터페이스를 갖추었으나 9,995달러에 달하는 가격과 부족한 본체 성능 때문에 상업적으로 실패했다.

◆◆ 1930년대 대공황 시기, 주로 오클라호마 주에서 캘리포니아 주로 이주해 온 빈민 노동자들을 이르는 말.

했을 때 학교 주차장 한쪽 끝에 공연장을 새로 짓고 있었다. 그 외에는 내가 기억하고 있는 모습 그대로였다 — 보기 싫은 회색 콘크리트 블록에 더 보기 싫게 해놓은 빨간색 벽돌 장식, 평지붕에 창문도 없고 품위도 떨어지는 그런 지옥. 켄터키 주에나 있을 법한 토네이도 자석* 같은 이동식 교실들이 딸려 있었는데 그 모든 부를 감안하면 충격적이었다. 나는 달라졌을 거라고, 그러니까 새로운 부의 일부가 학교로 흘러들어 가 시설은 좀 나아졌으리라고 생각했는데 그렇지 않았다. 학교는 내가 재학 중이었던 시절 꼭 그대로 아이젠하워 시대 말 군대 막사 같았다. 새러토가 고등학교는 [우리] 문화의 우선순위 — 감세 — 를 기리는 기념비적인 건축물처럼 서있었다.

학교 주차장은 캠퍼스뿐만 아니라 새러토가 도시를 반영했다. 즉 학생들은 거대한 SUV를 몰았고 차종은 링컨 네비게이터, 메르세데스 벤츠, 재규어, 그리고 가장 유명한 BMW였다. 나는 렌트한 코롤라[도요타 사의 준중형급 세단]를 치어리더들의 차를 지나쳐 주차했는데, 그들의 SUV가 너무도 높아서 내가 볼 수 있는 거라곤 거대한 바퀴와 문 하단뿐이었다.

1976년 여름, 친척들의 엄청난 재정 지원을 등에 업고 어머니와 동생과 나는 새러토가 학군에 들어갈 자격을 얻고자 메이즈의 동쪽 끝 주니페로 가街에 있는 방 세 개짜리 작은 집으로 이사했다. 집 주소는 말 그대로 그 학군의 가장자리 맨 끝 집이었다 — 우리 집 뒷마당 울타리에서 6미터 가면 철로였고, 철로 반대편에 사는 아이들

---

* 토네이도는 보통 평지에서 발생해 이동하는데, 그 과정에서 주로 평지에 있는 이동식 주택들을 자석처럼 끌어당긴다 해서 이렇게 불린다.

은 평판이 덜한 학군, 내 기억으론 린브룩이란 학군에 속했다. 우리는 진짜 경계 지역에 살았는데, 지역 부르주아들의 허세는 마그네슘 합금 휠을 단 밴이나 픽업트럭들로 가득한 맨얼굴의 오키 동네 문화를 이기지 못했다. 야심은 바로 우리 집 뒷마당에서 흐지부지되었다. 이런 의미에서 메이즈는 내가 본 샌티와 비슷했다. 새러토가 고등학교는 캘리포니아 연안 지역의 엄청난 부와 따분하고 비열한 촌놈 감성의 고약한 혼합물이었다. 스티븐 스필버그도 1960년대에 1년간 새러토가에서 학창 시절을 보낸 적이 있다[2] — 나중에 그는 새러토가 고등학교에서 놀림과 소외를 당하는 등 외상적 경험을 했고 그 경험이 영화 〈쉰들러 리스트〉에 영감을 주었다고 말했으며, 영화가 개봉했을 때는 새러토가 학생들의 "반유대주의"를 공개적으로 비난했다. 그런 비난은 새너제이에서 엄청난 스캔들을 일으키기도 했다. 슬픈 진실은 새러토가 학생들은 너무도 무지해서 유대인이 어떤 사람들인지, 왜 증오를 당하는지도 몰랐으리라는 것이다. 그의 동창생 대부분이 지적했듯이 스필버그는 유대인이어서가 아니라 컴퓨터광처럼 뭐 하나에만 열중하는 괴짜로 여겨져 왕따를 당했던 것이다.

1982년, 그러니까 내가 졸업하기 한 해 전에, 인근 로스가토스 고등학교(로스가토스-새러토가 연합 학군의 두 고등학교 중 하나) 2학년생이 학교에서 멀지 않은 로스가토스 개천 부근에서 3학년생에게 살해당했다.[3] 살인자는 작은 체구에, 잠시도 가만히 있지 못하는 성격의 얼간이였다. 한 학생에 따르면 그가 그 2학년생을 죽인 것은 "패배자"라는 이유에서였다. 3교시에 그를 교살한 후 머리를 돌로 박살낸 뒤 시신을 개천 옆에 나뭇잎으로 덮어 두었고, 나중에 친구들에게 그 시체를 보여 주기도 했다. 학교 및 그 교외 지역의 어느 누구도 그 소년이 사라진 것을 알아차리지 못했다 — 경찰은 가출로 추정했고 학생들도 학교 당국도 모두 어깨를 으쓱할 뿐이었다.

과학자인 그의 부모는 뭔가 끔찍한 일이 일어났다고 확신했는데 그의 아버지는 별스러운 존재로, 그러니까 지역의 부유한 촌뜨기들이 신뢰하지 않는 유형이었다. 아들이 살해되었을지도 모른다는 그의 느낌은 경찰과 "손 놓고 있기"가 장기인 학교 당국자들이 일축해 버렸다. 로스가토스 위 구릉에서 마리화나를 재배하는 자들이 죽였다는 소문이 퍼졌다 — 그 소문은 9번 고속도로에서 북쪽으로 8킬로미터쯤 떨어진 우리 학교까지도 전해졌다. 학생들은 수년 동안 시체에 관한 소문을 들었고 — 내 이복형제도 1990년대 초에 로스가토스 고등학교에 다닐 때 그 소문을 들었다 — 아마도 다수는 시체를 보고도 입을 다물고 있었을 것이다.

살인 사건 15년 뒤 한 노숙자가 그 소년의 유골을 우연히 발견했다. 청바지를 입고 워크 부츠를 신고 큰 상표의 버클이 달린 두꺼운 벨트를 찬 그 뼈들은 마치 학수고대에 관한 코믹한 촌극의 결정적 대사 같았다. 그를 살해한 학생, 즉 제1차 걸프전에 참전했다가 나중에 오리건 주로 이사한 그는 추적 뒤 체포됐고 6년형에 가석방 2년을 선고 받았다. 시신을 보고도 신고하지 않은 학생들 중 기소된 이는 없었다. 로스가토스 관리들은 그저 "넘어가고" 싶었다. 경찰은 상자에 담긴 그 소년의 유골을 엄청나게 큰 경찰 창고 어딘가에 잘못 두었다가 찾지 못하게 됐다. 그는 결국 매장되지 못했다. 그의 이름은 러스 조던이고, 산타클라라 카운티 창고 어딘가의 상자 안에 있을 것이다.

1980년대 초에도 밀티파스라고 하는 새너제이의 다른 교외 지역에서 마리화나 골초인 고등학생이 친구를 교살하고는 그녀의 시신을 한 달 동안 친구들에게 전시한 사건이 발생했다. 이 밀티파스 아이들이 자기 친구의 시신을 얼마나 아무렇지 않게 볼 수 있었는지, 그리고 어떻게 그토록 오랫동안 당국에 이야기하지 않을 수 있었는지를 보여 주는 이야기는 위기의 청소년을 다룬 1980년대 영화 〈리버스 엣지〉*River's Edge*로 만들어지기도 했다. 이것이 바로 내가 거기 살던 때, 그러니까 실리콘밸리가 되기 전 산타클라라 밸리의 문화였다.

이 밸리는 이제 세계의 중심이 되었기에 — 또한 레이거노믹스식 쥐어짜기가 한창이던 시기였기에 — 학교 폭력은 철저히 현대화되었다. 1999년 4월 30일, 웨스트 새너제이의 윌로우 글렌 고등학교에 재학 중인 열네 살, 열다섯 살 소년 셋이 학교에 폭탄을 가져가겠다고 위협한 혐의로 퇴학을 당했다.[4] 내 새어머니는 당시 윌로우 글렌 학군에서 사서로 일했다. 이 폭탄 위협은 콜럼바인 사건이 일어난 지 10일 만에 드러났고, 그래서 모두가 조마조마해 하는 상황에서 소문이 여기저기로 퍼졌다. 그 소년들은 또 다른 1학년생에게 탄피들을 보여 줬었다. 소년들은 그저 겁만 주려 했던 것 같은데 경찰은 심각하게 여겼고 테러 위협 혐의로 소환해 심문했다. 학교 안전기구에서 제정신을 가진 몇 안 되는 사람 중 한 명인 커크 교감은 이렇게 말했다. "현재 퍼지고 있는 소문들 가운데 어떤 것도 실체가 없습니다." 새어머니는 그게 터무니없는 거짓말이라는 교감의 입장을 지지했다. "윌로우 클렌 에드 파크 지역사회는 공황 상태에 빠졌었어. 사람들은 어찌 대응해야 할지 몰랐고 그런 소문들이 미친 듯이 퍼져 나갔었단다." 새어머니에 따르면, 윌로우 글렌 학생 대부분은 이스트 새너제이에서도 우범 지역으로 꼽히는 구역에서 버스를 타고 통학하는 학생들인 반면, 이 지역 백인들은 자녀들을 지역 바깥의 더 나은 학교로 보낸다. 윌로우 글렌 고등학교 소수집단 학생들은 보통, 자기 동네의 폭력적인 주민들에 견주면 윌로우 글렌이 안전하고 조용하다며 안심한다.

2001년 3월 16일, 즉 샌티에서 앤디 윌리엄스 총격 사건이 일어나고 몇 주 뒤 캠벨에 있는 웨스트몬트 고등학교 — 내가 새러토가 인근으로 이사하지 않았더라면 다니게 됐을 고등학교 — 의 열다섯 살 소년이 학교 책상 두 곳에 "3월 21일, 모두 다 죽는다"라고 낙서했다. 메시지가 발각되면서 연락을 받은 경찰은 아이들을 심문했고 마침내 용의자가 장난으로 썼다고 자백했다. 경찰은 그 학생을 체포해 조서를 작성했고 학생은 퇴학 처분을 받았다. 소년을 체포해 잠재적 위험이 사라졌음에도, 3월 21일 웨스트몬트의 학생 1천6백 명 가운데 643명은 등교하지 않았다. 프로스펙트 고등학교, 즉 내가 메이즈의 우리 집 뒤 철로 반대편에 살았더라면 다녔을 고등학교에서는 웨스트몬트 고등학생이 모두 죽는다고 거짓말을 한 바로 그날에 한 젊은 남성이 폭파 위협 전화를 해 사람들이 공황 상태에 빠졌고, 부모들은 학교로 달려와 자녀를 학교에서 데려가는 일이 발생했다.[5]

내 모교 새러토가 고등학교에서도 2004년 폭탄 모의가 있기 몇 해 전 학살 모의라고 추정되는 것이 발각됐다. 그 학생은 아시아계 미국인이었는데 살생부를 가지고 있다 붙잡혀 퇴학 당했다. 나는 폭탄 모의와 관련해 학생들과 인터뷰하던 중에 그 사건에 대해 알게 됐다. 많은 학내 학살 모의와 작은 규모의 총격 사건들과 마찬가지로 그 사건은 신문에 보도되지 않았다.

학점 4.0은 실패

새러토가 고등학생 및 직원들과 인터뷰하면서 깜짝 놀란 것 하나는 모두들 폭탄 모의 및 그 이후의 살해 위협보다는 부정행위 스캔들에 훨씬 더 심란해 했다는 것이다. 그들의 논리는 단순했다. 즉 폭탄 모의와 살해 위협은 용의자 학생 두 명에게만 국한된 문제였다. 하지만 부정행위 스캔들은 잠재적으로 새러토가 고등학교 전교생에게 영향을 미치는 문제였다. 학교의 학업 평판이 더럽혀진 것이다 ― 학생, 학교 당국, 부모 모두 그 사건으로 학생들이 최상위 대학에 가는 데 지장이 있지는 않을까 염려했다.

새러토가에서 남을 능가하려는 경쟁과 분투는 다른 중상위 학교들에 비해 비정상적일 정도로 커져 잔혹한 수준에 이르렀고, 이젠 일촉즉발의 상황에 있다. 오늘날 새러토가 고등학생 가운데 거의 3분의 1의 평균 성적이 4.0이다. 새러토가 고등학교는 캘리포니아주에서 최상의 학업수행지표를 유지하고 있는데, 이를테면 2002~03학년도에 1천 점 만점에 9백 점, SAT[수학능력시험] 평점이 [1,600점 만점에] 1,272점이었다.[6] 내가 다닐 때는 우리 반에서 [평균 성적이] 4.0인 학생은 대여섯 정도였고, [SAT] 1,150점은 너끈히 버클리에 입학할 수 있는 점수로 여겼다.

하지만 그 문화는 1980년대 초, 즉 내가 2학년 생활을 시작할 무렵 바뀌었다. 레이건 혁명의 여파로 두려움과 스트레스가 부모들을 몰아붙인 것처럼 아이들도 몰아붙이기 시작했다. 오늘날 미국에서는 한 번 실수해 낙오하면 — 심지어 유아원에서라도 — 평생이 끝장난다고 믿는 사람들이 늘고 있다. 그 이유 중 일부는 "상위 20위권" 대학은 늘 20개뿐인데 인구는 지속적으로 증가하고 있고 문턱 — 그런 엘리트 학교에 입학하는 데 필요한 성적 및 점수 — 은 지속적으로 높아지고 있기 때문이다. 출세하려면 경쟁에서 더욱더 일찍 스타트를 끊어야 하고 더욱더 특별한 방법으로 시작해야 한다. 그리고 문턱 안에 들지 못한다면, 그리고 그 안에 들어가 계속 유지하지 못한다면, 여생을 마트에서 카트나 끌며 보내야 할 것이다. 아이들에게 스트레스를 주는 것은 본인들이 학교에서 받는 압박감뿐만이 아니다. 새러토가 학군에서 살기에 충분한 돈을 벌기 위해 부모가 견뎌야 하는 스트레스도 아이들에게 스트레스가 된다. 부모한테서 자녀에게로 흐르는 이런 스트레스는 소낙비처럼 퍼붓지는 않지만 산성비처럼 매일 집안을 적신다. 사무실 세계의 규칙 — 한 번 [일을] 망치면 평생을 망치게 된다는 것 — 은 학교 문화에도 적용된다. 안전망이 갈기갈기 찢긴 나라, 부자가 되지 못하는 게 단지 물질적인 실패뿐만 아니라 도덕적 실패도 되는 나라에서는 모든 사람들이 "성공"하지 못하는 것을 몹시도 두려워한다.

대학교에 지원할 때 학점 4.0을 제출해도 더는 합격이 보장되지 않는다. 최상위 고등학교에서 받은 4.3(AP수업에서 전부 A를 받아야 한다는 의미)이 있어야 한다 — 새러토가는 학교들 사이에서 점수를 위해 벌이는 잔혹한 경쟁에서 최상위 자리를 점하고 있다. 게다가 새러토가 내부에서 경쟁은 훨씬 치열하다. 학생 3분의 1의 평점이

4.0이라면 4.3은 받아야 두각을 나타내는 학생이 될 수 있는 것이다. 두려움은 더 큰 두려움을 낳는다. 경쟁은 경쟁을 증가시킨다. 문턱이 더는 높아질 수 없을 것 같은 상황에서도, 매년 불가능한 수준으로 높아진다. 어떤 부모는 새러토가 고등학교 학교신문『팔콘』에 이렇게 이야기했다. "4.0이면 가족들이 패배자로 여기지요."[7]

이런 미친 문화는 다수를 짓밟았지만 소수의 예외적 인물을 배출하기도 했다. 1999년에 졸업한 앤커 루스라는 새러토가 고등학교 출신으로는 최초로 로즈 장학생◆이 되었다. 최근에 졸업한 앨런 추는 전미 상위 20등 안에 드는 고3으로 꼽혔다. 앨런 추는 새러토가 고등학교 재학 중에 미국발명가명예의전당에 들어가게 됐다.[8]

지난 몇 년간 부모들은 자녀를 점점 더 일찍 SAT 준비 과정에 보내기 시작했는데, 학생 나이가 고작 열네 살인 경우도 있다. 프린스턴 리뷰[미국의 대표적 대학 평가 기관] SAT 과정의 한 교사는 이렇게 말했다. "1,300점 혹은 믿을 수 없는 점수인 1,350점에도 만족하지 못하는 학부모와 아이들이 있습니다. 아이비리그나 버클리에 들어가기에 충분히 좋은 점수를 받지 못하면 자신이 좋은 사람이 아니라고 느껴요. 참 슬픕니다."[9]

자식이 성공을 위한 치열한 투쟁의 세계에서 유리한 위치를 점하도록 하기 위해 등장한 최신 경향은, 시간당 250달러의 고급 과외 교사를 고용해 성적을 올리는 것이다. 일단 몇몇 학생들이 시작

◆ 영국의 아프리카 식민 통치에 앞장섰던 제국주의자 세실 로즈의 유언에 따라, 1903년 그의 모교인 옥스퍼드 대학교에 설립된 장학제도이다. 빌 클린턴, 토니 블레어 등 로즈장학생 출신 대부분이 각계의 지도층으로 활동하고 있어 세계적 명성의 엘리트 코스로도 정평이 나 있다.

하자 웨스트밸리의 모든 부모가 아이에게 과외 교사를 붙여야 했는데, 그렇지 않은 아이는 실패하게 돼 있기 때문이었다.

자식을 앞서 나가게 하고 싶어 하는 가정의 경우 아이를 쥐어짜는 일이 너무 심해진 나머지 여름방학조차 더는 신나는 경험을 할 수 있는 시간이 아니게 되었다. 최근에는 입학 예비 캠프들이 급속도로 유행하고 있다. 이런 캠프들에 관한 『뉴욕타임스』 기사는 이렇게 서술했다. "캠프파이어도 없다. 하이킹도 없다. 하루에 몇 시간 동안 에세이 쓰기, SAT 준비, 상담, 모의 입학 면담, 이런저런 잡탕 워크숍, 그리고 대학 방문 등을 하는데, 이 모든 것이 대학 입학 과정에서 유리한 위치에 서도록 하기 위한 것이다."[10]

이런 사람들은 왜 중산층 혹은 중하층 아이들은 노력조차 하지 않는지 궁금할 것이다. 혹은 아이들이 왜 부정행위라도 하려 하지 않는지 외려 궁금할지도 모른다.

사실 부정행위는 오늘날 하나의 삶의 방식이다 — 그 모든 "기업의 불법행위" 스캔들에서 보았듯 부정행위자들이 승리한다. 심지어는 새러토가의 일부 저명한 성인들조차 세간의 이목을 끈 부정행위 스캔들에 연루돼 붙잡히는 일이 발생했다. 2002년 3월, 증권거래위원회는 시그널 테크놀로지를 운영하는 새러토가 주민 둘에게 사기죄로 민사 소송을 제기했다. 그 둘은 최고 경영자 데일 피터슨과 최고 재무 책임자 러셀 킨슈였고, 혐의는 회사 수익을 9백만 달러 이상 부풀렸다는 것이었다. 피터슨은 "GAAP♦가 중요하다고 생각하

♦ 일반적으로 인정된 회계 원리generally accepted accounting principles, 회계 실무 지침, 또는 실무로부터 발전되어 광범위하게 인정되는 회계기준을 의

는 사람들은 신물이 난다"라는 유명한 발언을 한 적도 있다.[11]

약 1년 뒤 또 다른 부유한 새러토가 주민 레자 미카일리는 소프트웨어 회사 유니파이에서 사장 및 최고 경영자로 있을 당시 저지른 증권 사기 및 불법 공모 등 총 10건의 죄목에 대해 유죄를 선고받았다. 또한 주지하듯이 실리콘밸리 전체의 "신경제" 호황은 구식 폰지 사기에 지나지 않았고, 이 과정에서 최고의 부정행위자들은 새러토가에 부동산을 구입하고 또 자녀들을 새러토가 학군에 보낼 수 있었다.[12]

재계나 정계와 마찬가지로 학교에서도 부정행위는 보편적이다. 게다가 그것은 자잘한 부정행위가 아니라 상상할 수 없을 정도로 규모가 엄청나다. 럿거스 대학이 2001년에 고등학생 4천5백 명을 대상으로 실시한 연구 조사에 따르면 76퍼센트가 먼저 시험을 치른 누군가에게서 질문지나 답안을 받아 본 적이 있다고 인정했고, 84퍼센트는 숙제를 베낀 적이 있다고 인정했다. 이 수치는 용감하게도 그것을 인정한 아이들만 집계한 것임을 유념해야 한다.[13]

어떤 의미에서 새러토가 문화는 거대한 사기, 즉 폰지 사기들의 집합을 토대로 세워진 것이다. 곧 부모들은 새러토가 학군에 들어가게 할 돈을 벌기 위해 부정행위를 한다. 학교는 최고의 부정행위를 저지른 부모들을 자교로 끌어들이기 위해 부정행위로 학교 시험 점수를 올린다. 아이들은 최상위 대학에 입학하려고 부정행위를 하고 그래야 부정행위를 하는 임원들에게 휘둘리는 임금노예가 아니라

미한다. 원래 회계 실무에서 관습적으로 발달한 회계 관습으로부터 생성된 것으로 우리나라의 경우에는 기업회계기준이 이에 해당된다.

기업 세계에서 엄청난 부정행위를 저지를 수 있는 위치에 오를 수 있다. 그리고 일단 부정행위에 크게 성공하면 일류 학군에 집을 살 수 있고 아이들을 그런 동일한 부패 사이클에 넣을 수 있다. [요컨대] 부정행위가 또 다른 부정행위로 이어지며 계속 순환하는 것이다.

새러토가 고등학교 아이들이 애초에 부정행위를 할 수밖에 없었던 것에는 바로 이런 필사적인 분투라는 맥락이 있었다. 그리고 그들 중 한 명이 적발되었을 때 직면한 참상 — 퇴학, 즉 중상층으로서는 견디기 힘들 정도로 자존심이 상하는 조치 — 은 그로 하여금 자신을 죽인 사람들에게 복수할 마음을 일게 했고 그 방법은 학교, 곧 자신을 파멸시킨 원천을 폭파하는 것이었다. 그것은 앙갚음을 하려는 시도였지만 또한 자신과 연루된 기록을 파괴해 과거를 싹 지우고 새 출발을 하려는 헛된 노력이기도 했다. 그러니까 〈파이트 클럽〉 끝부분에서 이렇게 비참하게 쥐어짜이는 사람들을 해방하기 위해 전국의 금융 산업을 날려 버리려 한 게릴라들의 전략처럼 말이다. 그리고 그런 세계에서 규칙을 지키는 이들은 말 그대로 등신들, 패배자들뿐이다.

친절한 타인

학교에서 폭력을 휘두른 아이들은 다른 아이들보다 우울하고 과민하다고 간주되어 왔다. 이런 증상 중 일부는 스트레스, 그리고 그것에 대처하는 무능력과 직접 관련이 있다./『아이들을 죽이는 아이들』[14]

수면 부족은 새러토가 고등학생들에게 심각한 문제다. 밤샘 공부는 서로 경쟁하는 아이들 사이에서 흔한 일이다. 부정행위 스캔들로 걸린 학생 가운데 한 명은 자정이 지나도록, 때로는 새벽 4시까지 공부하는 게 일상이었다고 토로했다.

"규칙적으로 수면 시간을 갖는다는 건 정신 나간 짓이에요." 새러토가 고등학교 3학년생 진 왕이 『새너제이 머큐리 뉴스』에 한 말이다. "여기 사는 애들에겐 우울증이나 탈진으로 무너져 내리는 그런 날이 있어요."[15]

이 문제는 심각해서 학교신문 『팔콘』은 격동의 2003~04학년도 말에 수면 부족에 관한 기사를 싣기까지 했다. 3학년생 에이더이는 "2학년 때는 서너 시간 잤는데 이제는 대여섯 시간 잔다"고 이야기했다. 그 기사에 따르면 에이더는 "2004년도 졸업식에서 개회사를 한 차석 졸업생이자 인터액트 클럽Interact Club◆ 연락 위원, 그리고 밴드의 리더였다."[16]

"잠을 충분히 못 자면 스트레스가 더 생길 수 있어요." 그녀의 말이다.

새러토가 고등학교의 경쟁 문화가 얼마나 심한지를 가장 통렬히 보여 주는 예 하나는 새러토가 고등학교 출신 대니얼 월터 양(19세)의 누리집에 잘 나타나 있다.[17]

새러토가 고등학교에서 신입생 생활을 시작할 때까지 나는 마이클 크라이튼[〈쥬라기 공원〉의 원작자로 유명한 작가]의 모든 책을 비롯해 많은

◆ 국제 로터리Rotary International로 더 알려진 사회봉사 및 국제 교류 단체.

책을 읽었다. 하지만 고등학교에 입학한 뒤로는 책을 읽을 수 없었다. 숙제가 눈에 띄게 많아졌고 그 외에도 해야 할 것들이 있었다. 고등학교 생활이 시작되면서 재미를 위한 책 읽기가 크게 줄어든 것이다.

2학년 생활은 만만치 않았고 열정을 갖고 있던 일들도 눈에 들어오지 않았다. 사진, 디자인, 달리기. 이중 대부분을 그만두었다. 보스턴에서 열린 전국 고교 저널리즘 대회에서 일러스트 상 하나를 받긴 했다. 하지만 그건 작년에 완성한 작품으로 받은 거였다. 엄청난 양의 숙제를 하느라 인간관계에도 부담을 느끼게 되었다.

2학년 말에는 알게 됐다. 생산적이고 충만한 삶을 살려면 열정을 갖고 있던 일들을 재발견하고 다른 사람들과의 관계에서 생긴 틈을 메워야 한다는 것을.

월터 양은 새러토가 고등학교에서 극심한 스트레스로 트라우마를 입고 나서 예수에 의지했다. "내가 하는 모든 것에서 핵심적으로 중요한 것은 예수의 길을 따르고 하느님께 영광을 돌리는 것이다." 그는 이렇게 썼다. 감동적인 자화상이다. 그가 새러토가에서 겪은 스트레스와 그 뒤 예수에 의지하는 과정은 여러 가지 중독이나 트라우마를 겪은 희생자들의 회복 경로를 상기시킨다. 이는 우리 레이건 시대의 분투에 휘말린 사람들을 보여 주는 좋은 예다 ― 그래도 뭔가 즐길 만한 것에 낚인 중독자들을 예외로 한다면 말이다.

사실 아이들이 새러토가 학교에서 당하는 압박감은 심히 무겁다. 졸업생 다수가, 새러토가 고등학교에 비하면, 전국 최상위 대학들이 내주는 과제 양은 식은 죽 먹기라고 말할 정도다. 필립 성은 MIT에 들어간 뒤로 생활이 훨씬 편해졌다. "여긴 경쟁이 그리 심하지 않아요." 또 다른 졸업생 조이스 리는 UC 버클리가 새러토가 고등학교보다 스트레스와 경쟁이 훨씬 적다고 말했다.[18]

2000년 5월, 새러토가 학생 랜시 추이(17세)가 국어 시간에, 한 소녀가 자살을 시도하지만 친절하고 배려심 많은 낯선 사람이 구해 준다는 연극 대본을 쓴 뒤 자살하는 일이 발생했다.[19] 그것은 헛된 공상이었다 — 새러토가에 친절한 타인은 한 명도 없었고 친절한 친구나 교사조차 없었다. 그 극본에 어떤 의미가 있는지 애써 헤아려 본 이는 없었다. 연극에서 도와 달라는 외침이 크게 울려 퍼졌음에도 말이다. 추이는 매력적인 아시아계 소녀였다 — 학교 앨범 속에서 매끄럽게 조각한 듯 창백한 그녀의 얼굴은 검은색 상의에, 검은색 배경 속에서 더욱 도드라져 보였고, 새까만 머리에 가지런히 자른 앞머리가 이마를 덮고 있었다. 높고 동그란 광대뼈와 생각에 잠긴 듯한 미소는 섬뜩한 비극미마저 느껴지게 한다. 마치 자신이 죽을 운명이었음을 알았고 또 그것을 받아들이려 했다는 듯 말이다.

그녀가 수업 시간에 발표한 대본에 대한 반응은 묵묵부답이었다. 그리고 오래지 않아 추이는 소풍용 담요와 수면제 한 통을 가지고 학교에서 약 1.6킬로미터 떨어진 지역 커뮤니티 칼리지 웨스트밸리 캠퍼스 잔디밭으로 갔다. 그녀는 수면제들을 삼키고는 자리에 누웠고 수면 중에 사망했다. 지나가는 사람들은 그녀가 소풍 와서 쉬는 중이라고 생각했을 것이다. 나와 이야기를 나눈 한 교육 행정가는 추이가 유서에 하버드에 불합격해서 부모님께 죄송하다는 말을 남겼다고 말했다.

기저귀를 떼자마자 시작되는
무한 경쟁

압박감이 애들을 극한으로 밀어붙이고 있어요./새러토가 고등학교 부정행위
스캔들로 정학 처분을 받은 한 학생의 아버지[20]

태어나자마자 스트레스가 시작된다. 레이건 이후 우리 사회의 모든 면들이 그렇듯 학군들도 사회경제적 분할선에 따라 점점 더 분리되고 있고, 부모들은 무리하게 돈을 빌려서라도 좋은 학군에 들어가려 하고 있다. 이론상으로 학교는 무상이고 모두에게 열려 있다 — 하지만 좋은 학군에 거주하는 비용은 이미 일종의 추가 등록금 — 엄청난 추가 등록금 — 으로 작용하고 있다. 주택은 어떤 학군에 속하느냐에 따라 가격이 수십만 달러씩 차이가 난다. 부모는 아이들에게 괜찮은 교육을 시키고자 훨씬 더 열심히 일하고 훨씬 더 성공해야 한다 — 아이들을 좋은 학교에 보낼 수 있을 경제력을 보장하는 직장도 반드시 구해야 하고, 그렇게 이 돌고 도는 잔혹한 생활 방식도 계속된다. 그래서 오늘날 부모 대부분은 이런 투쟁에서 자녀들이 먼저 스타트를 끊게 할 요량으로 자녀들을 프리스쿨◆에 보낸다.

1960년대에는 아이들 중 4퍼센트만이 프리스쿨에 갔다. 오늘날에는 3, 4세 아이들 중 3분의 2 이상이 프리스쿨에 다닌다. 하지만

◆ 보통 만 3~4세의 유아들이 다니는 사립 교육기관이다. 만 5세부터 다니기 시작하는 유치원kindergarten은 거의 모든 주에서 의무교육이다.

아무 프리스쿨에나 보내서는 안 된다. 아이를 좋은 초등학교에 입학시키려면 최상위 프리스쿨에 보내야 — 정확히 말하자면 합격시켜야 — 한다.[21] 좋은 초등학교 졸업은 좋은 고등학교 입학에 반영되고 이는 또 좋은 대학교 입학에 반영된다. 그러니까 자녀를 좋은 초등학교에 보내려는 싸움이 맹렬하다. 기저귀를 떼자마자 아이는 철장으로 막혀 퇴로가 없는 링 위로 내던져진다. 프리스쿨에도 이제는 입학 자격이 있다. 이런 엘리트 프리스쿨 및 유치원에 입학할 자격을 얻기 위해 에세이를 쓰거나 ERBEducational Records Bureau[교육시험관리국에서 발전한 시험 기관]가 주관하는 일종의 IQ테스트를 받아야 하는 경우도 많다. 이 테스트 준비를 위해 부모는 과외 교사나 심리학자를 고용해 입학시험에서 예상되는 문제 유형들을 숙지시킨다. 다른 아이보다 돋보이기 위해 "읽기 전" 수업♦ 과외를 받는 아이들도 많다.

프리스쿨 등록금은 수천 달러에 달한다. 『맞벌이의 함정』에 따르면 뉴욕시 최상위 프리스쿨들의 등록금은 1만5천 달러 이상이고 심지어 시카고 공립학교 학군에 속한 프리스쿨조차 등록금이 1년에 6천5백 달러였다. 이는 일리노이 대학교 학비보다도 높은 금액이다.[22] 최고의 프리스쿨들은 대기자 명단이 길고 등록 자격이 엄격하며 그 심사에는 아이 및 부모와의 면담도 있다. 아이를 "좋은" 프리스쿨에 보내는 것은 최상위 대학에 보내는 도정의 필수 조건, 아이가 아등바등 살아가야 하는 중산층의 덫에서 벗어날 수 있게 하는 유일한 길로 간주된다. 또한 이는 사회적 위신과 관련한 것이기

♦ 책 읽기에 들어가기 전, 아이들에게 책에 대한 관심을 유발하기 위해 하는 수업.

450

도 하다. 극성맞은 부모들은 아이가 마치 대학 합격 통지라도 받은 것처럼, 어떤 프리스쿨에 합격됐는지 자랑하고 싶어 안달이다.

프리스쿨을 둘러싼 가장 유명한 스캔들은 시티그룹 회장 샌디 웨일과 시티그룹 자회사 솔로몬 스미스 바니에 소속된 통신 분야 스타 분석가 잭 그루브먼의 증권 사기 사건일 것이다.[23]

우선, 레이건 이후 봉건 엘리트의 대공인 샌디 웨일의 배경을 살펴보자. 1998년에 그는 시티그룹 회장으로 1억6천7백만 달러를 벌었는데, 그 무렵 회사는 직원의 5퍼센트를 정리 해고하고 남은 직원들의 401K연금, 기타 연금들, 그리고 그 밖의 복지 혜택들을 삭감할 계획을 하고 있었다. 그는 직원들의 돈을 자기 주머니로 옮기는 데 성공하자 자만에 빠졌다. 1999년, 웨일은 시티그룹 이사회 이사이기도 한 AT&T 최고 경영자의 비위를 맞추려고 그루브먼에게 AT&T 주식을 높게 평가하라고 압력을 행사했다(당시 이사회에서는 혈투가 벌어졌고 웨일은 끌어모을 수 있는 동맹자 하나하나가 절실했다). 웨일의 제안은 이랬다. 만약 그루브먼이 투자자들에게 AT&T 주식이 정말로 좋은 물건이라고 거짓말을 해준다면, 그루브먼의 아이들이 맨해튼의 명문 프리스쿨에 합격할 수 있도록 도와주겠다는 것이었다. 솔로몬에서 승승장구한 해에 보너스로 2천만 달러를 받기까지 한 그루브먼은 "프리스쿨 보내는 게 하버드 보내는 것보다 힘들다"라고 불평한 적이 있었다. 시티그룹은 그 프리스쿨에 1백만 달러를 기부한 바 있었기에 웨일은 영향력을 행사해 그루브먼의 자녀 둘을 모두 입학시킬 수 있었다.

"그루브먼 씨에게 도움을 주려고 힘썼지요. 그는 중요한 직원이었고, 제게 도움을 청한 거니까요." 웨일은 인정했다. 달리 말해 셸 수 없이 많은, 어쩌면 수만 명도 더 되는 미국인들이 속아 넘어가 형편없는 주식을 구매했고 그 결과 엄청난 손실을 보았다 — 한 분석가의 자녀들을 좋은 프리스쿨에 보내기 위해서 말이다. 이는 최근 몇 년간 월스트리트에서 있었던 가장 큰 — 동시에 가장 우스꽝스러운 — 추문 가운데 하나였다. 하지만 이는 사람들을 압박해 정신이상으로 몰고 가는 문화가 어디까지 갔는지를 상기시키는 기괴한 사건이기도 했다. 심지어 이젠 아이들조차 더는 안전하지 않다!

이런 게 우스워 보일 수도 있지만 그 경쟁은 — 아이들, 그리고 실망감과 스트레스를 자녀에게 돌리는 부모들에게 — 파괴적인 영향을 미칠 수 있다. 잡지 『뉴욕』에 실린 야심적인 부부와 그들의 네 살배기 아들 앤드루에 대한 기사[24]를 보자.

"제 자신에 대한 의심이 들었어요. 어쩌면 아이를 과대평가한 건지도 모르겠다고요." 신시아는 이렇게 인정하면서 앤드루의 성적표가 우편함에 도착했을 때 느낀 실망감을 토로했다. "아들을 다정한 시선으로만 봐왔는데, 제가 틀렸는지도 몰라요. 아들은 참 귀엽고 활발하고 밝아요. 하지만 그게 똑똑하다는 의미는 아닌 것 같아요. 아이와 함께 노력해 보려다가 관뒀어요. 전에 우린 주간 계획을 미리 짜놓곤 했어요. 아이랑 더 구체적으로 논의해 짜보려고 했죠. 그러다 하나도 달라질 게 없겠구나 하는 생각이 들었어요. 너무 실망했어요."

이런 기저귀를 떼자마자 벌이는 무한 경쟁이 사업꾼들에게는 요긴한 것으로 드러났지만 — 표준검사 예비 과정 프로그램들, 유아 심리학자, 그리고 비싼 프리스쿨들의 주주들 모두 노다지를 쓸어 담았다 — 전통적인 교육자들의 사기는 저하되었다.

한 프리스쿨 프로그램의 책임자는 같은 기사에서 이렇게 설명했다. "점점 심해지다가도 좋아지는 때가 올 거라고 생각했어요. 하지만 계속 심해지기만 하고 있습니다."

새러토가 교육청에서 일하는 한 교육 행정가가 내게 이야기해 준 바에 따르면 새러토가 고등학교는 주에서 최상위 등급을 유지하기 위해 표준 시험에서 최상위 점수를 달성하려는 지속적이고도 극심한 압박을 받고 있다. 이유는 자명하다. 학교가 최상위에 오르면 학생들이 최상위 학교에 들어갈 가능성도 증가하고, 그래서 부모들이 새러토가 고등학교 학군에 집을 구하려고 애쓰는 것이다. 학교 당국은 교사들에게 "시험 문제를 가르치는" 교육과정을 마련하라고, 그러니까 아이들을 교육하는 게 아니라 표준 시험 준비를 시키라고 압박한다. 익명을 요구한 한 교육 행정가는 새러토가 고등학교가 성적이 좋지 못한 학생들에게 표준 시험을 보지 말라고 권하는, 심지어는 압박까지 일삼는 경우가 비일비재하다고 주장한다 — 일부 학생들도 그렇게 주장한다. 학교 전체 점수가 낮아질 수 있다는 이유에서다. 그는 이에 몹시 분개해서 학교 당국을 화나게 할 요량으로 — 전체 점수를 조금이라도 떨어뜨릴 요량으로 — [점수는 그리 높지 않지만] 열심히 하는 일부 학생들이 꼭 표준 시험을 보게 했다고 나에게 이야기했다. 나는 새러토가에서 성적이 좋지 못한 몇몇 학생들과 이야기를 나눠 봤는데, 그들 스스로도 본질적으로 그런 구조에서 무시당하고 소외된다고 생각하고 있었다.

"그들은 제가 있다는 것조차 모르고 또 있기를 바라지도 않아요." 성적이 그저 평균에 불과한 새러토가 학생이 내게 들려준 이야기다.

"학교는 이런 아이들에게 신경 쓸 겨를이 없어요." 그 교육 행정가가 내게 말했다. "학교 당국은 성적이 평균 아래인 학생들, 그들의 생활, 그리고 이게 그들에게 나중에 어떤 영향을 미칠지는 전혀 관심 없어요. 관심사라곤 오로지 시험 성적을 올리는 것뿐이에요."

2004년 초 폭탄 위협 사건 당시 새러토가 고등학교 교장 케빈 스켈리는 하버드 대학교 교육학 학위 소지자로 새러토가에서 수십만 달러의 보수를 받았다. 스켈리 박사로 불린 그는 새러토가에서 가족과 함께 살았는데, 미국에서 교육자들이 얼마나 형편없는 봉급을 받고 있는지를 고려하면 흔치 않은 일이다. 사람들은 그가 "새러토가 소사이어티"의 회원, 그러니까 일류 사교 클럽에 억지로 참여하게 됐다고들 했다. 학교를 최상위로 유지하려는 압력은 그런 학부모 및 지역 유지들 — 스켈리 박사가 어울린 — 과 더불어 시작되고 또 극히 강렬하다. 그는 학교가 1등에서 아래로 미끄러지게 두면 안 되었다.

스켈리 박사는 부정행위 스캔들, 폭탄 모의, 그리고 가족 살해 협박이 있고 몇 달 뒤 사임했고 남부 캘리포니아로 이사했다. 『메트로』 발행인 댄 풀크라노가 내게 지적해 주었듯이 높은 성적을 유지시키려는 압력 가운데 일부는 부동산 가치에 뿌리를 두고 있다. 새러토가 학군의 최상위 등급은 그 마을의 주택 평균가 130만 달러로 바뀐다 — 많은 가족들이, 특히 아시아계 이주자들은, 넓은 가족 관계망을 비롯해 모든 것을 이용해 그 학군에 주소지를 얻으려 하고 (우리 가족도 그랬다) 이에 따라 주택 공급이 고정된 시장에서 주택 가격은 훨씬 더 올라간다. 만약 새러토가 고등학교가 주에서 1등일 때 새러토가에 부동산을 구입했다가 학교 평판이 떨어진 뒤에 판다면 수십만 달러의 손해를 볼 수 있다. 130만 달러라는 평균 주택 가격의 20~30퍼센트는 표준 시험 성적에서 나온다 — 부동산 가치를 계속 높게 유지하는 게 아이들한테 달려 있는 셈이다. 모든 눈 — 부모, 학교 당국, 부동산 중개인 — 이 아이들을 향해 있다.

지구화 고교

새러토가 교사들은 부정행위 스캔들에 몹시 화가 났고 상처도 받았다. 그들은 자신들은 학생들을 믿었는데, 학생들이 자신들의 신뢰를 악용했다고 했다. 일부는 학생들을 탓했다. 정원이 31명인 반에 『위대한 개츠비』 — 성공을 위해 부정행위를 저지른 남자 주인공이 나오는 — 에 대한 과제를 내줬다가 부정행위를 저지른 27명을 잡아낸 바 있는 영어 교사 킴 모흐니케는 이런 불만을 토로했다. "학습 과정에 대한 흥미가 부족해요. 학생들 대부분에게 가장 중요한 건 성적이에요."[25]

일부 교육 행정가들은 학교 당국을 탓한다. 일부 학교 당국자들은 학부모들을 탓한다. 외부에서 보는 이들은 지역의 경제적 이해, 특히 부동산 가치를 탓한다.

이 모든 것은 레이건 이후 사회경제적 체계 전체를 관통하는 것의 징후, 즉 거시경제적 수준에서부터 미시적 수준의 개인에 이르기까지 전 영역, 스트레스로 지친 회사원에서부터 프리스쿨 입학시험 준비로 신경과민에 걸린 그의 세 살배기 아이에게까지 적용되는 쉬어짬의 징후다. 새러토가 고등학교의 인기 있는 경제학 교사 토드드와이어가 『새너제이 머큐리 뉴스』 기명 칼럼에 썼듯이 "오늘날 우리 청소년들이 감당해야 하는 극히 이례적인 학업 환경은 새러토가 고등학교 교사 및 당국자들이 조성한 것이 아니다. 그것을 만든 것은 탈규제화된 자유 시장이다. 경쟁은 지구적이고 강렬하다. 그래서 아이들에게 이런 인식이 퍼졌다. '캘Cal[캘리포니아 대학교 버클리 캠퍼스 약칭]이나 MIT, 하버드에 들어가서 고도로 전문적인 초협대역 기술을 개발해야지. 그러지 못하면 다리 밑에서 다람쥐를 구워 먹는 신세가 되고 말 거야.'"26

새러토가 고등학교의 지구화는 보이지 않는 경제적 힘일 뿐만 아주 현실적인 인구통계적 힘이기도 하다. 내가 새러토가에 다닐 때는 학교의 거의 모든 학생들이 백인이었다. 오늘날에는 절반이 아시아계다. 이 마을에서 거의 대부분이 공개적으로 이야기하기를 꺼리는 비밀은 최근에 온 아시아계들이 경쟁의 문턱을 올려놨다는 것이고, 이는 대개 이민 1세대들이 그 이후 세대에 압력을 가하기 때문이다. 내가 학교를 방문했을 때 언론학 특별활동 수업 시간에는 아시아계(동아시아와 일부 남아시아) 학생들이 압도적으로 많았고, 학교 앨범에 있는 연설 및 토론 동아리 사진에도 거의 대부분이 아시아계였다. 한편 백인들은 아이비리그의 눈으로 볼 때 학업 성취도가 그리 높아 보이지 않는 기독교 동아리에 많았다. 새러토가 기독교 동아리가 사우스 베이 에어리어에서 기도를 제일 잘했는지는 모르겠지만 엘리트 대학 입학 사정관들은 그 기도 소리를 듣지 않았다.

이는 일종의 지구화의 역류다. 미국 엘리트는 주주의 이윤을 늘리려고 임금이 노예 수준인 일자리를 아시아로 수출하고 경쟁의 혜택을 크게 선전한다. 부유한 지구화의 수혜자들이 의도했던 것은 "너희들끼리의 경쟁이지 우리[수혜자들]의 경쟁이 아니었다"라는 것이다. 그렇지만 경쟁은 지구를 한 바퀴 돌아 그들[수혜자들]의 엉덩이를 물었다. 마치 중산층이 노조에 적대적인 레이거노믹스를 지지했다가 결국에는 자신들의 삶도 파멸하게 된 것처럼. 오늘날 미국에서 아시아계 농노들은 미국 노동자들보다 더 경쟁력 있는 공장노동자일 뿐만 아니라, 공정한 경쟁 게임에서 아시아계 지식인 및 학생들은 미국 중상층 아이들을 초토화하고 있다. 국경이 무너짐에 따라 이 아시아인들은 지구화를 통해 이득을 얻은 사람들이 아이들을 전입시키는 부유한 구역에 더욱더 많이 진입하고 있다 ― 상층 백인들이 주말마다 한두 시간 노는 것을 여전히 포기하지 않는다면, 그들의 아이들은 쓰레기 같은 점수를 받게 된다. 즉 우리 모두가 너무도 무감각하게 합리화해 버렸던 모든 제철소와 자동차 공장들의 종말처럼 대경쟁에서 그 아이들은 필패할 운명에 처한다. 그런 분투에서는 최고 특권층 아이들조차도 간신히 따라갈 정도다. 이런 아이들은 자신들의 부모를 부자로 만들어 준 바로 그 지구화의 희생자가 된 셈이다. 경쟁을 하면 비참해진다. 부유한 아이들이 무한 경쟁에서 낙오되면 중산층으로 굴러떨어질 것이고 거기서 부모의 부를 갉아먹을 것이다. 그리고 월마트나 올드 네이비에서 판매하는 그저 먹고사는 데 필요한, 아시아의 노예노동으로 생산한 저가 상품들을 필요로 하게 될 것이다.

아시아계 학생들과 백인 학생들은 새러토가 고등학교 주차장에서 분리된 구역에 주차한다 ― 어느 누구도 정확한 이유를 설명하지 못한다. 드러내 놓고 민족적 적대를 보이는 일은 거의 없다. 다만 반쯤은 분노를 숨기고 체념이 뒤섞인 불만을 내뱉을 뿐이다. 양쪽 집단 모두 그렇게 하는 것을 원하는 듯하다. 한 교육 행정가가 내게 들려준 이야기다. 아시아계 어머니들은 자녀를 학교에서 데려올 때 앞좌석이 비어 있어도 아이들을 뒷좌석에 앉힌다는 것이다. "그들은 우리와는 전혀 다른 윤리를 가지고 있어요." 그가 말했다. "그들이 자녀에게 가하는 압박은 우리에게는 익숙치 않은 것이죠."

이 새러토가의 민감한 사안인 민족 경쟁과 관련해 내가 읽은 글 가운데 유일하게 솔직한 것은(이 점에서는 제3세계의 자기 검열이 미국보다 덜하다) 인도 저널리스트 S. 무티아가 인도 신문 『힌두』에 쓴 것이다. "새러토가 고등학교 사친회 공동 대표인 한 중국인 여성은 학교에서 [부정행위] 사건이 있은 뒤 자신이 자녀들을 그렇게 몰아붙인 게 잘한 일인지 의문을 갖게 됐다. …… [그렇지만] 아이를 몰아붙이지 않거나 성적을 묻지 않는 게 이 밸리에 살고 있는 아시아계 부모들이 선뜻 양보할 수 있는 문제라고는 생각하지 않는다. 부모들도 아이들도 황금 양피♦ ― 일류 대학이라는 양피 ― 를 찾아서 매일매일을 희생하고 있다."[27]

♦ 그리스신화에서 이아손과 아르고 원정대가 수많은 고난을 무릅쓰고 찾아 헤매는 것으로 왕권, 태양, 부 등을 상징하는 보물.

흥미롭게도 이 글에 따르면 민족 간 경쟁 및 자리싸움은 새로운 선수들의 등장으로 계속 반복되고 있다. "인도인들이 학교의 여러 활동 분야에 거의 참여하지 않는다는 것에서 알 수 있는 것은, 이 결연한 여정에서 인도인의 목표는 중국인보다 특정 세부 분야에 집중돼 있다는 것이다. …… 이 밸리의 학교 대항 경기 결과를 보면 동아시아계 학생과 라틴계 학생들은 저마다 풋볼, 야구, 여자 야구, 축구(미국에서 가장 빠르게 성장하고 있는 듯한 스포츠), 수영에서 두각을 나타내고 있다. 유일하게 인도인의 이름이 보이는 곳, 그것도 드물게 보이는 곳은, 테니스다. 그들이 집중하는 것은 교실 그리고 시험이다."

사실 글쓴이에게는 일종의 자부심이 있는데, "미국에서 가장 빠르게 성장하고 있는 스포츠"를 할 정도로 닳고 닳은 인상을 주는 중국 아이들보다 인도 아이들이 분명 더 비참한 학교생활을 하고 있기 때문이다. 여기서 숨은 뜻은 인도인들이 더 비참하기 때문에, 2세대 미국인들만큼이나 이미 닳고 닳은 중국인들의 자리를, 인도인들이 자치할 만반의 태세를 갖췄다는 것이다. 비참하면 비참할수록 더욱더 성공을 갈구하게 된다.

동아시아인들과 남아시아인들이 고등학교 단계에서만 경쟁하고 있는 것은 아니다. 앞서 『힌두』 기사에서 묘사됐듯이 그들은 이미 잭 그루브먼과 중산층들처럼 기저귀를 떼자마자 시작되는 무한경쟁에 깊숙이 들어와 있다. 글쓴이는 학생 80퍼센트가 중국인인 최상위 실리콘밸리 프리스쿨을 방문한다. 그 아이들은 지역의 엘리트 "추첨제" 초등학교에 들어가기 위해 일찍부터 공부를 시작해야 한다는 압박을 받고 있다. "추첨제 학교의 입학 허가를 받기 위해 부모들은 원서에 원하는 학군들을 기입해 보내고는 시험을 치를 수 있는 최종 후보자 명단에 들기를 바라며 기다린다. 결과에 따라 점수가 높은 소수의 아이들이 각각의 추첨제 학교로 선발된다. 거기서 그들은 사람들이 맹렬히 추구하는 더 나은 기반을 얻게 되고, 그 기반은 학업 수행에 대한 압박이 훨씬 더 심한 중고등학교에서 그들에게 이점으로 작용할 것이다."

이 아시아인 무리는 우리 위에 있지만, 그럼에도 이들조차 비참하고 속이 부글부글 끓고 있으며 내내 신음하다 노독스[카페인이 들어 있는 각성제]를 찾게 된다. 새러토가 고등학교 부정행위 스캔들로 붙잡힌 학생들은 학교를 폭파하겠다고 협박한 소년을 포함해 모두 아시아계 미국인이었다. 지역신문은 부정행위 스캔들과 폭탄 음모를 이런 민족적 관점에서 다루지는 않았다. 어쩌면 이게 이 이야기에서 가장 흥미로운 부분일 수 있었음에도 말이다.

그렇긴 하지만 그 아이들을 면밀히 살펴보면, 다른 분노 살인 용의자들과 유사한 요인들이, 그 민족 집단 내에서도, 작동하고 있다는 것을 알 수 있다 — 그래서 아시아계 미국인들이 정말로 닮고 닮았고 미국화되었다는 무티아의 논지가 강화된다. 새러토가 폭파범 용의자는 무해한 아시아 개발도상국 아이처럼 보였다. 목은 뼈만 남아 앙상했고 머리도 작았으며 표정을 보니 겁이 많고 말수가 적어 보였다. 학교 앨범에 찍힌 그의 눈은 카메라를 보고 있지 않았다. 고개는 뒤로 젖혔는데, 정신이 산만한 건지 위협적인 느낌을 주려 했는지 모르겠다. 스켈리 박사 가족을 토막 내겠다고 위협한 혐의로 체포된 그의 열다섯 살 여자 친구도 아시아계 미국인인데 학교 앨범 속 그녀의 얼굴은 넙적하고 살집이 있으며 짓궂게, 거의 장난꾸러기 같이 싱글싱글 웃고 있다.

"걔[그의 여자 친구]는 좀 이상한 면이 있었고 우울해 보였어요." 한 학생이 내게 들려준 말이다. 일부 학생들은 그 둘이 중1 때부터 데이트를 해왔다고 말했고, 그들은 그것을 그들이 "이상한" 또 다른 증거로 보았다.

그 소년의 폭탄 음모에 대해 아이들이나 그 밖의 다른 사람들도 그다지 심각하게 여기지 않았는데, 그가 훔친 폭발물의 양이 적었기 때문이다. 게다가 그는 고체 화학물질 글리세린을 훔쳤다. 과학 교사 밥 쿠서가 『팔콘』에서 지적했듯이 폭발물을 훔치려 했다면 [액체] 글리세린을 가져갔을 것이다.

"누군가 학교를 폭파할 거라고 무서워하는 사람은 한 명도 없었어요." 『팔콘』 여성 편집부원이 내게 들려준 말이다. "과학 선생님한테 들었는데 걔가 가진 폭발물은 의자를 폭파할 정도도 안됐다고요."

사실 많은 학생들은 좀 우습다고 생각했다. 그 가련한 아이는 B학점 학생으로 학교에서 실패했을 뿐만 아니라 콜럼바인 같은 사건을 일으키는 데도 실패했다. 그는 인생에서 가장 중요한 화학 시험에서 낙제했는데 이를테면 이런 문제다. "동은 학교를 폭파하고 싶다. 학교는 2만 입방피트[약 562평]에 철근 콘크리트 구조물이 20개이고 학생은 1천3백 명이다. 동은 과학실에서 질산암모늄, 염소산칼륨, 글리신(또는 글리세린)을 얼마나 훔쳐야 하는가? 답을 쓰시오"(제한 시간 30분).

폭탄 용의자와 관련해 가장 주목할 만한 것은 내가 이야기를 나눈 학생들에게 그가 전혀 인상을 남기지 못했다는 것이다. 아무도 그가 누구인지 몰랐을 뿐만 아니라 그를 알고 있는 사람들도 실은 그를 모르고 있었다. 그는 "눈에 띄지 않는 중간"에 숨어 있었고, 이제는 그 무리에서 완전히 축출된 상태였다.

모두가 낙제생[*]

돈을 강탈당한 건 밀리 할머니만이 아니고 우리 아이들도 그렇습니다.[**]

/민주당 하원의원 제이 인슬리[28]

워싱턴 주 스노호미시 카운티 교육자들은 2004년 7월에 이런 불만을 토로했다. 엔론에 에너지 요금을 — 인위적으로 폭등시킨 요금을 여전히 내리지 않은 상태였다 — 지불하기 위해 지역 교육청은 교사 채용, 교과서 구입, 버스, 그리고 기타 아이들에게 필요한 것들을 축소해야 한다는 것이었다. 워싱턴 주 에버렛의 『헤럴드』에 따르면 이 별로 크지 않은 카운티의 교육청들은, 2000년과 2001년 엔론의 에너지 시장 신용 사기로 에너지 가격이 높아져 9백만 달러를 더 내야 했다. 머컬티오 교육청은 교과서 및 도서관 도서 지출을 줄였고 버스 운전수, 사무실 직원, 방과 후 활동과 관련한 예산을

---

[*] Every Child Left Behind. 부시의 낙제학생방지법No Child Left Behind을 비꼰 표현.

[**] 2000년에 에너지 공급업체 엔론의 직원 둘이 통화 중 캘리포니아의 밀리 할머니를 비롯해 그곳 주민들을 조롱하는 내용이 공개되어 파장을 일으켰다. 그들은 엔론의 과도한 요금 인상에 대해 스스로 '강탈'stolen이라는 표현을 썼고 그 요금을 되돌려 받으려는 이를 조롱해 공분을 샀다.

삭감했다. 인근 스노호미시 교육청은 한 해에 전기료를 42만 달러 더 내야 할 처지였다. 『헤럴드』에 따르면 "예산을 맞추기 위해서 그 교육청은 학생 수 증가에 따라 추가로 임용해야 할 교사를 임용하지 않았고 공석도 채우지 않았다. 그로 인해 반 평균 인원이 빠르게 증가했다."

머컬티오에서도 동일한 자금 부족 문제가 발생했다. 이 교육청의 사업 서비스를 책임지는 전무이사 캐럴린 웨브에 따르면 머컬티오 교육청이 2003년에 주로부터 추가 지원을 받기로 했지만 그 지원금 가운데 3분의 2는 엔론의 계좌(그러니까 과테말라 안티구아 어딘가에 있는)로 직행했다. "원래는 교과서, 컴퓨터, 소프트웨어 구입에 쓸 돈이었어요." 그녀는 『헤럴드』에 유감스럽다는 듯이 말했다.

참 믿기 힘들게도 엔론은 스노호미시 카운티 공공사업구Public Utility district, PUD⁕를 고소했다. 2001년 자신들이 한창 신용 사기를 저지르고 있을 때 맺은 말도 안 되는 계약을 위반했다는 것이었다. 승소시 엔론은 스노호미시 카운티에서 1억2천2백만 달러를 더 짜낼 수 있게 된다. 그러니까 그곳 교육청은 엔론의 도둑들에게 250만 달러를 더 건네줘야 한다는 말이다. 하원의원 인슬리는 "[영화 〈우리에게 내일은 없다〉Bonnie and Clyde에서 은행 강도로 나오는] 보니와 클라이드가 은행에 소송을 건 격"이라고 했다. 카운티의 마지막 희망은 연방에너지 규제위원회 ─ 엔론 전 대표 켄 레이가 이 위원회의 위원 구성에 막

⁕ 전기, 수도, 가스, 하수 처리, 분리수거 등을 비영리로 공급하는 기관 및 그 구역. 선출 혹은 지명된 위원회가 관리하고 보통 비영리로 운영되며 캘리포니아, 네브래스카, 오리건, 워싱턴 주에만 있다.

대한 영향력을 행사했다 — 에 상고하는 것이다. 말하자면, 보니와 클라이드가 은행을 고소한 사건에서 보니와 클라이드가 지명한 재판장이 나오는 셈인 것이다.

> [2000년] 이번 선거 때 부시가 이 망할 것을 없애 버릴 거야. 그는 이런 거지같은 가격 상한제를 쓰지 않을 거라고./엔론 업자, 2000년 선거 전[29]

> 우리는 캘리포니아 문제들을 악화시키는 어떤 조치도 하지 않을 텐데, 저는 가격 상한제를 반대하기 때문입니다./조지 W. 부시 대통령(2001/05/21)[30]

미국인들은 왜 이것을 받아들일까? 왜 이런 일이 그들 자신뿐만 아니라 자기 자녀들에게도 일어나도록 내버려 두는 것일까? 자신의 생명을 보호하기 위해 필요한 존엄을 지키는 사람이 미국에는 한 명도 남아 있지 않은 걸까? 우리의 주인들, 최고 경영자 그리고 레이건 유산의 상속자들을 마음 깊숙이 경외하는 것일까? 너무 두들겨 맞다 보니 쥐어짜이는 것을 진짜로 좋아하게 된 것일까? 실직률은 기록을 경신하고 경제적 쥐어짬은 악화되고 있음에도 불구하고 2004년 선거에서 부시가 승리했다는 것은 귀족에 대한 숭배가 사람들의 개인적·재정적 혹은 건강상의 필요와는 전연 별도로 저절로 이루어진다는 것을 시사한다. 엔론이 대통령의 승인을 받아 아이들에게서 교육을 빼앗고 그런 와중에도 대통령은 여전히 사랑을 받는 이런 이야기들은 우리를 너무도 분노케 해 [분노를 추스르려면] 심호흡을 하지 않을 수 없다. 참으로 수치스러운 일이다. 엄청난 잠재력이 있음에도 그것을 손톱만큼도 사용하길 두려워하는 이런 시민들의 나라는 지구상에 또 없을 것이다.

이 모든 것은 레이건이 부자 감세를 벌충하려고 가난한 아이들의 급식 프로그램을 대폭 줄인 1981년부터 계속돼 온, 보다 광범위한 수준에서 이뤄진 잔인한 문화와 왕따의 산물이다. 결과는 대성공이었다. 몇 년 만에 약 3천 곳의 학교, 4백만 명의 아이들이 급식 대상에서 탈락됐다.[31] 여기에는 빈곤선 밑에서 살고 있고 더 인색해진 새 기준으로 해도 여전히 수급 자격이 되는 150만 명의 아이들도 포함됐다.

예전의 논란거리가 오늘날엔 현실이 됐다. 1999년, 여섯 명의 아이 중 하나가 가난하게 살았다. 1990년대 미국은 유례없는 호황을 누리고 있었는데도 말이다. "가난하게 산다"고 할 때 인구조사국이 사용하는 "가난"이란 3인 가구가 1년에 1만3,290달러 이하로 사는 것을 뜻한다. 미국에서 단 한 사람도 그 돈으로 사는 게 어떻게 가능한지 모르겠지만 여섯 중 하나 꼴로, 즉 1천2백만 명의 아이들이 실제로 그렇게 살고 있다.

한 가지 방법은 아이들을 병원에 보내지 않는 것이다. 1999년, 의료보험이 없는 아이들이 약 1천1백만 명에 이르렀는데, 이는 세계 다른 모든 문명국에서는 듣도 보도 못한 일이다. 아동보호기금에 따르면 우리 아이들의 빈곤율은 캐나다와 독일의 두 배, 프랑스, 벨기에, 오스트리아의 여섯 배다.[32] 우리는 우리 아이들 여섯 중 하나를 벨기에만큼도 대우해 주지 못하고 있는 것이다. 달리 말해 자국의 아이들을 어떻게 대우하는지 그 문화를 판단해 보면, 미국은 침체되어 간다고들 하는 구유럽과 견줄 수준도 안 된다. 미국은 인도나 수단 같은 나라들과 경합하는 3부 리그에 속한다 — 그 나라들에는 적어도 경제적 구실이라도 있다는 점은 차치하고 말이다.

　우리는 아이들을 이리도 냉담하게 대우하고 또 그것을 미덕인 양 과시하는 지구상의 유일한 부자 나라다. 우리는 부가 늘어날 때마다 새로운 부를 엉뚱하게도 가장 부자인 이들에게 보내고 가장 필요한 이들에게는 원조를 더 삭감하는 것을 정상으로 여기며 "원래 그런 것"이라고 보는 유일한 나라다. 우리는 미쳤다. 병들었고 미쳤으며 농노임을 자랑스러워한다. 우리는 우리를 제외한 다른 모든 사람들, 주 35시간 노동을 하는 프랑스인들, 전국민의료보험 혜택을 받는 캐나다인들을 미친 사람들이라고 확신한다.

지옥이 되어 버린 학교

중산층 학생 대다수가 비참한 학교생활을 하고 있고, 거의 지하드에 가까운 대응에 크게 공감하고 있다. 그들의 폭넓은 공감대는 대중문화에도 반영되고 있을 정도다. 내 학창 시절 하이틴 영화들은 십대의 조울증적 감성에 호소할 정도의 고통이 적절히 들어간 재밌고 가벼운 코미디였다 ― 〈아직은 사랑을 몰라요〉*Sixteen Candles*, 〈신비의 체험〉*Weird Science*, 〈리치먼드 연애 소동〉*Fast Times at Ridgemont High*, 〈라스트 버진〉*The Last American virgin*, 그리고 〈작은 사랑의 기적〉*Better Off Dead* 같은 영화들은 고교 시절을 간간히 인생의 고통스런 교훈이 가미된 즐거운 시절로 그린 오락물이었다. 이 영화들은 당시 꽤 그럴듯해 보였다 ― 고등학교가 잔인한 곳이기는 했지만 학생들이 오늘날처럼 그런 방식으로 쥐어짜이지는 않았다. 또한 정상으로 보이는 것이 실은 견딜 수 없고 잘못된 것임을 일깨우는 살인 사건이 일 어나지는 않았다.

레이건의 임기가 더디게 흘러감에 따라 존 휴즈*의 걱정 없이 마냥 행복한 영화들은 점점 덜 그럴듯한 이야기가 되어 갔고, 그러다 결국 〈헤더스〉가 나타나 그 기분 좋은 십대 코미디 장르를 없애 버렸다. 〈헤더스〉는 레이건 대통령의 두 번째 임기 말에 생겨나던 감성에 호소한 첫 십대 코미디 영화였다. 영화는 중상층 고등학교에서 허덕거리는 학생들 사이의 사디즘과 치명적인 위선, 그들을 가르치는 루저들, 그리고 살인만이 상상할 수 있는 유일한 합리적·영웅적 대응이라는 이유로 그들을 살해한 남자 주인공을 다룬다. 크리스천 슬레이터가 연기한 남자 주인공은 학교의 유해한 문화에 대한 해결책을 제시한다. 곧 가장 비열하고 천박한, 가장 인기 있는 학생들을 죽이는 것이다. 그리고 그들이 죽은 뒤에 그 자리를 차지한 학생들도 죽인다. 그러다 결국 학생들 각자가 자기보다 못한 누군가를 왕따시킬 기회를 노리고 있다는 게 분명해지자 남자 주인공은 학교 전체를 폭파하기로 결심한다.

〈헤더스〉가 개봉되자 그 주장 ― 학교가 지옥이자 꽤 그럴듯한 이유가 있는 대량 살인의 원인이라는 것 ― 은 많은 논쟁을 불러일으켰다. 오늘날 이런 주제는 십대 영화의 전형이다. 콜럼바인과 유사한 사건을 사실주의적으로 표현한 영화 〈엘리펀트〉*Elephant* (2003), 중학생 소녀가 학교의 잔인한 사회적 사다리를 파괴적인 방식으로 오르

◆〈아직은 사랑을 몰라요〉, 〈신비의 체험〉을 비롯해 〈나 홀로 집에〉, 〈내 사랑 컬리 수〉 등의 각본, 제작, 감독을 맡았다.

는 영화 〈써틴〉*Thirteen*(2003), [셰익스피어의] 〈오셀로〉를 학교를 배경으로 현대적으로 각색해 결국 학내 총격으로 끝맺는 영화 〈오〉*O*(2001), 그리고 중산층 학교 문화와 어른의 위선에 대해 훨씬 더 분노에 찬 공격을 가하는 영화로 남자 주인공이 "정신 개조" 강사의 집에 불을 지르고 한 학생을 총으로 쏴 죽이는 〈도니 다코〉(콜럼바인 사건으로 상영이 연기되기도 했다). 심지어 〈일렉션〉(1999)이나 〈인형의 집으로 오세요〉(1996)처럼 학내 총격이 나오지 않는 십대 영화들조차 중산층 학교 문화를 무자비하게 공격하는데, 영화를 보면 주인공뿐만 아니라 그들의 생활, 무대, 그리고 그것을 가능케 하는 더 큰 문화에 넌더리가 날 정도다. 〈일렉션〉에서 유일하게 호감 가는 인물은 "애교심"을 거의 망가뜨리고 ― 학교에서 쫓겨나기도 한다 ― 사랑에 속 태우는 레즈비언 반란자다. 교훈은 고통의 원천에서 빠져나와야만 행복을 찾을 수 있다는 것인데, 두려움에 시달리고 스트레스로 쥐어짜이는 모든 미국인들이 믿고 있는 것과 정반대의 것이다.

예외적으로 학교가 지옥이라는 이런 모티브를 사용하지 않은 유일한 영화는 1980년대 십대 코미디 영화의 어설픈 아류작 〈아메리칸 파이〉다. 등장인물들이 그토록 행복하고 경박할 수 있는 유일한 이유는 인기 있는 무리이기 때문인데, 모두 알다시피, 진짜 인기 있는 아이들, 상위 10퍼센트의 아이들은 분노로 이어지는 노여움이나 소외 같은 것을 결코 느끼지 않는다. 1990년대의 기분 좋은 십대 코미디 영화 〈클루리스〉는 비벌리힐스 고교의 인기 있는 무리 ― 달리 말해 (인기 있는 십대 텔레비전 드라마 〈비벌리힐스 아이들〉*Beverly Hills 90210*에 나오는 이들과 같은) 바로 학내 엘리트

— 에 관한 것이다. 가벼운 십대 영화는 그 엘리트들에게 초점을 맞출 때에만 그럴듯하다. 흥미롭게도 〈아메리카 파이〉는 새로운 경향의 기분 좋은 십대 코미디 영화들을 낳지 못했는데, 이유는 그것들이 그럴듯하지 못했기 때문이다. 십대들이 그나마 좋게 그려지는 영화라면 〈퀸카로 살아남는 법〉*Mean Girl*(2004) 같은 절충적 영화들이다. 이 영화는 한 고등학교의 고약하지만 인기 있는 소녀들에 관한 코미디로 학교는 폭력적인 사건이 있고 난 뒤에야 행복한 결말을 맞는다. 〈세이브드〉*Saved!*는 한 기독교 학교의 심술궂은 인기 소녀들과 위선적인 교사 및 어른들에 관한 풍자 영화다. 〈퍼펙트 스코어〉는 견딜 수 없는 압박감 탓에 SAT에서 부정행위를 하기로 공모하는 아이들에 관한 십대 코미디 영화다. 이 영화들 중 어떤 것도 학교를 재밌어 죽겠는 곳으로 그리지 않는다. 고등학교가 비참하고 신경을 쪼는 스트레스 기계라는 것은 오늘날 누구나 인정하는 사실이다. 그곳은 멍청한 위선자들이 다스린다. 가장 잔인하고 상스러운 학생들에게 호의적인 분위기의 그곳에선, 대부분은 아니더라도, 많은 학생들이 끓어오르는 불의에 대한 분노나 수치심, 무기력감을 끊임없이 억누르고 있다.

콜럼바인에서 빈 라덴으로

새러토가 고등학교 폭탄 모의 및 부정행위 스캔들로 새너제이는 전국의 학내 분노 사건에 대한 새로운 기사들에 돌연 과민하게 되었다. 학내 살인 및 살인 모의 기사를 보는 것은 거의 전쟁 뉴스를 보는 게 됐다 ― 날마다 뭔가 새로운 일이 일어났다.

2004년 2월 9일, 새러토가 학교들이 자신들의 이 위기 상황에 무엇을 해야 할지 토론하고 있을 때 뉴욕 주 올버니에서는 열여섯 살 고등학생 존 로마노가 학교에 산탄총을 가져왔다.[33] 그가 재학 중인 학교명은 콜럼비아 고교, 섬뜩하게도 바로 그곳을 상기시키는 이름이다. 로마노는 남자 화장실에 들어가 친구에게, 자신이 학교에 총을 가져왔으니 피하라는 문자를 보내고는 총을 꺼내 장전했다. 로마노는 쉬는 시간에 복도로 나와 한 학생의 머리를 겨냥했고 아슬아슬하게 빗나갔다. 학생들은 앞다퉈 도망쳤다 ― 그가 다시 뿌려 댄 새 사냥용 작은 총알들은 복도 벽들에 맞았고 교실 벽에도 구멍 하나를 냈다. 그가 또다시 총을 쏘자 뒤에서 교감이 몸을 던져 그를 붙잡아 쓰러뜨렸다. 로마노가 쓰러질 때 총도 떨어져 미식축구 코치가 부상을 입었다. 로마노는 체포돼 살인미수로 기소됐다.

고약한 손가락질들이 바로 시작됐다. 교육감은 기자들에게 자신의 근면함과 선견지명을 확신시키려 애썼다. 로마노 총격 사건 전부터 학교 출입문을 하나로만 하는 등 엄격한 보안 조치를 시행해 왔다는 주장이었다. 그는 어떤 학생들도 학교에 위험한 것은 어떤 것이라도 들키지 않고 반입하는 것은 불가능하다고 말했다. 그가 기자들에게 이렇게 이야기하는 것을 듣던 학생들은 웅성거렸고 공개적으로 반박하는 목소리도 나왔다. "학교에 뭐든 가져갈 수 있어요." 1학년생이 한 지역 기자에게 이야기했다.

학생들 사이에서는 이런 소문이 돌았다. 로마노가 지난주 한 댄스파티에서 술을 마시다 싸움에 휘말려 주먹을 휘두른 일이 있었고, 그가 "혼자 있기 좋아하는" 유형이라는 등의 이야기였다. 그가 학살을 일으킬 유형으로 보이지 않는다는 말도 있었다 ― 그가 친구들과 해키색*을 하곤 했다는 것이다. 로마노의 변호사 E. 스튜어트 존스 주니어는 이런 의견들을 반박하며 그의 반 친구들이 "그 문제에 더 큰 책임이 있다"라고 주장했다.

이튿날, 즉 2월 10일 화요일, 경찰은 올버니의 또 다른 교외 지역에 위치한 코린트 고등학교로 출동했다.[34] 남자 화장실에 "지옥이 온다 04-03-13"이라고 경고한 그래피티가 발견된 것이었다. 경찰은 학교를 이 잡듯이 뒤졌지만 아무것도 발견하지 못했다. 콜럼비아 총격 이후로 학생, 부모, 교사들 모두 신경이 아주 날카로웠다. 그러다 누군가 달력을 보다가 3월 13일이 토요일이라는 것을 알게 됐다. 텅 빈 학교를 지옥으로 만들기는 쉽지 않을 터다. 한 기자가 코린트 교장에게 그래피티가 "모방범"의 소행일 수도 있다고 말하자 교장은 놀랍게도 솔직하게(그리고 정확하게) 답했다. "그럴 가능성도 있다고 생각합니다. 이따금 어떤 예고도 없이 일어나긴 하지만요."

"이따금 어떤 예고도 없이 일어"난다는 것. 이는 학교 분노 현상에서 더 깜짝 놀랄 만한 양상이다. 학내 총격 사건 및 모의들은 여전히 현재 진행형이다. 2003~04학년도는 [1999년] 콜럼바인 이후 가장 피로 얼룩진 해인 것으로 밝혀졌다. 클리블랜드에서 활동 중인 학교 안전 컨설턴트 케네스 트럼프에 따르면 2004년 2월 초 현재 학교와 관련된 총격 사건은 21건이고 사망자는 36명이다.[35] 그중 언론에 보도된 것은 거의 없었는데, 어쩌면 9·11 이후 중산층

---

* 콩 등을 채운 주머니를 발끝으로 차며 하는 가벼운 놀이.

아이들이 학교에서 총질하는 것과 그런 모의가 우리가 미국에 불어닥친 사태를 판단하는 새로운 방식에 맞지 않기 때문인지도 모른다. 즉 현재 그런 짓을 하는 인간들은 오직 이슬람 극단주의자들뿐이라는 인식 말이다. 어떻게 중산층 백인 아이가 미국에서 가장 성스럽고 사랑하는 기관 중 하나인 학교를 증오해서 그곳의 모든 사람들을 죽이고 싶어 하겠는가?

어쩌면 그들은 문화적으로 더 큰 무언가에 몹시 분노하고 있는지도 모른다. 1999년에 딜런 클리볼드와 에릭 해리스는 여객기를 납치해서 뉴욕시에 충돌시키겠다고 이야기한 바 있다. 9·11이 있고 네 달 뒤에는 열다섯 살짜리 우등생 찰스 비숍이 작은 비행기를 운전해 탬파의 한 고층 빌딩 사무실, 즉 뱅크 오브 아메리카 빌딩 28층에 충돌시켜 자살해 전 국민을 경악케 한 일이 있었다.[36] 운항 중 비숍은 미중부사령부의 본거지인 맥딜 공군기지 — 이곳은 아프가니스탄 전쟁과 오사마 빈 라덴 추적 작업을 조직화하고 있었다 — 의 영공을 침범했다. 나중에 기자들이 밝혀낸 바에 따르면 생의 마지막 주에 그 기지의 지도들을 인터넷에서 내려받은 비숍은 맥딜 관제탑 위를 저공비행했고 정차된, 연료가 가득 찬 공중급유기 KC-135 두 대 위를 [불과] 30미터 떨어져 스쳐 지나갔다. F-15 두 대가 사우스 플로리다 기지에서 긴급 이륙했지만 상황을 해결하기에는 늦은 상태였다. 네 달 전 경험에서 뼈저린 교훈을 얻은 국토안보의 수준을 드러내 주는 사건이었다.

비숍은 전 과목 A를 받는 학생이자 중산층, 백인, 기독교인이었다. 그는 오사마 빈 라덴과 9·11 공격을 지지하는 유서를 남겼다. 이것은 도저히 사실이라고 인정할 수 없는 것이어서 그의 어머니는 찰스가 테러와의 전쟁을 지지했다고 단언했고 그의 선생도 비숍이, 아주 분명히는 아닐지 모르지만, "참 애국적"이었다고 단언했다. 그 유서의 심란한 메시지는 "그저 관심을 끌려는" 흔하고 의미 없는 욕설로 일축됐다.

아이가 단순히 관심을 끌려고 했다면 자살까지 하지는 않았을 것이다. 그러니 다시 한 번 물어야 한다. 왜 찰스 비숍은 비행기를 도심 고층 건물에 충돌시켜 관심을 끌려 했을까? 그는 그 질문에 대한 답을 유서에 밝혀 놨지만 어느 누구도 귀 기울이려 하지 않았다. 대신 학생과 교사들은 찰스 비숍의 그 유명한 애국적 발언 선집을 낭독하기 시작했다. 비숍 가족은 성명을 발표했다. "찰스와 가족은 테러리즘과 오사마 빈 라덴에 대한 우리 미합중국의 전쟁을 언제나 또 전적으로 지지해 왔습니다."

"그 아이는 공군에 입대해 조국을 위해 뭔가를 하고 싶다고 말했습니다." 언론학 교사 가브리엘라 테리의 말이다. 그녀는 찰스가 그런 일을 했다는 것을 믿을 수 없고 또 그를 잘 안다고 했다. "하나도 빠짐없이 다 알고 있어요." 그녀는 자신이 실은 그에 관해 하나도 모른다는 압도적인 증거들을 무시한 채 말했다. "좋은 애였어요."

찰스 비숍의 자살은 미국 사람들이 스스로를 진지하게 반성하게 할 수 있었던, 실제로는 그러지 못했지만, 대단히 매혹적이고 충격적인 이야기였다. 좋은 아이, 상냥하고 사교성까지 갖춘 우등생이 오사마 빈 라덴과 같은 테러 행위를 저질렀다. 하지만 사람들은 그가 우리 역사상 가장 끔찍한 테러를 모방하도록 몰고 간 것이, 그가 다녔던 플로리다의 학교 혹은 미국과 무슨 관련인지를 생각해 보는 계기로 삼지 못했다 — 대신 우리는 스스로를 기만했다. 모하메드

아타[9·11 테러에서 항공기를 납치해 폭파시킨 인물]는 우리의 자유를 증오해서 비행기를 빌딩으로 몰았다. 찰스 비숍은 우리의 자유를 사랑함에도 불구하고 비행기를 빌딩으로 몰았다. 이를 이해하는 데 무엇이 그리 어려운 것일까?

찰스 비숍 이야기는 훨씬 더 기괴하게 끝을 맺는다. 공군이 되기를 바랐던 애국적인 소년이었다는 설이 오래가지 못할 것을 염려한 당국은 모든 의문과 두려움들을 잠재우리라고 생각한 설명을 내놓았다. 그들은 소년이 사용한 여드름 약을 탓했다. 아큐테인. 그렇다, 여드름 약이 어린 찰스가 비행기를 빌딩으로 몰고 가게 한 것이다. 슈퍼-클리어라실[피부 질환 치료제]이 그가 빈 라덴을 지지하게끔 한 것이다. 이 마지막 설명이 몬티 파이톤Monty Python◆만큼이나 어처구니없었음에도 불구하고 『뉴욕타임스』를 비롯해 많은 언론들은 그것을 공식 견해로 받아들였다.

클리어라실이 그를 그렇게 만들었다는 설명은 전 국민을 안심시켰을 뿐만 아니라 찰스 비숍의 어머니를 부자로 만들어 줄 형세였다. 그녀는 아큐테인 제조사 로슈를 상대로 7천만 달러의 소송을 제기했다. 나중에 찰스 비숍의 어머니는 자신이 남편과 두 차례 동반 자살을 시도한 적이 있었음을 인정해야만 했다. 이런 일화들에 대해 그녀는 편리하게도 약을 탓했다.

밝고 잘생긴 호감형의 소년이 대체 왜 세상을 증오했는지 궁금하지 않은가? 아무튼 결국 대중에게 공개된 찰스 비숍의 유서를 살펴보자.

◆ 엉뚱하고 어이없는 유머를 구사하는 영국의 6인조 코미디 그룹.

나는 내가 실행할 행위들과 관련해 이 성명을 준비해 왔다. 무엇보다 오사마 빈 라덴이 9월 11일에 테러를 일으킨 데는 절대적으로 타당한 이유가 있다. 그는 강한 나라의 무릎을 꿇게 했다. 신은 그를 비롯해 9·11을 일으키도록 도운 이들을 축복하신다. 괴물 같은 — 사실상 세계 지배를 원하는 — 이스라엘인들에게 충성한 미국은 팔레스타인들과 이라크인들에게 저지른 끔찍한 행위가 어떤 결과를 가져왔는지 보게 될 것이다! 당신들은 대가를 치르게 될 것이고 — 불쌍도 해라! — 내가 그렇게 할 것이다! 이것이 끝이 아니다. 나는 이 일을 도모하기 위해 알카에다를 비롯한 여러 조직들과 몇 차례 만난 적이 있다. 나는 그들과 함께하지 않기로 했다. 이것은 내가 단독으로 수행하는 작전이다. 도와주는 이는 없지만 나는 그들을 대신해 행동할 것이다. 오사마 빈 라덴은 1967년 이스라엘과 시리아의 전쟁에서 남은 구식 핵폭탄으로 슈퍼볼을 날려 버릴 계획을 하고 있다.

이 유서를 읽고 어찌 그가 그저 관심을 끌려 한 대단한 애국자라고 말할 수 있을까. 그가 추구한 것은 오사마와 비슷했다. 미국에 깊은 내상을 입혀 사람들의 생각에 큰 변화를 주려는 것이었다. 미국은 대단히 많은 미국인들에게, 아이나 어른이나 할 것 없이, 증오스러운 곳이다. 찰스 비숍은 "우리가 자유로워서 우리를 증오한" 게 아니었다. 그는 미국이 증오할 게 많기에 증오한 것이었다. 이 증오심을 특정한 틀에 담아 표현할 적절한 어휘가 없어서 그는 오사마 빈 라덴이라는 이슬람적 각본을 차용해 남겼다 — 아마도 비숍의 증오심은 여전히 말로 표현되거나 맥락화되지 못했던 것이다. 그는 증오심과 불의에 대한 감정을 자신의 경험에서 끌어내 자기

고유의 말로 표현할 능력이 부족했다. 대신 비숍의 적(미국)의 적(오사마)이 비숍의 친구가 돼 버린 것이다.

넘어가자! 극복해!

폭탄 모의 기사가 터지고 약 한 주 뒤 나는 새러토가에 도착했다. 스켈리 박사, 교사들, 학생들, 심지어는 시장과도 이야기를 나눴는데 모두들 하나같이 이렇게 말했다. "우린 그저 빨리 넘어갔으면 좋겠어요."

"학생들은 그저 빨리 넘어가길 원해요. 이 모든 걸 잊고 싶어해요." 스켈리 박사가 내게 들려준 말이다. 사실 내가 도착했을 때쯤 새러토가의 모든 사람들은 "이미 넘어간" 상태였다. 이야기를 나눈 아이들 모두가 그렇게 말했다.

이렇게 서둘러 넘어가려는 데는 뭔가 은밀한 이유가 있었다. 나는 이게 부시 행정부가 가장 즐겨 사용한 구절 중 하나라는 것을 잘 알고 있었다. 놀랄 것도 없이, 뭔가 끔찍한 일이 일어날 때마다 다음으로 넘어가려는 욕망이 분출했고, 그들은 사람들이 그것을 빨리 잊기를 바랐다. 그들은 2000년 플로리다 선거 스캔들◆에서 그 표

◆ 2000년 박빙의 미 대선에서 부시는 일반투표에서는 졌지만 선거인단 투표에서 이겨 대통령이 되었다. 민주당의 앨 고어는 기계에 의한 개표가 부정확할 수 있다며 플로리다의 4개 카운티에 대해 재개표를 요구했는데, 연방 대법원은 추가 수작업 개표를 허용하지 않아 부시가 당선됐다. 당시 조지 부시의 남동생 젭 부시가 주지사로 있던 플로리다의 투표용지는 투표자에

현을 처음 사용했는데, 국민들에게 고어와 그 지지자들이 의지가 약한 미친놈이고 슬픔에 잠긴 패배자라는 인상을 주기 위해서였다. 승자들은 늘 다음으로 넘어간다 ─ 패자들은 그럴 수 없다. 미국은 승자에 강박적으로 집착하기 때문에 다음으로 넘어가자는 주장은 그 자체가 본질상 억지다 ─ 즉 그것은 키케로의 어떤 정교한 전략보다도 훨씬 효과적으로 토론을 무효화한다.

"고어 씨, 다음으로 넘어갈 때입니다."/『하트퍼드』(2000/11/28)

"다음으로 넘어갈 때"/『월스트리트 저널』(2000/12/13)

"승자는 나왔습니다. 다음으로 넘어갈 때입니다"/플로리다 주 농업국장 로버트 크로퍼드(2000/12/18)

"다음으로 넘어갈 때입니다. 너무 오래 끌었어요."/조지 부시가 플로리다 상원에서 열린 한 의식에 참석해 플로리다 선거를 자신에게 편리하게 공인하며 한 말(2000/12/18)

사람들에게 다음으로 넘어가자고 이야기하는 것은 본질상 부인을 명령하는 것과 다를 바 없는데, 기억상실증이 아니라면 자신들에게 뭔가 잘못된 게 있음을 암시한다.

퇴학당한 새러토가 고등학교 학생 중 한 명을 대리한 변호사 데

게 상당한 혼란을 줄 만큼 복잡했고 또한 펀치로 구멍을 뚫는 방식이었는데 구멍이 제대로 뚫리지 않은 표들이 무효로 처리돼 큰 논란을 일으켰다.

이비드 미클린은 당국에 맞서 이런 "다음으로 넘어갈 때"라는 태도를 영리하게 뒤집었다. "우리는 [교육감 신시아 홀 래니가] 그 가족이 다음으로 넘어가도록 진심으로 돕고 있다고 생각하고 싶습니다."[37] 그가 『새너제이 머큐리 뉴스』에 한 말이다. 그의 생각 틀에서는 다음으로 넘어가는 것이 그 아이의 책임을 면하게 해주고 그 모든 것을 잊는 것이다. 반면 다음으로 넘어가지 말자는 것은 가혹한 처벌을 주겠다고 고집하는 것이다. 그의 의뢰인은 학교를 잠시 떠나 있는 가장 가벼운 징계를 받았다. 즉 부정행위로 붙잡힌 아이들은 인근 로스가토스 고등학교에서 한 학기를 다니다가 그해 가을에 새러토가로 돌아오는 게 허락되었다.

아칸소 주 존즈버러의 웨스트사이드 중학교와 켄터키 주 웨스트퍼두커의 헬스 고등학교에서 발생한 총격 사건들의 여파로 그곳에서도 동일하게 다음으로 넘어가자는 충동과 압력들이 이용되었는데, 학교 총격 현상에 대한 하버드 대학의 연구서인 『광란』에서 드러났듯이 참담한 결과를 가져왔다.

웨스트사이드에서는 그 트라우마가 아주 컸는데 두 소년이 학생 89명과 교사 9명을 꼼짝 못하게 종사로 공격했던 까닭이다. 총격은 5분간 지속됐고, 그러고 10분 뒤 소년들은 체포됐다. 30발을 발사했고 15명이 총에 맞았다. 교사들은 아이들을 사선射線에서 끌어내 부상당하고 죽어 가는 아이들을 힘써 지혈하고 달랬다. 그 경험은 너무도 큰 트라우마를 주어서 거의 모두가 지금도 심각한 심리적 장애를 겪고 있다.

존즈버러 주민들은 어떻게 반응했을까? 하버드 사회학 박사 팀이 『광란』을 위해 그 마을을 연구한 바에 따르면 존즈버러 거주자들도 그 총격 사건에 영향을 받은 교사, 부모, 아이들이 다음으로 넘어가길 원했다.

"이것을 '넘어서자'는 이야기들이 들리기 시작합니다. 언제쯤 이런 말을 듣지 않게 될까요?"[38] 존즈버러 가족 사역 목사 론 딜의 말이다. 웨스트사이드의 교사 비벌리 애시포드는 인터뷰어들에게 이렇게 말했다. "부모들은 사태를 덮고 싶어 합니다."[39]

그들은 자신들의 무감각과 성급함을 부끄러워하지도 않았다. 그 총격 세례를 직접 경험했던 교사 메리 커티스는 하버드 팀에게 이렇게 말했다. "사무관들이 이렇게 말하는 걸 들었어요. '그 여자[메리 커티스] 문제 있는 거 아녜요? 정신 좀 차려야 해요.' …… 그 피 흘리는 어린애들, 간신히 숨만 쉬고 있는 애들을 직접 보지 못한 사람들도 있죠. …… 제가 현관으로 뛰어 돌아와 보니 사방이 피범벅이었어요. 전 사물함을 붙잡고 간신히 서있을 수 있었어요. 저를 가지고 이러쿵저러쿵 하는 사람들은 그런 상황을 잘 알지도 못해요."[40]

다음으로 넘어가자는 외침이 효과적인 것은, 그에 저항하는 이들을 패배자나 괴상한 녀석으로 보이게 만들기 때문이다. 작동 방식은 왕따와 비슷하다 — 표적이 된 이들은 보통 자신을 탓한다. 한 존즈버러 희생자의 어머니는 이렇게 말했다. "함께 일하는 사람들이 저를 피해요. 그 얘기를 하고 싶지 않으니까요. 제가 마치 전염병이라도 있는 것처럼 대해요."[41] 존즈버러 상담 교사 베스티 우즈는 하버드 인터뷰어들에게 이렇게 말했다. "사회적 규범은 [그 총격 사건에 관해 이야기하지] 않는 거예요. 그러지 않으면 사람들이 이런 태도를 보이는 거예요. '당신 대체 왜 그래요? 왜 아직도 그 얘기를 꺼내는 거예요?'"[42]

이런 태도는 아이들한테서도 특히 고약한 방식으로 작동한다. 교차사격에 걸려들었던 89명의 아이들은 펜클리프Ferncliff, 즉 전쟁이나 폭력으로 트라우마를 입은 아이들을 위한 캠프에 참가할 기회를 제공받았다. 68명이 여름에 열린 첫 번째 캠프에 참가했다. 다음해 봄에는 참가자가 두 명뿐이었다. 이유는 『광란』에서 서술됐듯이 다음으로 넘어가자는 압력 때문이었다. "계속 참여하는 아이들은 때때로 반 아이들에게 놀림을 당했다. 그 충격 사건을 '넘겼는지' 그러지 못했는지가 일종의 공공연한 꼬리표가 됐다."[43]

그 트라우마에 대해 듣고 싶어 하는 이가 더는 아무도 없었다. 또 희생자들이 치유되는 데 시간이 오래 걸릴수록 마을 사람들은 그들을 더 고약하게 대했다. 존즈버러의 많은 희생자들은 고통이나 트라우마를 누구와 이야기조차 할 수 없었다. 일부는 공감하며 들어줄 사람들을 찾기 위해 콜럼바인 생존자들과 관계를 맺어야 했다. 심지어 부모조차 자녀들에게서 그에 관한 이야기를 듣고 싶어 하지 않았다. "일부 학생들은 부모가 귀 기울여 주지는 않고 '이제 극복해야 할 때란다'라고 한다고 교사들에게 토로했다."[44]

심적으로 여전히 고통 받고 있는 사람들이 다음으로 넘어가지 않으면 "극복"하라고 하는 더 악의적인 주술이 사용된다. 다음으로 넘어가자는 요구가 "부인하는 상태로 넘어가 모든 걸 잊자"라는 일종의 가르치려 드는 태도인 반면, 누군가에게 극복하라고 말하는 것은 가슴에 주홍글씨를 달아 주는 것과 극도로 모욕적인 언사다.

"실직했다고요? 외국[으로의 일자리 외주화]을 탓하지 마세요"라는 제목의 글이 링크된 〈테크리퍼블릭 닷컴〉[IT 전문지] 게시판에는 107건의 글이 올라왔는데 104번 글은 이렇다.[45]

그럼요, 개인 책임이에요. 어떤 사람들은 일자리에 문제가 생기면 정부에 의지해서 살 수 있다는 사실에서 위안을 찾지요. 극복해요. 모든 사람들이 다 꼭 필요한 건 아니에요. 외국에 일자리를 **빼앗길** 수도 있고, 더 자격을 갖춘 이웃한테도 **빼앗길** 수 있는 거고요./글쓴이:

ND_IT 04/06/14

전자게시판의 익명성에 기대어 화를 낸 답글이 다음과 같이 달렸다.

극복하라고요? 그렇게 말하는 게 당신한텐 쉽겠죠. IT 분야에서 쌓은 전문적이고도 성공적인 경력이 24년이고 IT 관련 학위가 두 개인 내가 2년 동안 복귀하려 애썼는데도 그러지 못했다고요! 맞아요, 나보다 더 자격 있는 경쟁자들이 있겠죠. …… 그건 모든 사람이 마찬가지죠. …… 달라진 건 뭐냐면 이제는 그 자리를 두고 수백 명이, 어떨때는 수천 명이 경쟁한다는 거예요! 그리고 **그건** 바로 외주화 때문이라고요./글쓴이: 칼 주니어 04/06/14

위의 극복하라는 자극은 현대 미국인들이 무감각과 왕따를 얼마나 정상으로 느끼는지를 단적으로 보여 주는 예다. 2003년, 신입 경찰 캐시 더킨이 시카고 시를 상대로 성차별 및 성희롱 소송을 냈는데, 거기서 그녀는 강사 제임스 펙 경찰관이 자신의 아버지가 최근에 죽은 일에 대해서조차 모욕을 줬다고 말했다. "극복해 버려, 내 망할 아버지도 죽었다고 …… 너한테는 그 빌어먹을 아버지가 필요 없어."[46] 부시가 대량 살상 무기가 하나도 발견되지 않은 사실을 가볍게 얼버무린 연설에 대해 이라크 참전 군인의 친척들이 항의했을 때 〈폭스 뉴스〉의 브릿 흄은 그 군인 가족들을 공격하며 이렇게 말했다. "사람들에게 이렇게 말해야 합니다. '극복하세요.'"⁴⁷ 현실을 있는 그대로, 그것이 얼마나 잔인하든 파괴적이든 간에, 받아들이지 않는 사람은 누구라도 그것을 극복해야 한다.

사실 미국인들은 슬픔에 젖은 사람들에게 심술궂은 반응을 보이는 것 같다. 1997년, 칼럼니스트 폴 오리어는 『왁사해치 데일리 라이트』*Waxahachie Daily Light*에 기고한 칼럼에 이렇게 썼다. "아빠가 돌아가시고 몇 달 뒤 엄마는 선의의 사람들이 보이는 태도, 즉 엄마가 그 일을 극복하고 열심히 삶을 꾸려 나가야 한다는 태도를 견뎌야 했다."

선의라니 참! 신시내티에 위치한 비영리단체 '희생자 부모 모임'의 상임이사 낸시 루는 CNN에 이렇게 이야기했다. "사람들은 늘 제게 이렇게 말해요. '이들[희생자들]은 언제쯤 극복할까요?'"⁴⁸

이런 무정한 논리는 아칸소 주 존즈버러 총격 사건으로 트라우마를 입은 생존자들에게도 적용됐다. 희생자들을 추모하는 어떤 의미 있는 기념비를 세우고 싶어 하는 일단의 생존자들이 뜰에 나무를 심었다. 하지만 학교는 인정하지 않았다. 그들이 추모 정원을 구상해 땅을 갈아 나무를 심고 완공한 뒤 6개월이 지났을 때도 학교는 공식 개원을 거부했다. 이름을 밝히지 않은 한 지역 목사는 이렇게 발언했다. "그것은 우리 지역사회가 어떤 모습인지를 단적으로 보여 주는 예입니다. 우리는 애써 잊으려 했습니다. …… 그리고 그게 거기 있다는 것조차 모릅니다."⁴⁹ 한 화가가 살해된 다섯 명을 그린 초상화를 학교에 기증했지만 학교는 원하지 않았다. 3년 뒤 『광란』을 쓴 연구조사원들은 그 초상화가 존즈버러 검찰청 사무실에 걸려 있는 것을 발견했다.

"대체 언제 끝나나요?" 웨스트사이드에서 학교 관리자로 일하는 수전 밀러는 연구조사원들에게 이렇게 토로했다. "1주기, 3주기, 이젠 5주기가 될 거에요. …… 당신에게 원하지도 않는 것, 거대한 묘지처럼 보이는 것을 기부한다고 생각해 보세요. 그들이 그걸 당신 운동장에 두고 싶어 한다면요. 거기에 이름을 적어서요. 어쩌고저쩌고 추모하며. …… 우리한테는 운영해야 할 학교가 있다고요."[50]

피가 낭자한 총격 현장에서 아이들을 보살핀 한 교사는 그 사건으로 트라우마를 입어 얼마간 집에서 쉬었는데, 학교는 그 일수만큼 급여를 깎았다. 그녀는 산재 신청을 검토했는데 "극복해야 한다"고들 했다. 총격 사건의 여파로 산재를 신청하려는 교사들에 대한 학교 이사회의 태도는 "단호히 부정적이었고 실망스러웠"다. 그들은 아칸소 주에서 정신 건강과 관련된 산재 신청은 받아 주지 않는다고 생각하게끔 그녀를 호도하기도 했다. 학교 이사회 대표는 그녀에게 이렇게까지 이야기했다. "제가 보기에 당신에겐 개인적인 문제가 있는 것 같아요. 진정하시죠."[51]

꼭대기에 있다면 잔혹하고 냉혹해야 하고, 그 아래 있다면 관에 들어갈 때까지 내내 두려워하고 억지 미소를 지어야 한다 — 이는 거의 레이건 이후의 시대정신을 요약한 것이라 할 수 있다. 그리고 다른 사람들만큼 명랑하지 못하다면 "개인적인 문제가 있는" 것이다. 불만을 토로하면 괴상한 녀석이다. 학살에서 트라우마를 입어도 본인 잘못이다. 가난해도 본인 잘못이다. 정리 해고를 당해도, 과로를 해도, 왕따를 당해도, 실패해도 본인 잘못이다. 극복해 버려. 이는 바로 레이건 시대부터 오늘날까지 우리가 배워 온 취약한 사람들을 대하는 법이다. 즉 개인의 고통에 대해서는 그 개인을 탓하라. 다음으로 넘어가라. 다음으로 넘어가지 못하면 그 사람이 괴상하다는 뜻이다. 극복해 버리라고 말하라. 그러니까 "젠장 내 앞에서 꺼지라고."

현대 미국 문화의 본질적인 비열함이 어떻게 어른에게서 아이에게로, 어른에게서 어른에게로, 아이에게서 아이에게로 전염되는지 웨스트사이드 사례는 명백히 보여 준다. 이 비열함을 인정하는 것은 그 문화의 DNA를 공격하는 것이다. 거기서 드러난 그 무감각함이 너무나 끔찍한 것이고 동네 커피숍만큼이나 흔하다는 것을 인정하면 마침내 그 맥락이 다르게 보이고 충격 사건들도 이해가 쉬워진다. 레이건 이후의 쥐어짬은 학교 당국이 한때는 당연시했던 교사의 의료보험 혜택을 부정하려 하고 다른 무엇보다도 월급을 삭감하려는 태도에서 분명히 나타난다.

온 나라가 이런 비열함과 냉담함으로 들끓고 있지만 그것을 인정하는 것은 어느 누구에게도 허락되지 않는다. 오직 미친 사람들만이 그것이 잘못됐다고 ― "정상적"인 것이 결코 정상적인 게 아니라고 ― 느끼고 그중 일부는, 어른이나 아이나 할 것 없이, 자신의 모든 것을 다 바쳐 싸운다.

이 책을 끝마칠 무렵 로널드 레이건이 사망했다[2004년 6월 5일]. 그 모든 섬뜩한 살인 사건들을 연구하고 화를 돋우는 문화경제적 변화를 추적해 조사한 뒤에 나는, 자기 일에 너무 깊이 빠져 있는 사람들이 으레 그렇듯이, 다른 모든 사람들도 마침내 레이건이 얼마나 악랄한 식인종이었는지 알게 되었을 거라 생각하기 시작했다.

　우리가 오늘날 알고 있는 분노는 1981년 로널드 레이건이 정권을 잡았을 때에는 존재하지 않았다. 당시 미국인들은 전연 다른 삶을 살았다. 스트레스라는 단어도 치명적인 의미가 훨씬 덜했다. 쥐어짜기가 그렇게 강도 높게 또 광범위하게, 곧 중산층 직원의 주 80시간 근무부터 세 살배기의 프리스쿨 입학시험 준비 과정에 이르기까지, 이루어진 적은 없었다. 대신 권태가 문화의 독소였다. 임원과 주주들은 훨씬 적은 몫을 받았고, 중산층은 훨씬 더 큰 덩어리를 가져갔다. 비단 경제적 파이만이 아니라 다른 귀한 자원들, 이를테면 여가, 취미 생활, 문화적 존엄, 그리고 권리 의식, 그런 것들이 이제 사라졌다. 어느 누구도 레이건 이전 시절의 이런 부분을 기억하고 싶어 하지 않는다. 그것은 너무도 우울하고 또한 미국이 진짜로 쇠락했다는 것을 뼈저리게 말해 주기 때문이다. 우리는 1970년대의 불만malaise ― 우리가 그렇게 심하게 쥐어짜이지는 않았다는 것을 완곡하게 표현한 말이다 ― 을 거쳐, 오늘날의 탈산업 노예제, 즉 우리 주인의 이해 ― 부를 재벌 계급의 주머니에 끊임없이 이전하는 것 ─ 가 우리의 이해와 동일하다는 관념을 명랑한 태도로 받아들이는 사회로 왔다. 게다가 우리는 자발적으로 그들의 이해를 채우고, 우리 주인들이 계속 늘어나는 부와 쾌락을 추구하는 행위를 위협할지도 모르는 어떤 정치나 이념도 거부한다.

레이건 전에는 직장 내 분노 살인 사건이나 학내 총격 사건 같은 것이 없었다. 이 모든 것은 그의 군림과 그가 일으킨 혁명 ─ 특히 그가 1981년 파업 중인 항공 관제사들을 무모하게 대량 해고시킨 것 ─ 과 더불어 시작됐다. 항공 관제사 노조 PATCO는 1980년 대선에서 레이건의 출마를 지지한 극소수 노조 중 하나로, 이를 시작으로 그에게 속아 넘어가 협력하는 경향은 이내 규범이 되어 버렸다. 2004년 레이건의 사망 후 신문들은 오늘날에도 여전히 실직 상태에 있는 그 파괴된 노조의 가난한 조합원들에 관해 보도했는데, 개중에는 나라에 "두 번이나 속았다"고 한탄하는 베트남 참전 군인도 있었고 노숙자가 된 전직 관제사도 있었다.

1981년에 파업 중인 항공 관제사들을 해고할 때 레이건은 자신의 부 이전 계획에 항복하지 않으면 말 그대로 기꺼이 죽일 의향이 있다고 말했다. 너무도 충격적이어서 먹혀들었다. 항공 관제사 노조는 부서졌다. 우리의 생활 방식도 무너졌다. 로널드 레이건 덕분에 우리는 모두 비참한 임금노예이거나 그게 아니면 직장에 들어갈 준비를 하며 학교에서 압박당하는 불쌍한 존재가 되었다. 그것 외에 다른 선택지는 없다. 그 외는 죽음뿐이다.

이 나라는 레이건의 시체 앞에서 울며 매달렸다. 7일장을 해가며 그를 일종의 호메이니의 지위로 올려놨다. 추도 연설을 하는 이들은 그의 인간성이 대단했고 명석했으며 임기 동안 얼마나 검소하게 살았는지를 끊임없이 늘어놓았다. 이런 광경은 내가 이 책을 쓰면서 도달한 가장 심란한 결론, 즉 미국인들은 뼛속까지 노예, 바보, 잘 속는 사람들이 됐고 그러는 동안 소수의 엘리트들은 역외 은행으로 돈을 빼돌리며 낄낄대고 있다는 결론을 강화하기만 할 뿐이었다.

레이건 사망 직후 『내셔널 리뷰』 편집자 스탠리 커츠가 쓴 글을 예로 들어 보자. "대통령은 이를 악물고 파업 중인 관제사들을 해고했다. 그것은 그 이후 수년간 노동자들이 연방 정부, 심지어는 지방정부와 하게 될 교섭의 틀을 확정지었다. 더 중요한 것은 파업 중 레이건이 수행하는 일을 전 세계가 지켜보고 있다는 것이었다. 이는 분명 자신이 필요하고 옳다고 믿는 결론을 뒷받침하기 위해 압력에도 완강히 버티고 심각한 위험도 감수하는 한 남자의 모습이었다. 소비에트가 주목했다."[52] 관제사 해고는 노조를 분쇄하고 노동자의 삶을 파괴하는 것과 관련된 게 아니었다. 그것은 주인의 성격을 가늠해 볼 수 있는 일종의 테스트였다. 아니면 소련과 "큰 정부"에 맞선 집단적 전투였다. 사람들은 『내셔널 리뷰』나 프레드 반스 혹은 윌리엄 크리스톨 같은 고액 연봉의 보수 우파 인사들에게서 이런 유의 유치하고 제멋대로인 프로파간다를 들으려 한다 — 분통이 터지는 점은 레이건의 시체 앞에 엎드린 이들은 바로 무수한 보잘것 없는 이들이라는 것이다. 블로그 〈거트럼블스 닷컴〉www.gutrumbles.com에 JM플리니가 2004년 6월 5일 오후 9시 43분에 단 댓글을 보자.

저는 어제 레이건 도서관에 있었어요. 우연히도 딸애와 같은 반 아이들이 거기서 "위 더 피플"We the People 헌법 토론 대회에 참가하고 있었지요. 저는 그가 첫 대통령 임기 동안 파업 중인 항공 관제사들에 맞서 취한 태도를 기념하는 전시물 옆을 지나갔습니다. 파업 중인 모든 관제사들이 법을 위반해서 해고한 것에 대한 그의 말은 정확히 이랬습니다. "이제 사람들은 제게서 뭘 기대할 수 있을지 알 겁니다. 전한다면 하는 사람입니다." 저는 이 세상이 그 말의 진실을 알게 되었고 또 이 세상이 그로 인해 더 나아졌다고 믿습니다.

적어도 JM플리니가 하나는 옳았다. 레이건과 재벌들의 뜻이 돈벌이에 있었다는 것을 우리는 알게 되었다. 우리는 왜 자신의 비참한 상황을 반겨야 할까? JM플리니가 사망한 레이건의 발가락에 키스해서 얻을 수 있는 건 뭘까? 우리는 왜 악화되어 가는 우리의 조건을 찬양하는 걸까? 대체 우린 뭐가 잘못된 것일까? 우리는 존엄을 송두리째 잃어버린 것일까? 왜 로널드 레이건이 우리에게 물려준 악의에 맞서 무기를 들고 일어서는 일은 극히 드물까? 이 이야기의 진짜 악당들과 싸우지 않고 회사, 우체국, 학교에서 우리끼리 싸우는 것일까? 우리는 왜 로널드 레이건이 아흔세 살의 나이에, 미국에서 제대로 된 모든 것을 파괴하고 사반세기가 지난 뒤에 자다가 조용히 죽게 내버려 둔 것일까? 이 책은 레이건이 남긴 것들을 캐내어 인근 종려나무에 거꾸로 매달아 마침내 그가 제대로 된 심판을 받게 하려는 시도다.

이 책을 번역하는 동안에도 미국에서는 총기 사건이 끊이지 않았다. 올해에만(2016년 4월 기준) 사상자가 네 명 이상인 대형 총기 사건이 78건 발생했다. 2012년 12월, 코네티컷 주에서는 고등학교 시절 왕따를 당했던 20세 청년 애덤 랜자가 집에서 어머니를 살해하고는 샌디훅 초등학교에서 학생 20명을 비롯해 총 28명의 목숨을 빼앗은 대형 참사도 일어났다. 지난 6월에는 플로리다 주 올랜도에서 50여 명이 사망한 총기 사건이 발생해 전 세계에 충격을 주었다. 2007년 4월, 32명이 살해된 버지니아 공대 총기 사건 이후 최악의 사건이었다. 올해 1월, 오바마 대통령이 "사람들이 죽어 가고 있다"고 눈물을 흘리며 총기 규제 행정 명령을 발표했다. 하지만 총기 사건은 수그러들지 않고 있고, 공화당과 전미총기협회NRA의 반발도 여전히 거센 상황이다.

우리가 언론에서 접하는 총기 사건 보도는 대체로 유사하다. 우선, 사건 발생 지역과 사상자 수가 대서특필되고, 출동한 경찰특공대와 오열하는 가족을 담은 사진이 함께 실린다. 용의자에 대한 판에 박힌 분석도 이어진다. 개인사, 특히 성격이나 정신 문제를 중심으로 한 설명으로, 성급히 또 손쉽게 악한이나 사이코패스로 그리곤 한다. 며칠 후에는 시민들이 촛불을 들고 추모하는 풍경을 볼 수 있고, 총기 규제에 대한 해묵은 논쟁이 반복된다. 그리고 또다시 총기 사건이 발생한다.

총기 사건의 물질적 배경은 물론 총기 허가다. 미국에서는 대형 마트에서도 총기를 살 수 있고 심지어 홈쇼핑과 인터넷으로도 구매가 가능하다. 총기 취급점은 서점과 학교보다도 많다. 이런 측면에서 근본적으로 총기 규제를 하지 않는다면 총기 사건을 막을 수 없을 것이다. 그러나 총기 허용만으로는, 마이클 무어가 〈볼링 포 콜럼바인〉에서 이야기하듯, 왜 유독 미국이 총기를 허용하는 다른 나라들보다 총기 사건이 많이 일어나는지 설명할 수 없다. 또한 이 책의 문제의식처럼 미국 내에서 총기 사건이 왜 그렇게 증가해 왔고 그 장소도 일터와 학교로 확대되어 왔는지 밝힐 수 없다. 또 범인의 성격이나 개인사 문제로만 환원해 버려도 이에 대한 답을 찾을 수 없기는 마찬가지다.

이 책은 총기 사건을 개인사에만 머물지 않고 사회·경제·문화적 조건의 변화에 주목하면서 접근한다. 마크 에임스에 따르면 그 변화는 바로 레이거노믹스이다. 우리에게 친숙한 용어로 표현하자면 신자유주의 혹은 IMF. 지구화, 금융자본, 무한 경쟁, 자기 계발, 노동 유연화와 비정규직, 구조조정 등 이제는 우리에게도 식상하게, 아니 무감각하게 느껴지는 바로 그것들을 특징으로 하는 사회경제 시스템 말이다. 책에서 묘사한 레이거노믹스 사회의 전철을 그대로 밟아 가며 지옥이 되어 버린 한국 사회의 모습을 여기서 또다시 거론할 필요는 없을 것이다. 저자는 바로 이런 변화가 직장인과 학생들이 총을 들게 된 원인이라고 말한다.

어떤 사람은 이 책이 총기 규제가 엄격한 한국 사회에는 별 의미가 없는 책이라고도 생각할 수도 있을 것이다. 하지만 원인은 하나여도 증상 혹은 표현 방식은 다를 수 있다. 부당한 해고를 당해도 누구는 총을 들고, 누구는 가족에게 화풀이를 하고, 누구는 시위를 하며, 누구는 목을 맨다. 왕따를 당해도 어떤 학생은 총을 들고, 어떤 학생은 참고, 어떤 학생은 자살을 한다. 저마다 자신이 처한 조건과 상황에 따라 다르게 반응하는 것이다. 레이거노믹스, 신자유주의가 미국에서 야기한 것 중 하나가 총기 사건이라면 한국에서는 자살이 아닐까 라고 나는 생각한다. 일터에서 정리 해고가 진행되는 동안 생활고와 손배 가압류에 시달리던 노동자들은 스스로 생을 마감했다. 학교에서는 교사가 성적순으로 급식을 줄 정도로 경쟁과 차별이 일반화되는 동안 학생들은 왕따와 성적 고민으로 아파트에서 몸을 던졌다. 하지만 미국처럼 총기가 허용되었다면 이들도 회사와 학교로 총구를 돌렸을지 모른다.

구조 안에 있으면 구조를 객관적으로 보기 어렵다. 또 구조가 잔혹하게 변해도 그 안에만 머물러 있다 보면 어느새 익숙해지기 마련이다. 다른 사회 구조, 다른 삶을 상상하기란 쉽지 않다. 그러기에 저자는 거리를 두고 현 사회의 모습을 들여다보고자 노예제 시기로 돌아간다. 노예제 시대의 끔찍한 모습이 어떤 면에서는 오늘날의 모습과 크게 다르지 않고, 당시에는 노예제와 그 문화가 얼마나 정상적이고 당연한 것이었는지 역설한다.

1백 년, 2백 년 후에 한반도 사람들은 역사책에 기록될 이 시기, 이 사회를 어떻게 평가할까? 유명 영어 유치원에 들어가고자 줄을 서고, 좋은 학교에 들어가고자 불법 전입과 입학 비리를 저지르는 사회. 동급생이 자살하면 경쟁자가 한 명 줄었다고 생각하는 사회. 취업을 위해 자기 몸과 얼굴을 깎아야 하는 사회. 택배 기사에게 엘리베이터 사용을 금지하는 사회. 경영이 어렵다며 노동자들을 정리 해고하면서도 주주들은 수십억씩 배당금 잔치를 벌이는 사회. 갑과 을의 싸움보다는 을, 병, 정의 싸움이 더 치열한 사회. 그리고 수백 명의 아이들이 배에서 목숨을 잃었는데 수년째 진상 규명도 방해하고 외려 유가족들을 모욕하면서 "이제 그만 하자"고 외치는 사회. 어쩌면 후대는 이 시대를 그 어느 때보다 더 야만적인 사회였다고 기록할지도 모른다.

이 책이 명시적인 해결책이나 새로운 사회에 대한 비전을 담고 있지는 않다. 대신 잠시 걸음을 멈추어 거리를 두고 우리 사회의 모습을 차분히, 냉철히 바라보자고 이야기한다. 어쩌면 이것이야말로 우리에게 가장 필요한 것인지도 모른다.

책이 나오기까지 많은 분들이 도움을 주셨다. 편집, 디자인, 제작, 영업 등 책이 나오기까지 힘써 주신 후마니타스 모든 분들께 감사드린다. 이번에도 편집을 담당해 주신 이진실 님과 안중철 편집장님께 특별히 감사의 마음을 전한다. 두 분의 세심하고 탁월한 능력이 없었다면 역자의 부족함이 더 많이 드러난 책이 되었을 것이다. 미국에 있는 친구 현웅은 이번에도 많은 도움을 주었다. 자신도 모르는 부분을 원어민에게 물어봐 주는 수고도 아끼지 않았다. 또 저자인 마크 에임스 역시 역자를 믿고 한국적 맥락에 맞는 원문의 수정 및 가감에 동의해 주었을 뿐만 아니라 이해가 어려운 부분에 대해서도 친절히 설명해 주었다. 많은 분들이 도움을 주셨지만 부족한 부분과 있을 수 있는 오역은 물론 옮긴이의 탓이다. 늘 응원해 주시는 성남, 연희동 가족들에게 감사한다. 딸 이음과 아내 민정에게 사랑하는 마음을 전한다.

미주

1장 록키의 상사와 동료들

1 이하 1절의 내용은 다음을 참조. Leslie Scanlon and Andrew Wolfson, "Disturbed worker kills 7 and wounds 13 in rampage with AK-47 at Louisville plant," *Louisville Courier-Journal*, September 15, 1989. 1장 1절의 많은 세부 내용은 다음에서 가져왔다. Louisville Courier-Journal's post-murder issue, September 15, 1989.

2 Morgan Atkinson, A Pain in the Innards, BetaSP, Louisville, KY, 1998. 이 다큐멘터리에서 보면은 휠체어에 앉아, 자신들이 죽지 않거나 다치지 않은 이유가 하느님이 구해 주셨기 때문이라고 혹은 "의도된 것"이라고 말한 생존자들에게 분개했다. 이런 태도는 널리 퍼진 정서로 보인다. 보면은 다큐멘터리 인터뷰어에게 자신의 [하반신] 마비가 하느님이나 예수의 뜻이라는 것이냐고 물었다.

3 *Fentress v. Shea Communications*, vol. 38, 23(Ky. 1994).

4 Michael Campbell, in an interview with the author at Campbell's home in Brandenberg, Kentucky, August 30, 2001. Hereafter cited as Campbell Interview

5 Gerald Ryan, "Standard Gravure victims recall horror of Sept. 14," *Louisville Courier-Journal*, October 3, 1989.

6 Jim Adams, "Tormented man driven by his secret stresses," *Louisville Courier-Journal*, September 15, 1989.

7 Adams, "Tormented man driven by his secret stresses."

8 Ibid.

9 Campbell interview, 2001.

10 Ben Hershberg, "Shootings shook an already tense company," *Louisville Courier-Journal*, September 15, 1989; Campbell interview, 2001.

11 Hershberg, "Shootings shook an already tense company."

12 Hershberg, "Shootings shook an already tense company"; Campbell interview, 2001.

13 Hershberg, "Shootings shook an already tense company"; Campbell interview, 2001.

14 Hershberg, "Shootings shook an already tense company"; Campbell interview, 2001.

15 아마존 닷컴의 저자 소개에 따르면, "켈러허의 전공은 공공 영역과 민간 영역의 기관들을 위한 경영 전략, 인적 자원 관리, 직원 교육, 그리고 위험 평가 및 경영 위기 해법을 제공하는 것이다."

16 Michael D. Kelleher, *New Arenas for Violence: Homicide in the American Workplace* (Westport, CT: Praeger Publishers, 1996), 91.

17 Scanlon and Wolfson, "Disturbed worker kills 7 and wounds 13 in rampage with AK-47 at Louisville plant"; Hershberg, "Shootings shook an already tense company"; Campbell interview, 2001.

18 Earl Gardner, in an interview with the author, September 2, 2001.

19 Larry VonderHarr, interview with the Howland Group, *Anger in the Workplace*, spring 1999. http://www.howlandgroup.com/workplacetrends/vonderhaar.htm.

20 Ibid.

21 *Fentress v. Shea Communications*, vol. 38, 23

22 Agency for Toxic Substances and Disease Registry, "ToxFAQs for Toluene," http://www. atsdr.cdc.gov/tfacts56.html

23 Canada's National Occupational Health & Safety Resource, "What are the main health hazards associated with breathing in toluene?" http://www.bostik findley.com.au/pdf/msds/ bostik_craft_glue.pdf.

24 *Fentress v. Shea Communications*, vol. 38, 35

25 *Fentress v. Shea Communications*, vol. 38, 38

26 Ibid., 42-3

27 Ibid., 43-4.

28 Ibid., 45.

29 Alison McCook, "Millions of U.S. adults depressed, few treated well," Reuters, June 17, 2003.

30 Atkinson, *A Pain in the Innards*, 1998.

31 *Fentress v. Shea Communications*, vol. 38, 52

32 데이비드 K. 쉬플러, 『위킹 푸어, 빈곤의 경계에서 말하다』(나일등 옮김, 후마니타스, 2009), 101쪽 참조

33 Jim Adams, "Tormented man driven by his secret stresses," Louisville *Courier-Journal*, September 15, 1989.

34 이하의 문답 끝까지 다음을 참조. Fentress v. Shea Communications, vol. 38, 63(Ky. 1994).

35 Scanlon and Wolfson, "Disturbed worker kills 7 and wounds 13 in

rampage with AK-47 at Louisville plant."

36 *Fentress v. Shea Communications*, vol. 38, 61

37 *Fentress v. Shea Communications*, vol. 38, 62

2장 노예제의 평범성

1 Joseph C. Robert, *The Road from Monticello: A Study of the Virginia Slavery Debate of 1832*(Durham, NC: 1941), 87

2 Winthrop Jordan, *White Over Black: American Attitudes Towards the Negro, 1550~1812*(Raleigh: University of North Carolina Press, 1995), 113. *The Slave Community* (216)에서 블래싱게임이 집계한 바에 따르면 1691년 과 1865년 사이에 일어난 노예 반란은 9건뿐이었다.

3 Daniel Mannix and Malcolm Cowley, *Black Cargoes:* A History of the Atlantic Slave Trade (New York: Penguin, 1977), 287.

4 Vincent Harding, *There Is a River: The Black Struggle for Freedom in America*(New York: Harvest/HBJ Books, 1993), 53.

5 Jordan, *White Over Black*, 112.

6 Frederick Douglass, *Narrative of the Life of Frederick Douglass: An American Slave, Written By Himself*(New York: Pocket Books, 2004), 110.

7 Jordan, *White Over Black*, 391.

8 Benjamin Quarles, *The Negro in the American Revolution*(Raleigh: University of North Carolina Press, 1961), 78.

9 Elizabeth Anne Fenn, *Pox Americana: The Great Smallpox Epidemic of 1775~82*(New York: Hill & Wang, 2002), 131.

10 *Africans in America*, PBS series, 1998, http://www.pbs.org/wgbh/aia /part2/2narr4.html.

11 Robert A. Selig, "The Revolution's Black Soldiers: They Fought for Both Sides in Their Quest for Freedom" *Colonial Williamsburg: The Journal of the Colonial Williamsburg Foundation* 19, no. 4(Summer 1997), 15-22.

12 John Blassingame, *The Slave Community: Plantation Life in the Antebellum South, Second Ed.*(New York: Oxford University Press, 1979), 50.

13 Ibid., 61.

14 Ibid., 61.

15 Ibid., 63.

16 Michael Mullet, *Popular Culture and Popular Protest in Late Medieval*

and Early Modern Europe(London: Croom Helm, 1987), 50.

17 K. R. Bradley, *Slaves and Masters in the Roman Empire: A Study in Social Control*(New York: Oxford University Press, 1987), 31.

18 Richard Donkin, *Blood Sweat & Tears: The Evolution of Work*(New York: Texere, 2001), 25[『피, 땀, 눈물: 노동은 어디로 진화하는가?』, 박정현 옮김, 바다출판사, 2005].

19 Mannix and Cowley, *Black Cargoes*, 32.

20 Blassingame, *Slave Community*, 292.

21 Lunsford Lane, *The Narrative of Lunsford Lane*(Boston, 1842), iii.

22 Blassingame, *Slave Community*, 107.

23 Elijah Marrs, *Life and History of the Rev. Elijah P. Marrs*(Louisville: The Bradley & Gilbert Company, 1885), 11.

24 Jill Fraser, *White Collar Sweatshop: The Deterioration of Work and Its Rewards in Corporate America*(New York: W. W. Norton, 2001), 40, 155, 159.

25 Blassingame, *Slave Community*, 239.

26 Donkin, *Blood Sweat & Tears*, 18[『피, 땀, 눈물: 노동은 어디로 진화하는가?』, 박정현 옮김, 바다출판사, 2005, 49쪽].

27 Ibid.

28 Ibid.

29 Bradley, *Slaves and Masters*, 22.

30 Donkin, *Blood Sweat & Tears*, 19.

31 Blassingame, *Slave Community*, 242.

32 Ibid, 245에서 *Southern Agriculturalist IX*(1836) 재인용.

33 Fraser, *White Collar Sweatshop*, 112.

34 Mannix, Cowley, *Black Cargoes*, 73-4.

35 Harding, *There Is a River*, 105.

36 Charles Heckscher, *White Collar Blues: Management Loyalties in an Age of Corporate Restructuring* (New York: Basic Books, 1994), 34. *White Collar Sweatshop*, 232n에서 인용.

37 Lucius Holsey, *Autobiography, Sermons, Addresses and Essays of Bishop L. H. Holsey* (Atlanta: Franklin Printing and Publishing Company, 1898), 10.

38 Louis Filler, *The Crusade Against Slavery 1830~60*(New York: Harper Collins College Division, 1960), 1.

39 Jordan, *White Over Black*, 191.

40 Ibid.

41 또 다른 예를 들면 내가 운영하던 모스크바 신문 『엑사일』이 러시아에서 시행되던 세계은행 프로그램이 부패됐다고 비판하자 세계은행 모스크바 전 대표 찰스 블리처는 나의 공동 편집자였던 매트 타이비를 "공산주의자들을 돕는다"고 비난했다. 달리 말해 현재의 패러다임에 반대하는 이는 공공의 적이었고, 당시 모스크바에 있던 미국 특파원들 대다수는 블리처의 견해에 전적으로 동의하며 의문조차 품지 않았다.

42 Thomas Slaughter, *The Whiskey Rebellion: Frontier Epilogue to the American Revolution*(New York: Oxford University Press, 1986), 17.

43 Mannix and Cowley, *Black Cargoes*, 184.

44 Kerner Commission, *Report of the National Advisory Commission on the Civil Disorders of 1967*(New York: Viking Press, 1969), 50.

45 Harding, *There is a River*, 20.

46 Herskovits, *Myth of the Negro Past*, 102.

47 Don Lasseter, *Going Postal*(New York: Pinnacle Books, 1997), 270-71.

48 Ibid., 165.

49 Blassingame, *Slave Community*, 205.

50 Harding, *There Is a River*, 114.

51 Lasseter, *Going Postal*, 189.

52 Katherine Newman, *Rampage: The Social Roots of School Shootings* (New York: Basic Books, 2004), 78.

53 Jordan, *White Over Black*, 4.

54 Harding, *There Is a River*, 128.

55 Deirdre Mullane, *Crossing the Danger Water: Three Hundred Years of African-American Writing*(New York: Anchor, 1993), 115-120.

56 Filler, Crusade Against Slavery, 58-9.

57 Ibid., 112-114.

58 Jordan, *White Over Black*, 113.

59 Ibid.

60 Blassingame, *Slave Community*, 195.

61 Douglas Harper, "Slavery in the North," 2003. http://www.slavenorth.com/newyork.htm.

62 Jordan, *White Over Black*, 118.

63 Harding, *There Is a River*, 65.

64 Jordan, *White Over Black*, 122.

65 http://www.africawithin.com/bios/denmark_vesey.htm.

66 Robert Starobin, "Terror in South Carolina 1822: An Introduction to Denmark Vesey & the Slave Conspiracy in Charleston," *Chicken Bones: A*

Journal http://www.nathanielturner.com/ introductiontodenmarkvesey.htm.

67 James Stirling, *Letters From the Slave States*(New York: Kraus Reprint, 1969), 287-91.

68 *Africans in America*, PBS series, 1998.

69 Robert L. Paquette, "Jacobins of the Lowcountry: The Vesey Plot on Trial," *William and Mary Quarterly* 59, no. 1(2002): 16, http://www.history cooperative.org/cgi-bin/justtop.cgi?act=justtop&url=http://www.history cooperative.org/journals/wm/59.1/paquette.html.

70 Michael Johnson, "Denmark Vesey and His Co-Conspirators," *William and Mary Quarterly* 58, no. 4(2001): 915-76.

71 Glenn Small Homewood, "Sleuthing Prof Debunks Slave Plot," *Johns Hopkins University Gazette Online* 31, no. 8(2001): http://www.jhu.edu/~gazette/2001/22oct01/22sleuth.html.

72 Jon Wiener, "Denmark Vesey: A New Verdict," *Nation*, February 21, 2002, http://www.the nation.com/doc/mhtml%3Fi=2-2-311&s=wiener.

73 Paquette, "Jacobins of the Lowcountry."

74 존 호킨스 심슨, 『버지니아 노예무역과 노예 훈육 농장의 공포들. 탈출한 버지니아 노예 다이나의 실화. 그녀는 현재 런던에 있고, 몸에는 주인, 그녀 자신의 아버지가 고문해 생긴 상흔 일곱 개가 남아 있다. 버지니아 법률에서 발췌한 내용도 덧붙인다. 이는 이런 만행에 맞서 이 법률이 노예에게 최소한의 보호를 해주는 게 아니라 그 반대임을 보여 준다』*Horrors of the Virginian Slave Trade and of the Slave-Rearing Plantations. The True Story of Dinah, and Escaped Virginian Slave, Now in London, on Whose Body Are Eleven Scars Left by Torture Which Extracts from the Laws of Virginia, Showing That Against These Barbarities the Law Gives Not the Smallest Protection to the Slave, But the Reverse*(1863). John Hawkins Simpson, *Horrors of the Virginian Slave Trade and of the Slave-Rearing Plantations*(London: A. W. Bennett, 1863), 14-5에서 재인용.

75 *Africans in America*, PBS series, 1998. http://www.pbs.org/wgbh/aia/part3/3h499t.html.

76 Dave Cullen, "The Depressive and the Psychopath: At last we know why the Columbine killers did it," *Slate*, April 20, 2004. http://slate.msn.com/id/2099203/

77 Joanne Jacobs, "Evil, not rage, drove teen killers," *San Jose Mercury News*, December 20, 1999, 7B.

78 *Africans in America*, PBS series, 1998. http://www.pbs.org/wgbh/aia/part3/3h499t.html.

79 "Message of Gov. Wise: he Harper's Ferry Outrage Fully and Freely

Discussed," *Valley Spirit*(Franklin, PA), December 14, 1859, 4.

80 *The Life, Trial and Execution of Captain John Brown*(New York: Robert M De Witt, 1859), http://www.yale.edu/lawweb/avalon/treatise/john_brown/john_brown.htm.

81 이 절의 많은 부분은 토머스 슬로터(Thomas Slaughter)의 뛰어난 연구 *The Whiskey Rebellion*에서 가져왔다.

82 Slaughter, *Whiskey Rebellion*, 48.

83 Stephen C. O'Neill, "Shays' Rebellion," *Supreme Judicial Court Historical Society, Hampshire Gazette*, June 6, 1787, 1998.

84 Carol Berkin, *A Brilliant Solution: Inventing the American Constitution* (New York: Harcourt, 2002), 28.

85 Slaughter, *Whiskey Rebellion*, 64.

86 Ibid., 75.

87 Ibid., 73.

88 Ibid., 74.

89 Ibid., 65.

90 Ibid., 65.

91 이하 클라이머 일화는 다음을 참조. Ibid., 117-9.

92 Ibid., 118.

3장 우체국에서 생긴 일

1 David Maraniss, "When the Post Office Became a Killing Field," *Washington Post*, February 20, 1987.

2 이하 두 문단까지 다음을 참조. Lasseter, *Going Postal*, 80-1.

3 또 하나의 아이러니는 할아버지 크누트가 젊은 시절 등록금을 마련하고자 우체국에서 일했다는 것이다.

4 S. Anthony Baron, *Violence in the Workplace*(Ventura, CA: Pathfinder Publishing, 1993), 58.

5 Baron, *Violence in the Workplace*, 58.

6 Lasseter, *Going Postal*, 80-1.

7 Ibid., 88-9.

8 Baron, *Violence in the Workplace*, 55.

9 Ibid., 57.

10 Lasseter, *Going Postal*, 66.

11 Ibid., 68.

12 Ibid., 71.

13 Daniel Pedersen, "Ten Minutes of Madness," *Newsweek*, September 1, 1986.

14 Baron, *Violence in the Workplace*, 60.

15 Kelleher, *New Arenas*, 17.

16 Lasseter, *Going Postal*, 76.

17 Ibid., 79.

18 Rick Geddes, *Saving the Mail*(Washington: AEI Press, 2003), 2.

19 Murray Comarow, "The Demise of the Postal Service?" *Cosmos*, www.cosmos-club.org/ journals/2002/comarow.html, 2002.

20 이하 페리 스미스 사례는 다음을 참조. Lasseter, *Going Postal*, 13-21.

21 Ibid., 22-9.

22 Ibid., 36-45.

23 Ibid., 120-127.

24 Ibid., 128-31.

25 Baron, *Violence in the Workplace*, 38.

26 Ibid., 33.

27 Ibid., 37.

28 Ibid., 38.

29 Ibid., p. 164-198.

30 Ibid., 199-205.

31 Ibid., 206-216.

32 Baron, *Violence in the Workplace*, 65.

33 "Labor Management, Problems Persist on the Workroom Floor," *General Accounting Office Report*, September 1994, 10. http://archive.gao.gov/t2pbat2/152801.pdf

34 Michael Diamond, "Strained Relations," *Asbury Park Press*, January 21, 2001.

35 "Ohio shooter a stranger to victims," Associated Press, November 6, 2003. 이 작업장에서는 2003년 11월, 총격 사건이 발생해 두 명이 죽고 세 명이 부상을 입었다.

36 Michele Abbott, "Shooting at Hendersonville, NC., employment office sparks security debate," Knight Ridder/*Tribune Business News*, April 13, 2004. 2004년 2월 사무실 총격 사건 후에 한 발언.

37 Tanya Bricking, "Workplace Murderers Rarely Just 'Snap,' Psychologists Say," *Honolulu Advertiser*, November 14, 1999.

38 다음을 보라. *New Arenas*, p. 42-3. 상이한 프로필이 열거되어 있는데, 모두 광범위하고 모순적이다.

39 Bricking, "Friends say Uyesugi gave hints of an inner torment"

40 Bruce Dunford, "Xerox shooting suspect arrested," Associated Press, November 3, 1999.

41 Dunford, "Xerox shooting suspect arrested"

42 Bricking, "Friends say Uyesugi gave hints of an inner torment"

43 Ken Kobayashi, "Uyesugi told police he felt like an outcast," Honolulu *Advertiser*, May 20, 2000.

44 "Unhappy Workers Should Take Prozac: Bush Campaigner," Reuters, July 29, 2004.

45 Fraser, *White Collar*, 119.

46 Patrick McMahon, "Mega-mansion upsets tiny town," *USA Today*, May 22, 2001.

47 Stephen Kinzer, "Treading Carefully, Wal-Mart Enters Labor's Turf," *New York Times*, July 6, 2004.

48 Woodrow L. Ginsburg, "Minimum Wage: It ain't what it used to be," *Campaign for a Fair Minimum Wage*, 1998. http://www.adaction.org/mwbook.html.

49 Ibid.

50 Fraser, *White Collar*, 8.

51 Ibid., 43.

52 Edmund Andrews, "It's not just the jobs lost but the pay in the new ones," *New York Times*, August 9, 2004.

53 Amelia Warren Tyagi and Elizabeth Warren, *Two Income Trap: Why Middle Class Mothers & Fathers Are Going Broke*(New York: Basic Books, 2003), 133.

54 Jennifer Gill, "We're back to serfs and royalty," *Businessweek*, April 9, 2001.

55 Fraser, *White Collar*, 188; Gill, "We're back to serfs and royalty"

56 Molly Lanzarotta, "Across the Great Divide," *Impact Press*(August/September 2001), no. 34, http://www.impactpress.com/articles/augsep01 /divide80901.html.

57 Daniel Gross, "Are profits too high? Wall Street's unlikely worry," *Slate*, November 12, 2004, http://slate.msn.com/id/2109617/.

58 Paul Krugman, "Bush's own goal," *New York Times*, August 13, 2004.

59 Jennifer Gill, "We're back to serfs and royalty," *Businessweek*, April 9, 2001.

60 Michelle Goldberg, "More Relief for Struggling Millionaires," *Salon*, November 20, 2004, http://salon.com/news/feature/2004/11/20/tax/ index.html

61 Lanzarotta, "Across the great divide: America's growing wealth gap" http://www.impactpress.com/articles/augsep01/divide80901.html.

62 Gene Koretz, "Not enough is trickling down," *Businessweek*, January 31, 2000.

63 Janny Scott, "Boom of the 1990's missed many in middle class, data suggests," *New York Times*, August 31, 2001.

64 "Exploring the Gap," *McNeil-Lehrer News Hour*, September 3, 1999, http://www.pbs.org/newshour/bb/economy/july-dec99/wages_9-3.html.

65 Hal Plotkin, "Kick'em when they're down: Silicon Valley's usual CEO excuses don't tell the real story," *San Francisco Chronicle*, August 23, 2001.

66 Chris O'Brien and Jack Davis, "Rich man, poor company, How some Silicon Valley executives made fortunes while the value of their companies plunged," *San Jose Mercury News*, December 7, 2002.

67 Ben Klayman, "Lucent reveals severance deals," Reuters, August 13, 2001.

68 Milt Freudenheim, "Companies limit health coverage of many retirees," *New York Times*, February 3, 2004.

69 Fraser, *White Collar*, 60.

70 Kimberly Blanton, "Fewer get workplace health plans," *Boston Globe*, September 19, 2003.

71 Ceci Connolly, "Higher costs, less care, data show crisis in health insurance," *Washington Post*, September 28, 2004.

72 Tyagi and Warren, *Two Income Trap*, 84.

73 Fraser, *White Collar*, 60.

74 Kimberly Blanton, "Fewer get workplace health plans," *Boston Globe*, September 19, 2003.

75 Milt Freudenheim, "Record level of americans not insured on health," *New York Times*, August 27, 2004.

76 Dan Seligman, "Why the rich live longer," *Forbes*, May 20, 2004.

77 Fraser, *White Collar*, 68.

78 Ibid., 44.

79 Ibid., 28.

80 Tim Munson, "Re-Envisioning Work," *Enough!*, no. 17(Fall 2001): 2. http://www.new dream.org/newsletter/pdf/reenvisioning.pdf.

81 Christine Romero, "Worker burnout costs companies productivity, experts say," Gannett, January 29, 2004.

82 "Economic Indicators," *Progressive Review,* http://prorev.com/statsec.htm.

83 Gary Rotstein, "Who needs a vacation? Not these happy workers," *Pittsburgh Post-Gazette,* August 24, 2003.

84 William Grimes, *The Life of William Grimes the Runaway Slave, Brought Down to the Present Time*(N.P., New Haven: 1855), 81.

85 Fraser, *White Collar,* 24.

86 "Give 'em enough rope," *Salon,* June 9, 2004. http://www.salon.com/books/feature/2004/06/09/at_their_words/

87 Kevin Phillips, *Wealth and Democracy: A Political History of the American Rich*(New York: Broadway, 2002), 113.

88 Diane E. Lewis , "Stress, interrupted: Taking vacations can cut burnout, increase creativity," *Boston Globe,* November 14, 2004.

89 Joel Robinson, "How the Weekend Was Won," *Livelyhood*(PBS), 1998.

90 Fraser, *White Collar,* 35.

91 Steve James, "Work stress taking a larger financial toll," Reuters, August 9, 2003.

92 Donkin, *Blood, Sweat, & Tears,* 274.

93 David Goll, "America's global-leading workaholism gets worse," *East Bay Business Times,* June 4, 2004.

94 Christina Valhouli, "Billionaires On Vacation," *Forbes,* September 19, 2002.

95 Fraser, *White Collar,* 188.

96 Ibid.

97 "Shareholders press GE on "out of control" CEO pay, threaten to bring bad things to light," *United for a Fair Economy,* April 20, 1999.

98 http://www.amazon.com/gp/product/customerreviews/B0000E697T/ref=cm_rev_next/002-1210986-0931251?%5Fencoding=UT8&customer-reviews.sort%5Fby=%2BsubmissionDate&n=283155&customerreviews.start=31&me=ATVPDKIKX0DER(검색일: April 20, 2005).

99 Andrew Grove, *Only the Paranoid Survive*(New York: Doubleday, 1999), 109.

100 Scott Rosenberg, "Silicon Valley's power cults," *Salon,* http://archive.salon.com/21st/books/1997/12/cov_18books.html, December 18, 1997.

101 David Lewis, "Living paranoid after September 11: the management philosophy of Andy Grove," *Financial Times*(*Mastering Management*), 2001.

102 Edward Wong, "A stinging office memo boomerangs," *New York Times,* April 5, 2001.

103 Ibid.

104 Donkin, *Blood, Sweat, & Tears*, 277.

105 Fraser, *White Collar*, 159.

106 Ibid., 53-4.

107 Kimberly Blanton, "Outsourcing of jobs is accelerating in U.S., study shows," *International Herald Tribune*, November 18, 2004.

108 Fraser, *White Collar*, 183.

109 Christopher Bryon, *Testosterone Inc: Tales of CEOs Gone Wild*(Hoboken, NJ: Wiley, 2004), 25.

110 Ibid., 147.

111 Ibid., 71.

112 Fraser, *White Collar*, 188.

113 Ibid., 162.

114 "CEOs profit from layoffs, pension shortfalls, and tax dodges," *United for a Fair Economy & Institute for Policy Studies*, August 21, 2003.

115 Fraser, *White Collar*, 55.

116 Stephanie Armour, "More workplaces keep eye, and ear, on employees," *USA Today*, February 27, 2003.

117 Jo Best," Companies step up e-mail surveillance," Special to *ZDNet*, July 20, 2004. http://news.zdnet.com/2100-1009_22-5276512.html

118 Stephanie Armour, "More workplaces keep eye, and ear, on employees," *USA Today*, February 27, 2003.

119 Anonymous livejournal posting at http://www.livejournal.com/users/ea_spouse/274.html?thread=9746#t9746(검색일: April 20, 2005).

120 Ibid.

121 Ibid.

122 Josh Pastreich, e-mail messages to author, December 4, 2004, and November 29, 2004.

123 Fraser, *White Collar*, 100.

124 Byron, *Testosterone, Inc.*, 164.

125 Fraser, *White Collar*, 112.

126 Ibid., 140.

127 Louis Uchitelle, "Now, the pink slip is all in a day's work," *New York Times*, August 5, 2001.

128 Henry Clay Bruce, *The New Man. Twenty-nine Years as a Slave. Twenty-nine Years as a Free Man. Recollections of H.C. Bruce*(York, PA: P. Anstadt & Sons, 1895), 88.

129 Fraser, *White Collar*, 15.

130 John Schwartz, "Always on the job, employees pay with health," *New York Times*, September 5, 2004.

131 Steve James, "Work stress taking larger financial toll," Reuters, August 9, 2003.

132 Jane Weaver, "Job stress, burnout on the rise," MSNBC, September 1, 2003, http://www.msnbc.msn.com/id/3072410/

133 "Stress at work," National Institute for Occupation Health and Safety, last updated January 7, 1999, http://www.cdc.gov/niosh/stresswk.html(검색일: April 20, 2005).

134 Dan Seligman, "New Crisis: unk Statistics," *Forbes*, October 18, 2004, http://www.forbes. com/forbes/2004/1018/118_print.html.

135 Weaver, "Job stress, burnout on the rise."

136 Tyagi and Warren, *Two Income Trap*, 51-2.

137 Ibid., 6.

138 Tyagi and Warren, *Two Income Trap*, 32, 78.

139 Ibid., 7.

140 Ibid.

141 Ibid., 71-72.

142 Ibid., 78.

143 Ibid., 20.

144 Ibid., 84.

4장 임금 분노

1 Harding, *There is a River*, 49.

2 이 사례는 다음을 참조. Eve Tahmincioglu, "Vigilance in the face of layoff rage," *New York Times*, August 1, 2001.

3 US Department of Labor, "Union Members Summary," last modified January 27, 2005, http://www.bls.gov/news.release/union2.nr0.htm(검색일: April 25, 2005).

4 Kelleher, *New Arenas*, 42.

5 이 사례는 다음을 많이 참조했다. Baron, *Violence in the Workplace*, 7-4.

6 Ibid., 116.

7 로버트 맥의 살인 행각에 대한 설명은, 여러 인터뷰들을 포함해, 다음에서 가져왔다.

Michael Mantell and Steve Albrecht, *Ticking Bombs: Defusing Violence in the Workplace* (New York: Irwin, 1994), 93-134.

8 Hendrick Smith, *Surviving the Bottom Line*, PBS, 1998.

9 Ibid.

10 윌리 우즈의 살인 행각에 대한 설명은 다음에서 가져왔다. Janet Gilmore, "Ex-city worker handed life term," *Los Angeles Daily News*, February 8, 1997; Kelleher, *Arenas*, 68; www.mayhem.net/Crime/murder3.html(검색일: April 25, 2005).

11 뚜언 응우옌 살인 행각에 대한 설명은 주로 다음에서 가져왔다. "Murder They Wrought," GoldenSea.com, http://goldsea.com/Features2/Murders/murders.html(검색일: April 25, 2005).

12 다음을 참조. Warren D. Adkins, "Crazed Killer: hoots 6 & Self: creaming 'I'm Not Gay!'" *Gay Today*, June 10, 1997, http://gaytoday.badpuppy.com/garchive/world/061097wo.htm.

13 매슈 벡의 살인에 대해서는 대체로 다음에서 가져왔다. Blaine Harden, "Worker Kills Four at Conn. Lottery," *Washington Post*, March 7, 1998; "Angry lottery worker kills 4, self in Connecticut," CNN, March 6, 1998; Mike McIntire, Al Lara, and Matthew Hay Brown, "Special Report: The lottery shootings: Horrified workers witness killing in parking lot," *Hartford Courant*, March 7, 1998; Brigitte Greenberg, "Killer of four believed Connecticut lottery cheated people," Associated Press, March 8, 1998; Jim Yardley, "Madman turned place for dreams into a nightmare," *New York Times*, March 8, 1998; Doreen Iudica Vigue and Brian MacQuarrie, "Five die as Conn. lottery worker goes on rampage," *Boston Globe*, March 7, 1998; Lisa Chedekel, "New Britain mourns loss of former mayor," *Hartford Courant*, March 7, 1998.

14 Baron, *Violence in the Workplace*, 44.

15 Lane, *Narrative of Lunsford Lane*, 8.

16 "In a Province of Winners, Worker Who Lost Out Takes Revenge", by JIM YARDLEY, *The New York Times*(March 8, 1998)[옮긴이 추가].

17 Blassingame, *Slave Community*, 108.

18 "Terror Nine-to-five: Guns in the workplace 1994~2003," *Common Dreams*, May 12, 2004, http://www.commondreams.org/news2004/0512-11.htm(검색일: April 21, 2005).

19 Paul Sloca, "Three killed in Missouri plant shooting," Associated Press, July 2, 2003; David Walsh, "Latest workplace shooting in US," *World Socialist*, August 20, 2003. http://www. wsws.org/articles/2003/aug2003/chic-a29.shtml

20 Anonymous message board posting on http://www.verizoneatspoop. com/COMMENTS.asp?submit=2& comment_id=3487.

21 Steven Greenhouse, "Verizon and unions agree on tentative 5-year contract," *New York Times*, September 5, 2003.

22 Samuel Davidson, "78,000 workers face contract expiration," *World Socialist*, July 31, 2003. http://www.wsws.og/articles/2003/jul2003/tele-j31.shtml.

23 *Light Reading,* http://www.lightreading.com/document.asp?doc_id=51760 &site=lightreading.

24 다음을 참조. Laura Houston, "Lockheed Martin gunman fired at close range," *Daily Mississippipian*, July 10, 2003; "Girlfriend: Plant Shooter a Victim," CBS/Associated Press, July 11, 2003, http://www.cbsnews. com/stories /2003/07/08/national/main562172.shtml; David Halbfinger with Ariel Hart, "Man guns down 5 co-workers, then shoots himself," *New York Times*, July 8, 2003; "Miss. Shooter was 'mad at the world,'" Associated Press, July 8, 2003; Deborah Sharp, "Gunman 'just hated a lot of people,'" *USA Today*, July 9, 2003; "Investigators search for motive in deadly plant shooting in Mississippi," Associated Press, July 9, 2003; Jeremy Hudson, "Why were 6 killed?" *Jackson(Miss.) Clarion-Ledger*, November 17, 2003; Fredie Carmichael, "Anatomy of a nightmare," *Meridian(Miss.) Star*, July 13, 2003.

25 "Barricaded gunman gives up; no one hurt," *Lansing State-Journal*, July 22, 2003, http://www.lsj.com/news/local/p_030722copbeat__3b.html.

26 다음을 참조. Walker Robinson, "Suit filed nearly a year after deadly office shooting," WOAI.com, June 11, 2004. http://www.woai.com/news/ local/story.aspx?content_id=db6a7c4c-d6ce-4085-a4f764ce84afbc75; David McLemore, "Man kills 2 in workplace, fatally shoots self while driving," *Dallas Morning News*, July 23, 2003; Susan Romero, "Realty agent kills two co-workers: Did 'lousy' referral or racial tension trigger rampage?" *Inman News*, August 8, 2003; Maro Robbins, "Tension in office detailed," *San Antonio Express-News*, July 27, 2003.

27 리키 셰들 살인에 대한 설명은 다음에서 가져왔다. Dennis B. Roddy, "Two dead, two wounded as Ohio worker opens fire at auto parts plant," *Pittsburgh Post-Gazette*, August 20, 2003; M. R. Kropko, "Gunman kills self, co-worker," Associated Press, August 20, 2003; Jodi Wilgoren, "Man fired by warehouse in Chicago kills 6 of its 9 employees," *New York Times*, August 27, 2003; Bennie Currie, "7 killed in Chicago warehouse shooting," Associated Press, August 27, 2003; Nathaniel Hernandez, "Sole survivor recalls Chicago shooting," Associated Press, August 28. 2003;

"Seven die in Chicago warehouse shooting," CNN, August 28, 2003. http:/www.cnn.com/2003/US/Midwest/08/28/chicago.shooting/.

28 Brooks Brown and Rob Merritt, *No Easy Answers: The Truth Behind Death at Columbine*(New York: Lantern Books, 2002), 97.

29 Newman, *Rampage*, 143.

30 Ibid., 26-7.

31 Ibid., 249.

32 Eliot Aronson, *Nobody Left to Hate*(New York: Owl Books, 2001), 85.

33 Alan Prendergast, "I'm full of hate and I love it,"*Westworld.com*, December 6, 2001, http://www.westword.com/issues/2001-12-06/news.html.

34 Holly Kurtz, "Surfers worship heroes of hate," *Rocky Mountain News*, February 6, 2000.

35 Kirsten Go, "Web sites worship teen killers," *Denver Post*, December 14, 1999.

36 Michael Janofsky, "Desert boot camp shut down after suspicious death of boy," *New York Times*, July 4, 2001.

37 Joanne Jacobs, "Evil, not rage, drove teen killers," *San Jose Mercury News*, December 20, 1999, 7B.

38 Yulia Latynina, "Dedovschina sure beats a coup d'etat," *Moscow Times*, March 26, 2003.

5장 분노는 포도처럼

1 브렌다 스펜서의 살인에 대한 설명은 대체로 다음에서 가져왔다. "'I Don't Like Mondays" killer refused parole," *TCM Archives*(Ireland), http://archives.tcm.ie/breakingnews/2001/04/18/story10201.asp(검색일: April 21, 2005); Anne Kreuger, "No parole for sniper who hated Mondays," *San Diego Union-Tribune*, January 22, 1993.

2 Lasseter, *Going Postal*, 128-31.

3 2000년 통계에 따르면 셋 중 둘 이상이 등록된 공화당원이고 75퍼센트가 백인이다. http://www.orangecounty.net/cities/pdf/danapointstats.pdf.

4 이 사례는 다음을 참조. Lasseter, *Going Postal*, 217-239; "Some start with family before taking violence to the office," *USA Today*, July 14, 2004.

5 http://www.orangecounty.net/cities/DanaPoint.html#history.

6 이 사례는 다음을 참조. Virginia Association of Driver Education and Traffic

Safety, "General Public,"(no date), http://www.adtsea.iup.edu/vadets/ General Public.htm.

7 "Forecast 2003," *San Diego Economic Bulletin*, 51: 1 http://www.sdchamber. org/economic/forecast2003.pdf.

8 "San Diego," *GlobalSecurity.org*, last updated October 28, 2003, http://www. globalsecurity.org/military/facility/san_diego.htm.

9 "Defense and Transportation Manufacturing,"San Diego Regional Economic Development Corporation, updated July, 2004, http://www.sandiegobusiness.org /industry_defense.htm.

10 Maureen Magee, "Fleet week takes off from Gillespie Field," *San Diego Union-Tribune*, September 26, 2004.

11 http://santee.areaconnect.com/statistics.htm.

12 "Beaten Black marine will face attackers," Associated Press, February 19, 1999.

13 Nancy Gibbs, "It's only me," *Time*, March 19, 2001.

14 Raja Mishra, "Evolution foes see opening to press fight in schools," *Boston Globe*, November 16, 2004.

15 Rich Gibson, "Lonely privilege in despair: Aiming for unfeigned hope," *Rich Gibson's Education Page For a Democratic Society*, March 2001, http://www.geocities.com/elethinker/ RG/Santee.htm.

16 David Hasemyer, David Washburn, and Joe Cantlupe, "Once cheerful and charming, the boy took on a darker side in recent months, pals say," *San Diego Union-Tribune*, March 7, 2001.

17 Gibson, "Lonely privilege in despair: Aiming for unfeigned hope."

18 Greg Moran, "Teen's explanation given in interviews with psychiatrist," *San Diego Union-Tribune*, August 16, 2002.

19 "Williams: '5,000 bullies in one place,'" *San Diego Union-Tribune*, October 11, 2002.

20 Jeff McDonald, "Two killed, 13 wounded in rampage; suspect smiled as he fired, witnesses say," *San Diego Union-Tribune*, March 6, 2001.

21 Alex Roth, "Andy Williams harbors hope of someday being released," *San Diego Union-Tribune*, September 6, 2001.

22 Jeff McDonald, "Two killed, 13 wounded in rampage."

23 Ibid.

24 "Williams: '5,000 bullies in one place,'" *San Diego Union-Tribune*, October 11, 2002.

25 Newman, *Rampage*, 151.

26 Jason Anthony, "Affidavit: Suspect angry at new school," CNN, March 14, 2001.

27 Jeff McDonald, "Two killed, 13 wounded in rampage."

28 Ibid.

29 Greg Moran, "Williams reluctant to discuss past, future," *San Diego Union-Tribune*, August 18, 2002.

30 Ibid.

31 "An epidemic of violence: Incidents in schools rise sharply since Santee shooting," CNN, March 8, 2001. http://archives.cnn.com/2001/US/03/08/alarming.incidents/

32 Bryan Robinson, "Unflattering imitation, experts explain alleged copycat incidents after Santana shooting," ABC News, March 8, 2001.

33 Greg Moran, "Man admits sending post-Santana threats," *San Diego Union-Tribune*, July 7, 2001.

34 엘리자베스 부시의 살인미수에 대한 설명은 다음에서 가져왔다. Ovetta Wiggins, Barbara Boyer, John Way Jennings, and Ralph Vigoda, "In schools, a day of gunfire and anger," *Philadelphia Inquirer*, March 8, 2001; "'A cry for help' victim, students express sympathy for Pennsylvania shooting suspect," ABC News, March 9, 2001; David Morgan, "Pennsylvania girl admits school shooting," Reuters, April 4, 2001; Jodie Morse, "Girlhoods Interrupted," *Time*, March 19, 2001.

35 Alex Frost, interview, *Elephant,* DVD, Gus Van Sant, dir.,(Burbank, CA: Warner Home Video, , 2004).

36 제이슨 호프먼의 총격에 대한 설명은 다음에서 가져왔다. Bryan Robinson, "Decoding the 'ethic of violence'" *ABC News*, March 26, 2001; Greg Moran, "Similarities can be seen locally, nationwide," *San Diego Union-Tribune*, June 22, 2002; Jeff McDonald, "Five injured in teen's rampage at Granite Hills," *San Diego Union-Tribune*, March 23, 2001.

37 "'Vague' phone threats close 7 N.Y. schools," CNN, March 27, 2001, http://archives. cnn.com/2001/US/03/27/school.threat/index.html.

38 Thomas Capozzoli and R. Steve McVey, *Kids Killing Kids: Managing Violence and Gangs in Schools*(Boca Raton: Saint Lucie Press, 2000), 3.

39 라구나 고등학교 총격 모의에 대한 설명은 다음에서 가져왔다. Charlie Goodyear, Chuck Squatriglia, and Mark Martin, "Columbine-style attack averted-students arrested in Elk Grove," *San Francisco Chronicle*, February 11, 2004; Mark Marti, John Hubbell, and Matthew Stannard, "Plot to attack school a 'fantasy,'" *San Francisco Chronicle*, February 12, 2004.

40 Sandra Gonzales, "Plot foiled to burn school, cops say," *San Jose*

Mercury News, February 15, 2004.

41 "Two students arrested in Columbine-style plot," CNN, January 13, 2004. http://www.cnn.com/2004/US/South/01/13/creating.columbine.ap/.

42 이하는 다음을 참조. Lori Johnston, "Ga. teens tried for alleged school plot," Associated Press, June 7, 2004; "Students ordered held without bail until trial," Associated Press, May 28, 2004; "Winder students accused of planning violent attack," Associated Press, May 17, 2004; "Georgia students held in school killing plot," Associated Press, May 26, 2004.

43 "North Georgia teen jailed in Columbine-style plot," WJXT News, October 1, 2003. http://www.news4jax.com/news4georgia/2523910/detail.html/.

44 "Mass. teen pleads guilty in school plot," Associated Press, March 10, 2003.

45 Herskovits, *The Myth of the Negro Past*, 94.

46 "Columbine's Lessons Learned," *USA Today*, November 28. 2001.

47 John Wisely, "State law dictates school officials take action even if weapons are toys," *Oakland Press*, January 12, 2001.

48 Matthew B. Stannard, "Threats in creative school work taken seriously," *San Francisco Chronicle*, March 9, 2001.

49 "Walnut Creek student arrested for cartoon," *Bay City News*, May 27, 2004, http://abclocal.go.com/kgo/news/052704_nw_student_cartoon.html.

50 Bryan Robinson, "Unflattering imitation, experts explain alleged copy cat incidents after Santana shooting," ABC News, March 8, 2001.

51 Ibid.

52 Ovetta Wiggins, Barbara Boyer, John Way Jennings, and Ralph Vigoda, "In schools, a day of gunfire and anger," *Philadelphia Inquirer*, March 8, 2001.

53 Fox Butterfield, "Tips by students result in arrests at five schools," *New York Times*, March 8, 2001. 폭스 교수는 1970년대와 1980년대, 그리고 1990년 대 초에도 소수의 광란의 학교 살인 사건들이 있었지만 그것들은 고립된 사건이었고 다른 지역 학생들은 이를 접하지 못했다고 말했다.

54 Jordan, *White Over Black*, 384.

55 Capozzoli and McVey, *Kids Killing Kids*, 4.

56 Newman, *Rampage*, 236-7.

57 Ibid., 248, 252; *Capozzoli and McVey, Kids Killing Kids, 8; Alex Tizon, "Scarred by killings, Moses Lake asks: What has this town become?" Seattle Times, February 23, 1997.*

58 "Rage: A look at a teen killer: Alaskan shooter suffered from depression,

anger," *60 Minutes II*, March 7, 2001.

59 Collin Johnson, "'Not enough,' say some of punishment," *Clarion-Ledger*, February 12, 2000.

60 Newman, *Rampage*, 3-7.

61 Newman, *Rampage*, 94.

62 Ibid., 7.

63 Ibid., 179.

64 Ibid., 365-66.

65 "Teen arrested for shooting Arkansas classmates," CNN, December 19, 1997, http://www. cnn.com/US/9712/19/school.shooting/.

66 Ibid., 97.

67 Ibid., 247.

68 Ibid., 246, 259; "Bullets littered home of suspect in Oregon school shooting, documents say," *Associated Press*, October 2, 1998.

69 Lori Dorfman and Vincent Schiraldi, "Off Balance: Youth, Race, & Crime in the News," *Justice Policy Insitute*, April 2001.

70 Holly Kurtz, "Columbine bully talk persists," *Rocky Mountain News*, August 26, 2000.

71 Aronson, *Nobody Left*, 71.

72 Brown and Merritt, *No Easy Answers*, 51.

73 Ibid., 108.

74 Ibid.

75 Newman, *Rampage*, 247.

76 Kurtz, "Columbine bully talk persists."

77 Brown and Merritt, *No Easy Answers*, 50.

78 Ibid., 52-54.

79 Patricia Marks Greenfield and Jaana Juvonen, "A developmental look at Columbine," *APA Monitor Online*, 30, no. 7(July/August 1999), http://www.apa.org/monitor/julaug99/vp.html/

80 Kurtz, "Columbine bully talk persists."

81 David Brooks, "Columbine: Parents of a Killer," *New York Times*, May 15, 2004.

82 "After Columbine: geek profiling," http://slashdot.org/features/01/01/23/2341238.shtml.

83 Dan Luzadder, Kevin Vaughan, and Karen Abbott, "Chilling goodbye from killers, Harris, Klebold apologize, brag in videos made days, minutes

before attack on Columbine," *Rocky Mountain News*, December 13, 1999.

84 Dave Cullen, "The Depressive." *Slate*, April 20, 2004, http://slate.msn.com/id/2099203/.

85 Greenfield and Juvonen, "A developmental look at Columbine."

86 Brooks, "Columbine: Parents of a Killer."

87 Terry McCarthy, "Society warning: Andy Williams here," *Time*, March 19, 2001.

88 Alex Roth, "Dad says bullying drove son to act," *San Diego Union-Tribune*, September 6, 2001.

89 David Hasemyer, David Washburn, and Joe Cantlupe, "Once cheerful and charming, the boy took on a darker side in recent months, pals say," *San Diego Union-Tribune*, March 7, 2001.

90 "Williams: '5,000 bullies in one place,'" *San Diego Union-Tribune*, October 11, 2002.

91 Rose Arce, "Study: Kids rate bullying and teasing 'big problem,'" CNN, March 8, 2001.

92 Scott Bowles and Martin Kasindorf, "Friends tell of picked-on but 'normal' kid," *USA Today*, June 19, 2001.

93 McCarthy, "Society warning: Andy Williams here."

94 Gregory Alan Gross, "People sketch different sides to teen suspect," *San Diego Union- Tribune*, March 6, 2001.

95 Ibid.

96 David Washburn and David Hasemyer, "Violence study shows Williams 'fits the pattern,'" *San Diego Union-Tribune*, March 9, 2001.

97 "Williams: '5,000 bullies in one place.'"

98 Roth, "Dad says bullying drove son to act."

99 이하 여섯 문단은 다음을 참조. *Jill Spielvogel, "Study shows bullying old problem at Santana High,"* San Diego Union-Tribune, February 2, 2002.

100 Rose Arce, "Study: Kids rate bullying and teasing 'big problem,'" CNN, March 8, 2001.

101 Marc Hansen, "Bullying of kids isn't just one town's problem," *Des Moines Register*, June 8, 2004.

102 Natalie Angier, "Bully for you: Why push comes to shove," *New York Times*, May 20, 2001.

103 Gibbs, "A week in the life of a high school."

104 Goode, "School bullying is common, mostly by boys, study finds."

105 Ibid.

106 Emily Stivers, "Young voices: Stop the teasing, or more kids may die," *Detroit Free Press*, March 20, 2001.

107 Aronson, *Nobody Left*, 81.

108 Lori Higgins, "Mom's group tries to end taunting," *Detroit Free Press*, April 11, 2001.

109 Chi-Dooh Li, "School bullying is rooted in a teenage caste system," *Seattle Post-Intelligencer*, March 29, 2001.

110 이와 관련해서는 다음을 참조. Heather Hollingsworth, "Parents turn to courts to stop bullying," Associated Press, May 21, 2004.

111 다음 문단까지 다음을 참조. "Congresswoman Linda Sanchez introduces federal anti-bullying legislation," ABC News, December 12, 2003.

112 Benedict Carey, "Fear in the Workplace," *New York Times*, June 22, 2004.

113 "Labor management problems persist on the workroom floor," *General Accounting Office Report*, September 1994, 10, http://archive.gao.gov/t2pbat2/152801.pdf.

114 이하 이 절 끝까지 다음을 참조. "Williams: '5,000 bullies in one place.'"

115 Capozzoli and McVey, *Kids Killing Kids*, 25.

116 Erica Goode, "Study finds jump in children taking psychiatric drugs," *New York Times*, January 14, 2003.

117 Aronson, *Nobody Left*, 38.

118 Dr. John Breeding, "Texans for Safe Education: An estimate of current psychiatric drug use with school-age children in the United States," *Wildcolts.com* (no date), http://www.wilde stcolts.com/safe Education/estimate.html.

119 Aronson, *Nobody Left*, 65.

120 U.S. Secret Service National Threat Assessment Center, "Safe School Initiative," 2002, http://www.secretservice.org/ntac/ntac_ssi_report.pdf.

121 Pierre Thomas, "FBI report to detail 'warning signs' that could lead to school shootings," CNN, September 6, 2000.

122 Dave Cullen, "Kill mankind. No one should survive," *Salon*, September 23, 1999, http://www.salon.com/news/feature/1999/09/23/journal/.

123 Washburn and Hasemyer, "Violence study shows Williams 'fits the pattern.'"

124 Hasemyer, Washburn, and Cantlupe, "Once cheerful and charming, the boy took on a darker side in recent months, pals say."

125 Aronson, *Nobody Left*, 40.

126 "4 Oklahoma middle schoolers wounded," CNN, December 6, 1999; "Four

students shot at Oklahoma school," Associated Press, December 7, 1999.

127 Newman, *Rampage*, 244.

128 Moran, "Teen's explanation."

129 Aronson, *Nobody Left*, 47.

130 Ibid., 39-40.

131 이하 관련 내용은 다음을 참조. Alex Ionides, "This boy's play," *Silicon Valley Metro*, February 28, 2002; Matthew P. Stannard, Alan Gathright, Stacy Finz, and Maria Alicia Gaura, "'Walking hate ready to snap,' Suspect held in De Anza massacre plot," *San Francisco Chronicle*, January 31, 2001.

132 "After Columbine: geek profiling," http://slashdot.org/features/01/01/23/2341238.shtml; Lynn Burke, "A chilling wave hits schools," *Wired*, April 17, 2000; Nick Mamatas, "High school confidential," *In These Times*, October 1, 2001; Jim Redden, *Snitch Culture: How Citizens are Turned into the Eyes and Ears of the State*(Los Angeles: Feral House, 2000), 137.

133 이하는 다음을 참조. Jason Bennert and May Wong, "Massacre plot alleged, Filipino American Al DeGuzman pleads not guilty," *Asianweek*, February 9-15, 2001; Stannard, Gathright, Finz, and Gaura, "'Walking hate...ready to snap"; Alex Ionides, "This boy's play."

134 Jill Spielvogel and Chris Moran, "New shooting threat limits attendance at Santana High School," *San Diego Union-Tribune*, November 10, 2001.

135 Newman, *Rampage*, 278.

136 Brown and Merritt, *No Easy Answers*, 195.

137 Lynn Bartels, "A story of healing and hope," *Rocky Mountain News*, April 20, 2004.

138 Jeff Kass, "Sheriff to seek felony charges for Columbine 'hit list' teens," *Rocky Mountain News*, February 23, 2002.

139 Newman, *Rampage*, 250.

140 Peggy Lowe and Kevin Vaughan, "Sheriff 's final report traces killers' steps," *Rocky Mountain News*, May 14, 2000.

141 Brown and Merritt, *No Easy Answers*, 5-6.

142 C. L. R. James, *The Black Jacobins*(New York: Vintage, 1989), 88.

143 Cullen, "Kill mankind. No one should survive."

144 Karen Abbott and Dan Luzadder, "I really am sorry but war's war.'" *Rocky Mountain News*, December 13, 1999.

145 "Columbine killer envisioned crashing plane into NYC," CNN, December 6, 2001. http://archives.cnn.com/2001/US/12/05/columbine. diary/

146 Maureen Harrington, "Two Columbine high school sweethearts murdered," Reuters, February 16, 2000.

147 Newman, *Rampage*, 210-11.

6장 인형의 집으로 오세요

1 부정행위 스캔들에 대한 설명은 개인적 인터뷰들과 다음의 것들에서 가져왔다. "Saratoga cheating blamed on competitive environment," NBC11, January 26, 2004; Lisa Toth, "District expels two Saratoga High School students for cheating," *Saratoga News*, February 11, 2004; "Saratoga High student believed to have plotted to blow up school," Associated Press, January 31, 2004. http://www.kget.com/news/state/story.aspx?content_id= 2608b2f9-1b23-42ba-92bf-e7257b2774b9; Elisa Banducci and Maya Suryaraman, "Sheriff defends teen's release," *San Jose Mercury News*, February 2, 2004; Crystal Carreon, "Another Saratoga High student arrested for alleged threats," *San Jose Mercury News*, February 3, 2004; Elisa Banducci, Crystal Carreon, and Maya Suryaraman, "Student to face bomb plot charges," *San Jose Mercury News*, February 4, 2004; Sandra Gonzales and Elise Banducci, "High school bomb plot alleged," *San Jose Mercury News*, January 31, 2004; Maria Alicia Gaura and Alan Gathright, "Saratoga High cheating scandal gets uglier," *San Francisco Chronicle*, February 5, 2004.

2 Ronald Grover, "Steven Spielberg: The Storyteller," *Businessweek*, July 13, 1998.

3 이 사건은 다음을 참조. Gloria I. Wang, "Arrest made in '82 murder of Los Gatos High student," *Los Gatos Weekly Times*, May 14, 2003; Hong Dao Nguyen, "No bail for man accused in '82 Los Gatos death," *San Jose Mercury News*, October 24, 2003; Ryan Kim, "CA coroner can't find remains of '82 teen victim," *San Francisco Chronicle*, March 15, 2004.

4 다음을 참조. Jessica Lyons, "SJPD calls 'copy-cat' bomb scare at WG High a hoax," *Saratoga News*, May 12, 1999.

5 Erin Mayes, "Westmont and Prospect both report threats of violence," *Silicon Valley Metro*, March 28, 2001.

6 Kamika Dunlap, "200 parents pack meeting on cheating at Saratoga High," *San Jose Mercury News*, January 30, 2004.

7 Wendy Shieu and Kalvin Wang, "Parents seek roots of cheating," *Saratoga Falcon*, February 13, 2004.

8 Mandy Major, "Hard work has helped Saratoga's Ankur Luthra earn a trip to Oxford University as a Rhodes Scholar," *Saratoga News*, January 15, 2003; Linh Tat, "Saratoga High Schools' Allan Chu has made amazing acheivements," *Saratoga News*, June 11, 2003.

9 Melinda Sacks, "High anxiety: Silicon Valley families devote time and money to help kids ace the SAT," *San Jose Mercury News*, February 11, 2004.

10 Tamar Lewin, "How I spent summer vacation: At getting-into-college camp," *New York Times*, April 18, 2004.

11 *Securities and Exchange Commission v. Dale Peterson(United States District Court for the Northern District of California C.A. No. C02-01467)*, http://www.sec.gov/litigation/litreleases/lr17439.htm.

12 "Software executive convicted," *Silicon Valley Business Journal*, November 21, 2003, http://houston.bizjournals.com/sanjose/stories/2003/11/17/daily 64.html.

13 Davina Pruitt-Mentle, "Plagiarism in the 21st century: Paper mills, cybercheating, and internet detectives in the electronic age," July 16, 2002. Cyberethics, Cybersafety, & Cybersecurity Conference, University of Maryland, June 18, 2004, http://edtechoutreach.umd.edu/SeminarHandouts/ CyberSeminar_ Plagiarism_2.ppt.

14 Capozzoli and McVey, *Kids Killing Kids*, 129.

15 Maya Suryaraman and Becky Bartindale, "School takes action, but pressure to excel remains," *San Jose Mercury News*, May 30, 2004.

16 Dora Chua and Elaine Ho, "Sufficient sleep soothes stress, researchers say," *Saratoga Falcon*, May 24, 2004.

17 Daniel Walter Yang's "About Me" page, http://www.danielyang.com/ propaganda.

18 "Students grapple with changes, ethics after cheating incidents," *Saratoga Falcon*, February 13, 2004.

19 다음을 참조. Kara Chalmers, "Students continue to cope with grief as tragedy dogs high school," *Saratoga News*, March 28, 2001.

20 Suryaraman and Bartindale, "School takes action, but pressure to excel remains."

21 Tyagi and Warren, *Two-Income Trap*, 37.

22 Ibid., 38-9.

23 Dan Ackman, "Weill-Grubman dealings were child's play," *Forbes*, November 14, 2002.

24 Ralph Gardner, Jr., "Four and failing," *New York*, November 15, 1999.

25 Suryaraman and Bartindale, "School takes action, but pressure to excel remains."

26 Todd Dwyer, "San Jose cheating was an aberration," *San Jose Mercury News*, June 4, 2004.

27 다음 문단까지 다음을 참조. S. Muthiah, "Silicon Valley sojourn: Get SAT, Go!" *Hindu*, April 25, 2004.

28 Bryan Corliss, "Enron case tied to school costs," *Everett(Wash.) Daily Herald*, July 2, 2004.

29 "Enron traders caught on tape," KUTV.com, June 1, 2004.

30 Ibid.

31 "School Lunch Programs," *American Federation of State, County, and Municipal Employees Federation Resolution*, Resolution No. 38, June 21, 1982, http://www.afscme.org/about/resolute/ 1982/r25-038.htm.

32 Sue Pleming, "Report: One in six U.S. children lives in poverty," Reuters, April 19, 2001.

33 다음을 참조. Danielle Furfaro and Brendan Lyons, "A warning, then gunfire. Student, 16, charged in shooting that wounded high school teacher," *Albany Times-Union*, February 10, 2004; Kate Perry, "District, students seeking answers: Columbia High classes resume in wake of Monday's shooting incident," *Troy Record*, February 11, 2004.

34 다음을 보라. Jim Kinney, "Corinth police check out suspicious writing at school," *Saratogan*, February 11, 2004.

35 Rick Carlin, "School-related violence on rise in U.S.," *Albany Union-Tribune*, February 10, 2004.

36 다음을 참조. Brad Hunter and Malcolm Balfour, "Kamikaze teen 'Was no loner,'" *New York Post*, January 8, 2002; "Teachers: 'Sweet boy' showed no signs of suicide flight, Flyer's family 'appalled and devastated,'" CNN, January 7, 2002. http://archives.ccn.com/2002/US/01/07/plane.crash.suicide/; "Teen pilot was prescribed drug linked to suicide," *USA Today*, January 8, 2002; Shankar Vedantam, "Plane crash reinforces that Accutane can cause suicide," *Washington Post*, January 11, 2002.

37 Elisa Banducci, Crystal Carreon, and Maya Suryaraman, "Student to face bomb plot charges," *San Jose Mercury News*, February 4, 2004.

38 Newman, *Rampage*, 217.

39 Ibid., 224.

40 Ibid., 216.

41 Larry Furgate, "Westside shooting survivors reflect as anniversary nears," *Jonesboro Sun*, March 22, 2003.

42 Newman, *Rampage*, 215.

43 Ibid., 217.

44 Ibid., 224.

45 http://techrepublic.com.com/5208-6230-0.html?forumID=10&threadID=153619&start=0&tag=search.

46 Paul O'Rear, "Get Over it?" *Waxahackie Daily Light*, October 23, 1997.

47 "Fox News pundit Brit Hume tells families of dead American soldiers to 'Just Get Over it,'" *Counterbias.com*, March 28, 2004, http://www.counterbias.com/news004.html

48 "Killer taunts victim's family over the Internet," Associated Press, January 13, 2004.

49 Newman, *Rampage*, 225.

50 Ibid., 226.

51 Ibid., 226, 372.

52 Stanley Kurtz, "A Lesson in Backbone," *National Review*, June 7, 2004, http://www.nationalreview.com/kurtz/kurtz200406070917.asp.